Erratum

Malgré les efforts de l'équipe de production, de malheureuses erreurs ou coquilles se sont glissées dans cet ouvrage.

Par exemple, vous noterez que les paragraphes se répètent malencontreusement à la page 566.

Ces erreurs ne vous priveront certes pas du plaisir de la lecture, mais l'auteur tient à spécifier qu'à la page 310, une note devrait vous référer à l'annexe 8; au bas de la page 333, une note devrait vous référer à l'annexe 9; et finalement, au bas de la page 338, une note devrait vous référer à l'annexe 10.

Merci de votre compréhension et… bonne Afrique.

Du même auteur

§

Chroniques de ma resurrection
Éditions du CRAM, 2001

**Collection Roman
aux Éditions du CRAM**

§

S.O.S génération
de Nadège Devaux

•

Cyberdrague
de Nadège Devaux

•

Beryl
de Sylvie Brien

UGO MONTICONE

La terre des hommes intègres

Récit de voyage au Burkina Faso

Données de catalogage avant publication (Canada)

Monticone, Ugo, 1975-

La terre des hommes intègres
récit de voyage au Burkina Faso

(Collection Récit de voyages)

ISBN 2-922050-28-9

1, Titre

Les Éditions du CRAM inc.
1030, rue Cherrier Est, bureau 205
Montréal, Québec, Canada, H2L 1H9
Téléphone : (514) 598-8547
Télécopieur : (514) 598-8788
http://www.editionscram.com

Dépôt légal - 1er trimestre 2002
Bibliothèque nationale du Québec
Bibliothèque nationale du Canada

ISBN 2-922050-28-9

Imprimé au Canada

UGO MONTICONE

La terre des hommes intègres

Récit de voyage du Burkina Faso

LES ÉDITIONS DU CRAM

récit de voyage

Correction
Martin Peyton
Michèle Dicaire

Révision

Nicole Demers
André St-Hilaire

Mise en pages
Conception de la couverture
Agence Braque

Les Éditions du CRAM inc. bénéficient de l'appui du gouvernement du Québec par l'entremise de la SODEC, et du gouvernement du Canada par l'entremise du ministère du Patrimoine canadien.

Distribution et diffusion

Pour le Québec:
Diffusion Prologue
1650 Lionel-Bertrand
Boisbriand (Québec)
J7H 1N7
Téléphone: (450) 434-0306
Télécopieur: (450) 434-2627

Pour la France:
D.G. Diffusion
Rue Max Planck B.P. 734
F-31683-Labege
Téléphone: 05.61.00.09.99
Télécopieur: 05.61.00.23.12

Pour la Suisse:
Diffusion Transat SA
Route des Jeunes, 4ter
Case postale 125
CH-1211-Genève 26
Téléphone: 022/342.77.40
Télécopieur: 022/343.46.46

Pour la Belgique:
Vander SA
Avenue des Volontaires 321
B-1150-Bruxelles
Téléphone: 00 32/2/761.12.12
Télécopieur: 00 32/2/761.12.13

*Que tous ceux qui m'ont aidé
à la réalisation de ce livre
trouvent dans ces lignes l'expression
de ma plus profonde reconnaissance.*

PROLOGUE

Quel temps fait-il ? Je ne sais pas, je ne regarde plus le ciel.

— Bonjour ! On arrive de bonne heure ce matin ! me lance la secrétaire sans quitter des yeux le miroir qui lui permet de rafraîchir son rouge à lèvres sans se barbouiller la figure.

— Oui, j'ai un *brief* pour le *pitch* de Maya.

Un nouveau client potentiel... l'agence montre ses dents depuis quelque temps déjà. Il faut absolument ramasser ce compte, à n'importe quel prix. Nous sommes en concurrence avec cinq autres agences de publicité, toutes plus importantes et réputées que la nôtre. Mais nous allons l'avoir, il le faut. Notre bonus de fin d'année, qui fera que nous irons en vacances ou pas, en dépend. Et nous avons besoin de ce congé, notre seule bouée de sauvetage mental. Bien sûr, la survie de notre boîte est aussi en jeu.

Je suis une fusée sans essence...

La chargée de comptes achève de déboutonner son tailleur. Elle est radieuse, heureuse. Ça faisait longtemps qu'elle n'avait pas consacré tant d'efforts à son apparence, longtemps qu'elle n'avait pas eu à séduire un client.

… une mouche à feu sans ailes…

À l'ordre du jour : Maya, l'eau de source d'un leader mondial en alimentation. Cette entreprise possède les quatre plus importantes marques d'eau de source de la planète, et remplit à elle seule les tablettes des épiciers ; elle noie littéralement la concurrence. De l'eau considérée haut de gamme jusqu'à celle bon marché, le contenu des bouteilles est le même mais l'image de marque entourant l'étiquette, elle, est complètement différente.

— Bon, je récapitule… Il faut que je trouve un slogan, lui dis-je.

Seuls mes yeux donnent un signe d'éveil.

— Une signature si tu veux, me corrige le directeur de création.

— …et il doit signifier que Maya est le leader des produits santé, et que ça fait plus de 30 ans qu'elle est dans le domaine…

— Appuie sur le fait que ce n'est pas une société américaine.

— Joue sur l'aspect «jeunes, actifs, friands de sports extrêmes», c'est le public cible. Mais pas trop *hard*, il faut garder en tête que les clients sont majoritairement des femmes, poursuit-il.

— C'est l'eau de source la plus pure et la plus rafraîchissante au monde… Plus chère que les autres, mais elle en vaut le coût.

— Oui, bon ! C'est à peu près ça ?

Je commence déjà à ne plus comprendre les notes que je suis en train de gribouiller, mais ma tentative de conclure ne fonctionne pas.

— Et tu dois vaincre l'image que c'est une eau de *snobs*. Elle est plus dispendieuse certes, mais elle n'est pas réservée aux riches.

— D'accord, et pour ça j'ai droit à quoi ? Quatre ou cinq mots ?

— Plutôt trois… quatre gros max. À cinq mots, ça ne sert à rien ; les étiquettes des bouteilles de 250 ml sont tellement petites, c'est illisible. Et n'oublie pas de faire un titre *burst* pour annoncer le concours.

Merde le concours, je retourne ma feuille de note : « Concours, 500 000 $ en prix ».

— Mais il y a quelque chose que je ne comprends pas. Dans le *brief* c'est écrit que je dois annoncer 500 000 $ en prix, mais tu disais plus tôt que le budget total de la campagne était de 425 000 $.

— C'est ici que le génie entre en ligne de compte ! me répond le D-C tout en replaçant ses lunettes fumées violettes. On fait affaire avec Westwoods Insurance, la compagnie américaine spécialiste des concours.

— ?!?

— Ils rédigent le règlement et les conditions de participation de telle sorte qu'aucun prix important ne soit gagné. En plus, ils nous garantissent que si un des grands prix venait à être remporté ils le paieraient de leur poche.

— Et c'est légal ?

— Certainement ! Tous les grands concours fonctionnent comme ça… Ils se servent seulement de petits trucs dissuasifs, mais à la tonne : un règlement complexe écrit en six points en un gris pâle pénible à lire ; un numéro de téléphone avec des frais de 50 sous par appel… Ils vont jusqu'à faire en sorte qu'un certain nombre de bouteilles, idéalement celles gagnantes, ne soient pas vendues avant

11

la date d'expiration du concours. Personne ne gagne à ce concours-là mais, quand le client arrive au dépanneur, qu'il hésite entre deux marques de bouteilles d'eau, c'est le concours qui va faire pencher la balance du bon bord. C'est génial, non !

Aucun achat requis, détails sous l'étiquette...

Depuis que j'ai ce job, mes valeurs m'apparaissent toujours comme un handicap. Tout scrupule rend faible et seuls les forts survivent. Plus le mensonge est immense, plus il passera comme un couteau chaud dans du beurre. Dans le monde de l'image, nos pires faiblesses peuvent devenir nos plus grandes forces.

Un avion sans piste de décollage...

À ma dernière entrevue chez un concurrent, qui m'offrait sur un tapis d'or une importante promotion, ma figure s'est crispée, légèrement, involontairement, lorsqu'on m'a annoncé que je serais affecté à un compte de cigarette, l'un des plus lucratifs au pays. Je devais rédiger des articles pour un magazine de mode expédié à tous les fumeurs répertoriés dans l'impressionnante base de données d'Imperative Tobacco. Une revue entièrement financée par le géant du tabac, car la publicité portant sur la cigarette est officiellement illégale au Canada... dans les médias de masse. Et ce magazine est *privé*. Une revue complète mise sur pied dans le but d'y glisser quatre ou cinq publicités et des articles subtilement pro-tabac. L'industrie du tabac se doit de poursuivre le recrutement intensif de fidèles consommateurs, elle qui perd au pays plus de 45 000 clients par année aux mains de son plus grand rival, la mort.

12

Un compte de cigarette? Ma bouche s'est tortillée doucement, ma tête s'est penchée d'un degré, imperceptible... Ai-je même cligné des yeux? On m'a averti que j'étais trop «sensible», que toute manifestation de conscience, de toute façon futile, était ennemie de la productivité... et on ne m'a jamais rappelé.

Une étoile filante en plein jour...

J'ai besoin de calme et de silence, j'ai besoin de maximiser les ressources de mon cerveau.

Dansez, mes muses, dansez.
Et vous serez récompensées.
Dansez, mes muses, dansez...
Sinon je me ferai congédier.

Je dois proposer dix lignes avant dix heures. Maya doit absolument donner, avant midi, son approbation *finale*. On entre en films demain matin, et la directrice artistique me met de la pression pour savoir combien il va y avoir de mots, de lettres, dans le titre du concours afin qu'elle puisse balancer son design.

— Ugo, ligne deux. Ugo!

Fichez-moi la paix! Je n'existe plus. Je ne réponds pas.

— Ugo, ligne deux. Ugo!

Et puis merde!

— Oui, allô.

— (...)

— C'est bien moi.

— (...)

— Euh!... Oui, je me rappelle. Oui, oui, j'avais rempli une demande.

— (…)

— Ah oui ! Comme ça… c'est déjà décidé ? C'est quand ?

— (…)

— Hum ! Hum !... Deux mois et demi ! Où ça ?

— (…)

— Où ? Ouaga comment ?

Même la main de l'aveugle sait trouver la bouche.

— Oui, oui. J'pars cet été.

— (...)

— Attends, j'ai le dépliant ici... Euh!... *Éducation dans l'Afrique du 21ᵉ siècle est un programme d'intervention sociale comportant deux volets : le volet* Cirque du monde, *à l'initiative de Jeunesse du monde et du Cirque du Soleil...* Non ça c'est pas moi... Ah! *Le volet* Des contes pour l'an 2000 *en cours au Burkina Faso utilise l'art traditionnel du conte comme pédagogie alternative intégrée à la culture locale. Traditionnellement, le conte a joué un rôle de premier plan dans la diffusion du savoir au Burkina : les griots passent par le conte pour transmettre l'histoire des royaumes et des peuples, les femmes éduquent les enfants à l'aide de mythes et légendes, et les vieux les utilisent pour exprimer leur sagesse. Puisque l'école héritée de la colonisation n'a pas su intégrer ce potentiel didactique...* bla/bla/bla... *une volonté de rajeunir et d'adapter la pédagogie aux nécessités d'aujourd'hui...* Bon, plus loin ça dit, euh... *Le programme s'adresse aux jeunes qui sont qualifiés « à risque » du point de vue social : jeunes de la rue, jeunes de la faim, de la violence, de la délinquance, de la drogue, de la prostitution...* marginalisés quoi...

— (...)

— Oui, moi aussi, c'est la partie qui me fait vraiment peur. Mais attends, écoute ça : *Les spectacles devant public valorisent les jeunes et créent une nouvelle relation entre eux et la communauté. La magie qui s'en dégage projette une image*

15

*positive du jeune et change ainsi sa propre vision de lui-même
et la perception de la communauté envers lui.*

— (...)

— Oui ! Moi non plus, je ne sais pas comment apprendre à jongler peut changer la vie d'un enfant qui n'a rien à manger...

— (...)

— Oui, ça paraît compliqué comme ça, mais je pense que ça va être *cool*... Tout ce que je dois faire c'est d'écrire un conte, une pièce de théâtre, et monter un spectacle avec des jeunes.

— (...)

— Oui, je pars le 8 mai, au matin.

— (...)

— Quoi ? C'est vrai ?!? Dans trois semaines !?!

•

Six heures de vol, six heures de décalage. Chaque heure passée dans cet avion m'en coûte deux. Douze heures de mon existence s'écoulent dans l'attente la plus inutile, l'inexorable espoir d'arriver bientôt, le lent compte à rebours des secondes qui ont revêtu leur pleine importance. Chacune se fait connaître, aucune ne se laisse oublier. Les hôtesses de l'air utilisent tous les trucs à leur disposition pour combler le vide : « S'il vous plaît, tendez-moi votre plateau du souper pour que je puisse vous offrir le déjeuner. » Il est une heure du matin dans mon ancienne vie, je débarque en Belgique pour l'escale. Les liens tissés à l'époque coloniale sont résistants ; tous les vols pour le Burkina passent par Paris ou Bruxelles.

Les architectes sont géniaux, capables d'adapter parfaitement une infrastructure à sa fonction. Ils savaient fort bien que de pauvres touristes seraient pris à l'aéroport durant toute la nuit précédant le départ de leur correspondance et que ceux-ci, venant probablement de passer leur nuit dans un avion inconfortable, tenteraient de rattraper quelques heures de sommeil avant la prochaine séance de torture en se couchant sur un banc et occuperaient ainsi plus d'espace que celui qui leur est permis, menaçant dangereusement la logique de l'aménagement. Chaque banc est donc équipé d'appuie-bras qui, espacés d'une vingtaine de pouces, rendent impossible toute position tendant vers l'horizontalité. Et hop! Problème résolu!

Étant moi-même un ennemi potentiel efficacement neutralisé, je dois demeurer éveillé malgré tous les signaux dont me bombarde mon système nerveux. J'occupe mon temps à déchiqueter le petit ticket de la « taxe d'amélioration » de l'aéroport de Montréal. Je conserve la plus belle des phrases pour la fin : *Taxes d'aéroport = 10 $ (taxes incluses).*

Partir est comme mourir. On salue une dernière fois ceux qui nous sont chers, tout ce qui nous est cher, et on se lance dans l'inconnu sans savoir si nous parviendrons au paradis ou en enfer. En fait, la seule caractéristique qui différencie un départ de la mort, c'est la précision de son avènement.

Partir est toujours pénible. C'est d'arriver qui est si euphorisant. Quand on part, on laisse, on quitte, on brise des liens, on termine ce qui était en cours. Lorsqu'on arrive, on découvre, on renoue, on recrée. Partir est le lourd tribut à payer pour avoir la chance d'arriver.

Valériane revient de sa tournée des magasins *Duty free*, bien sûr ouverts 24 heures sur 24, car on ne peut tout de même pas fouler le sol d'un pays sans y faire rouler un brin son économie. « Ce serait impensable », proclameraient en chœur les architectes. Cette tournée, qui avait pour but de passer le temps, n'a consommé que 25 minutes et 47 secondes des 7 heures qu'il nous faut attendre. Valériane réajuste le bandeau retenant ses longs cheveux blonds et extirpe de son sac trois balles colorées qu'elle commence à lancer en l'air d'une manière sans cesse renouvelée. C'est la monitrice que Cirque du monde envoi travailler dans le même établissement que moi. Son sac à dos déborde d'instruments de toutes sortes : bâtons du diable, cerceaux, nez de clown et les fameuses quilles rouges et jaunes que le douanier au moniteur des rayons X a pris pour des armes... Elle est, à compter d'aujourd'hui et pour les dix prochaines semaines, ma partenaire d'habitation, de sommeil, de travail, de voyage, de repas, de découverte, de vie, d'Afrique. Je la connais depuis à peine sept heures. Elle a revêtu des pantalons rouge vif, ce qui fait que les passants la regardent jongler et se demandent pendant un instant s'ils doivent lui lancer une pièce de monnaie. Mes yeux deviennent lourds et se referment sans avoir recours à mon approbation. Mon dos tordu maudit une dernière fois les architectes. Mes pensées commencent à m'échapper, enfin je m'endors.

L'heure du départ arrive, mais notre avion, lui, non. La préposée au comptoir s'excuse pour le retard et m'explique à voix basse que c'est plus difficile de respecter les horaires des vols quand il faut transiger avec l'Afrique. « Voyez-vous, il faut leur imposer un système qui n'est pas vraiment le leur... la ponctualité. » Avec un retard important, l'avion se pointe finalement.

Mon numéro de rangée est appelé au micro. Je m'engouffre dans un avion qui ressemble à un marché ambulant. Des cartons de téléviseur, des casseroles, des stéréos et des tissus remplissent les allées, n'entrant évidemment pas dans les compartiments à bagages malgré les efforts impressionnants qui ont été déployés pour les y enfoncer. Les gens portent des vêtements amples, longs et colorés, et de petits chapeaux brodés. Ils parlent des langues qui ne me parlent pas. Comme un projet d'outre-tombe qui défile soudainement devant mes yeux, je réalise maintenant tout ça est bien vrai, que ce n'est pas un rêve. Je vais bientôt atterrir en Afrique.

Il est facile de constater que l'appareil qui nous berce présentement doit être le plus vieux et le plus sale de la flotte, un vieux Boeing aux tapis brunis, relégué à l'Afrique pour finir ses jours. L'étendue qui se déploie sous moi est jaunâtre. Ni lacs, ni rivières, ni vie à l'horizon. La terre semble souffrir. Lunaire, irréelle, elle est recouverte de dessins mystérieux. Même si la température extérieure, à notre altitude, est de -56°C, nous devinons aisément la chaleur intense qui règne là-dessous. Je dois déplacer mon bras pour éviter le soleil qui l'agresse.

Les gens me répétaient toujours que des projets de cette envergure, « il faut les réaliser maintenant parce que plus tard tu ne pourras plus à cause des responsabilités, la maison, les enfants, l'hypothèque... » Ce n'est pas du tout ça. Il faut les réaliser maintenant parce que plus tard je n'aurai plus les nerfs pour survivre à tant de nuits d'insomnie, à tant d'attaques d'angoisse... à toutes ces tortures que me réserve l'inconnu. Et alors, je me dissimulerai derrière des excuses qui me paraîtront insurmontables pour calmer ma déception de ne plus partir au-delà des océans, au-delà des mondes.

Nous approchons, j'aperçois les premiers signes de vie depuis notre survol du Sahara. La terre ressemble à une voie lactée avec d'innombrables villages essaimés comme des poussières d'étoiles autour de quelques grosses constellations. Les premiers géographes arabes ont baptisé « Afrique des Noirs » cette savane qui sépare le désert du Sahara et les forêts tropicales. Je franchis mon 10 000e kilomètre de la journée lorsque le pilote nous demande de boucler notre ceinture et de nous préparer à l'atterrissage, au cœur de l'Afrique noire. « La température au sol est de 42°C, pas un nuage à l'horizon. » L'avion s'approche de la piste, descend rapidement et se prépare à toucher terre quand tout à coup les moteurs se mettent à hurler et l'avion à remonter. Puis, les ailes pratiquement en position verticale, l'avion effectue un tour de ville, une ville que je découvre par la fenêtre qui fait maintenant office de plancher. Une teinte rougeâtre envahit tout. La terre, les rues, les cases… Plein de petits carrés, qui font figure de maisons, sont réunis par des chemins aléatoires. Rien ne semble dépasser un étage. Toutes ces petites cases encerclées par d'autres cases, elles-mêmes encerclées par d'autres cases. Ça tourne encore. Voilà que se dressent deux boulevards asphaltés, les deux seuls, longés d'édifices plus imposants mais plantés sporadiquement çà et là, un peu au hasard. À l'horizon, des étendues de terre rouge dénuées d'humains, parsemées de rares arbres. Puis au centre, paf! Un stade de football qui semble démesuré. Quel beau circuit touristique de la ville! Un vrai cadeau que vient de nous offrir le pilote. Mon voisin me raconte sa version de l'histoire, une version un peu moins romancée mais beaucoup plus réaliste. «Le bruit que nous entendons actuellement est celui du train d'atterrissage qui sort, un bruit que nous aurions dû entendre bien avant de frôler la piste tout à l'heure…»

À la seconde où l'avion s'apprête à s'immobiliser, les gens bondissent hors de leur siège dans un cliquetis impressionnant de ceintures qui se débouclent — c'est la coutume — pour sortir le plus rapidement possible, à bout de bras, leurs bagages des compartiments. Ils se bousculent ensuite pour prendre place dans la file «direction sortie», puis rapidement… ils réalisent que ça va prendre un bon bout de temps avant que les portes ne s'ouvrent et que la file dont ils font maintenant partie ne commence à se mouvoir. Par les hublots, les lettres qui annoncent «Aéroport international d'Ouagadougou» dépassent en largeur l'édifice qu'elles surplombent. Un petit bâtiment de briques voit sortir tout son personnel, qui s'amasse lentement autour de l'avion. C'est le seul avion de la journée… peut-être de la semaine.

L'escalier mobile est accoté à l'appareil, la porte s'ouvre, je sors de l'avion, c'est mon premier pas en… POW! Un mur de chaleur me coupe le souffle. À ma gauche rugit toujours l'immense réacteur. Quelle idée de nous faire sortir si près de cet engin! La chaleur qui s'en dégage est intolérable. La sueur perle instantanément sur mon front puis, en l'espace d'une marche, coule déjà à grosses gouttes. Je me dépêche de pousser un peu la petite dame devant moi pour arriver enfin en bas, m'éloigner de ce brasier. Non, la chaleur n'a pas diminué. Sous mes pieds, l'asphalte noir de la piste danse en vagues de chaleur. Je sens mes pieds s'enfoncer dans celui-ci, le soleil le pétrit. Mon t-shirt me colle à la peau. Tolérant cette chaleur insupportable, les membres du personnel de l'aéroport sont alignés à la sortie de l'escalier, baignant de sueur, et un par un ils nous serrent la main et nous souhaitent la bienvenue. Je sens ma peau cuire, je tente d'essuyer ma main entre deux salutations. J'ai l'impression que la sueur de mes bras est sur le point de bouillir. Le soleil dont je m'ennuyais tellement après le rude hiver passe de « source de bonheur » à « fournaise de l'enfer ». D'un coup, il est devenu mon pire ennemi. À la seconde où une parcelle de ma peau entre en contact avec lui, la sensation de brûlure est immédiate, et l'épiderme se plaint. La chaleur de l'asphalte fige le sang, paralyse, abasourdit. Je me sauve dans l'aéroport, me réfugier à l'ombre, quitter ce bitume irradiant.

On étouffe ! Impossible de respirer. Pas de fenêtres, pas d'air, je vais tomber. Je suis frappé par un ennemi dont l'air climatisé de l'avion ne me protège plus. Je lance un regard à Valériane. Elle me retourne ma grimace. La sueur dessine un globe terrestre dans son dos. Nous venons d'atterrir sous son omoplate droite. Je ne veux que m'échapper d'ici, respirer à l'air libre.

Une douanière nous distribue des cartes de débarquement et nous demande de remplir la partie « Réservé à l'administration, ne rien inscrire dans cet espace ». Puis un autre douanier derrière une guérite ouverte me demande mon passeport. Il doit incliner légèrement sa tête pour que sa sueur évite de justesse mon visa. Il regarde ensuite mon *Certificat international de vaccination ou de revaccination contre la fièvre jaune*, le seul vaccin qui est obligatoire malgré les tétanos, choléra, hépatite A, hépatite B, méningite à méningocoques, fièvre typhoïde, tuberculose et malaria... Mais je me suis paré pour l'occasion. Après s'être servi quelques instants de mon passeport comme ventilateur, le douanier appose l'étampe de ma date d'entrée et me laisse passer.

Dans la salle d'arrivée, je rencontre Moustapha, notre responsable. Vêtu d'un énorme boubou bleu pâle, qui a dû nécessiter des mètres et des mètres de tissu, ce colosse me salue. Son accent me rassure, moi qui avais peur de ne pas comprendre le français africain. Je m'excuse pour notre retard. Il me répond que ça ne le dérange pas le moins du monde, et que de toute façon il ne consulte jamais les horaires. «S'il y a un avion qui arrive, on l'entend de partout en ville. C'est alors l'heure de partir pour l'aéroport.»

Sur une carte suspendue, j'observe ce pays formé comme les lunettes d'un soudeur, l'un des plus petits territoires d'Afrique comportant pourtant l'une des plus importantes populations. Avant que je ne puisse le réaliser, mes bagages se retrouvent empilés sur un chariot arrimé à un porteur en habit vert. Pris en otages, ils s'échangent désormais uniquement contre un pourboire substantiel. Mâchouillant un brin d'herbe, mon porteur imposé avance et me demande si je suis prêt à partir. Moustapha lui répond sèchement que nous ne partons pas, que nous attendons. Je regarde Valériane, elle a tous ses bagages. En fait, un porteur a tous ses bagages. Qu'est-ce qu'on attend? Moustapha m'explique que lorsqu'on vient chercher des Blancs à l'aéroport il y a deux options envisageables : soit on a un ami douanier qui nous laisse passer sans tracas ; soit, comme ça semble présentement être le cas, on attend quelques minutes avant de sortir. Les douaniers prennent habituellement une pause quinze minutes après l'atterrissage, c'est alors qu'il est temps de passer. «Sinon, avec les Blancs, c'est l'enfer... Hey!» Nos porteurs, voulant sûrement eux aussi précipiter l'heure de leur pause, se sont faufilés dans notre dos et ont amené nos bagages aux douaniers. Impossible de faire marche arrière. Une première boîte est ouverte, puis fouillée. Tout le monde a plus ou moins quelque chose à se reprocher, et la moindre entorse à la légalité a tôt fait de nous plonger dans des abîmes de culpabilité. C'est mon nom qui est écrit sur cette boîte, pourtant je n'ai aucune idée de ce qu'elle contient. C'est Jeunesse du monde qui m'a demandé de la transporter. Ma position est tout de même précaire. Moustapha leur explique que nous sommes membres d'une importante troupe de cirque, que nous allons faire un spectacle devant les hauts gradés du pays et que nous les invitons personnellement à y assister. Les douaniers, soudainement souriants après que Moustapha ait noté leurs coordonnées, nous laissent remballer le matériel et prennent leur pause illico. Nous sortons enfin à l'air. NOOON! Je réalise douloureusement que je crève encore. Ce n'est ni le moteur, ni l'asphalte, ni l'édifice mal aéré... Cette chaleur, c'est l'Afrique. Je décolle un bout de mon chandail pour m'essuyer le front et comprends toute la plénitude de l'expression «cuire dans son jus». En sueur durant les prochains deux mois et demi. Bienvenue au Burkina *Faitchaud*.

Est-ce que je vais aimer? Qu'est-ce qui m'attend? Au fond, je ne dois pas m'en faire, je suis destiné à me retrouver dans cette ville: OuagadoUGOu.

Par les fenêtres du luxueux 4 x 4 de Moustapha, j'aperçois des enfants, des femmes, des ruelles de terre rouge; je découvre pour la première fois ce continent. À chaque coin de rue, des hommes vêtus en kaki sont stationnés, armés de matraques!

— Ce sont des policiers, me lance Moustapha tout en brûlant un des seuls feux rouges de la ville devant un agent. Il est à pied. Il faut qu'il coure très vite s'il veut me remettre une contravention.

Je regarde le ciel, une vingtaine de vautours veillent sur la ville. D'une danse lente et gracieuse, ils évoluent, un lent cyclone. Les rues sont submergées par une marée de bicyclettes et de mobylettes chargées d'enfants, de poulets, de bois, de tables, de chaudrons… C'est ce qui lui mérite le titre de « capitale à deux roues ». Tous les centimètres du côté de la rue sont occupés par un brouhaha de marchands qui, à l'aide de quelques planches et d'un morceau de tôle en guise de toit, ont créé leur commerce. Tout est à vendre : tissus, poissons, brochettes, cassettes... Quelques outils et un banc : voici un garage. Une paire de ciseaux et une chaise : voici un coiffeur. Un peu de braise et une chèvre : un restaurant… Quelques maigres poulets embrochés tournent derrière la vitre d'un four, une spécialité locale, le « poulet télévisé ». Cette capitale a des airs de gros village.

Les affiches sont colorées et explicites. Une auto cabossée pour un garage, une jolie serveuse débouchant une bière pour désigner un de ces petits restaurants clandestins qu'on nomme maquis... Le texte n'a pas sa place. La vaste majorité des gens sont analphabètes. C'est l'une des causes qui expliquent que, sur 174 pays classés par le Programme des Nations Unies pour le développement — selon l'espérance de vie, le niveau d'instruction et le PIB par habitant — le Burkina Faso se retrouvait au 172e rang en 2001, tout juste devant le Sierra Leone ravagé par une guerre civile. Presque dernier des « sous-développés ».

— Oh ! Oh ! Oh ! on ne dit plus sous-développé, me corrige Moustapha.

Comme l'aveugle devenu « non-voyant » dans les années 1990, les nains devenus « petites personnes », les pauvres devenus « défavorisés » dans notre ère *politically correct*, l'expression est d'abord passée à « pays en voie de développement », puis finalement à « pays en développement les plus économiquement défavorisés. » Économiquement défavorisés, pour ne pas dire carrément « pauvres ».

— L'Afrique, ce n'est pas le Tiers-Monde mais bien le premier monde, le berceau de l'humanité, poursuit Moustapha.

Comme dirait Sol, tant qu'à changer de nom comme ça, il faudrait en arriver à transformer le Tiers-Monde en *Fier-Monde*.

Dès que le véhicule ralentit suffisamment, entre les mobylettes et les automobiles qui se bousculent, se faufilent des hordes d'enfants qui nous proposent des mouchoirs, des journaux, de la gomme à mâcher, des cigarettes, des arachides, des spirales anti-moustiques... Ils ont quitté l'école pour travailler et nous font savoir d'un air abattu qu'ils veulent de l'argent, qu'ils n'ont rien mangé depuis plusieurs heures, plusieurs jours. Nous empruntons une rue plus dégagée et croisons un terrain, vague dépotoir où quelques jeunes tentent de se dénicher un repas. C'est l'entrée du quartier aisé qui abrite les coopérants, le nôtre.

•

La maison d'accueil de Jeunesse du monde — villa 122, rue 54, secteur 13 — semble une oasis en plein désert. Dans un micro-quartier, entre les ruelles asphaltées, se dressent quelques maisons munies d'une cour clôturée. Un quartier riche, peuplé en bonne partie de coopérants. Comme il y reste quelques arbres parsemés, on nomme ce secteur la zone du bois.

C'est avec un sentiment de soulagement immédiat que j'ai découvert la maison qui m'abritera ces prochains mois, et sa salle de bain presque digne de l'Amérique (Youppie !). Mais ce sentiment s'est peu à peu estompé pour laisser place à un sentiment de malaise. Des supposés coopérants charitables venus aider les « pauvres » Africains... dans une maison de luxe, voyageant dans un immense 4 x 4. Quelle image diffuse-t-on ? Comble de la honte, nous avons à notre disposition cuisinière et gardien, presque des serviteurs... Devant ma réaction, Moustapha m'assure que ce n'est pas mal vu d'engager des gens ; au contraire, dans un pays où les emplois sont si rares, c'est plutôt considéré comme un devoir pour ceux qui en ont les moyens, une redistribution de la richesse si on veut. Il semble que l'année dernière une coopérante française n'a rien voulu savoir de cette thèse. Elle trouvait irrespectueuse l'idée de disposer d'employés ; elle a alors énergiquement rejeté toutes les offres de service et mis à la porte sa cuisinière pour secouer les fers d'une servitude démodée. Elle voulait considérer les Africains comme ses égaux, elle refusait d'imposer à ses pairs l'indignité que procurent les tâches serviles, d'encourager une forme nouvelle d'esclavage. Après tout, elle était capable de faire la cuisine elle-même... Elle était fière d'avoir démontré sa solidarité ; cependant, ses voisins lui ont fait rapidement comprendre, avec des signes évidents d'antipathie, qu'ils méprisaient par-dessus tout l'égoïsme d'une femme qui aime l'argent au point de tout vouloir garder pour elle. C'est le devoir des riches de fournir des emplois aux pauvres. L'avarice est un vice grave. Le tissu de la vie sociale se tient grâce à un réseau de dons et d'obligations réciproques. Ce travail était le seul revenu de cette ex-cuisinière qui n'arrivait désormais plus à nourrir sa famille, ses enfants. Bon, ma conscience retrouve son repos : nous avons une cuisinière pour nous faire goûter aux plats locaux et un gardien, car ici les assurances contre le vol n'existent pas.

Je m'étonne de voir que ce gros soleil règne sur le ciel sans aucune compétition, sans l'ombre d'un nuage. Il n'y a que deux saisons ici : la saison sèche et la saison des pluies, laquelle vient pourtant de s'amorcer. Mais Sibiri, notre gardien/assurance-habitation, m'apprend que, même en pleine saison des pluies, il pleut moins souvent que lors des meilleurs étés au Québec... La température ici dépasse souvent les 40°C mais, de novembre à février, souffle un vent agréable qui peut abaisser la température jusqu'à 20°C.

— Les gens ne sortent plus de leurs maisons quand il fait froid comme ça... de dire Sibiri. Le souffle de l'harmattan prend souvent la forme d'un vent très violent qui amène les sables du Sahara et soulève la terre au point de cacher le soleil, parfois pendant plusieurs jours. Il devient difficile de respirer, et notre salive devient noire.

— Noire ? Pourquoi ?

— Alors ça, il faut le demander à Dieu.

Je termine à peine de ranger mes vêtements lorsque Moustapha nous convoque. Il nous affirme solennellement qu'à partir de maintenant notre encadrement sera de moins en moins professionnel dans le but de nous habituer à la vie africaine car :

— Ici, il y a tout sauf ce qu'on peut désigner comme efficace.

Puis il ajoute que pendant toute la première semaine, il n'y a rien d'autre de prévu que d'arriver.

— Prenez le temps d'arriver, le temps de regarder, de sourire de toutes vos dents, de parler, de communiquer tout simplement. Prenez ce que vous voulez prendre, donnez ce que vous voulez donner pour qu'à la fin vous puissiez vous dire : « Ça valait la peine de venir. » L'intérêt d'un séjour en Afrique réside dans les rapports humains. Ce continent ne révèle son âme qu'à ceux qui savent l'écouter et lui parler.

•

Le stress n'existe pas. Tout est *slow*, lent, le temps est infini. Sous cette canicule, notre corps devient tellement lourd que toute brusquerie est hors de question, impensable. Il n'y a rien d'autre à faire que d'attendre que la chaleur soit moins lourde. Il n'existe aucune raison de se presser. De midi à quinze heures, qu'est-ce qui se passe ? Rien. Comment peut-il se passer, se produire quelque chose par une telle chaleur ? À ces heures les plus torrides de la journée, tout est fermé : commerces, écoles, lieux publics, même les banques ; tout est hors d'usage, dans le coma. Quand midi sonne, même notre ombre se sauve, disparaît, fond. On apprécie à sa juste valeur le triumvirat du bien-être : l'eau, l'ombre et le vent. Dès que nous manquons d'un de ces trois composants pendant un instant, si bref soit-il, la souffrance nous rejoint immanquablement.

C'est tout de même rassurant et réconfortant de voir que les natifs du pays aussi ont chaud, qu'eux aussi suent à grosses gouttes. Trois Africains habitent avec nous, derrière la maison. Ce sont les moniteurs du Cirque du monde, les musiciens qui accompagnent les spectacles, ceux que Valériane doit former. La cour arrière vit au rythme de leurs divers tambours et de ce qui ressemble à un gros xylophone tout en bois, le balafon. Sur la terre battue gisent quilles, monocycles, fil de fer... Si leurs mains ne sont pas monopolisées par des balles ou des cerceaux, ils caressent la peau de leurs *djembés* et un son, d'une clarté et d'une intensité incroyables, émerge de ces tambours de bois. Leurs paumes semblent de cuir, un seul de leurs doigts a le pouvoir de faire résonner le tambour avec puissance. Sur leurs cases est écrit à la craie : *L'Afrique pleure de joie, de faim et d'humanité.* Un imposant manguier protège la cour du soleil. Il regorge de fruits. Basil, le plus jeune, m'avertit que lorsque les mangues seront mûres nous devrons en manger tous les jours pour éviter qu'elles ne se gâtent. Je ne sais pas pourquoi, mais cette tâche ne m'effraie pas. La chaleur est oppressante et omniprésente. Moussa, le moniteur en chef, m'assure qu'il fait tellement chaud que lorsqu'une poule pond un œuf il est cuit avant de toucher le sol. Yaku, quant à lui, semble plus gêné. Je ne sais pas s'il parle bien le français. Le français est bel et bien la langue officielle du pays, legs du colonialisme. Depuis des siècles, il est la langue de l'élite mais on l'apprend à l'école et bien peu ont la chance de la fréquenter.

Les quelque 11 millions de Burkinabés se partagent entre une soixantaine de groupes ethniques différents. Mosaïque de peuples qui vivent en parfaite harmonie et dont le mélange des cultures fait la richesse de ce pays, véritable creuset de civilisation ; chaque ethnie conserve scrupuleusement l'extraordinaire héritage laissé par les ancêtres, leurs propres dialecte, culture et croyances. Ces trois moniteurs, mes colocataires, sont Bobolais.

Moi, je voudrais bien apprendre quelques mots de leur langue, des mots simples quoi.

— Comment dit-on « bonjour » ?

— Eh bien, ça dépend quelle heure il sera lorsque tu le diras… me répond Moussa.

— Quoi ?

Six salutations différentes : *ibero* le matin, *niwiniga* le midi, *yawiniga* à partir de 15 h, *izabre* la nuit… des mots différents si tu es un homme ou une femme… différents selon la personne à qui tu t'adresses… Bon, je crois que je vais en rester à la base, envoyer la main lorsque je voudrai saluer.

Celui qui a trop de désir a peu d'honneur.

Contrastes. Comme le noir contraste le blanc, l'Afrique est le contraste de notre société. Tout ce qui semble identique est différent, et ce qui ne semble pas familier à prime abord se révèle être tout droit sorti d'un autre univers. Ce qu'on avait comme attentes, ce qu'on s'imaginait, s'avère complètement faux, totalement divergent.

La végétation retranchée doit sans cesse se protéger contre les attaques d'une mère nature ingrate. Les ruelles de terre rouge sont traversées par d'énormes cicatrices laissées par les dernières pluies, créant des empilements de terre qui obligent le flot constant de mobylettes à emprunter un parcourt complexe formé de zigzags et de trous, tout en évitant les charrettes tirées par des ânes, ces bêtes à qui l'on donne allègrement la bastonnade et d'une manière étonnamment sonore. Même voilé par le nuage de poussière rouge qui s'élève des rues de terre battue, le soleil de Ouaga est aveuglant.

Ces rues sont les veines d'une ville dont le cœur bat à tout rompre. Dès quatre heures du matin, une meute de gens retournent s'asseoir aux abords des chemins pour vendre desclous, des bols de riz, des mangues, des vêtements ou de l'essence dans des bouteilles de cola. Les intersections se remplissent d'enfants qui proposent aux conducteurs les quelques items dont la vente assurera leur repas, leur seul repas. D'autres, souvent plus jeunes, se promènent avec des glacières remplies de sachets d'eau. Ici, l'eau n'est pas une ressource acquise. On doit l'acheter, elle devient une dépense quotidienne et obligatoire, de l'argent que l'on doit investir

31

chaque jour pour survivre. La soif doit aussi être un besoin indéniablement présent pour ces vendeurs qui manipulent l'eau à longueur de journée. Pourtant, leur ration n'est pas assurée, elle dépend de leurs ventes.

Quelle heure est-il ? 14 h 10. La vie reprend dans 50 minutes.

Le propriétaire de l'habitation que nous louons nous rend visite. C'est un ex-colonel de l'armée. Il nous demande si nous sommes satisfaits de la maison. Je lui demande en blaguant s'il y a moyen de baisser un peu le chauffage. Il lève brusquement les bras vers le ciel et crie :

— Dieu, tu as entendu ?

Je lui avoue que sa maison est si belle que je suis presque gêné d'y habiter.

— Si tu veux calmer ta culpabilité, viens, je vais te montrer quelque chose.

J'embarque dans sa vieille Volvo qui nous mène au quartier de Ouaga 2000.

À l'aube de l'an 2000, Ouagadougou était l'hôte du Sommet de l'Afrique et a reçu la visite de plusieurs chefs d'État africains. Un vaste terrain hors des limites de la ville avait été exproprié dans le but d'y construire les résidences des ministres invités. Le mot d'ordre était simple : «Tu viens, tu bâtis une maison à ton goût, puis, à ton départ, le gouvernement burkinabé te l'achète. » On y a donc construit une cinquantaine de villas tout droit sorties de Beverly Hills, toutes plus extravagantes les unes que les autres. Piscines, haies fleuries, trois ou quatre étages, gigantesques balcons, clôtures de fer forgé… Après une courte semaine d'usage, les sept jours du colloque, les minis-tres burkinabés et leur président se les sont tout bonnement appropriées. Certains y habitent ; d'autres, ayant déjà une rési-dence, se contentent de les louer aux invités d'importance que reçoit le pays. Un projet de déménager les édifices gouvernementaux du centre-ville dans les parages d'Ouaga 2000 vient de voir le jour, et la valeur des terrains a été propulsée hors orbite.

Le pays au complet est au courant de cette fraude extravagante. Tout le monde sait que le gouvernement vient encore de se gaver avec l'argent des contribuables. Personne n'est d'accord… mais personne n'élève la voix.

Quelqu'un qui parle contre le gouvernement, même à l'oreille d'un ami, peut disparaître soudainement, m'avoue le colonel. Les menaces sont subtiles, mais réelles.

Nous parcourons le boulevard de l'Intégration, bordé de lampadaires luisants, qui nous permet de quitter ce quartier et de revenir à la vraie vie, de retrouver la terre battue des quartiers populaires.

Pour mesurer la plénitude des inégalités sociales, il existe un test pratique fort efficace et distrayant à souhait. Il suffit de se placer devant une maison qui est démesurément grande et fastueuse, puis de compter le nombre de pas qu'il faut avant d'arriver à un quartier où les gens sont vêtus de haillons et habitent la rue. J'ai été très impressionné par mon « moins de 50 pas » réussi ici.

Le colonel s'empresse d'ajouter :

— Mais le peuple aussi a eu droit à son cadeau ; la dernière journée du Sommet, lorsqu'il est devenu évident que ces villas allaient être l'objet d'une fraude monstrueuse, le président a organisé une grande fête et a offert au peuple, en guise de remerciement, des camions-citernes remplis de bière.

Une soirée pour oublier.

L'humain impose, Dieu dispose.

La chaleur se lève avant nous et avec elle s'évapore toute motivation d'affronter le soleil. De lourds battements métalliques m'attirent vers la cour arrière. Assis à l'ombre du manguier, Moussa est en train de tendre une nouvelle peau sur un *djembé*. Après l'avoir attendrie en la laissant immerger une nuit entière dans l'eau salée, il devra ensuite enlever les poils de cette peau de chèvre à l'aide d'une petite lame de rasoir. Il gratte des heures durant afin que la surface devienne lisse et impeccable, centimètre par centimètre. Parfois il arrive qu'une peau masque une faiblesse, une blessure qui ne s'est pas cicatrisée parfaitement. Ces défauts sont quasi invisibles car le poil les recouvre, et la peau se déchire alors dans les dernières étapes de la fabrication, après des heures à tresser vigoureusement les cordes pour obtenir la tension optimale.

C'est son propre *djembé* qui est en train de subir l'opération de rajeunissement. Moussa doit en changer la membrane tous les trois ou quatre mois, car elle s'use rapidement. Quelqu'un qui verrait Moussa tambouriner comprendrait les souffrances que doit endurer cette peau. Chacun de ses doigts en vaut deux des miens, chacun de ses bras aussi. Les sons qu'il arrive à produire résonnent à travers notre cage thoracique, font vibrer notre cœur. Entre le tissage de deux nœuds, il m'explique que cette fois-ci il installe une peau de chèvre car il ne veut plus jouer sur une peau de vache. Devant mon air interrogateur, il sort un deuxième *djembé* et se met à me démontrer les particularités sonores et vibratoires des deux peaux. Mon regard perplexe lui signifie que je n'arrive pas à entendre la

moindre différence. Il s'assit alors plus confortablement en plaçant un *djembé* entre ses cuisses. Il se doit de m'enseigner la
base : mon ignorance criante doit être vaincue. Son *djembé* est
orné d'animaux sculptés dans le bois et la peau exhibe
clairement les marques de ses mains à l'endroit précis où elles
font contact. Première leçon : chaque endroit où l'on frappe
produit un son distinct et précis. Peu importe s'il frappe au
milieu du tambour, au rebord ; à un doigt, à trois doigts ; d'un
coup sec, d'une main pesante, en jouant avec force ou en laissant son autre main sur la peau… il arrive à créer un nombre
incroyable de sons qu'il connaît parfaitement. Rien n'est laissé
au hasard. Il peut reproduire en chantant le son exact qu'il
produit en frappant d'une manière ou d'une autre sur son
instrument. Chaque son différent possède un nom propre.

— Écoute, voici le *ting*.

Les tambours en Afrique, au-delà de la musique, sont un
moyen de communication. Depuis toujours ils sont utilisés
pour échanger ; les messagers confrontés à une brousse dense,
sous un soleil de plomb, n'étaient ni des plus rapides ni des
plus efficaces. Les tambours parlent ; ils ne produisent pas que
des rythmes. En écoutant la musicalité, les intonations
cadencées, on s'aperçoit que les tambours peuvent émettre des
sons de différentes tonalités qui reproduisent les variations du
langage parlé. En frappant comme ceci, puis en plaçant sa
main comme cela, en enchaînant quelques séries, on peut
reproduire entièrement le langage ; une oreille avertie peut
comprendre. Il me chuchote alors qu'il a soif, puis se met à
jouer un rythme disparate pendant quelques secondes. Basil se
présente avec un bol d'eau.

— Voilà.

Les premiers récits des esclavagistes racontent que parfois les
prisonniers se mettaient soudainement à rire, affirmant qu'ils
venaient d'entendre une blague alors que le seul bruit ambiant
était celui du tambour qui imposait le rythme de la marche.

D'autres récits qui n'ont pas vu le jour auraient sans doute pu expliquer que par les cris, par les rythmes créés avec leurs chaînes ou par les coups frappés à même le sol, ils communiquaient aussi leurs plans d'insurrection.

— À présent, poursuit Moussa, tu peux comprendre le sentiment qui règne lorsqu'un groupe de percussionnistes africains se retrouve.

C'est en jouant que celui qui dirige la séance «dit» aux musiciens quand il faut changer le rythme ou l'accélérer. En frappant son *djembé*, il désigne par son nom le musicien qui doit se lancer dans un solo. Une fois son solo terminé, celui-ci redonne la «voix» à un autre. La musique revêt ainsi une dimension beaucoup plus profonde; littéralement, les musiciens se parlent.

L'émotion s'empare soudainement des mains de Moussa qui bondissent sur son *djembé* à des rythmes démentiels. Mais Sibiri vient nous avertir que le voisin s'est présenté pour nous demander poliment d'arrêter en disant que nous dérangeons sa femme. Je ne suis pas venu jusqu'en Afrique pour me faire dire de ne pas jouer de percussions africaines… De toute manière, ce n'est pas ma faute si la peau de ces instruments appelle les mains, les ensorcelle. On se met à jouer sans même s'en rendre compte. Et comme pour le moment il n'y a rien d'autre à faire que d'attendre un moment où on va aller ailleurs attendre un autre moment, c'est avec un «oups…» que je réalise que j'étais encore en train de frapper sur la peau malgré l'avertissement reçu.

Voici que le voisin débarque lui-même dans la cour arrière, à notre rencontre. Je me prépare une défense rapide, du genre: «Eh bien, vous savez… nous ne jouons pas trop fort… nous allons nous arrêter bientôt…» Mais, au lieu de nous attaquer, il nous serre la main et nous apprend que sa femme vient tout juste de mourir. Il nous invite à l'enterrement, ce soir. Ouch! Il avait dit qu'on dérangeait un peu sa femme, qu'elle se reposait… pas qu'elle était mourante ! La messe aura lieu à 20 heures. Apportez vos chaises !

J'entre prévenir Valériane. Tout est sombre, les lumières ne fonctionnent pas, l'électricité est coupée. Sibiri m'explique que, lorsque la température dépasse les 40°C, la Sonabel (Société nationale burkinabée de l'électricité) doit régulièrement couper le courant pour prévenir une surchauffe des circuits. Le Burkina n'est pas très gâté en ressources électriques (en ressources, point). Le charbon et le pétrole coûtent les yeux de la tête, les énergies solaire et nucléaire nécessitent des investissements monstres, l'absence de vent est quasi totale ; la seule option possible s'avère donc être l'hydroélectricité. Malheureusement, bien que le barrage chevauche le plus grand cours d'eau du pays, ce dernier est présentement asséché. Le gouvernement doit importer des camions-citernes d'eau provenant des pays limitrophes, puis les déverser directement sur les turbines. Cette réalité fait en sorte que le Burkina Faso est le pays où l'électricité coûte le plus cher au monde. Une maison comme la nôtre, où la consommation d'électricité demeure minime, engloutit près de 500 $ par mois seulement en électricité. Quand on sait que près du tiers des Burkinabés vivent avec moins de 60 $ par année, on comprend que bien peu d'entre eux peuvent se permettre de faire partie du réseau. Ils font partie des quelque trois milliards d'êtres humains vivant dans des zones sans accès à l'électricité. L'électricité est pourtant vitale pour l'économie, pour fournir l'énergie aux industries, et son absence représente un frein très puissant à toute reprise économique. Sans parler du confort… je n'arrive même pas à imaginer ma vie sans électricité ; une panne de quelques jours devient une catastrophe nationale chez nous. Notre dépendance énergétique n'a pas son égale dans ce pays où la seule vraie source d'énergie est humaine[1].

•

---

[1] Consommation d'électricité par habitant (1997) : Canada = 17 549 kWh ; Burkina Faso = 27 kWh.

La puissance du soleil est telle que le fond de mon verre d'eau s'est évaporé entre deux gorgées. Dieu soit béni, je me trouve à l'ombre. Je suis constamment en sueur. Jour, soir, nuit, dans l'activité comme dans l'immobilité la plus totale. Ça devient une façon de vivre : être collant. J'en viens à craindre l'air climatisé du 4 x 4 car, pour quelques instants de soulagement, le choc est terrible lorsqu'on en sort. Du paradis, nous tombons brutalement en enfer, nos poumons se compressent. Par cette température, il est facile de comprendre pourquoi notre voisine sera enterrée dès aujourd'hui.

Un étrange bruit de fond, constant, émane de l'extérieur, de l'autre côté des murs qui limitent notre cour. J'ouvre la porte métallique de l'entrée. En silence, des centaines de gens sont rassemblés dans la rue vêtus de leurs beaux vêtements multi-colores, turbans assortis pour les dames. Ils se tournent vers moi et m'observent quelques instants... qui me paraissent interminables. Leurs regards se posent sur moi dans un silence aussi lourd que la chaleur. Puis, juste avant que je ne m'affaisse, ils se retournent en direction de leurs voisins, continuent leurs conversations à mi-voix. Les rues du quartier débordent de mobylettes, de bicyclettes, de vieilles autos et, surtout, de gens. Du monde partout, des centaines et des cen-taines de personnes apparues d'un coup, dans le plus grand des silences. Celles qui arrivent maintenant en mobylette prennent soin d'éteindre leur moteur des centaines de mètres avant, descendent de leur véhicule et le poussent jusqu'à nous. La foule occupe toute la rue. Je remarque aussitôt que mon t-shirt est sale. La terre rouge, qui se soulève au moindre coup de vent, et la sueur qui me baigne forment un mélange explosif qui fait en sorte que mes vêtements demeurent relativement propres pour une période maximale, si je fais attention, d'environ deux ou trois heures. Même si ces gens ne disposent pas de machine à laver ou d'aucun autre gadget électrique, leur linge est immaculé, resplendissant au soleil…. Je me retourne, referme délicatement la porte derrière moi. Je vais me changer.

39

Je ressors au bras de Valériane. Sa robe fleurie semble beaucoup moins étouffante que la chemise à manches longues que je me suis apportée, la seule assez digne pour la circonstance. Deux petits chapiteaux ont été érigés à même la rue, mais leurs bancs ne peuvent accueillir qu'une minorité de gens. Les femmes prennent donc place à l'ombre ; les hommes se tiennent devant, parfois en silence, parfois en parlant tout bas, sous un soleil qui ne pardonne pas. Le thermomètre indique 47°C... à l'ombre. Le mercure bout.

Un autel est rapidement installé pour la messe. Les chapiteaux se remplissent de nourriture de toutes sortes ; on nous offre des boissons froides. Moustapha nous rejoint et me chuchote à l'oreille que notre voisine n'avait que 35 ans. Selon les dires, elle serait morte d'une attaque de malaria, parce que son mari n'avait pas les moyens de lui procurer les médicaments. À présent qu'elle est décédée, toute sa famille investit des sommes considérables pour lui offrir une cérémonie majestueuse...

Nous nous joignons à une file de gens qui, tour à tour, saluent la famille de la défunte ; une trentaine de mains à serrer. Les cousins, la belle-famille, les grands amis ; tous font partie de la parenté selon la notion africaine de famille « élargie ». Même que, si j'avais été son voisin depuis plus longtemps, je serais aussi en train de recevoir des condoléances.

Une dame indique à Valériane de se placer de biais à la « scène ». Je l'accompagne et les prières commencent, toutes en chœur. Moi qui suis face au public, je n'en connais aucune. Une chance que c'est un chapelet répété inlassablement. Après avoir bougé mes lèvres aléatoirement pendant quelques minutes, question de faire bonne figure, j'arrive enfin à retenir quelques couplets. Le prêtre saisit le micro et débute son sermon :

— Dieu créa l'homme, puis créa l'éternité...

Après ses deux heures de discours sous le soleil, je comprends maintenant beaucoup mieux la notion d'éternité. Nous nous levons enfin et, dans une sorte de défilé, saluons toutes les personnes présentes.

Je m'assois sur un petit muret bordant la ruelle pour observer la procession. Tous les habits sont uniques, les couleurs variées ; chacun a sa propre personnalité. Rien à voir avec l'absence totale de couleur qui caractérise nos enterrements. Je remarque une lueur au loin, un bruit attire mon regard vers le ciel. Pour la première fois depuis mon arrivée, les vautours semblent l'avoir quitté. Au loin, des nuages apparaissent soudainement, le tonnerre commence à gronder, tel l'estomac de Jupiter ; tous les éléments semblent présents pour nous offrir notre première pluie. Le ciel devient mi-orange, mi-bleu, coupé en plein centre par une entaille fantastique. Un faible vent se lève. Les éclairs brillent au loin comme les flashs à un défilé de mode. L'ambiance est surnaturelle. La tension monte peu à peu, s'écrase sur nous. Tous les invités demeurent calmes, se parlent à mi-voix, se serrent les mains ; ils continuent la cérémonie. Le soleil tombe. Il ne se couche pas ici ; il disparaît d'un coup : pow ! Alourdi par la température, un passant vient s'asseoir à mes côtés : Jonas. Nous sommes à présent encerclés par les éclairs, ces paparazzis célestes.

— Que se passe-t-il ici ? me demande-t-il.

— Un enterrement.

— Oh ! Je savais bien qu'il ne pouvait rien se passer de bon un mardi. Les mariages et les baptêmes, c'est le week-end.

— Le ciel est incroyable. Penses-tu qu'il va finalement pleuvoir ?

— Non. Ici à Ouaga, on n'en a rien à foutre : on ne cultive pas. Dieu offre la pluie aux cultivateurs tout autour pour leurs récoltes. S'il en reste, alors Dieu nous en offrira un peu, pour nous rafraîchir quoi.

C'est bien vrai, la pluie a menacé quelques fois, mais elle est toujours repartie sans laisser sa marque. Le vent devient de plus en plus vigoureux. Les gens commencent à partir, les voix s'élèvent, les gestes deviennent rapides, l'énergie devient palpable, l'adrénaline nous remplit ; quelque chose est sur le point d'éclater. Un éclair immense traverse le ciel, en feu, et laisse un squelette de flammes en suspension. On dirait les racines d'un arbre qui auraient creusé jusqu'en enfer. Sa lumière est si puissante qu'elle nous aveugle ; elle reste gravée sur nos paupières. Un bruit immense de début ou de fin du monde l'accompagne, fait trembler la terre. L'odeur de la pluie parvient jusqu'à nous et une brise rafraîchissante se lève, se transforme bien vite en tempête de poussière. Un des chapiteaux se renverse. La vision est difficile : des nuages de sable sont projetés vers nous ; des sacs et des papiers nous bombardent. On ne voit plus qu'à quelques mètres. Je dois respirer à travers ma chemise, mastiquer l'air. Je m'accroupis et tente de me protéger les yeux. Aïe ! une douleur à la main. Ouch ! un pincement dans le cou. La pluie commence à tomber. D'énormes gouttes, lourdes, mitraillées par le vent. En l'espace de quelques secondes, un océan se fait expulser du ciel, un mur d'eau nous englobe, des litres et des litres nous martèlent. La poussière a complètement disparu. J'ouvre les yeux, à la recherche d'un abri. Le spectacle des éclairs est agrémenté par l'électricité du quartier qui revient et qui repart, allumant et éteignant les maisons comme des lumières de Noël. Instantanément, tout passe de sec à inondé. Nous entrevoyons la toute-puissance de la nature. Le son de la pluie frappant les obstacles est tel que nous devons crier pour nous entendre. L'énergie qui se dégage du spectacle se propage en nous. Je combats les pincements et les frissons pour quitter mon abri, enlève ma chemise sous la pluie pour observer ce ciel en furie qui m'offre une douche vibromasseuse à la puissance 10. Je me suis tellement plaint de la sécheresse et de la chaleur, je refuse de me plaindre de leur contraire. Je grelotte, mais je vais rester là, profiter du moment. C'est la première pluie de la saison, la pluie des mangues, celle qui fait venir les fruits. Je m'étends sur le sol les bras en croix, incapable d'ouvrir les yeux. Jonas vient vers moi en courant et me contraint à le suivre à l'abri. Je le talonne, étonné. Il m'explique d'une voix autoritaire que, si je veux rester là sous la pluie à me faire mouiller inutilement, c'est mon choix, mais que :

— Il ne faut jamais s'étendre sur le dos lors d'une tempête électrique, ne jamais présenter son ventre au ciel. Les éclairs sont attirés par les nombrils : ils s'abattent sur toi et te calcinent. Tu vas cadavrer.

— D'accord, mais la pluie enfin… Depuis le temps que la terre l'attendait. N'es-tu pas envahi par la joie ?

— Il y a deux sortes de pluie. La bonne et la mauvaise.

Celle-ci s'abat si violemment que la terre sèche forme une croûte. L'eau n'arrive pas à s'infiltrer dans le sol ; elle ruisselle et emporte avec elle la couche de terre fertile, ne fait que dérober tous ses nutriments. Cette pluie dévaste nos champs, érode nos cases.

Et moi qui chantais !

La nuit dure longtemps mais le jour finit par arriver.

J'émerge finalement indemne de ma nuit Lariam. Malgré tous les vaccins, les précautions, les conseils, la trousse de premiers soins exhaustive, nous sommes faibles, cibles de tous les microbes indigènes. Notre organisme, habitué à la stérilisation totale, à la propreté immaculée, a envoyé ses armées de défense en préretraite se faire bronzer aux abords d'une artère exotique. Elles ont hissé le drapeau globule blanc.

Après que j'ai eu énuméré à Sibiri la liste des vaccins que j'ai dû recevoir pour venir ici, il m'a regardé avec aberration, et déclaré :

— Alors je comprends pourquoi vous êtes si blanc...

Mon corps devrait être armé jusqu'aux dents après ces centaines de dollars d'investissement intraveineux, blindé d'anticorps. Pourtant, je dois me croiser les doigts. La première maladie infectieuse mondiale, la plus répandue et la plus mortelle, qui se fait malheureusement rattraper de façon exponentielle par le sida, demeure la malaria. Le *palu*, qui se transmet par la piqûre de moustiques infectés, est responsable de deux à trois millions de morts chaque année, et aucun vaccin ou immunisation n'a encore vu le jour contre la nouvelle souche africaine. Jadis, un traitement fonctionnait à merveille pour prévenir la malaria, mais avec le temps, en Afrique, la maladie a subi une mutation acquérant ainsi une résistance aux médicaments traditionnellement utilisés. Les seuls qui peuvent dorénavant la prévenir, du moins partiellement, sont si puissants... leurs effets secondaires aussi. Celui actuellement prescrit aux voyageurs européens est interdit chez nous car il a la fâcheuse habitude de provoquer des crises cardiaques, ce qui ne fait évidemment pas l'affaire de nos voyageurs *baby-boomers*. L'alternative qui se présentait à Santé Canada, une pilule nommée Lariam, est quant à elle déconseillée en Europe à cause des trop nombreux effets secondaires de ce médicament.

Quand on ouvre le joli mais minuscule feuillet blanc qui accompagne les pilules, on se rend vite compte qu'il contient de multiples plis. Une fois déplié, ce petit bout de papier atteint des dimensions impressionnantes. *Posologie : prendre un comprimé par semaine, avant de se coucher.* Et puisqu'on est déjà rendu plus loin que la majorité des consommateurs, on se motive à lire un peu du reste, si nos yeux sont assez puissants.

Des effets secondaires plutôt standard tels vomissements, nausées, maux de tête, dérangements d'estomac, maux de ventre, perte des cheveux… On y ajoute une panoplie d'effets plus rares : convulsions, troubles de l'humeur, humeur dépressive, confusion mentale… ; une série tellement complète et parfois carrément complémentaire de symptômes (constipation, diarrhée, somnolence, incapacité à dormir…) qu'on se demande s'il existe des manifestations de maladies connues qui ne s'y retrouvent pas.

Avant mon départ, des rares amis qui connaissaient ce médicament, certains me parlaient de dépression grave, de paranoïa et d'une fille qui «courait toute nue avec un couteau en pleine nuit *man* !» Peu rassurant… comme cet autre effet secondaire : *état anxieux.* Je ne sais pas si je suis normal, mais quand on me dit qu'une pilule me causera probablement de l'angoisse, ça me fait angoisser. Le seul fait de savoir que je vais devoir la prendre me rend nerveux…

Si vous éprouvez de l'anxiété, de la dépression, de l'instabilité psychomotrice, de l'irritabilité ou de la confusion mentale inexpliquée[2],

---

[2] N.D.A. *Qu'est-ce qu'une confusion mentale expliquée, monsieur Lariam ?*

cessez de prendre Lariam. Ces symptômes, pourtant, sont parfois normaux lorsqu'on se trouve à l'autre bout du monde, sur un continent totalement étranger, loin de tout ce qu'on connaît. Comment savoir si je suis en train de devenir fou à cause du Lariam ou si je vis seulement un choc culturel ?

Le dernier effet qui me tracasse : *rêves anormaux.* Quels sont les symptômes d'un rêve anormal ? Un rêve est un périple complètement hors de la réalité, dans l'imaginaire. Comment diable peut-on faire un rêve normal ? Est-ce que les gens qui écrivent les petits papiers explicatifs sur les médicaments font des rêves normaux ? Mes amis « spécialistes » qui connaissaient le Lariam m'ont traduit *rêves anormaux* par « cauchemars *weird* semi-éveillés ». Moi, pour ma première nuit Lariam, je peux affirmer que ça s'est tout de même bien déroulé : quelques heures à peine d'insomnie, puis un rêve où je marchais dans une ruelle sous une tempête de neige. Pourtant, on était en plein été… Le fait qu'un musicien chantait une chanson de Noël et qu'il neigeait en été avait quelque chose de si tragique que je me suis réveillé en sursaut. Je suis sorti de ma chambre, perturbé, et bien que le soleil se levât à peine, la chaleur m'a frappé en plein visage. Immédiatement, je me suis surpris à penser avec nostalgie à ce rêve enneigé.

Celui qui a la bouche doit demander.

On ne sue qu'une fois en Afrique : en débarquant de l'avion. Et ça ne cesse que lorsqu'on y rembarque. Cette réalité me rend irritable, fatigué. Ce n'est pas pour rien que le soleil est si puissant ; il consomme toute notre énergie.

J'ai l'impression d'être enfermé. Ça fait plus d'une semaine que je suis ici et il me semble n'avoir rien vu d'autre que notre cour. Je n'ai aucune autonomie. Rien ne fonctionne comme chez nous. Sortir de la maison est une aventure, seulement l'achat d'une simple carte postale devient une mission.

— 450 francs.

— Quoi ? Mais non, ça vaut 200 !

— Non, non. À 200, ce n'est pas la qualité ; à 200 ça ne fait pas le prix. Il faut faire un effort. Regarde-moi, je dois faire un peu d'argent aussi. Je les paie plus de 200, il faut que je gagne quand même un peu. Donne-moi 375 et on n'en parle plus.

— Mais non, c'est trop. On m'a dit que ça valait 200, pourquoi pour moi ça serait plus cher ?

— Écoute, je fais des efforts, je suis parti de 450 et j'ai baissé de 75 francs. Toi, qu'est-ce que tu fais comme effort ? Donne-moi quelque chose. Fais-moi une offre raisonnable... Même si je fais un profit d'un seul franc, je vais accepter...

Après une conversation qui prend parfois les sonorités d'une engueulade, longue, complexe et épuisante, je retourne chez moi tout fier de ma carte négociée à 275 FCFA, et me fais dire par Sibiri qu'elle ne valait que 150.

Je veux sortir, voir la ville, les gens. Je veux me pratiquer à négocier les prix, à me débrouiller. Je me prépare à supplier Moustapha, à le prendre par surprise ce matin, dès qu'il mettra les pieds à la maison. Au même moment, il ouvre la porte de la cour et nous crie : « Venez, on s'en va en ville. » Valériane met son chapeau, je prends une bouteille d'eau, et tout énervés, comme si c'était un rêve qui pouvait se terminer d'un instant à l'autre, nous nous engouffrons dans le 4 x 4.

Dans les rues qui s'éveillent, quelques voitures de l'année doublent des charrettes tirées par des ânes… On rencontre des enfants qui se rendent à l'école, et d'autres qui vont travailler ; des gens à bicyclette, d'autres à mobylette ; des femmes avec leur nouveau-né noué à leur dos, d'autres avec le leur dans une poussette… C'est ce qui fait tout le charme de cette ville, la symbiose de deux époques, mais à la fois sa tristesse, car dans chaque recoin, l'écart entre les riches et les pauvres saute aux yeux.

Premier arrêt : la banque et son guichet automatique ; la clé de ma liberté. J'arrive à me rappeler le NIP imposé de ma carte de crédit et mes doigts se dirigent allègrement vers le clavier lorsque je remarque que la personne derrière moi fixe mon écran. Un vieil homme, vêtu d'un complet dépareillé et de lunettes de soleil roses sous un vieux chapeau, passe sa tête par-dessus mon épaule. Son visage est marqué de six lignes qui partent de sa bouche et qui s'élancent dans toutes les directions comme les moustaches d'une panthère. Les lignes, creusées à même la peau, sont profondes et irrégulières : des scarifications ethniques qui symbolisent son affiliation à une tribu. Cet homme/panthère essaie avec difficulté de scruter l'écran, ses yeux entreprenant l'opération de focus. Je m'arrête, intimidé.

C'est alors que d'une tape sur l'épaule il m'annonce qu'il connaît aussi des problèmes à cette étape.

— Il faut que tu composes ton code d'accès et que tu pèses sur *O.K.*

— Oui, monsieur, je le sais parfaitement. Mais je n'attends que le moment où vous allez quitter le clavier du regard pour le taper ce foutu code SECRET.

Après un déhanchement subtil pour le repousser, sans succès, j'abdique finalement. Je décide d'y aller tout de même, de retirer l'argent, puis de quitter rapidement la banque pour, ne pas courir le risque de me faire voler ma carte. Je retire l'argent, ne prends même pas la peine de compter mes 80 000 FCFA, mets le tout dans ma poche et me retourne vivement. Quelques pas et je serai dehors.

— Monsieur, monsieur, s'il vous plaît…

Il essaie de me retenir. Je ne sais plus trop quoi faire. Je suis en sueur mais, après tout, c'est un phénomène normal ici… Je me retrouve à ses côtés, la main sur la poche contenant mon argent, mon attention concentrée sur ma fesse appuyée contre ma carte. Il me demande avec un large sourire :

— Je n'arrive pas à voir les chiffres du clavier, pouvez-vous, s'il vous plaît, composer mon code d'accès ? C'est le 52-78. J'aimerais retirer 20 000 FCFA.

Je compose son code d'un air gêné.

Fonds insuffisants.

— Oh ! … alors, pouvez-vous me dire combien il me reste en appuyant sur *solde disponible ?*

Quelle erreur de perception ! Je me trouve ridicule en rembarquant dans le véhicule de Moustapha, et n'ose pas trop parler de cette rencontre. Je dois m'entrer dans la tête que je ne suis plus chez moi. Tout est différent.

51

Les rues deviennent de plus en plus coincées, peuplées, alors que nous approchons du grand marché. De tout bord tout côté il y a des étalages, des animaux, des gens portant des boîtes et des articles de tout genre. Des stationnements de mobylettes apparaissent, des océans d'engins à deux roues serrés les uns contre les autres dans un petit enclos, tous munis d'un billet posé sur leur banc. Aucun espace n'est laissé libre pour la circulation, le premier arrivé le matin doit être le dernier à partir. Une rangée de taxis verts bloque la rue. Un homme fait signe à Moustapha qu'il possède un espace de stationnement à louer. Il vient de trouver son client de la journée et se presse de poser un énorme carton sur le pare-brise pour empêcher le soleil de calciner le tableau de bord. L'homme fait le tout rapidement dans le but de disposer de ses deux mains pour les tendre à Moustapha dès que celui-ci mettra le pied dehors.

— Je n'ai pas de monnaie pour le moment, mais la prochaine fois je te donnerai un billet, lui annonce Moustapha.

L'homme acquiesce de la tête et retourne se coucher. Tant que nous occuperons son stationnement, il n'aura rien d'autre à faire.

Le marché est le poumon de la ville. Certains vivent, dorment et mangent dans leur minuscule commerce. D'autres le quittent le soir, mais ne peuvent aller bien loin car ils y passent la majeure partie de la journée, de leur vie. De petits étalages, surchargés, remplissent les allées. Pour s'y faufiler, il faut éviter les balais par-ci, les chaudrons par-là, des poissons... À force d'occuper le plus d'espace possible pour étaler leur marchandise, les marchands rendent la circulation hasardeuse. Nous observons ces petites artères qui conduisent au cœur du marché. Les gens s'y pressent, s'y serrent, s'y bousculent. Un bourdonnement en émane ; une cacophonie de milliers de voix s'entremêlant pour ne former qu'une masse sonore informe. La charpente de béton fait penser à la structure d'un stade de football. Mais son toit ne couvre plus que les kiosques centraux ; les étalages se multipliant sans cesse, les vendeurs débordent de chaque côté pour occuper les rues avoisinantes.

Go! Il faut y aller. Je fais mes premiers pas en direction de cet univers; une poussée d'adrénaline déclenche un fou rire mal contenu. À la seconde où mes pieds s'orientent dans les parages d'une allée, je me fais agripper par un jeune aux lunettes fumées portant un vieux t-shirt *Adidas* déchiré. Intériorisant l'inconfort qui naît en moi, je révise dans ma tête les options pour me débarrasser de ce vendeur: «Non, ça ne m'intéresse pas; je n'en veux pas; je n'ai pas d'argent; j'en ai déjà un...» J'ouvre la bouche pour me préparer à lui lancer ma défense...

— Salut, tu es français?

— Hein? Euh... non, non, je suis canadien.

— Ah! le Canada, un très beau pays. J'ai toujours rêvé d'aller au Canada...

Pas d'attaque directe, pas de défense possible. Il me demande mon âge, ce que je viens faire ici, des nouvelles de mon pays, de ma famille. Super sympathique. Aucune façon de me débarrasser de lui sans que ma conscience ne me fasse un procès. Pendant ce temps, d'autres gens tentent de m'agripper, d'engager une conversation. Il les repousse brusquement, leur hurle deux ou trois mots incompréhensibles, puis continue à me parler calmement, dans un français impeccable. Il me tient par le bras, comme un ami, comme un chien. Dès que je pose les yeux sur un kiosque d'art africain, dont toutes les pièces me semblent tout droit sorties d'un musée, il me demande, tout en m'empêchant d'arrêter:

— Tu veux acheter des masques? Un *djembé*? Viens, je vais te montrer. Mes amis ont un kiosque et c'est bien moins cher qu'ici...

Les allées deviennent de plus en plus sombres, serpentant à droite, à gauche, de plus en plus profondes. Une véritable chasse aux Blancs s'organise. Des cris fusent de toutes parts :

— *Nassara* ! *Nassara*, viens voir ! Le Blanc, le Blanc. As-tu une pièce de ton pays ? Je fais la collection.

— …

— Tu n'as pas de pièces ? Alors un billet fera l'affaire.

— Euh…

Je ne sais jamais quoi répliquer. Il prévoit un argument à toutes mes réponses. Je ne connais pas encore les automatismes locaux. Ces diverses formules qui se déclenchent mécaniquement, comme un réflexe, et qui servent à toutes les facettes de la vie ou à signifier directement sa véritable intention seraient ici tout à fait inappropriées. Le simple échange : « Est-ce que je peux vous aider ? — Non merci, je ne fais que regarder. » ne fonctionne pas du tout dans ce pays. Tous mes automatismes doivent être révisés, sinon je vais me faire manger la laine sur le dos.

Des escaliers qui montent de ce côté, une allée qui tourne vers la droite. Ne suis-je pas déjà passé ici ? Toujours une foule animée, des cris, des vendeurs et des kiosques à chaque centimètre carré. Le strict minimum d'espace est laissé aux passants. C'est à leur avantage, car pour savoir où poser les pieds on n'a d'autre choix que d'observer la marchandise... J'ai soudainement l'impression d'être perdu, d'être incapable de me retrouver, de me débrouiller dans ce labyrinthe. J'ai soudainement l'impression que, laissé seul, j'aurais même de la difficulté à respirer. J'ai soudainement l'impression qu'on pourrait me conduire dans un coin sombre et me voler sans que mes cris ne puissent briser le vacarme ambiant. J'ai soudainement l'impression que je ne me sens plus bien du tout. Toutes les raisons et tous les prétextes servis à mon « guide » imposé dans le but de le faire disparaître ne fonctionnent en rien. Il me demande à présent où je demeure afin de pouvoir venir me montrer des œuvres d'art à la maison.

Je ne sais plus quoi inventer. Je retrouve Moustapha des yeux et profite d'un crochet pour m'agripper à lui et me ramener à ses côtés. Voyant que je connais un Africain, mon accompagnateur demeure en retrait, me permet de souffler. Je reprends quelque peu conscience et jette un coup d'œil à Valériane, qui m'emboîte le pas. Son regard perçant, fixé droit devant elle, sa respiration lourde et régulière me démontrent qu'elle ne cesse de se répéter : « Je vais y arriver, tout va bien, ça va être bientôt fini, tout va bien. » Les hommes qui, de toutes parts, nous saisissent par le bras pour nous conduire à leur kiosque doivent être perçus d'une manière encore plus troublante par elle.

Nous parvenons à un kiosque de casseroles et d'ustensiles de cuisine. Moustapha commence à négocier. Sa réaction devant les prix qui lui sont proposés semble signifier que le fait d'être accompagné par deux Blancs décuple instantanément la valeur des items. Dans cette petite allée, je tente de céder le passage à ceux qui veulent me contourner sans piétiner les montagnes d'épices qui gisent à mes pieds. Les odeurs se bousculent jusqu'à mes narines. Une femme, en plein centre de l'escalier, fait cuire du riz sur du charbon. Les gens s'alignent devant elle avec leurs assiettes ou d'autres contenants de tous genres. Pour les repas, nul besoin de quitter le marché ; c'est un univers en soi. Certains ne l'abandonnent jamais.

L'engueulade s'engage entre Moustapha et le vendeur au sujet du prix d'une casserole. Avertis par des amis ou par les bruits, quelques vendeurs d'autres kiosques se présentent maintenant, casseroles en main, et proposent leurs propres prix. Dans un désespoir criant, Moustapha sort quelques billets et achète une louche en fonte. Du revers de la main, il balaie les casseroles trop dispendieuses. Il me regarde d'un air exaspéré :

— Avec des Blancs, c'est vraiment l'enfer…

Il tend la louche à Valériane et lui ordonne de ne pas hésiter à s'en servir si quelqu'un la menace ou tente de la voler. Elle se place entre Moustapha et moi, et, en file indienne, nous continuons notre périple. Tellement de bruit, d'interpellations, impossible de se parler. Nous regardons droit devant, marchons en silence sans détourner les yeux. Un enfant se faufile jusqu'à nous entre les vendeurs ambulants qui nous escortent. Il me propose un masque sculpté dans un bois noir, l'ébène, luisant comme sa peau.

— *Nassara, nassara*, toi me donnes espadrilles, moi te donne masque.

Je tente un exposé boiteux affirmant la dépendance de mes pieds à mes souliers pour marcher. Il range alors le masque et me tend une petite sculpture de fils de fer représentant une bicyclette, qu'il dit avoir lui-même fabriquée.

— *Nassara*… Je n'ai pas mangé de la journée, il est l'heure de dîner… Pour toi je casse le prix. S'il vous plaît, *nassara*…

Les sentiments et l'argent ne font pas bon ménage. Si je lui offre quelques pièces, tous les vendeurs qui m'entourent vont me sauter au cou; si je ne lui en offre pas, c'est ma propre culpabilité qui m'achève. D'un air désolé, il nous quitte...

Nous recroisons le stationnement de la mer de mobylettes. Nous repassons devant l'étalage de testicules de bœuf dégoulinant de sang qui m'avait tant marqué, puis le coin des épices, si odorant, merveilleuse pause pour notre nez qui cesse un instant de respirer l'odeur des milliers de gens emprisonnés sous la chaleur de ce labyrinthe sans vent. Finalement, je comprends le but de ce vaste circuit : c'est notre retour au kiosque des casseroles de tout à l'heure. Ce détour faisait partie de la négociation. Moustapha pose un billet dans la main du vendeur, pas même la moitié de ce qu'il demandait, et prend la casserole. C'est sa dernière offre. D'un regard piteux, le vendeur acquiesce finalement, une abdication forcée. D'un pas rapide nous traversons le marché une dernière fois, en sortons, et nous engouffrons dans le 4 x 4, refermant les portes sur notre bulle, retrouvant notre intimité. Inspire, expire…

56

•

Moustapha s'arrête près d'un luxueux café et nous offre un cornet de crème glacée pour nous remettre de nos émotions. Pendant que nous le savourons dans le véhicule, il se stationne à la pharmacie ; sa femme ne se sentait pas bien ce matin. Aussitôt que nous arrivons, une meute d'enfants et d'adolescents se presse contre le 4 x 4. Ils collent leur visage contre la vitre et nous scrutent méticuleusement. À voir leur accoutrement sale et les trous qui couvrent leur linge, je réalise que c'est ma première rencontre avec des jeunes de la rue. Instantanément, mon gros cornet de crème glacée devient une source de honte incroyable. Ils le contemplent d'un appétit impuissant et nous font signe qu'ils aimeraient y goûter ; manger. Valériane se baisse le visage et, comme moi, souhaiterait vivement être ailleurs. Ils nous entourent car ils reconnaissent partout le 4 x 4 de Moustapha, et dès qu'ils le voient ils accourent. Moustapha est bien connu dans leur milieu ; il les aide toujours en cas de pépin, est là pour eux. De temps en temps, il leur paie des soins ou des médicaments. Ces jeunes, vêtus de lambeaux, sales, si mouvementés, crient pour saluer Moustapha et nous, ses nouveaux amis. « Lui, c'est notre père. » Ils sont de ceux auprès de qui je suis mandaté pour travailler au cours des deux prochains mois. Je suis terrifié. Ils s'attroupent devant la portière alors que Moustapha se prépare à sortir. Subitement, deux d'entre eux tombent. Des cris... Les jeunes tentent de se sauver. De violents coups de matraque fusent de toutes parts de l'autre côté de ma vitre. Le gardien de la pharmacie est arrivé par-derrière pour disperser le groupe. Un jeune est agenouillé ; il s'est fait projeter contre le sol. Voyant la matraque se lever, il lance sa main dans les airs pour se protéger la tête. La matraque s'abat sur ses doigts. Un claquement... et son majeur se rabat bruyamment vers l'arrière. Le sang gicle. Des hurlements atroces s'échappent de sa gorge et font reculer le gardien de quelques pas, l'espace nécessaire au petit pour déguerpir, replié sur lui-même, la main pendante. Les autres membres de sa troupe lancent des pierres et des injures au gardien alors que celui-ci feint de les poursuivre, question de les éloigner. Nous demeurons dans la voiture, incapables de bouger, figés. Le gardien revient après quelques instants et nous ouvre la portière. «Pourquoi as-tu fait ça?» hurle Moustapha. S'attendant à recevoir des remerciements, le gardien est un peu décontenancé. Il a vu des passagers blancs dans un véhicule se stationnant; des jeunes de la rue sont venus les importuner, quêter, leur vendre des babioles, peut-être même les voler. Il s'est dévoué pour nous en protéger. Moustapha repart le véhicule avant d'entendre la fin de l'explication. Je me rends compte à quel point ma couleur de peau revêt un poids énorme ici. Le Blanc détient la science, la culture, mais surtout l'argent, valeurs vénérées en Afrique.

Ma première journée passée en ville… Je n'étais pas prêt à vivre tout ça; je n'étais pas encore pleinement «arrivé» en Afrique. En fait, c'est ma nausée qui me le confirme.

La honte ne tue pas la chèvre,
mais elle lui tord tout de même la queue.

Je ne suis jamais à l'intérieur. J'entre dans la maison pour aller à la salle de bain et me coucher, point. Nous mangeons à l'extérieur, écoutons de la musique à l'extérieur, lisons à l'extérieur, mais, surtout, nous parlons aux gens qui viennent nous rencontrer. C'est que nous sommes devenus une sorte d'attraction touristique pour les gens du secteur, et comme les règles de la coutume africaine dictent que *mia casa es tu casa*[3], ils débarquent constamment pour nous saluer, nous parler, prétextant devant nos interrogations être le cousin d'un ami d'un ancien stagiaire, le voisin du colonel qui nous loue la maison, le vendeur d'artisanat chez qui les anciens stagiaires ont acheté des souvenirs ou le couturier avec qui ils faisaient affaire...

Pierre, ce soi-disant couturier, a même pris l'habitude, puisqu'il « connaît la façon de penser des Blancs », d'attendre à la limite de notre cour jusqu'au moment où nous nous réveillons. Que nous ne soyons pas encore sortis de la chambre ne l'empêche cependant pas de venir s'asseoir dans nos divans, aux côtés du gardien, d'où il nous sourit allègrement alors que nous nous préparons à affronter une nouvelle journée.

Il prend mes mesures à l'aide d'un vieux ruban jaunie, d'une manière qui me semble tout à fait aléatoire. Il note quelques chiffres sur un bout de papier froissé et me promet qu'en échange de quelques dollars il me fabriquera un pantalon sur mesure qu'il livrera le lendemain matin.

---

[3]   « Ma maison est ta maison. »

Après plusieurs jours, curieusement les seuls où il n'est pas venu nous rencontrer, il m'apporte un pantalon multicolore à la taille trop large et aux jambes trop serrées, confirmant que les mesures prises étaient effectivement aléatoires. Le motif du pantalon est un amalgame de petits bouts de tissu cousus ensemble, colorés et extrêmement disparates, d'une variété impressionnante. Dans un monde où presque tout est inaccessible, rien ne doit être perdu. Tous les morceaux, si petits soient-ils, qui se font retrancher lors de la confection d'un costume, s'accumulent pour enfin se transformer à leur tour en vêtement lorsque leur quantité est suffisante. L'union fait la force, mais pas nécessairement la beauté.

Je tente d'élargir les jambes du pantalon en me pliant et en sautant. Devant son air étonné, j'explique à Pierre qu'il s'agit d'une danse traditionnelle canadienne. Lorsque je retire le pantalon « picasso », je remarque que j'ai quelques bleus ici et là, derrière les cuisses et sur un genou. Mes vaisseaux sanguins sont tellement dilatés à cause de la chaleur que le moindre choc provoque une ecchymose instantanée. « Tu deviens africain peu à peu », me lance Basil sans être capable de s'empêcher de rire. Il passait par ici pour m'inviter à une fête au maquis ce soir. Les trois moniteurs, Yaku, Moussa et Basil, ont été invités à y jouer de la musique. Je me demande bien comment ils ont fait pour se faire inviter ; ce maquis se situe dans une autre partie de la ville et ils ne quittent presque jamais notre cour arrière car ils s'entraînent constamment pour le cirque. Nous ne disposons ni de téléphone ni d'adresse postale… « Dès que le soleil se couche, nous partons. » Ça me laisse peu de temps.

Le Burkina Faso frôle l'équateur, ce qui lui mérite en permanence des nuits presque aussi longues que les jours : 12 h/12 h. Le soleil se lève vers les 6 h 30, pour se coucher autour de 18 h 30. La noirceur vient très rapidement, mais nous ne pouvons nous empêcher d'être heureux de perdre de vue pour quelque temps la présence menaçante du soleil qui limite tous nos mouvements. Le soulagement est malgré tout partiel, car si le soleil baisse, la chaleur, elle, ne diminue pas. Oui, c'est la liberté de marcher en pleine rue sans craindre de prendre en feu sous l'effet des rayons solaires, mais psychologiquement c'est difficile; lorsque la noirceur s'amène, tout notre corps s'attend à être rafraîchi, à ce que la température tombe pour enfin lui permettre de récupérer. De constater qu'on est toujours en train de suer même s'il fait nuit est un choc brutal. Mais on ne peut tout de même pas s'empêcher de vivre! Je prends un *djembé* sur mes épaules, Valériane prend son sac, puis nous partons pour la fête.

«C'est seulement à cent pas», m'assure Yaku. Tant mieux, parce que le *djembé* est massif. Sculpté dans un tronc unique, vidé selon un angle idéal pour la circulation du son, puis orné de sculptures symboliques, les fûts servant à les confectionner doivent désormais être importés de la Côte-d'Ivoire puisque les arbres de cette taille deviennent trop rares au Burkina. Même le balafon de Basil, ce grand xylophone aux lattes de bois, possède une structure composée en partie d'une vieille table réincarnée.

Puisque le feu est la principale source d'énergie du pays, la seule à la disposition de la grande majorité des gens, la forêt a presque complètement disparu, principalement autour des quelques centres urbains. Autour de la capitale, à Ouagadougou, on parle d'un rayon de 70 kilomètres nettoyé de tout arbre, branche, arbuste... Chaque brin a été soigneusement ramassé. La terre est épuisée, stérile. Ce n'est plus que sable et poussière brûlée par le soleil. Dans des plaines immenses surgissent, par-ci par-là, quelques rares arbres solitaires, isolés.

Quelque quatre millions d'hectares de forêt sont annuellement rasés en Afrique. L'urgence de la vie quotidienne et la pression démographique obligent à se réfugier dans le court terme. Le but de chaque espèce vivante est de subsister dans le temps certes, mais pour assurer l'avenir de nos enfants il faut d'abord survivre jusqu'au lendemain...

61

Ces coupes massives d'arbres, jumelées à des saisons des pluies qui ne cessent de s'écourter, entraînent un grave problème de désertification. Les spécialistes affirment que le désert qui borde le nord du pays avance de 10 kilomètres par année. Dans 10 ans, ce sera 100 kilomètres de ce pays qui seront engloutis sous le sable. Comme ce pays est déjà au départ relativement petit, son espérance de vie est comptée.

Non, ce n'est définitivement pas un petit arbre qui a servi à fabriquer ce *djembé*. Mes épaules le constatent à chaque enjambée.

> — Je ne sais pas si je fais de plus petits pas que vous, mais moi ça fait beaucoup plus de cent pas que je fais...

À leur air aucunement épuisé, je comprends qu'ils pourraient marcher ainsi des heures et des heures. Je décide de les inviter à faire un tour de taxi vert. Valériane approuve en se laissant tomber sur le sol.

Le Burkina ne possède pas de système de transport en commun. En ville, la majorité des véhicules sont des mobylettes ou des taxis verts. Ces vieilles voitures, expulsées d'Europe car elles n'étaient plus conformes aux règles de sécurité, se retrouvent ici, réparées à l'aide d'un peu de corde, de bois, de carton, de tôle... Elles exhibent toutes la même teinte, un vert forêt, et parcourent les routes dans un nuage de fumée, faisant monter tout le monde voulant aller dans la même direction qu'elles, et ce en échange de quelques sous. Il est presque impossible de voir une voiture avec moins de cinq passagers. On en croise plus souvent avec une dizaine de personnes à bord car, avec le prix exorbitant de l'essence (un litre équivaut à quatre repas), un chauffeur qui roule avec moins de trois passagers ne fait pas ses frais. Le tarif n'est cependant pas fixe, et on doit toujours âprement négocier.

Ce chauffeur-ci ne veut pas accepter moins que le double du prix «normal», prétextant la grande distance à parcourir.

Implicitement : les Blancs ont amplement les moyens. Cette *station wagon* a l'avantage de pouvoir contenir un balafon, un *dum-dum* (deux larges tambours attachés ensemble) et... Basil dans le coffre arrière ; Yaku, moi et deux *djembé*s sur la banquette arrière, puis Moussa et Valériane sur la banquette avant. Nous roulons depuis suffisamment longtemps pour justifier pleinement ma décision de prendre un taxi, puis nous quittons le goudron pour nous engouffrer dans une petite ruelle de terre cahoteuse, complètement noire ; aucune lumière en vue. Le chauffeur fait du mieux qu'il peut pour rester dans le tracé en évitant tant bien que mal les principaux trous et fossés, tout en contournant les piétons. Un large gonflement se dresse en plein milieu de la voie, question de ralentir le rare trafic sur roues.

— C'est un gendarme couché.

— Un gendarme couché ? Quelle expression bizarre...

— Pourquoi ? Comment dites-vous au Canada ?

— Un dos d'âne.

— Et c'est moins étrange comme terme ?

— ...

L'absence totale d'éclairage électrique et, de temps à autre, le reflet d'une chandelle ou d'une lampe à huile créent une ambiance mystérieuse. Des ténèbres surgissent des formes vacillantes et fugitives. Nous nous avançons vers le gouffre, l'inconnu, en nous éloignant de plus en plus de la civilisation.

Les gens vivent dehors en permanence. Les cases de terre qui servent d'habitations ne comportent qu'un coin pour faire la cuisine et un autre pour dormir. De toute façon, avec cette chaleur, qui voudrait rester enfermé ? Quelques couvertures qui traînent aux abords de la route nous indiquent que plusieurs dorment à la belle étoile.

Le taxi s'enfonce de plus en plus. Ses phares éclairent la poussière qui flotte sur la ville comme un smog permanent. Des gens, à droite et à gauche, se retournent au passage du taxi. On ne les voit presque pas ; on distingue uniquement le blanc de leurs yeux et de leurs dents. Parfois, une chandelle posée sur une table au bord de la rue indique la présence d'un vendeur de cigarettes ou d'arachides. Partout autour de lui, c'est le néant. Pourtant, même dans les recoins les plus sombres, il y a de l'activité, de la vie. Je sens ma poitrine se comprimer. Je me sens emprisonné par la noirceur, pris au piège, seul à seul avec les ténèbres.

Nous arrivons à un immense château d'eau, une tour de béton servant à recueillir l'eau de pluie. Au loin, une petite lumière apparaît. Au fur et à mesure que nous nous en approchons, nous distinguons une ampoule électrique suspendue, sous laquelle des bancs sont entassés. Autour des bancs, des dizaines et des dizaines de gens sont réunis et parlent avec ardeur. Une ampoule, c'est tout ce que ça prend pour créer un lieu de rencontre. Nous descendons du taxi ; les conversations s'estompent. Ce coin est rarement visité par un mode de transport à quatre roues. Encore plus étrange, des Blancs en descendent. Nous nous approchons et, immédiatement, une femme vient à notre rencontre avec des chaises sur la tête ; elle fait déplacer quelques personnes pour nous les offrir. Nous intégrons cette foule. Nous avons de la difficulté à distinguer les gens ; nous ne savons où poser les pieds. Je me rends compte que mes bras, mes pieds et mes doigts brillent dans le noir. Je suis blanc comme neige, fluo, phosphorescent. Valériane vient s'asseoir à mes côtés ; elle rayonne, *glow in the dark*. C'en est gênant. On semble ne voir que nous. Lentement, nos trois amis musiciens s'installent et placent leurs instruments. Un peu plus loin, de grosses casseroles en fonte noircies chauffent sur un feu de braise. On y brasse le *dolo*. C'est une bière de mil qui, après sa fermentation, doit bouillir durant deux jours consécutifs avant d'être servie. Et par cette température, elle n'a guère la chance de refroidir avant d'être bue... Les réserves de ce soir reposant dans de grandes poubelles de plastique, on commence à la servir dans des calebasses[4].

Je veux essayer cet élixir ; l'ivresse m'apaisera. J'en commande une et sors quelques francs pour payer, mais la femme m'explique d'un geste qu'elle n'accepte pas le billet que je lui tends. C'est le seul que j'ai, pourquoi ne l'accepte-t-elle pas ? Il ne peut pas être faux ; il provient directement de la banque... Basil me rejoint et m'éclaire : ils n'ont pas de change pour mon billet. Pourtant, c'est un 10 000 FCFA, l'équivalent de 20 $, les seuls billets que le guichet automatique m'a refilés. Dans un large sourire, il m'apprend que la calebasse de *dolo*, près d'un demi-litre, vaut 50 FCFA et que plusieurs gens ici n'ont jamais même manipulé un billet de 10 000 FCFA.

> — Quand il suffit de quelques centaines de francs pour passer la semaine, 10 000 ; c'est au-dessus de notre tête, tout comme les nuages.

Il sort de ses poches un billet brun, souillé, roulé en boule, usé, déchiré... un billet de 1000 FCFA, l'argent du peuple. Je prends ma calebasse, en soutire une grosse gorgée... et me concentre pour ne pas la recracher. Ce liquide brunâtre est chaud, caramélisé, amer... pas du tout ce à quoi je m'attendais. « Mais qu'importe le flacon, pourvu qu'on ait l'ivresse », aimait citer mon ami Kyle. Un peu à la manière d'un sirop contre la toux, j'avale de travers les premières gorgées qui, au fur et à mesure, deviennent de moins en moins mauvaises, pour devenir finalement comme du jus. Et la bonne chose avec ce jus, c'est qu'il a fermenté.

Dans le ciel qui nous surplombe, j'arrive à entrevoir la Grande Ourse, cette casserole que je connais bien, mais, chose étrange, elle est à l'envers. Ce doit être pour cette raison que l'eau manque dans ce pays... L'autre constellation qui se dégage de la blanche lumière de la lune est la Croix du Sud, que j'ai appris

---

[4] Issu du calebassier, coupé en deux et évidé, ce demi-fruit beige de forme ovale est utilisé pour tout : récipient, ustensile de cuisine, objet de décoration, caisse de résonance et... bock à *dolo*.

à reconnaître lors de mon séjour au Pérou. Je ne pensais pas qu'il était possible de voir à la fois, et la Grande Ourse, et la Croix du Sud dans un même ciel. L'équateur nous frôle ; nous ressentons sa chaleur, mais il offre aussi des avantages.

Le spectacle débute. Rien n'est planifié d'avance ; la musique se crée d'elle-même, se forme sous l'inspiration du moment. Elle puise ses racines mélodieuses dans les traditions ancestrales. C'est la base de la vie africaine, au même titre que la religion. Moussa frappe à un rythme endiablé son *djembé*. Les mains de Basil deviennent presque invisibles tellement elles volent d'un bout à l'autre de son balafon. Yaku produit des sons de harpe avec sa *kora*, instrument à 16 cordes dont la caisse de résonance est une calebasse tendue d'une peau de chèvre. Une vague d'énergie brute submerge les spectateurs, qui se font de plus en plus nombreux et qui commencent à s'attrouper autour du groupe formé par les musiciens et nous. Ils sont attirés par la musique, et demeurent pour observer les blancs visiteurs de leur quartier. Un vieil homme vient me saluer et me remercie chaleureusement de lui faire l'honneur d'être parmi eux. Il se tient le coude alors qu'il me tend la main ; un signe de soumission. Je ne sais pas comment réagir. Inconfortable, j'ai envie de lui rendre la pareille, mais mon geste peut être interprété comme une moquerie, une insulte. Dans le doute, abstiens-toi ! Je ne fais que lui sourire.

Les petits anneaux métalliques attachés aux tambours se frappent les uns aux autres, créant une sonorité étrange. Les calebasses qui servent de caisses de résonance au balafon sont parsemées de trous recouverts de papier de soie, provoquant un cillement constant. Les mains de Basil sont entourées par une sorte de chaîne métallique, qui ajoute elle aussi à cette sonorité distincte, étrange et imparfaite pour un Occidental ; richesse sonore si recherchée par les Africains. Les lames de son instrument, qui produisent des sonorités pures, sont accordées suivant la langue de Basil, le dioula, car il accompagne les chants de son ethnie que Moussa et Yaku entonnent.

Chaque instrument est accordé au dialecte de son maître. Et, puisque les instruments «parlent», deux musiciens venus de villages voisins ne peuvent pas nécessairement jouer ensemble.

Le public danse devant le groupe, avec le groupe. De temps à autre, un danseur se place devant les musiciens ; ceux-ci, hystériques accompagnent ses mouvements endiablés. Le rythme domine tout, possède tous les corps. La musique et la danse traduisent la complète communion de l'homme et de la nature. Tour à tour, d'autres musiciens viennent accompagner ou remplacer les membres du groupe. Ce ne sont pas quelques gens qui s'offrent en spectacle ; les musiciens font partie des danseurs, et les danseurs font partie de la fête. Tous participent à cette soirée ; chacun est un élément de l'ensemble. La foule nourrit la musique et se nourrit d'elle. C'est une relation d'interdépendance, un échange qui rend les deux parties indispensables. Les musiciens ne se surpassent que lorsque la foule leur envoie de l'énergie. La danse, c'est le mode de communication avec le groupe de musique.

Les danseurs, qui se présentent un à un devant les musiciens, entrent en transe. Leur corps sursaute et se trémousse dans des spasmes rythmés, des sauts rapides, des mouvements complexes ; ils se lancent par terre et se relèvent en bondissant. Parfois Moussa, avec son *djembé* attaché aux épaules, se place devant un danseur et, de ses mains puissantes, tente de traverser la peau qui résonne à tout rompre. L'énergie qui s'en dégage va directement au danseur qui saute et court, semblant maintenant possédé par quelque puissance occulte : ils se parlent ; l'un en utilisant la musique, l'autre les gestes de son corps qui reflète les nuances de la lumière avoisinante. L'eau ruisselle sur leurs muscles saillants. Moussa est dans une telle surexcitation que ce semble être les événements qui imposent leur rythme. Possédé par l'action, tout son corps s'anime. La danse est sensuelle, le bassin s'agite, les épaules montent et descendent, le cou s'allonge, la tête se balance à contretemps. Moussa virevolte tout en hurlant... La foule tape des mains, crie ce qui

67

lui passe par la tête pour exprimer sa joie. Plus de place pour une goutte de silence. Des sauts légers, aériens, projettent Moussa à la lumière, puis à l'ombre. Ses jambes sont incroyablement rapides. Ses improvisations sont puissantes, toujours renouvelées. Une mobylette passe, et ses phares forment un rayon lumineux qui transperce le nuage de poussière que les danseurs soulèvent.

Il fait tellement chaud que la bière se boit comme de l'eau. Bientôt je me lève pour tenter ma chance moi aussi, la musique rendant toute position assise pénible, toute inertie torturante. Je me joins au mouvement, observe un peu les gens autour de moi et tente de faire comme eux, de danser. Le rythme est formidable ; il s'empare des corps. Constamment, de nouveaux musiciens viennent remplacer les autres ; on dirait qu'ils pratiquent ensemble depuis toujours. Ils arrivent et jouent. Simplement, incroyablement. Il n'y a pas de pression. C'est ici, maintenant. Pas besoin d'être parfait ou d'avoir pratiqué pendant des années pour finalement pouvoir s'accomplir. Les erreurs sont possibles et admises ; elles font partie de la vie. Aucun problème.

Jusqu'alors perdu dans mes pensées, je reprends conscience de ce qui m'entoure et remarque qu'un petit cercle s'est formé autour de moi. Les gens semblent me regarder. Et effectivement ils me regardent : ils sont en train de rire de moi, de ma façon de danser. Je me sens inconfortable ; décroche de la musique pour redevenir conscient de chacun de mes mouvements. Évidemment, j'ai l'air d'un manche à balai à côté de ces danseurs souples ne faisant qu'un avec la musique. Subtilement, je me déplace vers mon siège, à côté de Valériane. Tout en dansant, je recule, m'assois... et tombe lourdement sur le sol. Mon siège n'est plus là ; il a été déplacé, et dans le noir je ne l'avais pas remarqué. Je me relève d'un bond, bourré de honte. Dans la noirceur, j'arrive à distinguer une foule d'individus grâce à leurs dents qui forment des rires éclatés, eux qui n'ont rien manqué de mon spectacle, lumineux dans le noir comme je suis. Je secoue la poussière recouvrant mon chandail quand un homme vient me voir, rigolant bruyamment. Il me raconte, entre deux respirations, que Valériane lui a révélé que nous étions ici pour faire du cirque avec les jeunes. Il continue en me disant qu'il n'a jamais eu la chance de rencontrer un clown aussi comique que moi, même dans les films. Il me prend pour un clown! C'est ma façon de danser, et surtout ma chute... Il se promène maintenant à travers les gens pour leur expliquer que je suis un clown canadien, ici pour faire du cirque. Une grosse femme revêtue d'un large turban aux motifs fleuris vient me porter un billet de 1000 FCFA. On m'explique que c'est la propriétaire de l'endroit et qu'elle me fait l'honneur de me signaler que ma présence est appréciée et que je dois, comme le veut la coutume, aller déposer ce billet sur le front du balafoniste. Un espace demeure libre devant Basil, qui sue à grosses gouttes sur son balafon. Au fur et à mesure que je m'approche, la musique devient plus intense, plus rapide, plus forte. Je ralentis, et commence à danser, à me pencher, à me tortiller. Je m'accroupis et avance en sautant et en tournant sur moi-même, au rythme de la musique, jusqu'au moment où j'arrive devant Basil. Lentement, en tendant les bras par à-coups, je pose le billet sur son front et la sueur le fait tenir en place. Au même moment, ses bras s'envolent dans un solo à en casser les lattes de bois qui rebondissent à chacun de ses martèlements. Je tourne quelquefois sur moi-même, puis quitte le cercle en titubant. Un regard approbateur de Yaku me soulage; je m'en suis bien tiré (ou du moins pas trop mal).

La chaleur est étouffante sur la piste de danse. Et quand on la quitte, on ne ressent aucun soulagement; il ne fait pas plus froid... Le léger vent qui balaie nos cheveux vient du nord, tout droit sorti du désert, brûlant.

Les batteurs de tam-tam, les cogneurs de balafon, les souffleurs de flûte et les pinceurs de *kora*, s'arrêtent enfin pour déguster une ou deux « calebassées » de *dolo*. La soirée se termine. Nous partons à pied, aucun taxi vert ne passant par ici. Les gens que nous croisons viennent me serrer la main et me demandent quand aura lieu mon prochain spectacle. Valériane me regarde avec un large sourire. Le clown canadien !

On n'oublie pas l'arbuste derrière lequel on s'est caché
quand on a tiré sur un éléphant et qu'on l'a touché.

Moustapha nous invite chez lui pour faire la fête, puis, une fois que le soleil menace de se lever, nous donne rendez-vous à 6 h 30, dans quelques dizaines de minutes, en vue d'une activité cruciale pour notre stage.

— Ne déjeunez même pas, on va manger en route.

Enfin quelque chose de concret en lien avec notre travail! Nous amorçons notre dixième jour ici et nous n'avons encore rien vu du projet auquel nous devons nous consacrer. On nous avait bien avisé et répété que les mots d'ordre étaient: imprévu, flexibilité et adaptation. Mais tout a une limite, surtout moi.

6 heures du matin, je suis claqué, mais prêt. 6 h30, 7 heures, 7 h 30, 8 heures, 9 heures, 10 heures... Le temps africain se dilate infiniment. À 11 h 42, Moustapha débarque comme si de rien n'était, ne répondant comme d'habitude à aucune de nos questions. Il nous avoue simplement:

— Ce retard est volontaire; c'est pour vous acclimater à l'Afrique, vous accoutumer à ce que vous prévoyez ne fonctionne pas et développer en vous des méthodes pour combattre le stress que vous impose votre culture nord-américaine face à tout imprévu. Il faut apprendre à profiter du moment présent sans passer son temps à en attendre un autre tout en rongeant son frein. Ce qui doit arriver arrive; les autres choses n'arrivent pas, peu importe ce qui était prévu. Bon, préparez-vous, on part.

Nous sommes prêts depuis 6 heures… C'est aujourd'hui que nous visitons l'un de nos deux foyers partenaires, l'orphelinat St-Bernard. Je deviens soudainement nerveux. Ce qui devait se passer arrive enfin, mais je ne suis pas prêt. Je ne l'ai jamais été.

Dans le 4 x 4, nous sortons de ce qui semble être le centre de la ville. Les rues de terre sont maintenant habitées par des cochons, des dépotoirs, des familles, des poules, du sable… Des vendeuses font frire dans une épaisse fumée divers morceaux d'une nourriture qui m'est inconnue. Le véhicule a de la difficulté à surpasser les obstacles, même avec ses quatre roues motrices. Après avoir contourné quelques cases se présente à nous un vaste terrain vacant qui contraste tout à fait avec l'empilement et l'utilisation exhaustive de chaque centimètre carré qui caractérisaient le trajet jusqu'à présent. Ça fait du bien. On peut enfin respirer. Sous l'ombre de quelques arbres, des centaines et des centaines d'enfants se lèvent d'un bond dès qu'ils aperçoivent le véhicule et se mettent à courir vers le centre de la place. Une vague d'enfants, vêtus de toutes les couleurs, déferlant à toutes jambes telle une nuée d'oiseaux. Un cri informe perce nos vitres, parvient jusqu'à nous et déclenche en moi un fou rire. Le camion s'immobilise au centre du groupe. Et alors que nous sortons du véhicule, ces centaines d'enfants réunis en demi-cercles se mettent à chanter en frappant des mains. Impossible de s'entendre parler. En silence, émus, nous observons ce moment, cette vision. Puis un vieil homme s'approche de nous, vêtu d'un accoutrement pâle qui flotte jusqu'à ses pieds, doté d'un sourire qui plisse jusqu'à son front. Ses yeux brillent d'allégresse alors qu'il nous empoigne la main. C'est M. Bernard, le fondateur de cet orphelinat. Il nous présente aux enfants, maintenant silencieux, comme étant les représentants de la coopération canadienne. Sous leurs applaudissements, Valériane décide alors de présenter un mini-spectacle de jonglerie. La réaction est magique : des cris d'admiration fusent de toutes parts. M. Bernard pose sa main sur mon épaule et me souligne sa joie immense de nous voir, combien l'orphelinat a besoin de nous, de notre aide. Craignant de ne pas être à la hauteur des espérances puisque je ne possède aucune expérience en travail social, ni rien de la sorte, je me lance dans des explications complexes visant à réduire ses attentes, pour m'assurer qu'il ne sera pas déçu.

— Pas à la hauteur ? Ha ! ha ! ha !... Le gouvernement de ton pays t'a choisi personnellement pour t'envoyer ici nous aider et tu penses ne pas être à la hauteur ? Ha ! ha ! ha !

— Euh, oui, en fait... c'est que je suis... C'était le côté artistique du projet qui m'attirait... Je n'ai aucune idée de...

Je ne peux rien lui avouer ! Moustapha intervient, plus rassurant :

— Regarde les visages autour de toi ! Même en n'ayant rien fait du tout, le seul fait de constater que des personnes sont venues du Canada pour venir les voir, eux, ça les soulève, les motive, les encourage incroyablement. Vois comme ils sont heureux ! Des gens s'intéressent à eux, et par-dessus le marché des Blancs.

Impossible de ne pas répondre à ces centaines de sourires, de ne pas prendre les petites mains qui se dressent vers moi. Valériane finit sa représentation et les voilà qui se précipitent tous pour nous saluer un par un. Ils se faufilent entre mes jambes, sous mes bras, derrière moi. Nous sommes les étrangers, le mystère. Ils touchent délicatement ma peau, mes cheveux, effleurent mes poils de jambe, chose qu'ils n'avaient jamais vue.

— Pourquoi as-tu du poil sur les bras ?

— Euh...

Les enseignants du centre arrivent, se fraient un passage avec autorité, puis nous serrent la main à leur tour, en se tenant le coude en signe de soumission. M. Bernard nous explique que tous les professeurs actuels sont d'anciens étudiants de l'institution, sa fierté, et qu'ils y travaillent maintenant bénévolement. Les enfants continuent leur rallye pour nous serrer la main. Nous sommes des héros, des dieux. C'est indescriptible. C'est merveilleux, mais en même temps triste. Je ne mérite aucunement cette affection. Je n'ai encore rien fait pour eux. Je ne suis venu que découvrir, observer. C'est moi qui devrais être ravi de les voir. Je regarde ces enfants, si jeunes, pieds nus mais fiers. Ils nous transmettent toute leur énergie ; ils n'ont rien d'autre à offrir. M. Bernard leur demande de former un demi-cercle pour la chanson d'honneur. Immédiatement, sans aucun bruit, tous prennent place. Cet homme mérite leur respect, leur absolue confiance. Ils le prennent par le bras comme un père.

Après que la dernière voix s'eut tue, à contre-cœur les enfants retournent à leurs cours. Quelques salles pour tous les enfants. Ils sont près de 160 par classe. M. Bernard nous offre un tour guidé de l'établissement, et de sa vie. À l'âge de 14 ans, son père avait décidé de le marier à la fille de son voisin et de l'envoyer en Côte-d'Ivoire travailler dans les plantations de cannes à sucre pour qu'il puisse procurer un revenu à la famille. Après son refus entêté, il s'est fait chasser de la maison et s'est retrouvé seul dans la capitale. Vivant exclusivement dans et de la rue, cette dernière était devenue sa demeure et sa source de revenus. La vente d'eau glacée, de gâteaux et de friandises lui assurait une rémunération minimale, mais, comme il se faisait souvent voler par des bandes d'enfants plus âgés, il a fini par rejoindre les rangs d'un gang qui contrôlait une zone importante de la ville. Il y a reçu ses premiers cours de vol à l'étalage, d'extorsion de fonds, de manigances ; enfin tout ce qu'il faut savoir pour vivre dans cet environnement. Comme il était nouveau et encore inconnu des marchands, il avait la responsabilité de chaparder les provisions. Il a aussi appris à « kidnapper » des mobylettes, des radios, des sacs à main, des bagages... et quelques autres astuces pratiques, comme de coller une gomme à mâcher sous son soulier pour soutirer subtilement, d'un pas, l'argent que les vendeuses posent sur le sol à côté d'elles. Dormant dans les caniveaux de la ville, il se plaisait aussi à « couper la route » aux automobilistes la nuit. Une mobylette bien en vue, gisant au bord d'un chemin sombre hors des limites de la ville, il attendait qu'une auto ou un camion arrive pour lui faire signe de s'arrêter, mimant un accident. Pour un jeune blessé, plusieurs s'arrêtaient. Ses comparses « coupeurs de route » émergeaient alors des buissons et, machette à la main, dévalisaient tous les passagers...

Le jour où son meilleur ami a été tué lors d'une bataille de rue, il a décidé de tout laisser tomber et d'étudier. Il a ensuite trouvé un emploi et, avec l'argent gagné, a construit une case et invité les membres de son gang à y vivre. Il leur a fait promettre de ne plus voler, en échange de quoi il leur assurait toit, nourriture et éducation. La rumeur circulant rapidement, d'autres jeunes n'ont cessé de s'ajouter aux 18 élus. Comme une traînée de poudre, le mot s'est répendu qu'il accueillait les orphelins et les jeunes de la rue. Le nombre des élus augmenta de façon exponentielle. L'espace devenu insuffisant, il a trouvé un terrain abandonné aux limites de la ville pour construire avec eux quelques salles en banco, c'est-à-dire des briques de terre. Aujourd'hui, il compte plus d'un millier d'enfants à son orphelinat, quatre bâtiments en *banco*, dont un inachevé faute de moyens. Il loge même une trentaine d'enfants dans sa propre case. Vivant de maigres dons provenant d'un peu partout, il a réussi à épargner quelques centaines de dollars avec lesquels il a mis sur pied un établissement scolaire et des programmes d'éducation spécialisés maintenant reconnus par l'État. Les parents démunis peuvent inscrire leurs enfants à son école en échange d'une simple boîte de craies, de quelques crayons ou d'un quelconque don symbolique. Les fournitures scolaires, les vêtements, la nourriture et l'eau sont dénichés d'une manière ou d'une autre, plus ou moins constamment, par l'orphelinat. Les anciens étudiants qui ont la chance de se rendre jusqu'à l'université reviennent y enseigner, offrant leur temps à celui qui leur a fait don du sien. En opération depuis 1979, le gouvernement ne dispose d'aucun autre établissement offrant ce type de services. Pourtant, le seul don de l'État a été une lettre d'encouragement, écrite il y a dix ans, dans laquelle il s'engageait à ne pas chasser les résidents de ce terrain. Les enfants demeurent dans l'établissement jusqu'à la fin de leurs études et ne partent qu'une fois que monsieur Bernard s'est assuré de pouvoir les placer dans un milieu de travail fixe. Il ne veut pas les laisser à la rue. Il connaît les dangers qui y courent, la facilité avec laquelle on sombre dans ce monde et la sérieuse menace qui y plane depuis quelques années, la drogue des pauvres, la colle.

Nous quittons le site et les enfants nous escortent en courant derrière le véhicule. Je leur souris une dernière fois. Ils s'arrêtent, essoufflés, puis retournent à leur réalité : les nattes entassées, les repas incertains, la vie à mille. Le choc émotif est énorme, ces enfants adorables, intelligents... Il faut se décentrer par rapport à eux. C'est à ce point triste, ils sont si nombreux, qu'il est presque plus facile de se construire un mur psychologique. Malgré toute la honte et la culpabilité qui m'inondent, une pensée incessante m'envahit : *Thank God it's not me.*

Une pirogue n'est jamais trop grande pour chavirer.

Chaque fois que nous parvenons à une intersection, le même scénario se reproduit : une nuée de mobylettes se faufilent entre les véhicules pour s'amasser, s'agglutiner sur la première ligne. Lorsqu'on peut enfin repartir, les véhicules, plus rapides, doivent à nouveau tenter par tous les moyens possibles de dépasser cet essaim de deux-roues qui s'entrecoupent sans avoir le moindre souci des autos qui les suivent. Le code routier est extrêmement simple ici : la responsabilité du chauffeur se limite à ne pas foncer sur les véhicules/cyclomoteurs/bicyclettes/charrettes/humains/animaux et/ou autres qui se trouvent devant lui. Nous attendons de ceux qui nous suivent qu'ils en fassent de même. Malheureusement, vu le nombre de mobylettes renversées aux intersections chaotiques, on peut constater que le système n'est pas tout à fait au point. Les victimes restent allongées sur le goudron en attendant/espérant que les passants placent quelques branches d'arbres autour d'elles pour que le trafic qui les frôle en permanence ne les abîme pas davantage. Les branches ne servent finalement qu'à encercler l'immense foule qui s'attroupe autour des blessés, qui les contemple sans bouger. Quant à la victime, son unique tâche consiste à saigner patiemment, de la tête fréquemment, dans l'espoir très souvent vain qu'une ambulance passe par là. Par contre, après un temps raisonnable, il arrive qu'un bon samaritain se sacrifie pour amener le blessé au *mouroir*, le dernier arrêt sur terre : l'hôpital.

C'est que l'hôpital public est, évidemment, sérieusement sous-financé. Quelqu'un qui se présente à l'urgence se voit en tout premier lieu remettre une prescription afin qu'il achète des gants de plastique, de l'ouate et de l'alcool désinfectant, éléments essentiels pour être examiné, mais non fournis par l'hôpital. C'est à cette étape que, faute de moyens, se termine la consultation pour la majorité des patients. Ainsi, dans les couloirs des hôpitaux gisent des centaines de malades et de blessés, non traités et non examinés, qui attendent soit l'apparition salvatrice d'un ami ou d'un membre de la famille qui fournirait les quelques sous nécessaires, soit un miracle de Dieu, soit une mort lente. La majorité des cas sont bénins ; une intervention de routine ou un simple médicament serait suffisant, mais, face à 20 ou 30 cas semblables par jour, l'infirmier généreux qui assumerait de sa poche les frais à encourir n'arriverait certes plus à se nourrir lui-même. Il légitimerait l'expression « se tuer au travail ». Et, de toute manière, même une fois la maladie diagnostiquée, les médicaments demeurent inaccessibles. Ainsi, la majeure partie de la population consulte les guérisseurs, tout comme elle le faisait avant l'implantation du système des Blancs.

ZZOOUUMM ! Je suis vraiment heureux de ne pas avoir à conduire moi-même… Notre pare-chocs frôle la hanche d'une mère téméraire qui, en mobylette, tente de dépasser une voiture que nous nous apprêtions nous-mêmes à dépasser à toute vitesse. Le petit accroché à son dos ne semble plus craindre les accidents, habitué à sentir la caresse menaçante des autres véhicules. La circulation dense exploite la pleine largeur de la voie, trafic d'origines diverses et voyageant à vitesse variable, des automobiles roulant à fond la caisse jusqu'au pas lent et régulier des ânes. Ce qui n'aide en rien la situation, c'est l'absence totale de signalisation, d'éclairage, et la présence de vendeurs qui tapissent le bord des routes, trichant vers son milieu. Dans ce chaos où l'unique loi est celle de la survie, les seuls coupables sont ceux qui se font prendre. Je lisais dans mon *Guide du routard* sur l'Afrique noire que les Africains n'aiment pas trop rouler la nuit. En plus des nids-de-poule et des (mauvaises) rencontres, les routes pullulent de marcheurs. Or, un Noir en vêtements sombres est parfois difficile à distinguer sur le bas-côté. Même à petite vitesse, on ne sait jamais qui (ou ce qui) peut surgir à la seconde même. Maintenant, s'il vous arrive (ce qu'on ne vous souhaite absolument pas) de renverser quelqu'un avec votre voiture, dépêchez-vous de ramasser la victime (morte ou vivante) et de la conduire à l'hôpital, à la mission ou chez le médecin le plus proche, avant que la population ne réagisse et vous lynche. Si vous n'avez pas ce réflexe, ayez au moins celui de filer au plus vite car quelle que soit la gravité de l'accident, l'automobiliste, Noir ou Blanc, est toujours considéré comme fautif, voire comme un délinquant que l'on punit généralement par le tabassage.

> — Je ne voudrais jamais conduire au Canada. Il paraît qu'il y a des autos partout. Je ne serais jamais capable, m'annonce notre chauffeur.

Philippe lance cette phrase tout en administrant le sérieux coup de volant qui finalise notre dépassement et nous fait éviter une rangée de femmes, des sceaux d'eau posés sur la tête, qui marchaient en sens inverse. Plein d'autos, oui... mais roulant sur de l'asphalte entretenu où chaque voie est délimitée clairement sous des lumières éclairant des panneaux de signalisation qui, eux, imposent un code routier appliqué par les policiers qui veillent à... Bof, je ne veux même pas tenter de lui expliquer.

> — Ça fait longtemps que tu es chauffeur ?

Il baisse la tête subtilement et me répond d'une voix grave qu'il était professeur au primaire il y a deux ans encore, avant les restructurations du Fonds monétaire international, le FMI. À présent, il vit du secteur informel[5], comme tout le monde.

---

[5] Voir annexe 1.

— L'an dernier, dans le système d'éducation, le nombre de professeurs burkinabés a été coupé de moitié, doublant par le fait même le nombre d'étudiants par classe. C'est à cause de ça que je suis maintenant chauffeur.

Le chauffeur le plus cultivé que j'aie eu...

Do not attempt to think. Depression may occur.

•

Sa journée de travail est terminée. La nuit débute. Je décide d'inviter Philippe à prendre une bière. Il m'invite plutôt à aller voir un ami.

Nous marchons dans les ruelles noires. Je demeure toujours un peu sur mes gardes, car mon teint blanche-neige est visible de loin et pourrait attirer le danger, même pour celui qui m'accompagne. Une personne qui n'arrive pas à se nourrir, à subvenir à ses besoins de base, même si elle est fondamentalement bonne, peut être tentée de cueillir le porte-monnaie ambulant que je représente. Au détour d'une ruelle, en plein milieu du centre de nulle part, une petite lueur, des sons. Une douzaine d'hommes relativement jeunes encerclent une ampoule suspendue. Sous celle-ci gît une table de *baby-foot* devenue artisanale ; des fils de fer, des planches raboutées et des morceaux divers composent désormais sa physionomie. La partie arrête net, de même que les cris d'encouragement, lorsqu'ils me voient apparaître. Un Blanc se présente à leur table ! C'est comme si un défi venait d'être lancé. Quelques regards croisent le mien ; je sers quelques mains. Et la partie continue, mais dans le silence le plus complet. Les hommes lancent quelques blagues dans leur dialecte, probablement me concernant. Ce serait quand même une terrible honte pour eux si je m'avérais un champion, si je les battais sur leur propre table... Mais mon problème, c'est que je ne suis pas un champion. J'ai déjà joué, mais jamais sur ce genre de table. Leur balle, en caoutchouc noir, a dû souffrir énormément de la chaleur, car elle n'est plus ronde ; elle est plutôt ovale, ce qui rend sa trajectoire pour le moins aléatoire. Pourtant, mes futurs rivaux semblent connaître les lois du hasard, car leurs joueurs se placent exactement devant la balle, automatiquement, complétant des jeux de passe complexes. Toutes ces pièces de métal qui s'entrechoquent bruyamment créent un bruit martelant, intimidant. Cette cacophonie est un prélude à un tir vigoureux qui se solde généralement, et l'honneur est en jeu, par un but. Leur manière de pratiquer ce sport de table mise sur une forme d'intimidation qui est, avec moi très efficace. Lorsque le défenseur, de deux coups de poignet successifs, ramène la balle et la projette avec violence dans le but adverse, sans que l'œil n'ait pu réaliser ce qui s'était produit, les cris de joie qui s'échappent me font regretter d'être le prochain à jouer. Je n'en ai pas trop envie, mais voilà que je me retrouve avec les poignées des défenseurs et du gardien de but entre les mains. Les jeunes qui jouaient se font immédiatement remplacer par des plus âgés. Le défi est de taille ! Une foule se forme pour assister à la mise au jeu. Un petit mot d'encouragement est crié à mon adversaire, sûrement du genre : « Ne nous fais pas honte ! » J'essuie la sueur qui baigne mes mains ; la partie n'a même pas encore débuté. La balle est déposée, les demis adverses la saisissent, arrivent à la passer aux attaquants. Elle est devant moi ; il n'a plus qu'à tirer. Le jeu s'arrête. Le voilà qui stationne la balle sous le pied de son attaquant gauche, lève la tête, se redresse, me démontrant qu'il m'a vraiment où il me veut, qu'il est en total contrôle, me laissant mijoter dans l'angoisse. Après quelques longues secondes, d'un geste programmé — je ne sais même pas s'il a regardé —, il passe la balle à son ailier droit et, d'un boulet de canon, paf ! me sert une diagonale dans le coin opposé. C'est le but ! La foule est en délire. Je veux fondre, disparaître. Deuxième mise au jeu ; la balle me revient. Elle roule irrégulièrement. Je lui touche et perd aussitôt le contrôle. L'autre la reprend rapidement, lance... et compte. Un immense Noir arrive derrière moi et me tasse sur le côté en me disant que je ne sais pas jouer. Il saisit mes joueurs, et la partie continue. Bien que je sois soulagé de ne plus avoir à jouer, je rage de m'être fait repousser de la sorte, comme un vulgaire avorton. Est-ce que je devrais lui tenir tête ? Est-ce que je fais montre de lâcheté si j'accepte de lui céder mon poste ? Si je refuse, est-ce que je m'assure de repartir avec quelques dents en moins ? Trop de questions pour moi. Je regarde Philippe. Il a compris. Nous partons comme si de rien n'était. Perfectionnant mes talents d'acteur, je salue donc les gens en masquant ma rage.

— Est-ce que c'était sa table ?

— Non.

Philippe m'explique que ce mastodonte est implicitement le chef du quartier. Déjà, au marché, lorsque les vendeurs se disputaient ma présence, j'avais remarqué à quel point la force physique était directement liée au pouvoir. Les gens sont plus près de leurs instincts ; le plus robuste contrôle les autres sous peine de représailles. C'est la loi du plus fort.

Non, en fait, cette table, plantée en plein milieu de nulle part, appartenait à l'ami de Philippe. Il voulait me le présenter, mais, étrangement, il n'était pas là. Ce copain, l'un des plus brillants de son village, a eu la chance d'être le seul de sa génération à fréquenter l'école. Tous les adultes du village avaient mis en commun leurs maigres économies pour l'envoyer à l'université, dans l'espoir que toutes ces années de travail sacrifiées aux champs servent à ramener les connaissances du monde moderne. Cependant, même si son copain n'a que 25 ans, il est à présent trop vieux pour entreprendre des études universitaires. Il a repoussé mariage et famille pendant de nombreuses années afin d'étudier, mais, depuis trois ans, il essaie sans succès de passer l'examen d'admission à l'université. Il faut dire que, grâce au Programme d'ajustements structurels du FMI, qui impose une réduction des effectifs de l'université et une réduction de ses dépenses, il y a une baisse annuelle d'environ 40 % des étudiants admis à l'université. Sans parler officiellement des quotas, les autorités affirment qu'il y a trop d'étudiants. Selon les dires, les tests d'admission sont corrigés de façon aléatoire ; réussir cet examen devient une question de chance, tout comme la loterie.

Ainsi, la population universitaire diminue considérablement, comme le voulait le programme. Les universitaires possèdent même leur propre slogan : « On a un stylo pour trois. On est trois par chaise. Notre doyen a l'âge d'être déclaré monument national. Devenez étudiants ! » Cette baisse de la population estudiantine a non seulement pour effet de réduire les coûts sociaux, mais en plus, avec le nombre de plus en plus limité d'emplois, un nombre important d'étudiants pourtant diplômés ne peuvent exercer leur profession, devant se contenter de sous-métiers. Et historiquement, presque invariablement, c'est une élite intellectuelle insatisfaite qui est à l'origine des révolutions sociales. Lorsqu'il y a moins de diplômés universitaires, moins d'intellectuels, la stabilité sociale est plus grande. Le peuple est heureux quand il n'a pas besoin de réfléchir.

C'est pourquoi l'ami de Philippe, afin d'éviter la honte de retourner bredouille dans son village après tout l'espoir qu'il représentait, a utilisé ses derniers sous pour acheter une vieille table de *baby-foot* qu'il déplace sous l'ombre des arbres à mesure que la journée avance, et sous une ampoule la nuit. Il vit de la maigre pitance que cet investissement lui rapporte quotidiennement. Et c'est bien vrai ; il est tellement occupé à surveiller jour et nuit sa seule source de revenus qu'il n'a presque aucun temps pour penser à la révolution. Mais il y rêve tout de même.

Un immense parachute freine l'avancement de l'Afrique et chaque corde qui la retient prend des générations à couper. Mais une jeunesse s'éveille, s'ouvre au monde, comprend les enjeux, accumule les vérités. Elle comprend que le secret n'est pas de posséder la connaissance, mais bien la curiosité. Elle s'amasse, se concerte, se solidarise. Ce sera elle qui libérera l'Afrique de ses chaînes une fois pour toutes, dans 10 ans, dans 100 ans… dans l'harmonie ou dans le sang. Malgré tous les coups qu'on lui porte, malgré toutes les injustices qu'on lui fait subir, elle se lèvera et hurlera sa liberté. Ici, on aime à l'appeler la jeunesse éclairée, la génération consciente. Les observateurs internationaux la nomment plutôt la bombe à retardement...

Au-dessus des honneurs, il y a l'honneur.

La maison de Moustapha est un lieu de rencontre et d'échanges. Les deux gardiens qui nous accueillent en jouant aux cartes ne sont que le prélude à la vie grouillante que nous retrouvons derrière les murs de la cour. Un cuisinier, deux nourrices pour son enfant, quelques hommes à tout faire… Il applique pleinement le principe voulant que son argent profite au plus grand nombre. La quantité d'employés à son service lui mérite le statut de PME. Ceux-ci vont et viennent, et s'ajoutent aux nombreux amis et collaborateurs de Moustapha qui, suivant le principe africain, débarquent chez lui sans prévenir à toute heure du jour. Sa petite piscine sert aussi fort efficacement d'aimant-à-gens, un investissement monstrueux, car l'eau est extrêmement coûteuse étant donné sa rareté, et comme elle doit constamment alimenter la piscine que le soleil vide du quart de son contenu chaque jour... Une telle installation est suffisante pour attirer plusieurs curieux, tous les jours, pourtant Valériane et moi sommes les seuls à nous y baigner. Les autres invités trouvent suffisant de s'asseoir autour ; la seule vue de l'eau les rafraîchit.

Mais aujourd'hui, entourée d'un serpent de plastique gonflé, ou plutôt qui l'avait été (en voilà un autre que le soleil n'a pas épargné), Stéphania nous accompagne dans l'eau. Sa peau blanche et son accent prodigieusement russe — « Non, it's not O.K. rire de moi accent » — lui enlèvent toute chance d'être considérée comme une Africaine. Que fait-elle exactement ici ? Stéphania avait mari et fille en Russie ; mais celui-ci n'était cependant pas « civilisé » ; il ne la méritait pas. Elle a rencontré un bel et fortuné (pas dans le sens de chanceux) Belge, de passage au pays des Soviets qui lui a promis de la marier et de la rendre heureuse (dans le sens de riche) si elle acceptait de l'accompagner au Burkina Faso, petit pays exotique où il possédait un hôtel. Elle a sauté sur l'occasion. Elle a suivi son nouveau mari, laissant l'ancien et tous ses problèmes derrière elle, et, accompagnée de sa fille, a entrepris sa nouvelle vie de princesse. Une grande villa, des domestiques, de l'argent pour s'acheter tout ce qu'elle désirait. Oui, le pays était pauvre et miteux, mais pas la dame. Elle s'occupait de la gestion de l'hôtel pendant que monsieur son mari se consacrait à quelques affaires, ici et là. Un soir, terrible soir, son mari n'est pas rentré, n'est plus jamais rentré. Elle a entrepris les rapides démarches qu'une importante somme d'argent permet d'effectuer et a appris que son mari de rêve venait de se faire embarquer par Interpol, qui était à ses trousses depuis quelque temps déjà. Saisie sur-le-champ de tous ses biens, elle se retrouva sur le pavé avec sa fille, ne disposant même plus de la somme nécessaire lui permettant de retourner en Russie vers un mari qui, de toute façon, ne voulait plus d'elle. Moustapha l'a prise sous son aile, la faisant vivre en attendant qu'elle se trouve, sur Internet, un nouveau mari, riche, pouvant la sortir de cet enfer. Elle navigue chaque jour durant plusieurs heures, sa fille aux commandes, pour trouver l'homme de la situation. Sur tous les sites internationaux de rencontre on peut voir sa photo, où elle affiche un sourire sexy. Si rien ne se présente, ce sera bientôt sa fille, Sarah, qui sera le meilleur appât, qui deviendra l'hameçon, elle qui frôle à présent les 16 ans. Contente de voir que je prête une oreille attentive à son histoire, et d'entendre Valériane qui ose même quelques phrases d'encouragement, elle nous propose de visiter Ziniaré avec sa fille cet après-midi. L'école de Sarah, établissement modèle affichant des résultats au-dessus de la moyenne, vient en effet de recevoir une invitation officielle du président. Avec un ou deux coups de téléphone et un peu d'argent, elle pourrait nous avoir des sièges dans l'autobus.

Quelques sécheresses foudroyantes ont marqué les dernières années au Burkina : les éleveurs ont perdu la quasi-totalité de leur bétail ; les animaux sauvages du pays ont été presque entièrement décimés. Devant ce désastre, le président de tous les Burkinabés s'est fait construire, à grandes pelletées d'argent des contribuables, un zoo privé annexé à sa demeure, à quelques kilomètres de la capitale.

Le fric, le fric, la fric, l'Afrique.

Ziniaré, petit village qui marque la frontière entre l'urbanisme et la brousse, a hérité de ce magnifique zoo. Pour remercier ses contribuables qui ont si généreusement financé le projet, notre président à tous, qui n'est pas un ingrat, invite quelques fois l'an des personnalités ou des citoyens qui se sont illustrés à visiter son zoo et à prendre une collation à sa résidence. Un lunch à sa maison ! Je veux bien. Stéphania n'arrive pas à joindre les responsables, mais elle nous demande tout de même de partir avec sa fille ; une fois que nous serons rendus, ils ne pourront plus nous refuser.

Nous arrivons devant l'école de Sarah, où une foule de jeunes adolescents entourent un minibus. Nous descendons de l'auto, entendons plusieurs murmures. D'une voix autoritaire, Sarah ordonne au responsable de nous amener nous aussi. Il tente de lui expliquer qu'il n'y a plus de place pour nous, mais elle ne veut rien entendre ; elle s'enrage, crie. Le responsable abdique. Elle se retourne vers nous, souriante. Je remarque que certains jeunes rient en nous pointant du doigt. Ça devient une habitude ici.

Le responsable avait bel et bien raison : il n'y a plus de place. Assis cinq de large sur des bancs conçus pour deux, et trois de large sur ce qui en fait est le couloir, nous attendons que les derniers passagers montent dans le minibus. Je tente de libérer quelques pouces devant moi pour permettre à mes poumons de se remplir de temps à autre. Nous partons. Les plus vieux sont debout à l'avant, face à nous, et commencent à chanter des chansons que tout le monde connaît et répète en hurlant. Valériane me fait signe des yeux que le garçon à sa droite semble se coller sur elle un peu plus que ce que le manque d'espace ne lui impose. Le garçon devant elle se lève et présente pratiquement son postérieur à son front. Voilà que le garçon derrière elle place une main sur son épaule, feignant de se reposer le poignet. Je vois qu'elle est sur le point d'exploser, mais il n'y a nulle part où aller. Nous sommes compactés, comprimés, étouffés... Je ne peux pas bouger, le corridor est complètement occupé. Pas d'option. Je lui fais signe de prendre de grandes inspirations. Soudainement, l'autobus ballotte vivement de gauche à droite, et le chauffeur pousse un hurlement. C'est gagné! Une crevaison. Nous devons sortir. Enfin de l'air!

Dehors, les jeunes se mettent autour de nous et commencent à chanter, dans un dialecte, des chansons qui les font rire à gorge déployée et qui, par les mimiques des garçons, semblent avoir un caractère sexuel et... concerner Valériane. Ses yeux bleus et sa peau blanche font l'effet d'un aimant, irrésistibles aux Africains. Je ne sais comment réagir. Je ne veux pas les offenser puisque nous allons passer la journée avec eux, mais je ne veux pas laisser Valériane dans cet état, sans défense... Que faire? Je n'ai pas le temps de conclure mon raisonnement que Sarah commence à hurler de façon étourdissante. Elle crie à tous de se taire, ce qu'ils n'ont pas le choix de faire, mais pas avant d'avoir laissé filer quelques remarques à son égard. Sarah est la seule Blanche de l'école, et, contrairement à sa mère, elle n'a pas choisi de vivre ici. Elle déploie une véritable force de caractère. Sortant quelques instants de sa carapace hargneuse qui impose le respect, elle me lance un petit sourire. Soulagé, je laisse entre ses mains l'entier contrôle de la situation.

Le voyage semble éternel. Encore des chansons, des cris, des battements de mains. Valériane me fait signe qu'elle va survivre. Cette fois-ci, c'est moi qui n'en suis plus certain. Pendant que nous attendions que le minibus puisse repartir, plusieurs jeunes sont allés se cueillir des grappes de raisin sauvage sur le bord de la route. Comme les noyaux et la pelure de ces raisins sont amers, il faut les recracher. Ce que font allègrement tous ceux qui se trouvent autour de moi, sans se soucier du vent qui entraîne vers ma personne les gouttelettes de leur salive. Peu importe le pays, la culture, l'ethnie, les adolescents resteront toujours des adolescents... La « crise » est internationale.

Un petit arrêt à Laongo semble avoir été prévu ; « semble » parce que nul n'est au courant, mais personne ne pose de questions. Moi, je suis seulement heureux de descendre, de me réapproprier une zone d'intimité. Laongo est un terrain en pleine campagne, à quelques dizaines de kilomètres de la capitale, où les éleveurs conduisent leurs troupeaux pour brouter. L'endroit est parsemé de rochers de granit qui émergent un peu partout, et une tradition s'est installée depuis plusieurs années, celle de sculpter ces blocs proéminents. Des artistes de toute l'Afrique, et même de l'Europe, y ont laissé leurs traces, exprimé leur talent, créé des œuvres petites ou gigantesques. Visages, animaux, fruits, instruments de musiques traditionnels, art moderne… , des sculptures qui jouent à cache-cache avec la nature. On marche quelque temps dans une direction quelconque, puis on tombe sur une nouvelle œuvre. Tous les styles s'entremêlent. Une galerie d'art en pleine nature. Le temps de prendre quelques photos, et nous quittons ce site étrange.

Nous voici enfin à Ziniaré, village banal, pauvre. Le paysage change lorsque nous atteignons une énorme clôture protégeant des étendues de verdure, un mur d'arbres. Une rangée de palmiers ceinture l'entrée. Chaque arbre est muni d'un gicleur faisant partie d'un système souterrain d'arrosage automatique. Les portes s'ouvrent, et nous descendons du minibus sous le regard inquisiteur de quelques gardes. Cheminant entre deux clôtures, d'immenses enclos nous entourent ; des lacs, des arbres, des buissons, des animaux sauvages. Voilà que surgit un lion, rugissant comme s'il se gargarisait, ne ressemblant en rien à celui présenté avant la projection des films de la 20th Century Fox. Les étudiants s'arrêtent pour l'observer ; eux non plus n'en ont plus n'en avaient jamais vu. Aussitôt un accompagnateur nous ordonne de continuer. Nous sommes en retard ; en retard sur quoi, il ne nous le dit pas. Nous passons donc au pas de course les enclos d'éléphants, de singes, de tortues, d'hyènes, subissant les complaintes de l'accompagnateur si nous osons ralentir, ne serait-ce que le temps de prendre une photo. Je demande aux gens qui m'entourent pourquoi nous sommes si pressés. Ils me répondent que nous sommes en retard sur l'heure prévue pour la collation avec le président, et que celui-ci n'est pas réputé pour être patient. Bon. Nous courons, croisons quelques autruches en liberté et nous retrouvons à notre point de départ, baigné par la sueur offerte gracieusement par le soleil brûlant.

Nous réintégrons le minibus et l'enfer de ces adolescents bourrés de testostérone, criant à tout rompre, et parvenons à un terrain vacant où est situé un petit bâtiment de terre. Tout le monde descend, s'écrase sur le sol. Certains sortent un ballon fait de cordes nouées et débutent une partie de foot sous une chaleur qui fait qu'un simple clignement des yeux devient une épreuve. Qu'est-ce qu'on attend au juste ? Ça devient gênant de toujours poser des questions alors que personne ne semble y porter attention, comme si tout ce qui arrive, peu importe quoi, était prévu. On m'apprend que la collation avec le président a été annulée. Pourquoi ? Un des jeunes de notre groupe porte des bottes d'armée. Les gardiens l'ont signalé à la sécurité, qui a immédiatement annulé la collation. Parano ? Le président craint les attentats, avec raison semble-t-il. À sa maison présidentielle de Ziniaré, il s'est fait construire un immense bunker souterrain dans lequel il vit presque en permanence. Il n'en sort que lorsqu'il quitte le pays, ne fait même plus d'apparitions publiques. Aussi, par mesure de précaution, le plus grand boulevard de la capitale, qui longe le palais présidentiel, est même complètement fermé, barricadé à partir du coucher du soleil jusqu'à son lever. Et ce, malgré l'importante base militaire qui se trouve dans sa cour. Après tout, il est arrivé à la présidence par le sang. Et quand on arrive au pouvoir par le sang, on en sort par le sang.

Qui veut tuer son chien l'accuse de lâche.

Aujourd'hui enfin débute mon stage. On a beau me répéter que je dois cesser d'évaluer mes journées en termes de productivité, que même si je ne fais rien de concret aujourd'hui, ce n'est pas une journée gaspillée pour autant. Malgré mes efforts, je ne peux me débarrasser du sentiment que je ne fous rien. C'est aujourd'hui le grand jour. Nous allons visiter l'Inépro, le centre pour les jeunes de la rue où je travaillerai.

Les Africains sont excessivement friands d'acronymes. Tous les titres en regorgent : la Sonaca (Société nationale de la culture et des arts), la STMB (Société de transport mixte Bangrin), la bière So.B.Bra (Société Brasserie Brakina), la Sogebaf (Société générale Bamogo et fils)… Même les plus petits étalages et commerces n'y échappent pas : Jococo (Jonas et collègues, coiffeurs), le ASI Center (Amadou Services Internet), etc.

L'Inépro, l'Institut national d'éducation et de production, se situe tout juste en dehors des limites de la ville. C'est le seul centre gouvernemental du pays voué aux jeunes en difficulté. On y héberge et éduque les jeunes de la rue, désengorgeant du même coup les prisons lors des grands balayages.

Avec les coups et re-coups d'État successifs qu'a connus le pays, bien peu de personnes pouvaient prévoir que le Burkina deviendrait la capitale culturelle de l'Afrique de l'Ouest. Le pays est l'hôte du Festival panafricain du cinéma de Ouagadougou (Fespaco), événement des plus importants pour le septième art tiers-mondiste, et jouissant d'une réputation internationale, qui se déroule chaque année impaire depuis ses humbles débuts en 1969. Le Salon international de l'artisanat de Ouagadougou (Siao), quant à lui, est organisé les années paires et accueille, au plus grand marché d'artisanat du continent, plus de 100 000 visiteurs et exposants de tous les coins du globe. La semaine précédant la tenue d'un événement de telle envergure, un balayage méthodique est fait dans les rues de la ville. La nuit, des policiers vêtus en civil entassent dans de grands camions tous ceux qui n'ont pas de preuve de résidence, les sans-abri et les enfants de la rue, question d'insuffler un air de prospérité à la ville lorsque les invités internationaux débarqueront. Les responsables de l'Inépro passent alors au peigne fin les nouveaux prisonniers pour tenter de rescaper le plus de jeunes possible, les sortir de l'enfer.

Pour se rendre à l'Inépro, puisque nous quittons la ville, nous devons franchir, dans l'ordre, un contrôle policier, un contrôle douanier, et un contrôle de taxe routière. À notre arrivée au premier barrage, un petit policier qui dormait sous son arbre s'appuie sur sa mitraillette et se lève. Mais, au lieu de nous arrêter, nous continuons notre chemin en lui faisant un signe de la main accompagné d'un *Ciao!* Le policier se remplit d'adrénaline, empoigne d'une main sa mitraillette et se dirige vers le centre du chemin d'où il aperçoit notre plaque. Notre 4 x 4 est immatriculé IT (immatriculation temporaire), et ces deux lettres marquées de rouge, réservées aux diplomates, ambassadeurs (et coopérants sans importance que nous sommes), sont un laissez-passer instantané, un pied de nez à l'autorité policière. Nous dépassons en trombe tous les taxis-brousse en bordure du chemin, remplis à craquer de gens subissant un contrôle sévère.

Un rempart de terre, haut de deux mètres, sépare la plaine désertique que forme la cour intérieure de l'Inépro de la plaine désertique se situant à l'extérieur. À notre arrivée, les jeunes ne courent pas derrière l'auto en criant, ne se regroupent pas pour entonner un chant; ils en ont vu d'autres. L'un des garçons nous offre, dans un silence lourd, un bref tour guidé des dortoirs à lits superposés. Sur le mur, une inscription : « *Nous ne sommes pas contre la société, nous sommes contre les injustices sociales.* » Voici maintenant les salles de classe où la cravache servant à punir les élèves surplombe l'entrée. Sur le tableau, une phrase : « *Assurer l'avenir des jeunes, c'est assurer l'avenir de la société.* » C'est d'autant plus vrai qu'en Afrique près de 50 % de la population n'a pas encore 15 ans.

L'établissement offre des cours généraux en plus de cours spécialisés en maçonnerie, soudure, ébénisterie, élevage d'animaux, couture… et maintenant en théâtre. Tout cela dans le but de transformer ces enfants marginalisés, aux horizons bloqués, en individus productifs pour cette société. Tout ce qu'il leur manque pour devenir maîtres de leur vie, c'est un soupçon d'estime de soi. À force de traîner dans les rues avec moins que rien, de se faire mépriser et traiter comme des « chasseurs de restes », même le meilleur des enfants tend vers la délinquance.

Bamogo, le directeur du centre et notre personne-ressource en ces lieux, vient à notre rencontre. Ce grand homme maigre aux yeux vifs nous présente un sourire rayonnant, nous serre la main avec vigueur, entonne avec ses disciples un rituel de bienvenue et nous amène dans son minuscule bureau sans dire un mot. Puisque Moustapha ne parle pas le moré, langue étrangère à son Sénégal natal, Bamogo doit lui parler en français, et, visiblement, le fait que je comprenne ses paroles le gêne. À travers métaphores et langage codé, sans comprendre tout à fait, j'en déduis néanmoins que quelque chose ne va pas comme prévu.

Mon stage de Jeunesse du monde consiste principalement, bien sûr, à enseigner aux enfants. Cependant, une partie importante de celui-ci vise également à former des moniteurs locaux qui seront en mesure de poursuivre le programme une fois que je serai parti. C'est ce que Bamogo apprécie, ce double avantage d'aider les jeunes et créer une continuité avec des formateurs africains. C'est pourquoi, dans un rapport officiel, il a avisé le ministre de l'Action sociale et de la Solidarité nationale que l'Inépro privilégiait l'aide canadienne à l'aide française qui, elle au contraire, s'assure que les formateurs demeurent indispensables au déroulement des programmes, laissant tout en suspens lorsqu'ils partent. Leur politique de développement a toujours mis la priorité sur l'aide avant la formation, sur l'action avant l'éducation ; une politique qui n'aide qui n'aide pas à se passer d'aide. Ils offrent les restants de leurs poissons au lieu de montrer à pêcher.

Le Burkina est néanmoins une colonie française, et la France étant un bailleur de fonds plus important que le Canada, et maniant encore quelques ficelles... l'Inépro a été l'objet d'un contrôle-surprise peu de temps après la remise du rapport de Bamogo. Selon les autorités, la situation a été jugée insatisfaisante et Bamogo a été limogé sur-le-champ. Depuis plus de vingt ans à la tête de cet institut, considéré par plusieurs comme étant la figure de proue du travail social au pays, aujourd'hui est sa dernière journée de travail. Bien que je sois triste pour cet homme qui a mérité mon respect instantanément, je ne le connais pas assez pour que ma peine dépasse en importance l'angoisse que j'éprouve maintenant concernant mon propre avenir. Il était notre contact, notre personne-ressource, mon responsable de projet... Il a déjà mentionné que le pion placé pour le remplacer ne veut rien entendre de la coopération canadienne.

— En Afrique, on peut te demander de venir faire des tartes aux pacanes et, finalement, tu dois fabriquer des Boeing...

Mais qu'est-ce que je vais foutre pendant les deux prochains mois ?

•

Je veux partir, m'évader de cette cour intérieure où je suis prisonnier. La nuit tombe. Je convaincs Valériane qu'on doit sortir, tâter le pouls de cette ville, me changer les idées. On nous recommande *Le Cactus*, un bar tenu par une Française, où l'on sert des burgers et des frites. Pas trop dépaysant pour notre première sortie nocturne. Pas besoin de nous lever tôt demain matin, c'est jour férié. Valériane ne travaille pas, et moi non plus... Merde !

Le taxi nous mène droit au centre-ville. Le trafic est congestionné. Une intersection est bondée de centaines et de centaines de gens, tous habillés de blanc, un petit bonnet sur la tête, assis par terre ou debout ; quelques-uns tendent la main, parlent fort ou chantent. Le taxi arrive difficilement à progresser.

> — Pourquoi y a-t-il tant de mendiants ici ? demande Valériane au chauffeur.

Ma figure grimace ; je tente d'étouffer mon rire lorsque le chauffeur lui répond que ce ne sont pas des mendiants mais bien des musulmans venus célébrer la Maouloud, la naissance de Mohamed. Voilà pourquoi c'est jour férié demain. Nous levons la tête et apercevons la grande mosquée du centre-ville. Rassemblés autour de leur temple, installant leurs petites nattes, ils prieront Allah toute la nuit, sans interruption.

Nous aussi célébrons la naissance de notre prophète Jésus. Rassemblés dans nos temples de la consommation, nous récitons nos prières publicitaires et achetons la rédemption aux yeux de nos proches à coups d'offrandes en solde. Ho ! Ho ! Ho !

Le taxi s'immobilise directement sous l'enseigne affichant *Le Cactus*. Une meute de jeunes adultes est attroupée sous l'entrée ; ils crient et ils rient. Nous débarquons sous leurs regards inquisiteurs. Je me sens mal à l'aise. Leurs vêtements, leurs gestes, me paraissent plus près des gangs américains que des Africains hyper amicaux que j'ai rencontrés jusqu'à présent. Sans lever le regard, je me place dans la file d'attente. Dès que je laisse un peu d'espace devant moi, quelqu'un s'y faufile, me dépasse. Je dois coller la personne devant moi, sans égard pour ma zone d'intimité, car s'ils voient que je cède quelques pouces ils croient que je ne veux pas entrer.

> — Hé!, le Blanc, il faut que tu me paies 300 FCFA de droit d'entrée, me lance un jeune en me tendant la main.

À voir le rire de son voisin, je comprends qu'il essaie de m'avoir! Je tente de l'éviter mais il insiste. Je me camoufle derrière un grand; j'arrive à les contourner. Valériane me demande de passer devant moi dans la file qui nous compresse; elle n'aime pas être l'hôte des mains du garçon qui la suit. Poussés par la meute, sans aucun contrôle, nous arrivons à l'intérieur. Contre quelques dollars, demandés par une personne accréditée cette fois-ci, on nous étampe la paume. Il est vrai qu'une étampe ne paraîtrait pas sur l'extérieur de leur main. Du hip-hop *gansta* rap joue à en défoncer les tympans : « *Yo bitch...* » Une impressionnante piste de danse s'ouvre devant nous, remplie au moindre centimètre carré. La noirceur est presque totale ; les quelques lumières multicolores ne s'allument que sporadiquement. On n'y voit rien ni personne. Dans cette chaleur suffocante, avec ce sentiment d'être complètement compressé, un vent de panique se lève en moi. On m'avait dit que *Le Cactus* était grand et aéré. Je ne vois qu'une mer noire qui m'inonde, qui bondit devant, derrière, partout autour de moi. Des casquettes posées de travers, vêtus de pantalons trop grands, ils me paraissent beaucoup plus intimidants que leurs frères vêtus des longues tuniques colorées traditionnelles. Je contemple Valériane, malgré la noirceur, je devine très bien qu'elle est blême. Je lui décoche un sourire pour lui faire croire que tout est sous contrôle. Je regarde autour de moi, tente d'entrevoir un espace, une place, une oasis. Quelqu'un me serre l'épaule. Je sursaute. Il me fait signe que le bar est par là-bas. Puisque je suis englouti par les danseurs, que je ne danse pas, que je suis Blanc, il en a déduit que j'étais perdu. Au lieu de comprendre que je voulais retrouver la sortie et me sauver à toutes jambes, il a supposé que je voulais une bière. Un peu d'alcool pour me calmer, c'est après tout une bonne idée.

Je prends Valériane par le bras et tente de nous faufiler jusqu'au comptoir. Éviter le contact avec les gens est chose impossible étant donné la densité ; il faut seulement passer, se frayer un chemin. Frotte par-ci, faufile par-là, mètre par mètre, je mélange ma sueur à celle de tous ceux que je croise. Une bière dans les mains, nous demeurons quelque temps immobiles. Partir ou rester ? L'expérience serait un échec, mais quel soulagement ce serait que de retrouver le ciel. Non, nous devons persévérer. Valériane est d'accord : après avoir commandé une deuxième bière et, sous son effet libérateur, nous partirons à la recherche de places assises. Elle insiste néanmoins pour se coller dans mon dos, car elle se fait « effleurer » un peu trop à son goût.

Dans un coin sombre, un peu à l'écart, nous trouvons un divan libre. Enfin de l'air ! Je me sens mieux. Valériane prend de grandes inspirations, tente d'oublier qu'aucun centimètre de son corps n'a été vierge de contact durant notre parcours. Je regarde par-dessus mon épaule : une porte verrouillée mène au second étage, un étage vraiment *classy*, spacieux, confortable, tout droit sorti d'Amérique… Ah ! *Le Cactus* ! Je regarde autour de moi : une enseigne m'indique que nous sommes au *New Jack Discothèque*. Nous nous sommes trompés de porte ! Je me mets à rire, Valériane en fait autant. Quelle erreur ! Nous observons les gens danser, s'amuser… Pour la première fois, nous côtoyons des gens de notre génération, découvrons une facette de leur vie. Une voisine nous invite d'un sourire. L'alcool aidant, j'accepte. Peu à peu, je me faufile jusqu'au milieu de la piste de danse. Je n'ai qu'à me laisser aller ; les corps contre lesquels je me déhanche me transmettent leur rythme. Je suis bien. Je souris : c'est la fête ! Je m'abandonne. Sur le mur opposé, un miroir géant laisse transparaître une foule sombre qui danse énergiquement. En son centre, une tache, *glow in the dark*, blanc comme neige ; un phare, un soleil dans la nuit... C'est ma tête qui dépasse la foule. Je *flashe*, impossible de ne pas me remarquer. Je ne cadre tellement pas… je suis un Martien. Tout le monde me distingue très clairement ; l'anonymat des foules n'existe plus. J'avais oublié que je n'étais pas noir. La réalité est revenue rapidement, et brutalement. Maintenant incapable de me laisser dériver, je me retire, vais à l'écart, là où il n'y a que quelques dizaines de personnes par mètre carré. Une belle et grande femme approche, coule jusqu'à moi. Les formes sensuelles de son corps sont solidement dominantes et son visage est radieux. Elle n'en finit plus d'avancer ; bientôt c'est moi qui dois reculer. Quelques gars aussi l'ont remarquée et traînent derrière elle telle la cape de Superman. Je fais semblant de ne pas trop la voir, gêne oblige, mais j'ai de la difficulté puisqu'elle occupe tout mon champ de vision. Le *D-J* annonce énergiquement la prochaine danse, en provenance de la Côte-d'Ivoire, le « mmmapuka ! » Les cris fusent de toutes parts, les gens sautent de joie. Elle me lance un regard à en faire brûler un cube de glace. Soudainement, comme la chanson débute, elle se plie doucement en deux, se penche à 90°, les mains sur les genoux. Le dos légèrement recourbé, ses fesses semblent alors se détacher de son corps et commencent à bouger d'une façon incroyable : elles vibrent, gigotent, tremblent au rythme de la musique. Les autres danseurs se placent autour. Elle se met alors à frotter ses fesses contre le bassin des hommes qui l'empoignent, chacun leur tour, par les hanches. Je lève la tête vers le ciel pour savoir si je rêve, mais je remarque qu'autour de moi quelques filles, entourées de plusieurs garçons, s'adonnent à la même « danse ». Quand arrive mon tour, je ne sais plus quoi faire de mes mains ; la saisir par les hanches serait plus que plaisant, mais je n'ose tout simplement pas. Le garçon à mes côtés, peut-être pour me sauver la face, place ses mains sur les hanches de la danseuse, comme s'il s'agissait de moi. Qu'est-ce que je fais ? La voilà qui se relève et qui remarque Valériane un peu plus loin. Elle l'invite à se placer au milieu du cercle. D'une exclamation sèche, accompagnée d'un rire, Valériane décline formellement l'offre, au grand désespoir des gars. La danse se poursuit. Je tente de bouger le bassin comme mes voisins, d'être habité par le même rythme qu'eux, mais je n'arrive pas à me débarrasser de mon air rigide, flexible comme un tronc d'arbre. Ce n'est pas grave : je m'amuse et c'est tout. Je constate soudainement une présence derrière moi, ce qui a été normal pendant toute la soirée, mais, à présent, l'espace n'est pas si rare. La proximité est exagérée, subtile mais dérangeante. Je me rends compte qu'un des deux boutons donnant accès à mon portefeuille est défait. Je regarde autour de moi : des nouveaux venus nous entourent étrangement. Je suis quand même le riche Blanc. Je décide de quitter la piste de danse ; Valériane, maintenant accoutumée, nous fraie un chemin.

Nous sortons. Une fine brume est tombée qui nous donne la chair de poule, surtout après la chaleur cuisante qui régnait à l'intérieur. C'est désagréable mais à la fois soulageant. Nous hélons un taxi vert ; une vieille Toyota Scarlett fatiguée s'immobilise avec peine et misère. Le chauffeur descend pour nous laisser monter de son côté, la portière côté passager ne fonctionnant plus. Trois des quatre vitres à l'arrière sont faites de carton. Le chauffeur nous explique que son auto a 27 ans, 898 000 kilomètres. Il ne peut travailler que de nuit, car, le jour, les contrôles routiers sont plus fréquents et les policiers lui créent constamment des emmerdes vu l'état de son véhicule. Il est heureux qu'il ne pleuve pas, car ses essuie-glaces ne fonctionnent pas... Son pare-brise est fracassé, le plancher est percé, la portière ne tient qu'à une ficelle, les phares sont aveugles, le moteur sent le brûlé. Bref, le genre de véhicule qu'on assure d'un seul côté sans aucun remords. Le chauffeur doit sortir la tête pour voir devant, recevant l'épaisse brume en plein visage. Les pneus sont tellement lisses que nous dérapons à chaque virage, et ce même si nous roulons à basse vitesse. À travers le bruit infernal de son moteur, il entre sa tête deux secondes pour jaser ; la négociation du prix s'amorce.

— Est-ce que vous pouvez me donner un peu plus que 200-200 ? Depuis que vous nous avez dévalués[6], les

---

[6] Voir annexe 2.

pièces de rechange pour mon taxi sont inaccessibles. Je dois bricoler en espérant que ça tienne le plus longtemps possible, nous dit-il en pointant l'intérieur de sa bagnole.

Il nous prend pour des Français...

— Non, mais on discute... Attendez, monsieur, nous vivons en société démocratique, oui ? Alors moi je vote 200, Valériane vote 200... Voilà, nous avons la majorité.

— Vous savez, moi j'avais économisé depuis des années et des années pour m'acheter un taxi en meilleur état que celui-ci. Mais après la dévaluation, seulement envoyer un de mes enfants à l'école m'a complètement vidé... Maintenant, l'essence est tellement dispendieuse, nous n'arrivons plus.. Je dois faire 200 à 300 kilomètres par nuit pour m'en sortir. Allez, donnez-moi un peu plus.

— Oui, mais, monsieur... nous ne sommes pas français, nous sommes canadiens.

— Ah ! des canadiens ! C'est encore mieux. J'ai parlé à des Français et ils me disaient que le Canada a été classé pays numéro un au monde ! Alors pour vous, je dois demander plus cher. Vous avez amplement les moyens.

— Mais non, nous ne sommes pas riches.

— Uniquement le billet d'avion pour venir de chez vous jusqu'ici vaut des années et des années de mon salaire, et vous me dites que vous n'êtes pas riches ?

— Mais c'est notre gouvernement qui nous l'a payé...

— Quoi ! Votre gouvernement a assez d'argent pour vous payer un voyage ? Ici, il ne peut même pas payer l'hôpital et l'éducation...

— Mais nous travaillons bénévolement...

— Moi, si je pouvais me permettre de travailler bénévolement, c'est que j'aurais assez d'argent de côté. Mais je
bosse 14 heures par jour simplement pour arriver à
joindre les deux bouts…

— Mais je n'ai pas d'argent de côté. J'ai des dettes d'études
que je dois rembourser... Un prêt étudiant.

— On vous prête de l'argent pour étudier ? Que vous êtes
fortunés ! Tu te rends compte de ce que tu me dis ? Ici, le
gouvernement fait tout pour fermer l'université.

Je continue ma négociation. Décidé, je ne veux pas céder. Il me
regarde alors et riposte :

— Toi, tu négocies pour ton plaisir ; moi, je négocie pour
nourrir ma famille…

J'ai le souffle coupé. Plus aucun argument ne mérite d'être
dépensé. Je sors un billet supplémentaire et le lui remets
humblement.

Un vieillard assis voit ce que ne peut voir un jeune debout.

Les relations humaines sont à la base de tout en Afrique. Déjà au berceau, l'enfant apprend le pouvoir des liens en grandissant dans une famille élargie qui inclut les oncles, les tantes, les cousins éloignés, et parfois les voisins. On dit même que les jeunes qui s'amusent dans la cour ne savent pas vraiment qui est leur mère naturelle, puisque chaque femme du groupe assume pleinement cette tâche.

Les enfants sont attachés au dos des femmes par une large bande de tissu coloré, nouée sur la poitrine de ces dernières. Ce système simple et efficace permet à l'enfant d'être en contact avec sa «mère» en tout temps, d'entendre le battement rassurant de son cœur, de dormir confortablement dans son dos pendant qu'elle fait le marché, bêche les champs, roule à mobylette, danse... La famille est l'univers, la raison d'exister. On est dépendant d'elle, et elle est dépendante de nous.

Ceux qui ont la possibilité de travailler lèguent leur entière rémunération à la responsable du clan, qui elle la distribue aux membres de la famille en considérant les besoins de chacun. Souvent, celui qui reçoit le salaire ne le manipule pas du tout. Dans une société où les services sociaux sont quasi inexistants, les relations humaines servent de filet de sécurité, rattrapant les gens même dans leurs pires chutes. Les programmes d'assurance-santé ou d'assurance-emploi n'existent pas, ils sont substitués par les proches, les relations. Un Burkinabé rejeté des siens met sa vie en danger car le réseau social est un réseau de survie. Cela étant dit, un Burkinabé a tout avantage à être membre d'un réseau d'entraide, que ce soit consciemment ou non, et d'en assumer respectueusement les règles afin d'en tirer profit et d'y rester attaché aussi longtemps que possible. C'est dans cette optique que revêt toute l'importance de la phrase : « Tu es qui tu connais. »

Les relations qu'ils entretiennent entre eux font partie de cet ensemble qui fait des Africains des personnes incroyablement humaines. Elles valorisent les contacts, les échanges ; l'autre devient une source de savoir et de ressources. Il est naturel de mettre au service des autres ses propres capacités dans l'attente du jour où on en aura besoin. Ce qui crée des cercles relationnels d'une puissance étonnante : lorsqu'un des membres atteint une position de pouvoir, il partage tout naturellement sa richesse avec les autres et, peu à peu, entraîne les gens les plus importants de sa vie — ses amis, sa famille, ses relations — à gravir l'échelle sociale qu'il a lui-même grimpée en leur assignant postes vacants, contrats, avantages divers. Cette mentalité altruiste est cependant considérée comme frauduleuse et donne prise à de sérieux problèmes de corruption lorsqu'un membre du cercle devient, par exemple, président du pays...

À plus petite échelle, cette générosité d'âme fait en sorte que les étrangers sont considérés comme un cadeau de Dieu. Donc, dès qu'on pose le pied quelque part, on est accueilli comme si on était tombé du ciel. Nos moindres désirs sont devinés. Ce souci de l'autre est aussi légitimé par les forces spirituelles puisque, ces dernières pourraient s'abattre sur le fautif trop égoïste.

Un jeune homme m'accueille au ASI Center avec un large sourire, une longue poignée de main et des salutations complexes qui s'étirent indéfiniment. Situé à une importante intersection, ce petit établissement dispose de trois ordinateurs. C'est le centre Internet de la capitale. La grande révolution informatique que nous promettait Internet, cette nouvelle économie basée sur la technologie, l'information, la connaissance et l'innovation qui allait révolutionner le monde, est loin

108

d'atteindre les pays pauvres. Au contraire, le fossé qui les sépare des pays riches se creuse à un rythme effroyable, à la même vitesse que la technologie. Cependant, à vrai dire, je suis bien heureux d'être dans un pays où la technologie et la modernité n'ont pas encore fait une incursion trop marquante ; un pays où il n'y a pas encore de *MacDollars*. Mais qu'il y ait un centre Internet, par exemple, je suis prêt à passer l'éponge. Le clavier est pour moi le seul pont avec mon monde, ma réalité. Depuis que je suis ici, moi aussi j'arrive à constater la pleine importance des relations humaines...

Je m'entretiens avec le propriétaire. Environ de mon âge, Mukabe — tel est son nom — me raconte l'envol de sa compagnie Internet, la joie et la chance que sa famille lui a procurées en croyant en lui, en investissant dans son rêve, les yeux fermés, car cette technologie leur était totalement inconnue. Puis il me parle du village d'où il vient. Sans hésiter, il me propose de l'accompagner après son quart de travail pour visiter son patelin et rencontrer sa famille, comme si j'étais un grand ami.

J'enfourche le banc, qui est en fait le support à bagages surmontant la roue arrière de sa mobylette. Au moins, son dos me coupe un peu du vent et du « *gas-oil*[7] » noir qui s'échappe des bruyants véhicules tout autour. Les commerces et les étalages deviennent plus rares ; nous quittons peu à peu la ville. Au bord du chemin, un écriteau annonce un coiffeur, que l'on voit assis sur une natte. En lettres multicolores, on peut lire : *Rien ne peut empêcher la volonté de Dieu*, puis, ajouté à la main : *mais on peut la modifier un peu à notre goût.*

Nous croisons un endroit extrêmement achalandé : la zone de départ des taxis-brousse. Ces minibus fonctionnent selon le même principe que les taxis verts, sauf qu'eux traversent le pays. Ils prennent à leur bord tout ce qui peut y entrer, sans restriction : animaux, enfants, vélos, sacs de mil, êtres humains…, le tout pêle-mêle.

---

[7] *Les Quarante Éternels* de l'estimée Académie française, qui écrivent nos dictionnaires, ont ratifié l'épellation « gazole » car lorsqu'on emprunte un mot directement de l'anglais, il est impératif de le modifier pour préserver l'intégrité de notre langue...

Autour de nous, c'est maintenant l'absence de civilisation. De temps à autre, sans plus, un amoncellement de cases annonce un village. Des habitations circulaires construites de *banco*, montées d'un toit de paille, unies entre elles par un mur, de façon à créer une cour intérieure plus ou moins grande où sera gardé le bétail la nuit ; des *zakas*. Dans la même structure, de plus petite taille, posés sur pilotis, se trouvent les greniers pour l'entreposage du mil et du sorgho. La terre est rouge et aride, transpercée de quelques arbres et arbustes.

Tout à coup, Mukabe quitte la route et s'engage dans la savane, roulant sur la terre sablonneuse. Je me demande ce qui lui a fait choisir cet endroit précis pour tourner puisqu'il n'y a que des arbustes ; je ne vois aucun repère visuel particulier. Tout en évitant les obstacles, il me récite la genèse de son village :

> — Il y a déjà bien des saisons des pluies de cela, un homme s'est assis à l'ombre d'un grand baobab. «Ce coin de terre me plaît, j'espère que j'y serai heureux.» C'est ainsi qu'il a fondé le village qui porte le nom de Sedakoro, signifiant «sous le baobab». Les premières assemblées se sont tenues sous l'ombre de cet arbre ; des coups de hache ont créé les premiers champs ; de nouvelles familles se sont réunies ; la communauté s'est dilatée, et toute la région s'est peuplée.

Nous continuons à rouler sur cette terre rouge qui se soulève à notre passage. Je vois le baobab au loin ; c'est celui vers lequel nous nous dirigeons. Il ne cesse de grandir, il est immense. Un vieil homme se lève sous l'ombre d'un arbre et nous fait signe d'arrêter. Il est habillé de longs vêtements rouges et s'appuie sur un grand bâton parsemé de petits coquillages. Ses doigts sont couverts de bagues colorées. D'une voix claire, il nous salue tout en s'inclinant très bas, puis, pendant quelques instants, parle à Mukabe en dialecte. Malgré son silence, la réaction de ce dernier est frappante. Il se tourne vers moi pour m'annoncer que nous ne pourrons visiter ni sa famille ni son village aujourd'hui : une «grand-mère» vient de mourir ; c'est un grand malheur.

110

Dans ce pays, la tradition orale prédomine largement la tradition écrite, puisque l'écriture ne s'est répandue qu'après la colonisation. L'histoire, les enseignements, les contes et légendes, la religion… toutes les connaissances sont transmises d'une génération à l'autre par la voie orale, à l'ombre d'un arbre ou le soir autour d'un feu. Les anciens incarnent donc des sources de connaissance fantastiques, les tenants du savoir. La frontière de leur mémoire est celle de l'histoire. L'auparavant n'existe pas : « Lorsqu'une personne âgée meurt en Afrique, c'est toute une bibliothèque qui brûle. »

La doyenne du village, qui a élevé la propre mère de Mukabe, à rendu l'âme cette nuit. À cause de la chaleur intense qui règne, la cérémonie et l'enterrement doivent avoir lieu le jour même. C'est ce qui se déroule présentement au village où on a sorti les masques sacrés pour commémorer la vie de la défunte. Mais seuls les initiés ont le droit d'y assister. Je propose alors à Mukabe de l'attendre ici, pour qu'il puisse y participer sans tourment. Mais il se tourne lentement vers moi et m'explique :

— Dans la vie, tu prends la voie de l'initié ou bien celle de la ville. Les deux se trouvent dans des directions opposées.

Ceux qui décident de laisser leur village pour fréquenter l'école, trouver un travail, ne suivent pas la voie de l'initié : ils sont donc exclus de certaines traditions, comme Mukabe aujourd'hui, qui ne peut assister ni à la cérémonie, ni à l'enterrement. Nous laissons la mobylette sous l'arbre, avec le vieil homme, et, sous ses recommandations, empruntons un chemin qui monte droit vers le sommet d'une petite colline. Si nous demeurons assez loin, nous respecterons les ancêtres.

Au centre des quelques dizaines de cases, une foule impressionnante est réunie. Bien que nous soyons à bonne distance, j'arrive à distinguer leur costume traditionnel étincelant, volant légèrement à la guise du léger vent. Chaque broderie, chaque couleur, évoque l'origine et le village d'appartenance de celui qui le porte. La couleur dominante ici est le rouge ; la couleur

111

sacrée du village. Tous assis en demi-cercle devant la case de la défunte, un par un, les invités se lèvent et s'amoncellent devant l'entrée. Son corps se trouve toujours dans sa demeure. Mukabe m'explique qu'ils cassent chacun un œuf au-dessus de la porte pour purifier le dernier passage. Il faut cependant faire bien attention à ce que l'œuf ne contienne pas de fœtus, ce qui exposerait la famille à de nombreux tourments.

Un homme émane de la foule silencieuse. Couronnée d'un superbe turban, il tient à la main une longue lance à la pointe argentée, à son épaule pend une écharpe noire qui relève l'éclat de son grand boubou immaculé. Il s'avance au milieu du cercle et apostrophe la défunte. Ses mots volent jusqu'à nous, et Mukabe me traduit ses paroles qui donnent soudainement vie au passé. Il remonte de fils en père jusqu'à cet ancêtre errant qui avait fixé ses pas en ces lieux et fondé le village en concluant un pacte d'amitié avec les génies, maîtres du sol, maîtres des eaux, maîtres de la brousse. Doté d'une mémoire prodigieuse, il passe en revue les générations. Sa parole enfante des mondes ; de sa bouche féconde coule le flot du passé qui dépeint les situations les plus variées. Il ne conte pas par siècle, mais bien par géné-ration. Son récit n'est pas ponctué de dates ou de chiffres, il jalonne le temps à l'aide d'événements qui ont marqué la vie du peuple. La foule suit l'enchevêtrement des générations et des familles, remontant ainsi à la grande source. Chacun sait qu'il est une part de cette terre des aïeux. Puis l'homme à la lance se tait.

Un groupe de cinq hommes arrive de par la savane. Celui qui est à la tête des nouveaux arrivants, un grand homme, est vêtu d'une tunique qui semble en mouvement ; des centaines de courroies de cuir y sont pendues, créant un effet de vague à chacun de ses gestes. Son chapeau semble cornu, étrange. Les quatre autres hommes, vêtus de noir sont massifs, impression-nants. Un corridor s'ouvre devant eux, tous prenant bien soin de s'éloigner sur leur passage. Ils entrent dans la case de la défunte. C'est le féticheur, le grand sorcier qui communiquera avec l'esprit de la défunte ; les quatre envoyés de la caste, des fossoyeurs venus directement de leur village en retrait, les seuls peuvent entrer en contact avec un cadavre et l'enterrer sans risquer la malédiction. Des chants s'élèvent, une douce mélodie qui sert à guider l'esprit de la défunte vers son corps où le féticheur tente de lui parler. Après une dizaine de minutes, il sort, gagnant de nouveau le silence absolu, puis l'on voit l'ombre des fossoyeurs s'engager de par la porte. Ils sortent à reculons, lentement, de façon saccadée ; l'adieu définitif au passé. La morte est enveloppée d'une natte, posée sur la tête des porteurs ; seuls ses deux pieds ne sont pas enveloppés. Les fossoyeurs se dirigent vers le féticheur, qui se tient maintenant devant la foule. Il débute un sermon d'une voix profonde, puis il lève les bras vers le ciel et lentement la tête des fossoyeurs se met à trembler ; leur corps, à bouger de façon irrégulière.

— Ils entrent en transe, possédés, me chuchote Mukabe.

Lui-même semble trembler. Par le biais de ces porteurs sacrés, le féticheur s'adresse alors à l'esprit de la défunte. S'ensuit un moment d'une rare énergie où le sorcier pose des questions, sous le silence de la foule qui ne semble même plus respirer. D'une voix faible qui trahit son appréhension, Mukabe me traduit.

— L'interrogatoire débute par de simples questions : « As-tu aimé ta vie ? », « Es-tu déjà entrée en contact avec l'être suprême ? » À chaque question, le corps subit un léger spasme. Lorsque les pieds se touchent, la réponse est positive ; lorsque les pieds vont de l'avant vers l'arrière, elle est négative. Les questions portent à présent sur les motifs de sa mort. Le féticheur s'approche lentement du corps, disperse sur celui-ci une poudre d'herbe et l'interroge : « Pourquoi nous as-tu quittés ? » « Est-ce que quelqu'un t'a envoyé la maladie ? » « Est-ce qu'on a glissé du poison dans tes aliments ? », « Est-ce qu'on t'a frappée ? »

Mukabe garde le silence. Les réponses sont longues à venir.

La réaction générale se fait entendre, toutes les réponses sont négatives. Un vent de réconfort flotte et rafraîchit nos visages baignés de sueur.

> — Le féticheur devait déterminer si la cause réelle de la mort est le mécontentement d'un ancêtre, un acte de sorcellerie, la punition pour viol d'un tabou, le contact avec une personne impure ou autre chose encore. Si la défunte avait affirmé être décédée d'une mort non naturelle, le féticheur aurait alors demandé à l'esprit de guider les porteurs vers la case du coupable, m'avoue Mukabe, qui éprouve manifestement un grand soulagement.

Une fois qu'on soupçonne la sorcellerie d'être à l'œuvre, les preuves se présentent d'elles-mêmes pour confirmer les soupçons. La sorcière ou le sorcier responsable doit être expulsé du village ou aussitôt tué, sinon ses sorts pourraient atteindre les autres membres de la famille, et la défunte pourrait vouloir se venger.

Les fossoyeurs promènent maintenant le corps dans tout le village pour l'inciter à ne pas revenir tourmenter la population, puis ils le déposent devant une case. Des musiciens se placent autour et une mélodie se fait entendre. Des gens se mettent à danser ; quelques autres se mettent à crier très fort. On entend parfaitement leur voix.

> — Ils sont en train d'insulter la morte. Ils lui crient qu'elle était une sorcière, que c'est bien fait pour elle, qu'elle était méchante, qu'on n'a plus besoin d'elle, qu'elle ne mérite pas qu'on l'enterre… C'est en quelque sorte pour dédramatiser sa mort.

Une femme de la famille s'habille comme la défunte, puis, jusqu'à l'ensevelissement, mime les principaux événements de sa vie. Une fois la musique terminée, les yeux se tournent vers le cercueil : on mène la doyenne à sa dernière demeure, le cimetière où reposent tant de générations de doyens. Elle sera enterrée avec tous ses effets personnels et sa natte.

Il est temps de partir. Les masques vont bientôt apparaître ; le léopard et le gorille danseront pour éloigner les mauvais génies. Des masques en feuilles de rônier émergeront de la brousse pour implorer les divinités de faire régner l'ordre et la paix. Ces masques seront par la suite brûlés sur la tombe de la défunte. Mais, surtout, apparaîtra le masque représentant un pou, similaire à une araignée ; masque, qui guide l'esprit vers le monde des ancêtres ; masque que les non-initiés ne peuvent voir qu'au prix de leur vie. Le vieux, celui assis près de notre mobylette, nous a bien avertis de repartir avant cet instant. En descendant d'un pas rapide la colline, Mukabe un peu gêné, m'avoue, que, puisqu'il n'est pas initié, il est considéré comme une femme dans son village et doit donc effectuer des corvées réservées à celles-ci, comme aller chercher de l'eau au puits.

Les initiés sont très puissants. Certains sont à l'abri des accidents ; d'autres ont la connaissance infuse. Cela dépend des souhaits exprimés par leurs ancêtres et de la puissance qu'ils avaient. Les ancêtres d'un initié pourraient faire le vœu que leur protégé ne manque jamais de rien. Le reste de la vie de l'initié sera alors une suite de coïncidences heureuses, comme d'arriver au milieu d'une fête, d'un mariage, d'un banquet… où il sera invité à manger, à boire et à dormir. Le hasard n'existe pas ; il faut laisser les ancêtres nous guider.

Le vieil homme n'est plus là. Mukabe démarre en trombe et manque de me projeter vers l'arrière. À travers les buissons, nous grugeons le terrain et rejoignons le plus rapidement possible la route. Nous devons éviter à tout prix d'entrevoir le masque du pou, qui nous ferait aussitôt rejoindre la doyenne.

La vie est bonne : il y en a qui préparent le riz ;
d'autres qui dorment avec la faim.

— Alors, ça vous a plu, mes enfants ? demande Salli, notre
cuisinière.

Elle insiste pour que nous l'appelions maman, ne cesse de nous
répéter que les enfants sont les plus beaux cadeaux de Dieu.
Dans les cours et les ruelles, on voit des enfants rire ; des
enfants jouer avec une canette rouillée ; des enfants lancer des
cailloux ; des enfants danser sous la pluie ; des enfants courir
derrière les poules... Avoir des enfants est la plus grande
richesse qui soit, souvent la seule accessible. Engendrer la prochaine génération, donner la vie, partager, transmettre nos
connaissances deviennent en quelque sorte les buts de notre
existence. Ne pas être en mesure d'avoir d'enfants est souvent
cause de divorce. Salli a dû quitter son Sénégal natal pour
venir vivre ici.

La pire condamnation, le pire châtiment qu'un Africain puisse
connaître, c'est l'exclusion. La solitude est une malédiction et
la communauté entière est organisée de manière à éviter que
l'individu ne la côtoie. Solitaire, perdant contacts, appuis,
recours, l'homme est condamné à mort. C'est pour cette raison
que Salli n'arrive pas à comprendre pourquoi j'aime et recherche souvent la solitude ; pourquoi je veux parfois m'isoler
dans un coin pour lire plutôt que de parler... Aussi, le fait que
je me confine dans ma chambre, m'isole quand je me sens malade, est incompréhensible pour elle. Plus une personne est
souffrante, plus elle a besoin du support des autres et plus il y
aura foule à son chevet. Ici, un mourant reçoit tant de visiteurs
qu'il en devient difficile de respirer.

117

Les relations humaines représentent la valeur suprême et donnent une multitude d'avantages. C'est ainsi que Salli a rencontré Lili, la propriétaire d'un maquis. Un soir, après avoir travaillé dur, Salli s'est vue assiégée par une soudaine et persistante envie de boire une Guinness (un gas-oil, s'il vous plaît). Mais, comme dans la majorité des cas où cette folle envie la saisissait, elle ne possédait pas le côté financier qui allait de pair avec son désir. Cette généreuse Lili, défiant toutes les lois du commerce et du bon sens, a accepté de lui faire crédit, ce qui lui a valu une invitation à notre maison pour rencontrer les deux «étrangers canadiens». Les liens se tissent de bien des manières.

Fort sympathique, Lili est tout de suite devenue une amie de la maison, et le fait qu'elle possède un bar n'enlève en rien au charme de la connaître, bien au contraire.

Nous voilà en route pour découvrir le maquis de Lili, *La Coupole*. Un klaxon m'exhorte à céder la voie à une dame en mobylette. Elles m'impressionnent tellement, ces femmes. Le dos bien droit, les jambes en ciseau, la tête haute, bien vêtues, elles ont une telle grâce ; elles sont si charmantes. Pourtant elles paradent sur de petits engins rudimentaires, dans un nuage de fumée noire, dans l'odeur du gas-oil, et au bruit d'un moteur défoncé.

Non loin de notre maison, nous longeons la barrière immaculée qui protège la American International School qui propose aux ambassadeurs, aux propriétaires européens et aux hauts dirigeants africains d'envoyer leurs enfants à une école où les enseignants sont américains ; où le système scolaire est américain ; où le niveau d'apprentissage est adapté aux standards américains. Tout cela, agrémenté d'un superbe jardin intérieur muni d'une piscine, de terrains de basket-ball et de tennis. Les murs sont suffisamment hauts pour qu'une fois à l'intérieur on ne puisse plus s'apercevoir qu'on est encore en Afrique. À nos côtés, de petits enfants vêtus de vieux t-shirts déchirés s'amusent à lancer des cailloux sur une affiche de métal qui résonne joyeusement, alors qu'un garde de sécurité accoutré de gants blancs jaillit, les expulse violemment, puis bloque la rue au complet, stoppant le trafic dans toutes les directions. C'est la sortie des classes. De grosses automobiles — Mercedes, BMW, Land Rover — remplacent les autobus scolaires et émergent du stationnement en file indienne ; priorité absolue. Il en coûte 6 000 $ US par session de trois mois pour envoyer un enfant à cette école. Un travailleur burkinabé moyen — qui possède déjà la rare chance d'avoir un emploi formel — , en épargnant la totalité de son salaire, devrait travailler sans relâche pendant plus de 15 ans pour être en mesure de payer à son enfant une seule session dans cette école. Un enfant me tire par la manche et me tend un sachet de *bissap*, un jus rouge et sucré à base de feuilles d'hibiscus que sa mère a préparé. Il m'en demande 10 FCFA, 2 sous.

Nous continuons notre randonnée, appréciant le fait que le soleil soit sur le point de disparaître. Sur le bord du chemin, dans un nuage noir, un homme complètement nu pellette du charbon. Son linge est soigneusement plié sur une chaise un peu en retrait. Il ne veut pas le salir. Je demande à Lili s'il dort là pour surveiller ses nombreux sacs de charbon. Elle me répond qu'il est impensable de voler du charbon la nuit.

— Le charbon possède des pouvoirs mystiques. Si tu ravis du charbon la nuit, la foudre s'abat sur toi.

— Ah bon...

Nous arrivons ! Sur une large voie de sable rouge traversée par la griffe profonde d'un ruisseau pluvial asséché, se dressent, d'un bord à l'autre, des petites tables et des bancs. Les moby-lettes et les quelques autres véhicules doivent contourner les clients pour circuler. Les chaises en face appartiennent à un compétiteur, *Le Sitting-Bull*. Sur toute la longueur de la ruelle, on ne trouvait aucun autre commerce officiel, sauf quelques vendeurs de cigarettes. Mais voilà qu'un concurrent s'est ouvert un maquis juste en face du sien.

119

— Ce n'est pas grave, ses bancs sont toujours vides, poursuit Lili d'un rire agréable.

Le fait que le système de son du voisin soit à la fois très puissant et complètement défoncé n'aide en rien à l'affluence de la clientèle. La pollution sonore enterre même complètement la musique de l'humble radio de Lili. Une chanson de Sylvain Cossette est expulsée désagréablement des haut-parleurs d'en face. Je suis surpris et déçu. L'ennemi a le contrôle du son.

Nous nous assoyons à une petite table de métal tremblante. D'une voix étonnamment forte, Lili ordonne à un serveur de venir recouvrir notre table. Il y étend une belle nappe de plastique. Sous un grand verre de Guinness noire, un slogan en lettres jaunes : *Guiness, la puissance est en vuos !!!* « Vuos »... une erreur qui fait en sorte que ces nappes se retrouvent en Afrique plutôt qu'en Europe.

Sur une plaque de métal artisanale, Lili place des dizaines de brochettes à notre intention. Avec cette braise de charbon, elles mettront plus d'une heure à cuire même si les morceaux sont très petits. Avec la maigreur des animaux ici, il ne faut pas s'étonner de chercher la viande ; il est presque impossible de la séparer des os sans gruger. Parlant de viande, je réalise que Lili n'a pas spécifié de quelle sorte de brochettes il s'agissait. Moustapha nous a avertis que les viandes de chien et d'âne sont bien populaires, mais pas pour notre estomac. Nos bières arrivent. *A beer a day keeps the diarrhea away.* Lili nous fait remarquer fièrement qu'elles sont bien fraîches. Par cette température, et compte tenu des conditions, le fait d'offrir des boissons froides devient un exploit en soi. Je lui demande s'il faut offrir un pourboire au serveur. Elle me répond en riant :

— En Afrique, on donne un pourboire seulement lorsqu'on est satisfait du service, donc jamais.

J'entame ma So.B.Bra. C'est trop drôle le nombre de produits désignés à l'aide d'un acronyme. Mais je suis déçu d'apprendre que Lili boit une Flag. Elle me regarde d'un sourire charmeur et m'apprend que, au fond, Flag signifie «Femme libre attend garçon». Même dans le noir, je suis certain qu'elle me voit rougir.

Un homme s'approche de notre table, lui caresse les épaules.

— Veux-tu un massage, Lili?

Elle lui enlève les mains avec vigueur et lui souffle au visage :

— Non, tes mains sont bonnes uniquement pour manger de la viande et boire de la bière.

Lili possède un charme certain, mais surtout un caractère sublime, explosif, inhabituel. Surtout dans cette région où l'ethnie majoritaire est mossi, dont les membres sont reconnus pour avoir une idéologie très stricte et rétrograde à l'égard des femmes. Un vrai Mossi préférerait mourir plutôt que d'avoir à accomplir une tâche «féminine» comme cuisiner. Le seul fait que Lili ait monté un commerce sans l'aide de personne, alors qu'elle n'est pas même mariée, est un exploit qui mérite que nous lui levions notre verre.

— Comment dit-on « Tchin tchin », ici?

Elle me regarde en rigolant et me demande si je sais comment a débuté la tradition de cogner les verres.

— J'ai déjà entendu diverses histoires qui, dépendamment du conteur, se déroulaient au Moyen Âge ou à l'époque des Vikings, et qui situaient l'origine de cette tradition au temps où les empoisonnements étaient fréquents. On frappait les verres de telle sorte que le liquide puisse voyager d'un verre à l'autre, et si notre partenaire n'osait pas boire, il se trahissait.

— Alors, tu vois? Je n'ai pas l'intention de t'empoisonner; tu n'as rien à vérifier. Ici, on offre simplement un peu aux ancêtres, puis on boit.

121

D'un geste de la main, elle verse la première gorgée de sa bière par terre, aux ancêtres, puis, souriante, lève son verre et déclare :

> — Ce soir, on va s'érafler les genoux, car on va ramper en partant d'ici. Après tout, là où il y a trop de conscience, il n'y a pas de plaisir.

Le serveur nous tend des sous-verres de bois. Bon ! Je ne vois pas en quoi salir cette nappe de plastique importe, mais j'en utilise un tout de même. Après seulement quelques secondes, attirées par l'odeur de ma bière, deux mouches se baignent allégrement dans mon verre ; je dois l'offrir complètement aux ancêtres. C'est alors que je remarque les gens autour de moi. Ce n'étaient pas des sous-verres…, mais bien des sur-verres, qui sont utilisés pour empêcher les mouches de se baigner. C'est le monde à l'envers. La bière versée aux ancêtres attire déjà un long corridor de fourmis à la queue leu leu. Chaque centimètre de cette terre africaine est un bassin inépuisable de vie.

Une jeune femme s'assoit à notre table. Sa présence est charmante, mais elle demeure discrète. Quelques minutes plus tard, elle se lève, visiblement offusquée :

> — Moi, quand il n'y a ni à boire ni à manger, je vais voir ailleurs.

> — Oups !

Elle voulait qu'on lui paie la tournée… Lili me regarde en riant et me chuchote à l'oreille :

> — Quand la pauvreté frappe à ta porte, l'amour s'enfuit par la fenêtre.

Lili nous invite à l'accompagner dans une discothèque. Valériane lui lance un regard de feu en lui avouant que nous y sommes déjà allés, mais Lili rétorque que le *New Jack* c'est pour les jeunes ; elle va nous amener dans un vrai club.

Elle poursuit en disant :

— Il faut aller danser. À la fin de la soirée, ils ferment les lumières et ce sont les slows. Bien sûr, il fait tellement noir que des fois, sans s'en rendre compte, on danse avec une chaise, mais parfois on en attrape un vrai, et à cause de la sueur on est tellement collant qu'on ne se décolle que le lendemain matin...

Elle conclut sur un clin d'œil :

— Décidément, le rouge te va bien !

Notre table devient bien vite comme le Sahel, complètement asséchée. Pendant que Valériane commande une autre tournée, je demande à Lili où se trouvent les toilettes. Elle m'indique approximativement l'endroit, puis m'apprend qu'il faut dire « aller téléphoner » quand on va pisser...

— Alors je vais téléphoner, mais ne m'attendez pas, ça va être « longue distance ».

Je ne trouve pas l'endroit désigné, il fait trop noir. Mais n'importe quel endroit fera l'affaire. C'est la joie de téléphoner à l'aide d'un portable...

Un homme m'intercepte sur le chemin du retour ; il m'invite à sa table et me paie une bière. Pour le remercier, je lui présente quelques photos de ma contrée lointaine que je traîne sur moi. Je lui tends la photo d'un lac avec des montagnes à l'horizon et un ciel parsemé de nuages cotonneux.

— Voilà pourquoi il fait si froid au Canada ! Regarde comme vous êtes près des nuages.

Il poursuit sa découverte, arrive à l'hiver.

— Tranquille ! J'aimerais bien aller au bord de la neige, un jour...

— Voici une photo des gratte-ciel de New York.

— Ah… votre colonisateur.

— Colonisateur ?

— Eh bien, sans vouloir te vexer, les États-Unis puisent à même vos ressources naturelles, bois, eau, électricité — à taux préférentiels — et encaissent une marge de profit en vous retournant les produits manufacturés. Vous n'êtes que le prolongement du marché pour eux…

Moi qui n'aime pas trop nos voisins du Sud, je ne vais quand même pas me laisser insulter.

— Nous ne sommes pas une colonie de l'oncle Sam !

— Ah non ? Pourtant, en temps de guerre, ce sont les Américains qui dirigent votre armée, qui vous disent qui et quand attaquer. Ils connaissent exactement vos effectifs militaires et ce sont eux qui en disposent. Vous leur remettez même vos prisonniers. Vous ne faites que recevoir la facture de leurs manœuvres.

— Mais nous en sommes indépendants !

— Ah… votre indépendance qui vous est si chère. L'indépendance est devenue la valeur primordiale de votre société, mais vous la confondez cependant avec la liberté. Toutes les communications de masse, la publicité, vantent l'indépendance, l'illusion de la liberté. «Soyez indépendant, soyez vous-même, soyez unique.» Et pourquoi vendre l'indépendance à tout prix ? Simplement parce que pour être indépendant il faut posséder sa propre maison, sa propre voiture, sa propre télévision, ses propres joujoux… On multiplie les ventes, les gens s'isolent, l'esprit de communauté meurt, et tourne l'économie.

— Oh ! ma bière est arrivée.

Je m'éclipse de sa table, en digérant mal ce qu'il vient de me servir.

Lili me change les idées en me racontant l'histoire d'un client qui était vraiment « avancé » lorsqu'il est parti du maquis, l'autre soir. Au moment de traverser le pont qui menait à sa maison, il le voyait en double. Ne sachant pas lequel était le bon, il est revenu au maquis pour commander quatre autres bières, en disant à la serveuse qu'il allait boire jusqu'à ce qu'il voie triple. De cette manière, ce sera plus simple : il empruntera le pont du centre.

Le temps file, il ne cesse de nous devancer. Nous nous levons enfin et constatons à quel point nous avons bu. Lili propose de nous accompagner sur le chemin du retour. Malgré le fait que les vols soient relativement fréquents, les ruelles sont tout de même assez sécuritaires dans ce quartier, car chaque maison possède son propre gardien qui passe la nuit assis sur un petit banc dans la rue. Ces gardiens offrent une présence rassurante dans les zones de noirceur dense. Soudainement, plusieurs chiens se mettent à aboyer. Tout le quartier semble envahi par des jappements, à la fois proches et distants. L'expression de Lili change du tout au tout. La voilà qui se presse contre mon épaule tout en se repliant quelque peu. Elle nous laisse ici, elle doit retourner. Devant mes questions insistantes, elle m'avoue que le chien est un animal sacré. Il vit à la fois avec les animaux et avec les êtres humains. Comme les animaux sont en contact avec les esprits, le chien sert de pont entre les deux mondes, et lorsqu'il jappe sans raison, c'est qu'il vient d'apercevoir quelque chose qu'il n'aime pas et nous avertit de la présence d'un ancêtre méchant ou d'un génie malsain. Lili nous quitte rapidement. Je m'avance dans les rues sombres : le jappement des chiens, la présence d'esprits menaçants, l'alcool ; je suis à des milliers de kilomètres de chez moi. Tout tourbillonne dans ma tête. Je dois trouver mon lit… et au plus vite.

*Un oui n'a de valeur que lorsque celui qui le prononce
a le droit de dire non.*

Rien à faire. Je suis bel et bien nord-américain jusqu'au plus profond de mes entrailles. Peu importe les efforts que je fournis pour m'adapter, pour me fondre aux valeurs africaines, j'atteins toujours ma limite bien avant d'atteindre mes objectifs. Oui, les Africains sont sympathiques, et tellement affectueux. Chaque rencontre, même celles qui semblent les plus insignifiantes, se transforme en discussions riches de découvertes et d'apprentissages. Cette mentalité fait en sorte que chacun est ouvert aux autres, emphatique, incapable de vivre dans une bulle comme seul un bon Occidental sait le faire. Certaines valeurs sont tout simplement grandioses, font ressortir l'être humain qui est en nous ; d'autres, pourtant inspirantes, me sont tout simplement impossibles à appliquer, par exemple la noble valeur voulant que ce qui est à moi est à toi, valeur prédominante ici. Si un cousin se procure un marteau, alors tu es heureux, car tu viens d'acquérir un marteau toi aussi, ou, du moins, l'accès à un marteau. Si le voisin dispose d'un manguier, la saison venue tu auras des mangues pour toute ta famille. Si un ami possède une maison, tu y es le bienvenu, et ce, quand bon te semblera… surtout si cet ami est une curiosité, un Blanc. C'est ainsi que chaque matin, chaque midi, chaque soir, des auto-invités meublent les divans de notre cour. Toujours des gens intéressants… Pourtant, je n'en peux plus. J'ai besoin de disposer de quelques moments d'intimité, ne serait-ce que pour digérer tout ce dont l'Afrique me gave. Mais expliquer à Sibiri qu'il ne doit pas laisser entrer les visiteurs, que parfois je ne veux pas recevoir d'amis, provoque sur son visage une légère expression qui trahit de la déception et de l'incompréhension. La preuve concrète que je n'ai pas réussi à m'adapter.

Aujourd'hui, Idra, un vendeur de batiks, est enfoncé dans le divan. Il me montre ses œuvres ; elles sont superbes, colorées dans les moindres détails avec précision et adresse. C'est une merveille de le regarder travailler. Sur des morceaux de tissu blanc de plusieurs mètres, il utilise un type d'entonnoir métallique fin dans lequel il verse de la cire chaude. D'un trait de cire, il dessine ensuite les contours d'une image élaborée : une danse des guerriers, une envolée d'oiseaux, etc. Il doit savoir retenir sa respiration pendant un tracé et profiter d'une pause dans le dessin pour la reprendre. Une fois le contour du dessin complété, il trempe le tissu en entier dans un colorant qui, à cause de la cire, ne teint pas le tissu camouflé sous celle-ci. Laissant le tout reposer au soleil, il peut ensuite retirer la cire refroidie à l'aide d'un grattoir. Après plusieurs étapes consistant à couvrir de cire chaude tous les éléments du dessin qui ne doivent pas être teints, à tremper le tissu dans un nouveau colorant, puis à le laisser sécher au soleil, il obtient finalement un tableau superbe, un batik. Cet art lui a été enseigné par un maître burkinabé, le premier à l'avoir appris des Indiens importés en Afrique aux débuts de la colonisation.

Au début de la présence colonisatrice en Afrique, les puissances européennes se contentaient de sucer les côtes, se risquant très rarement à quitter les rives des océans pour s'aventurer au cœur des terres hostiles de infestées de maladies. Mais très bientôt l'attrait des mines d'or, d'argent et de cuivre, des plantations de café, de thé et de coton, et des autres ressources dont regorge le continent a été irrésistible. Puisque les esclaves qui transportaient les marchandises sur leurs têtes ne suffisaient plus à la tâche, l'appât du gain a motivé les puissances à construire des voies ferrées pour accélérer l'exode des richesses. Mais réunir des esclaves noirs en quantité suffisante exigeait beaucoup de temps. Et comme on ne pouvait tout de même pas importer des ouvriers blancs puisque la domination européenne reposait sur le mythe que l'homme blanc est supérieur, conçu par Dieu pour régner sur les Noirs et non pour travailler comme de simples mortels, les Anglais se retournèrent donc vers leur réserve de *cheap labor*: l'Inde. Des milliers d'ouvriers indiens furent alors catapultés dans la brousse africaine pour y construire des voies ferrées, périssant par centaines de paludisme et d'attaques d'animaux sauvages, ce qui ne représentait que des salaires en moins à verser pour les *British*. Un rescapé de ces travaux s'est enfui au Niger, où il a rencontré le maître d'Idra et lui a enseigné cet art indien qu'est le batik.

Grand, habillé à la manière américaine, Idra semble vouloir prouver son «évolution» vers le monde moderne. Téléphone cellulaire à la poche, il n'a cependant pas les moyens de se procurer des crédits. Comme on paie les appels lorsqu'on les fait et non lorsqu'on les reçoit, l'usage de cette technologie est directement dépendant du retentissement de la sonnerie.

Sans gêne, il me demande comment je trouve les bordels burkinabés, les «Burkinabaises?». Puis il me raconte qu'il a déjà rencontré un client qui lui a parlé des jolies Belges, des chaudes Italiennes, des efficaces Allemandes, mais que ses préférées étaient les jeunes Néerlandaises des ruelles d'Amsterdam, que l'on trouve derrière des vitrines illuminées aux néons rouges. Rideaux ouverts, une jeune femme à moitié nue se dandine devant un lit et excite les passants qui, s'ils le (la) désirent, entrent dans la pièce... Il n'y a plus qu'à fermer les rideaux; le lit est déjà là, à quelques mètres des passants/futurs clients.

— Tu sais, il y a des hommes qui, dès qu'ils voient une fille en slip, c'est un K.O. technique. Mais moi, j'ai l'expérience. Je suis déjà allé en Côte-d'Ivoire, j'y ai vu des plages où les nanas sont presque nues, même les Blanches! Je suis habitué, capable de résister. Et de toute manière, quand je vois une Blanche, je ne m'imagine même pas dans ses bras; je ne serais jamais capable de l'entretenir...

129

Quand j'expose à Idra que « malheureusement », je n'ai pas fréquenté les bordels, que j'ai une blonde qui m'attend à la maison, il me regarde, étonné. Puis il me demande si je compte vraiment rester abstinent si longtemps, et éclate de rire comme si ça ne pouvait être qu'une blague. Voyant que je ne ris pas, il s'arrête brusquement, choc culturel oblige, en espérant ne pas m'avoir offusqué, et il se met à siffler. Salli et Valériane arrivent à portée d'oreille ; Idra redevient un homme tout « rose », aide Salli à porter son mortier en lançant :

— Ce que femme veut, l'homme veut.

Puis, dès qu'elles se sont retirées :

— Mais ce que l'homme veut, la femme ne veut pas tout le temps. Non, elle a parfois mal à la tête, quoi…

Après un long rire, il me lance d'un ton décisif :

— Tu sais, je comprends que tu veuilles rester fidèle à ta fiancée et tout et tout, mais il ne faut quand même pas ruiner ta santé. Presque trois mois… c'est beaucoup trop pour le corps d'un homme ! Il faut aiguiser son couteau régulièrement, quoi. Pas besoin de te remarier, il te faut seulement un deuxième bureau.

— Un deuxième bureau ?

L'histoire de l'Afrique est baignée de polygamie. L'importance d'un homme s'est toujours mesurée au nombre de ses épouses et enfants. Avoir plusieurs femmes est aussi un moyen de partager ses richesses avec le plus grand nombre, un moyen de créer un clan d'interdépendance. Les chefs traditionnels, primordiaux au folklore ancestral, sont depuis le début des temps essentiellement polygames. Ceux qui possédaient moins de deux épouses étaient même souvent exclus des réunions importantes avec le roi. Les hommes mariaient plusieurs femmes pour différentes raisons : certaines parce qu'elles étaient belles, dotées d'une grande force de travail, ou parce qu'elles savaient recevoir les invités ; d'autres parce que fécondes, fines cuisinières ou même parce qu'elles savaient faire l'amour. Et Idra de poursuivre :

— Comme il est presque impossible de retrouver toutes ces qualités réunies en une seule femme, nous demeurons insatiables. L'homme n'est pas fait pour la monogamie ! La polygamie est inhérente à la nature de l'homme en général.

L'Africain, originellement et culturellement animiste, a presque toujours été polygame. Jusqu'à ce que la religion chrétienne fasse son entrée et l'oblige à se renier, à croire à des dogmes venus d'ailleurs. Parce que ceux-ci lui promettaient le ciel, dont la voie d'accès était l'épouse unique, il a dû obéir à ses édits qu'il a revêtus telle une camisole de force.

— L'homme noir, pour se conformer à cette morale, est contraint de faire semblant. Comme les Occidentaux, il devient hypocrite, prend une seule femme à la maison, mais entretient plusieurs privilégiées à l'extérieur. On les appelle les deuxièmes bureaux.

Au cours des dernières années, les mariages polygamiques, hués et critiqués par la communauté internationale, ont donc chuté vertigineusement. L'Africain a cependant trouvé une manière de continuer à jouir des avantages d'avoir plusieurs femmes... sans toutefois en avoir les responsabilités. Et comme pour beaucoup de femmes l'homme reste l'un des seuls moyens d'avoir accès à la reconnaissance sociale et d'assurer leur subsistance, le marché est grand ouvert. Mais le jeu est quand même bien plus intéressant pour les deuxièmes bureaux que pour nos maîtresses occidentales à qui l'on ne doit rien. Si ces dernières se font parfois payer un souper au restaurant et une chambre au motel, les deuxièmes bureaux, quant à elles, se font honorer en étant entretenues : maison, auto et chauffeur, vêtements, bijoux et dépenses quotidiennes. Ce qui fait que, somme toute, exactement comme dans la tradition, seuls les puissants peuvent se permettre de posséder plusieurs femmes.

Idra, déjà à des milles de cette discussion, me propose de faire un tour de ville, de découvrir les coins chauds — «là où ça se passe» —, les coins qu'un guide touristique ne me dévoilerait pas. Assis sur sa mobylette, nous roulons sur le goudron *Kwame Nkrumah* du centre-ville où s'entassent les quelques bars et discothèques. Nous contournons le fameux *New Jack*, et parvenons à la porte tout juste derrière qui mène au luxueux *Cactus*. Idra gare sa mobylette puis nous traversons à pied le minuscule stationnement. Juste là, dans la pénombre, côtoyant le grand boulevard achalandé, se dresse une petite ruelle d'une cinquantaine de mètres. Baignée d'obscurité, nous distinguons difficilement deux rangées de tabourets, chacun séparé d'à peine un mètre, garnissant l'allée d'un bout à l'autre. Sur la majorité de ces tabourets, de jeunes et très jolies femmes sont assises et attendent patiemment qu'un client les choisisse pour les accompagner dans une des chambres à l'arrière, fermée d'un rideau de percale. Le bout de tissu laisse parfois dépasser les pieds du client, et bien sûr tous les sons. Dans cette ambiance sonore singulière, intimidante et à la fois excitante, je réalise que les nombreux tabourets libres sont ceux des filles présentement occupées avec des clients. Malgré son étonnement, son désappointement et l'inconfort qui s'ensuit, je refuse une dernière fois, étouffé par le poids de ma gêne, l'invitation d'une superbe jeune femme. Idra, incrédule et contrarié, accepte de me reconduire à la maison, mais non sans s'être au préalable lui-même invité dans les bras de cette ravissante et voluptueuse Noire.

Ouvre la porte aux étrangers car le riz cuit appartient à tous.

Dès que je le peux, je vais dans l'arrière-cour avec Basil, Moussa et Yaku pour jongler, jouer de la musique, entendre leurs histoires, les voir fabriquer des *djembé*s entourés de peaux de chèvre. Ils sont incroyablement talentueux : dès que Valériane leur apprend un exercice, une acrobatie, ils en font quelques heures plus tard une démonstration sans faille, des saltos aux vrilles. Moussa, petit, massif, tellement fort, se pratique sans matelas de protection, sans crainte, sans problèmes. Sibiri et les voisins viennent souvent observer ces folies, ces acrobaties étranges dans un monde où l'art du cirque n'a pas d'antécédent. La folle danse des Blancs.

Basil, Moussa et Yaku ont vu les effets que les sessions de cirque ont sur les enfants en situation précaire. Ils sont les premiers à être convaincus de l'importance de ce programme. Parce qu'ils laissent place à la liberté et à la créativité, tout en demandant ténacité, persévérance et discipline, les arts du cirque permettent à ces jeunes de s'épanouir, de s'exprimer et de créer, à partir de leur marginalité, des rapports d'un type nouveau avec une société qui souvent les a rejetés. Tout leur potentiel est canalisé vers la réalisation d'activités positives ; ils deviennent êtres des humains en quête d'avenir, se sentent enfin appelés à jouer un rôle productif dans le monde. Dans leurs yeux s'illumine l'espoir de jours meilleurs.

Cet après-midi, Basil, qui ne perd jamais son sourire, me propose de les accompagner à un baptême où ils doivent jouer de la musique. Je ne comprends pas, je suis avec eux presqu'en permanence : comment font-ils pour dénicher ces contrats ;

avoir des contacts extérieurs sans que je ne m'en rende compte ? Tout ça m'échappe. Mais leur talent attire l'admiration de tout le secteur. Avoir à sa disposition de tels musiciens devient un honneur et ceux qui savent les trouver se les arrachent dès que l'occasion se présente.

Pour recruter des moniteurs agiles et des musiciens émérites, le programme de Jeunesse du monde a organisé des auditions nationales. En Afrique, avoir la chance de vivre de son art est un rêve presque utopique ; déjà chez nous, malgré les systèmes de bourses et de subventions, on peut le traiter d'irréaliste. Dans un pays où les structures sociales n'existent pratiquement pas, la culture est bien le dernier des soucis d'un gouvernement sans le sou. La rumeur des auditions, telle une traînée de poudre, s'est rendue jusqu'à Bobo-Dioulasso, le cœur de la culture au Burkina, situé au sud-ouest du pays. Basil, Yaku et Boussa ont été sélectionnés parmi un très grand nombre de candidats et certains les considèrent comme les meilleurs musiciens du pays. Quand, dans mon guide de voyage sur le Burkina, j'ai lu qu'il était rare pour les étrangers de pouvoir entendre *in vivo* de la musique traditionnelle, et qu'il ne faut pas se surprendre de quitter le continent avec rien de plus que des cassettes pour connaître cette forme de musique, j'ai bien rigolé, réalisant ma chance, moi qui lisais justement au rythme de leurs instruments.

Basil, Yaku et Moussa sont nés tous trois à Bobo-Dioulasso, dans l'un des secteurs les plus anciens et sacrés du pays, celui des griots. Les véritables griots se font inculquer dès la naissance qu'ils sont sur terre pour faire de la musique et l'utiliser pour transmettre la mémoire de leur peuple. L'Afrique ne possède pas de tradition écrite. La multitude de langues, les carences matérielles, l'absence de système scolaire et plusieurs autres facteurs en ont fait un continent baignant dans l'oralité. Lois, religions et coutumes n'existent que dans la parole. Grâce au verbe se transmettant de génération en génération, le passé ne meurt jamais. L'homme blanc a perdu l'habitude de se fier à sa mémoire ; il a même appris à s'en méfier. Pour se remémorer le passé, nous courons aux archives, à la bibliothèque. Tout est écrit ; rien n'est su.

Les griots traversent le pays pour léguer leur héritage, chanter et conter l'histoire de leur peuple : l'histoire de ses rois et de ses ancêtres ; la généalogie de ses grands hommes, la philosophie de ses sages, la morale de son esprit ; la générosité de son âme ; les contes et les légendes ; les devinettes qui torturent l'esprit afin de mieux le nourrir ; le proverbe, assis à l'ombre d'un manguier géant, rappelant que le destin s'écoule comme le torrent, d'une manière immuable.

Le griot est de toutes les fêtes ; la musique est au centre de son activité comme elle est au cœur de la vie africaine. Semblable à un troubadour du Moyen Âge, il est parfois le disciple d'un maître dont il chante les louanges ; d'autres fois, il est indépendant, colportant des histoires et flattant celui qui lui offre à manger, à boire, et maudissant celui qui n'a pas voulu se montrer généreux.

Le griot maîtrise aussi l'art de créer puisque, en plus de connaître le passé, il a la responsabilité de composer les textes qui résumeront le présent pour les générations à venir. Il est toujours craint, car il connaît les secrets de plusieurs personnes, secrets qu'habituellement il vaut mieux taire. Cette appréhension fait en sorte qu'il existe des régions d'Afrique occidentale où, autrefois, les griots n'avaient pas droit à la sépulture. On racontait que le cadavre d'un griot, une fois mis en terre, était susceptible de rendre stérile à jamais le sol qui l'accueillait. Quand un griot mourait, on déposait donc son corps à l'intérieur du tronc creux d'un énorme baobab.

Tout en marchant, Basil me raconte l'origine du premier griot :

— Deux frères de lait et de sang étaient égarés dans la brousse sous le soleil brûlant. Leurs provisions complètement taries, ne trouvant plus rien à manger depuis des jours, le plus jeune a été saisi par la faim et s'est effondré, ne pouvant plus continuer. «La mort est un vêtement que chacun doit porter un jour. Mon temps est venu. Continue et sauve ta propre peau.» Son frère avait disparu, mais était revenu aussi rapidement qu'une gazelle poursuivie par mille lionnes. Dans ses bras, il portait un morceau de viande. Une jambe maculée de sang, il avait expliqué à son cadet qu'il avait abattu un animal sauvage, mais seulement après que celui-ci l'eut attaqué. Ils se sont allumé un feu, ont mangé à leur faim, puis, en s'entraidant, ont enfin réussi à trouver un village. Ils étaient sauvés. En soignant la blessure de son frère aîné, le plus jeune a compris qu'il s'était coupé un morceau de sa propre jambe pour le lui donner à manger. «Tu m'as sauvé de la faim et, pour ce faire, tu n'as pas hésité à te tailler la cuisse et à me donner de ta propre chair. La pluie ne fait toujours que mouiller les taches du léopard ; le ne les efface jamais. Ma reconnaissance envers toi est comme les taches du léopard. Désormais, je m'appellerai Diéli, ton serviteur, et tous mes descendants seront les serviteurs des tiens. Nous chanterons tes louanges pour que personne n'oublie ta bravoure.» C'est ainsi qu'est né l'ancêtre des griots.

Nous parvenons à une église qui ressemble à un immense amphithéâtre sportif. Sous ce toit de tôle ondulée, qui tonne bruyamment en se dilatant sous le soleil bouillant, des centaines et des centaines de personnes sont regroupées autour de l'autel. Nous devons pousser un à un les gens attroupés à l'entrée pour pouvoir nous frayer un chemin vers l'intérieur. Les odeurs sont plus vivantes que jamais, et elles profitent de l'absence totale d'air pour s'abattre sur nous. La chaleur est si intense que mes vêtements semblent fondre ; une spatule serait l'idéal pour enlever mon t-shirt. Sur l'autel, une dizaine de prêtres sont alignés, mais seuls les deux du centre — les deux Blancs — parlent au micro. La christianisation a été très efficace en Afrique, et les croyants sont des pratiquants extrêmement fidèles. Plusieurs portent des chemises ou des robes colorées, sur lesquelles la figure de Jésus apparaît entourée de slogans du genre : « La crainte de l'Éternel est le premier pas vers la sagesse. » C'est en inventant l'enfer que la religion a acquis toute sa puissance.

Les sections qui forment l'avant de l'église sont remplies de gens vêtus de blanc, les baptisés. Il n'y a pas d'enfants ; les plus jeunes sont des adolescents. Lorsqu'on se fait baptiser, tous les amis et membres de la famille sont conviés. Et la notion d'invitation en Afrique, comme celle de la famille, est très large. Lorsqu'on invite quelqu'un, non seulement peut-il à sa guise amener tous ceux qu'il le désire, mais, en plus, on lui fait savoir qu'il disposera de nourriture, d'alcool et de tout ce qui contribuera à son bien-être. Le baptême devient ainsi tellement dispendieux qu'il est nécessaire d'économiser durant de nombreuses années avant de pouvoir se le permettre. Et comme les parents savent fort bien que le baptême ouvre la porte au mariage, dont les coûts sont encore une fois susceptibles de dépasser leur revenu annuel, on doit souvent attendre des années et des années avant de faire baptiser un enfant. Bintou, celle que l'on fête, a 19 ans.

La foule, malgré la chaleur infernale qui règne dans cet endroit pourtant sanctifié, est énergique : elle chante, elle tape des mains, elle crie. Ceux qui sont arrivés en retard assistent à la messe de l'extérieur où de vieux amplificateurs, qui mériteraient leur repos éternel, ont été disposés. Munis de petites chaises pliantes ou assis par terre, les spectateurs tentent de se protéger du soleil et fredonnent des paroles qui ne sont un mystère que pour moi. Les chansons religieuses sont entraînantes, jouées de façon rythmée sur un clavier électronique avec tempos préprogrammés, parfois en reggae, parfois sur un air plus cadencé. Les spectateurs tapent des mains, accompagnent la mélodie de cris lorsqu'un passage les touche particulièrement ; c'est la fête. Je reconnais quelques chansons que les ados chantaient durant le trajet en autobus vers Ziniaré.

137

De véritables hymnes. Je me console en réalisant que ce n'étaient donc pas toutes des chansons à connotation sexuelle que ces hormones sur pattes hurlaient.

Chaque année, les baptêmes se déroulent par zone. D'une fin de semaine à l'autre, ce sont toujours les habitants d'un différent secteur de la ville qui se font baptiser. Aujourd'hui, tous ceux de la zone du bois devant recevoir le baptême sont ici. Les résidents de notre quartier sont beaucoup plus nombreux que je ne pouvais l'imaginer ; la place déborde.

> — Tu verras tout à l'heure, tous les gens de notre quartier feront la fête. Un peu partout les gens seront soûls, me dit Basil en riant.

Puis, dans une cohue générale, et dans un embouteillage impressionnant de mobylettes et de piétons, c'est le départ pour les diverses réceptions.

> — Au baobab, vous tournez à droite.

Avec cette seule indication, nous débouchons sur une rue qu'une sorte de chapiteau couvre à moitié. Le père de la baptisée a loué une grande tente pour créer l'ombre nécessaire à notre bien-être. Plus loin, du terrain vacant où se trouve le baobab, se dégage un imposant nuage de poussière. Dans ce champ dénudé, qui par intérim sert de dépotoir, quelques enfants, pieds nus dans le sable recouvert de roches et de débris divers, jouent au football avec un ballon constitué de bouts de tissu enroulés. Bien que je sois un grand fan de football, que j'aime beaucoup pratiquer ce sport, je sue à grosses gouttes seulement à les regarder courir sous ce soleil insatiable. Il fait si chaud qu'il ne me reste aucune once de motivation, ne serait-ce que pour me rendre jusqu'à leur terrain. Chacun de leurs pas soulève une poussière asséchée qui s'élève jusqu'au ciel ; la colonne paraît rejoindre les vautours comme la fumée d'un incendie.

Mes compatriotes ont fini d'installer leurs instruments ; la musique commence. Aussitôt, les femmes se retrouvent sous la tente, dansent en cercle, suivant le rythme effréné de la musique. Certains petits, accrochés au dos de leur mère, pendent mollement comme des sacs de patates, leur tête suivant malgré eux le rythme de la musique. Tout comme au *New Jack*, quelques-unes se penchent vers l'avant et donnent vie à leur derrière proéminent qui gigote comme un poisson hors de l'eau. Lorsqu'un des bébés commence à avoir soif, à souffrir de la chaleur, une voisine boit une gorgée d'eau et la lui souffle doucement, tel un doux baiser, dans la bouche. Moi qui me tracassais à savoir si je devais manger avant de venir ici, voilà qu'on m'apporte des cabarets et des cabarets de nourriture : des brochettes de viande, des plats de riz, etc. ; on m'apporte aussi à boire. Tout y passe. Je n'en peux plus, je suis bourré. Ils ne veulent pas retirer mon plateau tant que je ne l'aurai pas terminé. J'arrive comme un étranger, et je suis traité en roi. Peut-être me considèrent-ils comme un bijou, peut-être qu'avoir un *nassara* à son baptême est un luxe fort estimé.

Un grand homme vient me trouver alors que je repousse un nouveau plateau de nourriture, incapable d'avaler un grain de plus. C'est le chef de la famille, le père de la baptisée. Il s'assure que je suis à mon aise, que je ne manque de rien, que je m'amuse ; bref, que je parlerai en bien de lui et de sa famille. Puis il me garantit qu'après cette chanson « de femmes » il demandera aux musiciens un morceau afin que l'on puisse danser entre hommes, l'étranger et lui. Je suis très nerveux, car il y a beaucoup de monde. Il veut que nous dansions tous les deux, et seulement nous deux, une sorte d'honneur qu'il me fait. Après tout, j'ai laissé derrière moi femmes et champs pour assister à cette célébration...

Je ne suis pas très doué pour la danse, surtout africaine. Chaque tentative me ramène à cette vérité. J'ai peur de me ridiculiser, encore une fois... La musique s'arrête. Mon hôte lance de grands cris qui soulèvent la protestation de quelques femmes peu gênées qu'il chasse du revers de la main. La piste de danse se vide, il me tire par le bras, et la musique commence. Très rapide, le chef fait plusieurs gestes saccadés, se lance en l'air et retombe à plat ventre sur les mains ; il marche alors en petit bonhomme, par sursauts, puis il tourbillonne et retombe sur ses genoux... Bref, des mouvements que je n'arrive même pas à accomplir dans mes rêves les plus fous. Je ne sais pas si je dois tenter de l'imiter ou si je dois trouver des mouvements complémentaires aux siens pour l'accompagner. N'arrivant ni à l'un ni à l'autre, la sueur remplissant mon front comme la gêne mon cerveau, je décide de faire comme au château d'eau : faire croire aux gens que je suis un clown, me débarrassant ainsi de toute responsabilité par rapport à ma performance. Je commence donc à faire des mouvements saccadés, comme un robot, ma figure se tordant un peu ; un *break-dance* pour arriérés. J'entends rire les enfants autour de moi ; bon signe. Mais les adultes, eux, commencent à murmurer. Oh ! Oh !... je commence à réaliser, pris de panique, qu'ils interprètent peut-être mes gestes comme une moquerie à l'égard de leur chef ! Celui-ci lève les bras vers moi, tente de me faire bouger le bassin comme il le fait, d'agiter mes bras. Mais je n'y arrive pas. J'ai beau essayer, je suis aussi souple qu'une barre de métal. La musique s'arrête enfin sur un violent roulement de *djembé*. Il quitte la piste de danse sans trop se retourner. Je l'ai peut-être insulté, et ainsi ridiculisé son invitation... Du moins, c'est la seule amorce d'explication que je puisse m'inventer. Non, il revient aussitôt avec une bière qu'il m'offre, et dépose sa main sur mon épaule, comme si nous étions de vieux copains. Le moment est passé. Je savoure ma bière avec soulagement.

La piste est maintenant remplie de danseurs qui marchent en rond, d'un pas rapide, en chantant. Je suis hypnotisé par ce cercle, qui se renouvelle sans cesse, toujours en concordance, au même pas, et par ces cris violents ou tristes, forts ou faibles ; on lève les genoux bien haut ou on se traîne les pieds. Les visages sont marqués par des grimaces et des cris. Un homme, sous un chapeau de cuir moulé à sa tête par le temps, vient près de moi. Sa barbe est mal rasée et ses vêtements sont ornés d'un éléphant délavé. Il m'offre un morceau de pain et m'explique que cette danse symbolise la période esclavagiste. C'est la danse des enchaînés. Étant le seul Blanc ici, ce sujet me fait évidemment rougir d'impuissance, et je me demande s'ils la dansent pour moi, à cause de moi. Je tente de changer de sujet, comme quelqu'un qui se noie cherche son air, en lui lançant que c'est une bonne chose que l'esclavagisme n'existe plus. Il me regarde d'un air sarcastique puis, en mettant la main sur mon épaule, me dit :

— Qu'est-ce qu'un esclave au fond ? Quelqu'un qui n'est pas libre, qui n'a d'autre choix que de travailler ? Connais-tu beaucoup de gens qui peuvent se permettre de ne pas travailler ? Il y a davantage d'esclaves aujourd'hui sur terre qu'il n'y en a jamais eu.

Il prend la bouteille vide de ma main, la remplace par une autre, pleine et bien froide, puis disparaît dans la foule.

Un trophée est plus facile à soulever au bout de ses bras quand il n'est pas en or véritable.

— C'est ce soir même ? D'accord...

Depuis que je foule ce continent, je n'ai d'autre choix que d'accepter l'omniprésence de l'imprévu. Les Africains embrassent leurs impulsions, l'idée du moment. Pourquoi et comment prévoir ce qu'il nous plaira de faire dans quelques jours ? Nous déciderons le jour même, à l'instant même, et serons ainsi certains que le contexte et notre humeur s'y prêteront. J'arrive donc à embrasser ce qui se présente à moi, de la droite et de la gauche. Nul besoin et nulle possibilité de tenir un agenda, c'est *right here, right now* ! Les Anglais ont bien compris que l'imprévisible est au cœur de la vie : le conditionnel *if* ne forme-t-il pas le noyau du mot *life*.

Valériane et moi venons d'accepter l'invitation d'un des hôtes de Moustapha, vautré autour de la piscine, contemplant notre baignade. Il s'appelle Pierre et vient d'être sélectionné pour représenter le Burkina aux Jeux de la francophonie qui se dérouleront dans deux semaines à Ottawa. Ces jeux, en plus de présenter tous les événements olympiques habituels, proposent un volet culturel. C'est donc en contant une légende de son cru, d'une manière traditionnelle qui marie costumes, musique, danse et paroles, qu'il s'est mérité un billet pour le paradis : l'Amérique. Il vient tout juste d'être sélectionné aux auditions nationales, et il est venu nous rencontrer pour que nous répondions à quelques-unes de ses interrogations sur notre monde. Quand je repense à l'inconcevable peur de l'inconnu qui me rongeait les tripes avant mon départ pour l'Afrique, je n'arrive pas même à entrevoir ce que peut représenter le Canada pour un Burkinabé qui n'a pratiquement pas accès à un quelconque contact avec l'extérieur. Chez nous, même si nous ne quittons jamais notre patelin, les documentaires, les films, les magazines, les journaux, l'Internet, les immigrants et les histoires du beau-frère-de-notre-cousin-qui-a-une-sœur-qui-a-déjà-voyagé, nous offrent un lien avec l'extérieur ; une connaissance non négligeable. Nous arrivons à concevoir n'importe quel pays, même le plus bénin (ou le Bénin carrément), à nous en faire une idée plus ou moins fidèle (plus moins que plus). Bien sûr, ces représentations sont en général des préjugés atrocement loin de la réalité, mais ils doivent tout de même être plus près que l'idée qu'un Africain peut avoir d'un univers qu'il n'a jamais connu autrement que par les mythes. Le seul écho que Pierre a perçu sur le Canada lui a révélé que c'est un pays où il fait très froid. Pour un Africain, la notion de neige représente un concept plutôt difficile à imaginer ; de la glace qui tombe du ciel... Gêné, il m'explique que, comme il a peur de ne pas être en mesure de tolérer le froid, lui qui grelotte douloureusement à 20°C, il se pratique à l'endurer. Un de ses amis travaille à la grande épicerie du centre-ville. Tous les jours depuis une semaine, il s'y rend et place ses bras le plus longtemps possible dans le congélateur, et ce, dans le but de comprendre et de combattre la sensation.

> — Bien sûr, le congélateur ne descend que de quelques degrés sous la barre des zéros, mais quand même...

J'ai de la difficulté à interpréter l'expression que revêt son visage quand je lui apprends que ce sera l'été lorsqu'il posera les pieds au Canada, et que la température moyenne varie autour de 25°C, au-dessus et non sous la barre du zéro. Un profond soulagement mêlé d'une légère déception de s'être entraîné pour rien ; je n'arrive pas à savoir.

Toujours est-il que, sur sa lancée, il m'invite à un spectacle de danse qui aura lieu dans quelques heures et qui sera présenté par la troupe de théâtre avec laquelle il travaille. J'accepte l'invitation sur-le-champ ; je suis devenu Africain, du moins partiellement. C'est un événement pour commémorer le cinquième anniversaire de la mort d'un important artiste emporté par le sida.

La mort semble faire partie intégrale de la vie des Africains. Les enfants apprennent très jeunes ce qu'est le deuil : un camarade de classe qui ne revient plus, un parent qu'on enterre, une voisine frappée par la fièvre dengue... Il y a la vie, il y a la mort. C'est naturel, voilà tout ! Les grandes famines, les sécheresses, la pauvreté, l'omniprésence de maladies mortelles ne font que légitimer cette approche décontractée vis-à-vis de cette mort qui rôde constamment. Chaque vague d'épidémie a laissé sa trace dans la mémoire collective ; c'est la mort qui est contagieuse, une ombre qui plane continuellement au-dessus de nous comme celle des vautours.

Il y a la terrible malaria qui ne cesse de perdurer. Bien sûr, la recherche d'un vaccin qui profiterait en premier lieu aux pays pauvres est dramatiquement sous-financée, les laboratoires ne tenant pas à « subventionner » une recherche de plusieurs milliards de dollars dont les principaux « clients » seraient les États exsangues du Tiers-Monde. Et depuis peu, le tout dernier fléau de la famille, le sida. Malgré son jeune âge, cette pandémie qui affectionne particulièrement le continent africain a acquis une puissance fulgurante. Plus de 70 % des sidatiques de la planète vivent (et meurent) en Afrique. Une génération entière d'hommes et de femmes, âgés entre 30 et 40 ans, est ainsi menacée de disparition. Où en sont les recherches pour trouver un remède ? Les compagnies pharmaceutiques, dont le but avoué est de faire du profit, reçoivent des sommes astronomiques et constantes de la part des malades qui consomment leurs « anti-douleurs » et « prolongeurs » de vie. Investir pour que le malade arrive à vivre le plus longtemps possible, voilà l'approche rentable. On parle de combien? Environ 17 000 $ de médicaments par patient, par année... Si un remède au sida se vendait; même à une somme exorbitante, guérissant ceux qui peuvent se le permettre et les coffres cesseraient de se remplir, les profits chuteraient à moyen terme, ce qui bien sûr irait à l'encontre des objectifs. Un remède n'est tout simplement pas rentable. Alors pullulent les rumeurs de médicaments efficaces dont les recherches et l'élaboration doivent cesser, faute de financement de la part des grandes compagnies qui sont plutôt intéressées à ce que la formule magique sombre dans l'oubli. Il semble évident que de laisser des aspects aussi importants que la santé entre les mains de compagnies dont le seul but est de faire du profit n'est pas nécessairement la plus belle réalisation humaine.

•

— L'Atelier de théâtre burkinabé, s'il vous plaît.

— Quoi?

— Nous allons à l'ATB.

— Ah bon...

Le chauffeur de taxi vert caresse le tapis avec son accélérateur, mais son véhicule n'arrive même pas à distancer l'énorme nuage noir qui se forme derrière nous. Ça ne nous a pris que quelques minutes pour négocier le prix, et quelques secondes du regard charmeur de Valériane. Notre travail d'équipe commence à être rodé. Un par un, le chauffeur dépose les nombreux autres passagers aux quatre coins de la ville. Puis, sans même se retourner, il nous demande où nous allons.

— Oui, oui, l'ATB. Mais, c'est où exactement?

— Mais je ne sais pas! C'est vous le chauffeur de taxi.

— J'en conviens, mais c'est vous qui devez vous rendre là...

146

Il s'arrête à un carrefour pour demander l'information à un vendeur de cacahuètes. Quelques coins plus loin, il s'immobilise de nouveau devant un petit café pour solliciter les indications au patron :

> — Tournez ici à droite, puis, au deuxième kiosque de poissons, tournez à gauche. Avec cette route, vous allez rejoindre le goudron. Au coin du goudron, il y a un petit maquis. Demandez à la serveuse, elle vous renseignera à partir de là.

On obtient l'information par étapes successives, ce qui nous donne la chance de rencontrer des gens. Comme le prix de la course est payé d'avance, peu importe les détours, ça ne coûte pas plus cher. Dans une ville qu'on ne connaît pas, ça permet d'économiser substantiellement en évitant les chauffeurs qui empruntent les routes panoramiques. Mais l'autre côté de la médaille, c'est que le temps n'a plus aucune valeur... Une cliente vient de monter et, se rendant à une destination plus près que la nôtre, même si c'est dans une direction totalement opposée, on va d'abord la conduire. En échange cependant, elle indique au chauffeur l'itinéraire exact du théâtre ; plus besoin de faire d'autres étapes.

Le *taximan* raconte que sa grosse Mercedes a plus de 18 ans.

> — Mon secret pour qu'elle dure longtemps, c'est de l'amener au Ghana pour faire les réparations. Là-bas, ils savent un peu de quoi ils parlent ; au Burkina, n'importe quel idiot qui arrive à se procurer une pince se déclare garagiste. Puis il fouille dans ton moteur et dérègle tout. Il ne connaît que les deux roues. Et encore...

Le dernier garage burkinabé qu'il a fréquenté a bel et bien changé la pièce qui faisait défaut, mais, quelques semaines plus tard, à la suite d'une autre panne, il a appris que le garagiste en avait aussi retiré d'autres. Comme les pièces sont rares, les garagistes, qui possèdent une « liste d'épicerie » des morceaux en demande les retirent d'un véhicule pour les installer dans un autre. Une sorte de troc. On vient pour se faire changer les essuie-glaces et on repart avec un filtre à huile en moins.

Nous avons quitté la dernière route achalandée depuis un certain temps déjà. Et dans la noirceur qui vient de tomber, je commence à m'inquiéter. Un théâtre, quel qu'il soit, est habituellement situé dans un lieu quelque peu fréquenté, alors que nous, nous nous éloignons de toute vie. Des histoires de chauffeurs de taxi qui mènent des touristes dans des guets-apens pour les voler me viennent à la tête. Dans un endroit retiré, un vol est beaucoup plus simple et rapide lorsque la victime est morte, n'est-ce pas ? Je regarde calmement Valériane, ne la laisse pas partager mes craintes, mais le sourire forcé qu'elle me retourne atteste qu'elle nage probablement déjà dans la même direction que moi. La voie de terre cahoteuse contourne des fossés improvisés ; la dernière lumière croisée a disparu depuis déjà quelque temps. Alors que j'allais enfin oser questionner le chauffeur, ma main inconsciemment sur la poignée de la portière, se dresse devant moi la façade de l'Atelier de théâtre burkinabé. Les individus bien habillés qui forment des cercles de conversation dans le noir me prouvent qu'il y a effectivement vie. Tout va bien. D'une manière prévisible, et malgré le sentiment désarmant qui s'ensuit toujours, le chauffeur prétexte que notre destination était beaucoup plus loin que ce à quoi il s'attendait (comment pouvait-il s'attendre à quelque chose puisqu'il ne savait pas où nous allions ?) et demande compensation, des frais supplémentaires. Je perds en discussions colorées tout le temps que nous avions économisé au départ. Les yeux piteux de Valériane ne semblent pas efficaces plus d'une fois par cible, du moins cette fois-ci. Moi qui pensais un moment devoir affronter le chauffeur et quelques acolytes machette à la main, guerroyer simplement pour négocier un prix ne m'effraie pas du tout. Je scelle la discussion en quittant mon banc défoncé ; je m'étais pourtant habitué à la sensation d'avoir un ressort qui tente inlassablement de me pénétrer la jambe. Le chauffeur grogne quelques mots et démarre.

Nous ne savons pas trop où aller, quel est le prix d'entrée, où l'on doit payer, à quelle heure est le spectacle, s'il y a des sièges réservés… Je n'ai même pas le temps de réaliser quoi que ce soit que Pierre lui-même sort de l'enceinte en nous saluant vivement, puis il nous entraîne à une table et commande des bières. D'un large sourire, il nous avise que le spectacle est retardé de quelques minutes car, il y a un match de football à la radio :

— Ils sont rendus en temps supplémentaire ! Le gagnant de cette partie s'opposera au Burkina lors des qualifications pour la Coupe d'Afrique. Dès que la partie sera terminée, le spectacle pourra commencer.

Une demi-heure plus tard, d'un clin d'œil au gardien à la porte, Pierre nous fait entrer sans payer et me présente à une demoiselle, une très jolie femme pour être sincère, qui me prend par le bras et me conduit vers l'arrière-scène où les danseurs se préparent pour le spectacle. Elle place sa main sur mon bras ses yeux sont merveilleux. Ce doit être la fiancée de Pierre. Valériane ? Oh oui, elle me suit...

Sur un podium de bois, une trentaine de jeunes hommes et de jeunes femmes forment un cercle. Chacun son tour, un membre se rend en son centre et, au rythme de la musique, tous les autres imitent ses mouvements. Le seul fait de les voir s'étirer ainsi constitue déjà un remarquable spectacle de danse. Les mouvements sont rythmés, marient équilibre et force. Roulement de tambour. Ils se prennent tous par la main et, en se tortillant les uns les autres, créent des nœuds humains. Puis ils se détachent et en reforment d'autres.

— C'est pour développer l'esprit d'équipe, me glisse à l'oreille la femme à mes côtés.

149

J'aimerais bien développer mon esprit d'équipe avec elle... Valériane me fait savoir, d'un sourire moqueur, que ma subtilité est de loin évidente. Je retombe sur terre.

On se voit assigner des places réservées dans la première rangée. Ce petit théâtre est constitué d'une belle scène extérieure entourée de quelques centaines de bancs en tôle. De jour, on doit y cuire, mais le soleil nous a heureusement quittés. Pierre se présente au micro et s'excuse du retard dû « à un problème technique ». Je ne peux m'empêcher de pouffer de rire, mais je suis le seul, alors je la boucle. Une dizaine de percussionnistes se présentent et attaquent un rythme déchaîné. Puis une vingtaine de danseurs explosent sur scène. Ils sautent, roulent, se lancent ; c'est la frénésie. L'énergie qui se dégage de la danse africaine est le symbole suprême de leur lutte acharnée contre les éléments. Avec la chaleur qui règne tous les jours, le soleil qui matraque jusqu'à la tombée de la nuit, la poussière qui se soulève à chaque mouvement, l'homme tend à la stagnation. La danse est un pied de nez à l'inertie. De la puissance à l'état pur ! Dans une mer d'applaudissements, les danseurs et les musiciens, essuyant quelque peu la sueur qui les baigne, se prosternent devant le public.

Pierre revient au micro. Il remercie les partenaires qui lui ont permis la réalisation de ce spectacle, puis, après une grande inspiration qui devient une sorte de pause dramatique, il souligne la présence exceptionnelle d'invités de marque dans la foule, qui sont en partie responsables de ses réalisations : « Les représentants de l'organisme canadien Jeunesse du monde ! » Les gens applaudissent, moi de même... puis je m'écrase dans mon banc, tout blême, réalisant qu'il s'agit de nous. Les danseurs et les musiciens se courbent devant nous. Mon accompagnatrice se lève et me tire par le bras pour que je monte sur la scène. Je veux mourir. Je pince la cuisse de Valériane, la suppliant d'y aller à ma place. Devant la pression des gens autour de nous, moi qui me tiens presque couché par terre, et le fait qu'elle est plus près de l'escalier menant à la scène, elle y monte finalement, rouge de gêne, et prend le micro qui lui est tendu. Sans trop penser, elle bégaie des remerciements aux gens qui se sont déplacés pour venir voir le spectacle, des remerciements aux artistes doués, et elle se dit fière de participer à la promotion de tels talents… Puis elle quitte la scène le plus rapidement possible.

Dans les fous rires nerveux que provoque notre incompréhension la plus totale, on nous conduit alors à une grande table où les membres de la troupe viennent nous rejoindre après avoir changé de costume. Il y a à boire et à manger pour tout le monde. À tour de rôle, ils nous remercient comme si c'était nous qui leur avions procuré cette manne. Le propriétaire du théâtre apparaît pour féliciter les artistes et nous complimente personnellement, mettant l'accent sur le fait que, sans l'appui d'organismes internationaux comme le nôtre, la tenue d'événements comme celui-ci serait impossible. Je regarde Valériane qui sourit radieusement ; nous sommes devenus des héros… Les membres de la troupe nous applaudissent et, en tapant sur leur verre, réclament un discours. Valériane me fait savoir que c'est à mon tour. Je déteste plus que tout parler devant une foule. Je suis nerveux, mais réalise le ridicule de la situation. J'ai l'impression de vivre un rêve absurde, et, l'alcool aidant, je m'empare du personnage qui vient avec : j'entre dans le rôle d'un *big shot*. Je me lève lentement, les remercie un à un, entre dans les moindres détails, louange le propriétaire de l'endroit et même la serveuse. Je termine en honorant notre cher ami Pierre.

> — Celui qui a été choisi parmi tous les siens pour aller dans la belle capitale de notre grand Canada pour représenter ce chaleureux et superbe pays qu'est le Burkina, ce qu'il fera avec brio… blablabla.

J'en beurre épais. Je pense avoir compris comment ça fonctionne. Un homme maigre se présente avec un appareil photo automatique tout simple.

151

— Le photographe est arrivé! Le photographe est arrivé!

D'un bon, la troupe se lève et nous tire Valériane et moi dans un coin pour prendre une photo «de famille». Tout le monde se regroupe, «ceux qui sourient seront sur la photo». Clic. Puis, tour à tour, les danseurs se font photographier à nos côtés, «pour souvenir». Je tente de contrôler mes éclats de rire, les contient dans un sourire que j'offre à l'appareil. Même mon accompagnatrice réclame d'immortaliser sa présence à mon bras...

Leur minibus klaxonne. En chœur, ils entonnent une chanson d'au revoir. Une fois montés, ils sortent les bras du véhicule pour nous saluer et nous, pendant quelques instants, nous les suivons du regard dans la nuit. Je suis soulevé, je flotte. Le moment est irréel. J'ai l'impression d'être un Dieu. J'ai l'impression d'être vraiment... *no where*. Je réalise soudainement, avec l'éloignement de l'autobus, qu'il n'y a rien autour. Dans la noirceur qui règne, même les sons se font rares. Tout ce qui décrit ce quartier, l'isolement, la noirceur pesante, etc., servirait aussi à décrire avec exactitude une situation à éviter. Comment diable trouver un taxi ici? Nous marchons et marchons. Toujours rien. Arrivés à une ruelle un peu plus large, j'aperçois des phares à l'horizon. C'est un taxi! Une femme est en train de négocier avec le chauffeur. Pourvu qu'il ne parte pas avant que nous arrivions! Nous commençons à courir, finalement sans raison puisque la femme part d'elle-même, seule dans la nuit. Elle ne doit pas aller bien loin si elle ne veut plus prendre de taxi. Je fais signe au chauffeur et il nous fait monter. Je commence à discuter de prix et je comprends immédiatement pourquoi la femme est partie. Le chauffeur est visiblement soûl, ayant même de la difficulté à parler. Son slogan doit être: «Si tu es trop soûl pour marcher, prends ton char.» Il est totalement ridicule de monter avec lui; voilà qu'il cale son moteur en essayant de partir en troisième vitesse, mais nous n'avons pas d'autre option. Valériane réalise comme moi que, s'il y avait des ceintures de sécurité à bord, il serait bien de les boucler. Masquant un rire, je lui demande :

— Ça fait longtemps que tu bois… euh, que tu conduis ?

Il me regarde, sans trop comprendre, et nous apprend qu'il doit arrêter à un maquis voir un ami qui l'y attend. Il veut lui montrer qu'il a deux passagers blancs dans son taxi, ce qui est tout de même exceptionnel, et prendre un verre en cet honneur maintenant qu'il a des sous.

Après avoir visité de fond en comble deux maquis piteux sans avoir trouvé son « pote », je mets le poing sur la table, intransigeant que je suis, et déclare :

— S'il vous plaît, monsieur, est-ce que vous auriez l'obligeance de nous mener chez nous sans arrêter, si toutefois ça ne vous dérange pas trop ?

Déçu, le chauffeur repart et zigzague d'une extrémité à l'autre de la voie. Le bruit que produit son véhicule me certifie qu'il ne fait pas réparer sa bagnole au Ghana : les vibrations et les sifflements sont vraiment insoutenables. Je lui demande si tout cela est normal. Il me répond :

— Oui, farffaitement…

Mais il arrête tout de même son véhicule pour vérifier. Nous avons une crevaison ; le pneu droit d'en avant est à plat. Tout fier, il m'indique qu'il possède un pneu de secours. Malheureusement, c'est tout ce qu'il possède. Il nous demande de « préparer » le véhicule pendant qu'il disparaît dans la nuit à la recherche d'un outil pour dévisser les écrous. Du bout de mes bras, qui semblent s'étirer à vue d'œil, je tente de soulever la roue pendant que Valériane place des pierres sous le châssis. Le chauffeur revient avec des pinces, prises je ne sais où. Il combat le premier écrou, réussit à l'enlever, mais, dans son élan victorieux, le projette plusieurs mètres plus loin, dans les buissons… l'obscurité totale. Quelques secondes tout au plus nous suffisent pour décréter que l'écrou est tout simplement introuvable. Je lui retire les pinces des mains et m'attaque aux autres écrous, espérant rageusement avoir plus de succès que lui. Je réalise, on le réalise toujours trop tard, que je viens d'essuyer la sueur de mon front avec une main couverte de graisse. Pendant ce temps, le *taximan* joue tout bonnement avec son récepteur pour trouver une station de radio diffusant de la musique. «Merde!» Il trébuche et manque de renverser l'auto. Je regarde Valériane qui , comme moi, commence sérieusement à désespérer. Mais aucun autre moyen de transport ne passe par là, aucune autre option ne se présente à nous. Le pneu de secours est complètement lisse. On n'arrive que difficilement à entrevoir les rainures qui l'ornaient jadis, dans des temps préhistoriques. Je veux seulement rejoindre mon lit.

Une fois l'opération terminée, le visage noirci, les mains couvertes d'une saleté qui s'étale aussi sur mes vêtements, j'aperçois le chauffeur qui nous regarde avec un air satisfait. Il nous déclare :

— C'eest une boonne chose après tout, ffoyez-fous, jje fous ai appris coomment changer uun pnneu.

Quand le gouvernement viole les droits du peuple,
l'insurrection est pour le peuple le plus sacré des droits et le plus
indispensable des devoirs.

(Article 35)

— Bonne arrivée !

Le vendeur de cartes postales est très heureux de nous voir apparaître devant son kiosque. La manne tombe du ciel. Comme tous les autres vendeurs, celui-ci nous assure que les petits bouts de tissu colorés qui composent ses cartes ont été collés par des enfants handicapés, qu'une large part des profits leur revient directement. J'ai côtoyé les rares établissements pour enfants juste assez longtemps pour savoir que l'organisme décrit n'existe pas. Le vendeur est en train de me mentir. Mais je ne lui en tiens pas rigueur, des valeurs complètement différentes sont en jeu.

Dans notre société, une valeur fondamentale est l'honnêteté. La confiance prend des années à se bâtir, et elle peut se perdre en un instant. Un véritable ami est celui qui a la force et le devoir de nous dire la vérité en face, spécialement si elle n'est pas jolie et qu'elle nous cause de la peine. Pour un Burkinabé, il en est tout autrement. Seul ce qui peut causer du tort est considéré comme un mensonge. Le respect et l'empathie sont tels que tous les efforts sont déployés pour s'assurer du bien-être de l'autre. Éviter à tout prix que l'autre se sente mal à l'aise est la valeur absolue. Alors, tout devient un jeu d'acteur, une manipulation de la vérité dans le but de la mouler aux désirs de l'autre, une volonté de faire plaisir. Par exemple, ceux qui désirent votre argent, les vendeurs ou quémandeurs, savent exactement comment faire émerger les billets de votre poche tout en vous rendant heureux et fier de votre action. Des cartes étampées en série deviennent des cartes peintes à la main par des enfants handicapés, un acte humanitaire. Menteurs ? hypocrites ? Non. Leur but, certes, est de faire changer l'argent de propriétaire, mais, au lieu de vous y obliger par une quelconque ruse disgracieuse, ils y arrivent en vous faisant sentir bien de donner, vous le faites avec plaisir. Vous êtes heureux de donner, ils sont heureux de recevoir, tout le monde est content… la boucle africaine est bouclée.

D'un geste précis, Valériane attache ses cheveux à l'aide de son foulard bleu qui, malgré les soins apportés, est sévèrement malmené par le soleil, passant de bleu foncé à bleu pâle à une vitesse incroyable. Sur notre peau, l'effet du soleil est moindre. Nous nous demandons même si c'est uniquement l'effet de nos vêtements pâlissant à vue d'œil qui nous donne l'air d'être bronzés. Ici, le soleil est un véritable ennemi. Seul l'entrepreneur le plus idiot au monde construirait ici une terrasse au soleil. La brûlure de ses rayons est constante ; impossible de la supporter longtemps, le moindre pouce carré de peau exposée nous fait sursauter. Notre instinct de survie nous oblige à sonder chaque lieu pour y déceler les plus petits coins d'ombre, véritables oasis. Se trouver en plein soleil entre midi et trois heures est inconcevable, cauchemardesque, car, même sous un abri anti-soleil, sans effectuer le moindre mouvement, ces heures deviennent une véritable épreuve. La sueur retient tout ce qui entre en contact avec notre corps ; chaque geste devient long, éprouvant ; même notre cerveau a peine à penser. Toute activité qui paraissait possible s'efface de nos intentions ; le seul but d'atteindre 15 heures.

L'*awalé*, un petit jeu africain, constitué de 12 trous dans lesquels on déplace des cailloux, est parfait pour traverser ces heures insupportables. Ne nécessitant presque aucune stratégie, il est possible d'y jouer avec une concentration minimale. C'est ce genre de jeu que je souhaite me procurer aujourd'hui. J'en ai aperçu de très beaux chez un vendeur de l'autre côté de la Place de la nation. Valériane prend la direction de cette grosse planète métallique ornant le centre de la place. Entre les eaux, le continent africain y est énorme ; remplissant les océans, il occupe l'espace qu'il mérite. Beaucoup de gens circulent autour de nous ; eux aussi tentent de rejoindre des cieux plus cléments pour éviter le soleil de midi qui va bientôt griller. Nous traversons les quatre voies, qui présentent un tohu-bohu de fumée et de tas de ferraille immobiles, alignés dans n'importe quelle direction, et traversés ici et là par d'agiles mobylettes. La seule loi qui existe est de se rendre à destination ; à chacun de trouver le moyen d'y parvenir... Je devance Valériane et tente d'ouvrir un chemin à l'ombre de la planète métallisée. Soudain, Valériane s'immobilise. Un éclat métallique... Son regard est figé ; un homme la tire, couteau à la main, saisit son sac, puis se met à courir. Je ne comprends rien, mais mes jambes se mettent tout de même à le poursuivre. Valérianne me crie de rester. Un couteau ! Il avait un couteau ! Il a coupé les ganses de son sac à dos, l'a cueilli comme un fruit trop mûr, puis il est parti à la course. Le souffle court et le cœur battant à tout rompre, Valériane s'assoit. Elle tremble et arrive difficilement à parler. Un homme la soulève par le bras. Elle sursaute, mais elle retrouve bien vite son calme devant son apparente bienveillance :

— Êtes-vous O.K. ?

Il nous explique qu'il a tout vu, mais qu'il est impossible de rattraper le voleur, il s'est échappé par les canalisations de la ville.

— Voyez-vous, à cette place se rejoignent tous les caniveaux de la ville. Les voleurs n'ont qu'à s'engouffrer dans une des canalisations pour faire plusieurs kilomètres sous la terre. Impossible de les retrouver. Avec tous ces truands venus de la Côte-d'Ivoire, vous devez faire gaffe[8].

Valériane ne veut, ou ne peut, plus parler. Je hèle un taxi et paie le gros prix pour qu'il nous reconduise directement à la maison. Valériane murmure des idées disparates, affirme ne plus vouloir retourner en ville ; elle veut s'enfermer dans sa chambre.

---

[8] Voir annexe 3.

Basil nous accueille et comprend immédiatement que quelque chose ne va pas. Nous accompagnons Valériane dans sa chambre et Basil allume une bougie qui vacille au gré de ses paroles.

— J'aurais dû t'en faire cadeau plus tôt.

De son poignet, il détache un imposant bracelet de cuir. Sur celui-ci, une espèce de poche est cousue ; elle contient des herbes. Lors d'une cérémonie sacrée, il les a inondées de paroles divinatoires et de sang sacrifié pour en faire un puissant gris-gris. Il le tend à Valériane :

— C'est pour la protection. Il éloigne tout ce qui est mauvais.

Valériane le glisse à son poignet : la boucle se referme. Son visage se détend. Elle sourit.

— Ça ne peut marcher que si tu y crois, conclut-il.

À sentir le changement d'atmosphère qui vient de se produire et à voir le sentiment de paix qui nous habite maintenant, je pense qu'il fonctionne. Valériane y croit... et moi aussi.

Le cri de détresse d'un seul gouverné ne vient pas à bout du tambour.

Les jours passent; les cheveux poussent. Je me rends à une petite case au bord du boulevard Charles-de-Gaulle. Ses murs extérieurs sont couverts de têtes bien coiffées, cheveux modelés, aux formes précises et découpées: «Américaine coiffure». À l'intérieur, un «brasseur d'air» suspendu, article luxueux, prouve hors de tout doute que c'est un commerce de qualité. Deux hommes dorment profondément sur de petits tabourets. Je les réveille en ouvrant la moustiquaire qui grince et trahit ma présence. Aussitôt, ils se redressent et me présentent un siège qu'ils s'empressent d'épousseter du revers de la main. Deux frères, qui n'ont évidemment jamais quitté l'Afrique, mais qui ont déjà aperçu des étrangers dans quelques magazines et qui sont devenus de soi-disant pros des styles «américains». Se tenant bien droit et nourrissant l'impression que ces quatre murs de tôle abritent un important salon de coiffure, l'un d'eux, à l'aide d'une brosse à dents usée, frotte les lames de ses ciseaux avec de l'eau de Javel. Bien peu de gens s'adonneraient à ce genre de précaution pour stériliser leur équipement. Plus c'est propre, plus c'est évolué n'est-ce pas? Je me crois chez Chanel à Paris.

Ni l'un ni l'autre ne parlent français. Ils viennent du Niger, connaissent parfaitement le moré, mais leur langue seconde, léguée par les colonialistes, est l'anglais. En effet, le pays voisin a été piétiné par l'Angleterre avant que la France n'en ait eu la chance[9].

À l'aide d'une étrange brosse, le plus grand des frères m'applatit les cheveux jusqu'à ce qu'ils soient écrasés sur ma tête,

---

[9] Voir annexe 4.

complètement lisses. Puis, d'une main tremblante, il coupe les rares cheveux qui se rebellent contre la brosse, un par un, ceux qui se dressent par-ci par-là. Ils ne survivent pas longtemps. Malgré que l'opération soit précise et prodiguée avec beaucoup de soin, aucun des critères correspondant pour moi à une coupe de cheveux n'est atteint. C'est assurément la première fois que ce type manipule les cheveux d'un Blanc, malgré la grande expérience dont il se vantait avant de débuter. J'essaie, en tirant mes cheveux vers le ciel, de lui expliquer un peu ce qu'il devrait faire. Pendant ce temps, un homme plus âgé franchit la porte ; ses pommettes sont incisées de trois sillons descendant du haut de chaque joue jusqu'au menton, scarifications qui indiquent qu'il est un Mossi. Le nouveau venu demeure figé quelques instants en apercevant le coiffeur en train de me tirer les cheveux. Puis, réalisant qu'il ne rêve pas, il vient me serrer la main. C'est visiblement un rare privilège pour lui de se faire couper les cheveux à côté d'un Blanc, et tout de suite j'essaie de réduire l'écart qu'il s'impose en lui souriant et en m'informant sur la santé de sa famille. Sa bouche se détend un moment, puis elle se met à produire des questions ; au début à tâtons, puis en cascade. Tout y passe :

— Est-ce vrai que chez vous les parents mettent leurs enfants dehors quand ils atteignent l'âge de 20 ans ?

Comment lui expliquer que l'on quitte de son propre gré ce qui, selon ses conceptions, constitue la plus importante valeur, l'élément central de la vie ?

— Vous n'avez jamais de cicatrices, votre peau guérit de tout, c'est bien vrai ?

Il est étonné et, je crois, quelque peu rassuré quand je lui expose les quelques cicatrices que j'ai sur mon corps.

— Ce que je fais au Burkina ? Je suis envoyé par une O.N.G. canadienne pour développer des programmes de communication sociale dans un cadre de pédagogie alternative.

160

Cette formule officielle apprise par cœur s'insère tellement bien dans une conversation ; je m'impressionne moi-même. Les Africains adorent les longs titres. Pour atteindre un seuil de réussite sociale estimé, une fonction doit comporter plus de cinq mots. Moi, concrètement, je n'ai encore rien foutu.

Réalisant tristement que les choses ne peuvent s'améliorer, que je dois accepter cette coupe comme telle, je fais signe au coiffeur : « Oui, oui, c'est bien comme ça. » L'autre homme ; Césaire de son nom, qui a maintenant les cheveux rasés de près, se lève avant moi, met dans sa poche ce qui lui revient comme monnaie et m'ouvre la porte. C'est afin d'être bien beau pour la cérémonie de sa nièce qu'il est venu ici, et, si j'accepte, il m'y invite. Étant trop souvent perçu comme touriste, en tant qu'invité, les contacts avec la culture, la religion ou les cérémonies locales sont des moments rares, qu'il faut chérir. Je suis Césaire en mettant mon chapeau, pour qu'il recouvre le bol de cheveux inversé qu'est maintenant ma tête.

Dans une petite cour intérieure, des poulets évitent d'être piétinés par la quinzaine d'hommes rassemblés. Des poteries remplies d'eau occupent un coin, du linge empilé se retrouve dans l'autre ; au centre, une vieille femme est accroupie. Les hommes parlent discrètement, rient, mais d'un rire qui me semble forcé. Césaire me présente, mais la chaîne de salutations semble de glace si je la compare à l'accueil que j'ai l'habitude de recevoir. L'ambiance est étrange ; elle semble tendue. Pourtant n'est-ce pas pourtant une fête ? Un doute me parcourt, et je commence à soupçonner que je pourrais regretter d'être venu. Sauf la vieille recroquevillée, il n'y a aucune femme. Plutôt étonnant, me semble-y-il, lors d'une cérémonie en l'honneur d'une fille. Je m'attendais à tout autre chose. Les pleurs d'un enfant se font entendre, puis se rapprochent lentement, pour finalement nous rejoindre. Un imposant homme vêtu de blanc traverse la cour en tenant une fillette au bout de ses bras, puis il la place sur l'amas de tissus. Elle est toute chétive, ne doit même pas compter deux ans. Je n'aurais jamais imaginé qu'elle était si jeune. Césaire me parlait d'une célébration soulignant le passage à l'âge adulte, du statut d'enfant à celui de femme, une cérémonie de préparation au mariage! Décidément, je n'aime pas ce qui se trame. L'homme en blanc s'agenouille près d'une pierre allongée et se met à l'astiquer à l'aide d'un liquide mousseux. De sa poche émerge ensuite un objet métallique; d'un geste précis et régulier il en caresse la pierre. Ses gestes sont lents, le mouvement en devient presque sensuel, langoureux. Il érafle, effleure, glisse. Hypnotisant, le moment n'en finit plus. Comme tous les autres, je me concentre sur ce va-et-vient, les yeux flous, et, en silence, j'essaie d'oublier qu'un avenir se dessine. L'homme s'arrête. Son poing refermé sur l'objet; il pointe de son autre main mes voisins qui immédiatement s'installent derrière l'enfant et la saisissent par les épaules et les jambes. La petite, qui perçoit que quelque chose de mauvais se trame, éclate en sanglots. D'un geste brusque, l'homme en blanc la débarrasse de sa robe. Tendant alors la peau de son ventre, il y trace avec son instrument une série de lignes profondes qui immédiatement regorgent de sang : quatre lignes sur chaque flanc en suivant la direction des côtes; ses gestes sont rapides pour éviter que le sang ne voile son travail. Les hurlements sont terribles. Il ordonne aux deux hommes de retenir l'enfant qui maintenant se débat de façon compulsive. Ses cris sont insupportables. Ils glacent le sang. Je veux me boucher les oreilles, mais j'ai peur d'avoir l'air ridicule. Personne n'émet le moindre son, qui serait de toute manière enterré. Le moment est atroce… et pourtant sacré. Lorsque le rituel est achevé, les hurlements s'affaiblissent. On essuie le sang à l'aide d'un grand tissu, puis on désinfecte avec une poudre quelconque pour assurer une belle cicatrisation. Après tout, c'est une forme d'art... De l'autre côté des murs, d'étranges chants féminins valorisent le courage de l'enfant. Personne ne bouge. Je voudrais quitter les lieux sur-le-champ ; je redoute le pire et crains d'avoir raison. Ce n'est pas terminé... La vieille femme se lève lentement. Ayant beaucoup de difficulté à se mouvoir, un homme l'aide à se déplacer. Ses longs vêtements noirs traînent paresseusement sur la terre rouge. Elle s'agenouille près de l'enfant et lui caresse le front doucement, apaisant un peu ses cris. Puis, se penchant vers le ventre de l'enfant, elle lui enlève furtivement ses petites culottes. Je me sens faible ; j'ai mal au cœur et ma tête tourne. Avec un air que j'espère innocent, je cède tout mon poids au mur, n'étant plus capable de le supporter. Je suis l'invité, je dois garder la tête haute. La vieille demande alors aux deux hommes de tenir chacun une jambe, et somme un autre de s'occuper des épaules de la petite. Les hommes obéissent, mais très lentement. Trop tard pour les excès de conscience. La vieille penche sa tête, prononce quelques paroles et, de sa main droite, sort quelque-chose de sa poche. Avec le reflet du soleil, j'arrive difficilement à distinguer... C'est une lame de rasoir ! Sa main s'approche du vagin de l'enfant qui hurle de plus belle. Aucun geste n'est précis. La vieille semble chercher, sa main tremble un peu. Puis un mouvement sec... un filet de sang coule sur les fesses de la petite. Ses hurlements sont inhumains, brisent la raison. Je vais vomir. Je me retourne et sors rapidement de la cour. Je me fous de l'image et du respect, mes instincts primaires ont repris le dessus. Une cinquantaine de mètres plus loin, un bloc de pierre domine un vaste terrain vague. Je m'effondre, la tête entre les jambes.

Des visions terribles m'assaillent. Une femme s'approche. Ses vêtements fleuris creusent des vagues sous l'étreinte du vent. Elle m'amène une calebasse d'eau pour me rafraîchir. C'est la mère de la petite. Une certaine fierté l'habite ; sa fille est aujourd'hui devenue femme. C'était le grand jour. Elle s'assoit à mes côtés et me dit comprendre que, pour les Blancs, ces cérémonies soient obscures.

Les origines de l'excision demeurent floues. Les coutumes et fondements religieux qui justifient cette opération sont ancrés très profondément dans les racines africaines. Souvent, ce sont les filles elles-mêmes qui revendiquent le droit d'être excisées, pour devenir une femme, pour respecter les traditions.

— Toutes les autres femmes sont excisées dans mon village, toutes mes amies. Si je ne l'étais pas, je me ferais rejeter ; je n'aurais pas pu me marier, car personne n'aurait voulu de moi.

Les femmes qui ne sont pas excisées véhiculent une mauvaise moralité pour la communauté, si bien que, quand les parents se prononcent contre l'excision de leur fille, c'est souvent une tante ou une grand-mère qui se fait un devoir de s'en charger. C'est pourquoi, malgré le fait que l'excision soit illégale au pays, deux femmes burkinabées sur trois étaient excisées en 2001. Mais, comme la loi est relativement sévère, la pratique de l'excision est devenue clandestine. Au lieu d'aller en clinique et de consulter des spécialistes, on doit désormais avoir recours à de vieilles sorcières, dans un fond de cour et une hygiène douteuse. Et l'opération est pratiquée sur des enfants de plus en plus jeunes et tout le côté cérémonial est abandonné.

Après une brève pause, fouillant ses souvenirs, la mère me raconte le récit de sa propre excision. Je n'ose l'interrompre malgré mon haut-le-cœur.

— Un jour en classe — j'avais huit ans — un homme est venu nous rencontrer avec un grand camion. Il nous a dit qu'il allait, à chacune, nous faire cadeau d'une tête de poulet. Alors, nous sommes toutes montées dans son camion et nous sommes allées dans la brousse. Là, assises en cercle, nous avons entendu des chants de joie venant de derrière les arbres. Une par une, l'homme nous entraînait vers ces buissons pour nous donner, pensions-nous, notre tête de poulet. Mais en fait, dans la case où il nous amenait, il y avait une mangeuse d'âmes qui nous excisait. Toutes les filles qui s'étaient fait exciser l'année précédente étaient autour de la case et chantaient des chansons en tapant des mains pour que personne ne nous entende crier. C'est ainsi que je suis devenue une femme.

En terminant son récit, elle essuie une larme qui trace un sillon le long de sa joue.

Si le crapaud ne tombe pas dans l'eau chaude,
il ne sait pas qu'elle existe.

Les classes de cirque de Valériane vont bon train. Cependant, elle trouve pénible d'être idolâtrée, d'être considérée comme l'unique chance de s'en sortir par tous les enfants qui se cramponnent à elle comme les passagers du Titanic s'agrippaient à leurs bouées. Cette pression est considérable, surtout en sachant fort bien qu'elle décevra tout le monde à son départ puisqu'elle ne peut les faire sortir de cet endroit. Puis il y a tous les garçons qui la courtisent. Certains, d'à peine 12 ans, y sont déjà allés avec des déclarations d'amour troublantes : « C'est avec un cœur palpitant de joie sous ce soleil brillant que je vous expédie cette note... » Malgré tout, le seul fait de voir leur sourire, leur bonheur d'apprendre, leur joie de vivre, leur passion, rend toutes les épreuves endurables, enfin presque... Les enfants de l'orphelinat qui habituellement mangent un plat par jour n'ont plus de nourriture depuis dix jours. Dorénavant, ils doivent se débrouiller autrement pour s'alimenter. La journée devient une quête permanente pour ces enfants constamment affamés. Ils engloutissent tout ce qui leur tombe sous la main et se remettent aussitôt à chercher l'occasion suivante. Se contentant de survivre, celui qui a faim ne peut rien faire de créatif.

Quand la nourriture vient à manquer, beaucoup d'enfants fuguent et retournent à la rue, réduisant à néant les efforts déployés par M. Bernard pour les en y extraire. La rue, malgré sa très rude réalité, représente néanmoins l'absolue liberté. Dans un centre fermé, l'enfant est sur le terrain de l'intervenant ; dans la rue, l'intervenant doit négocier pour entrer sur celui de l'enfant.

Et voilà donc que tout le travail de M. Bernard, par manque de ressources, tombe à l'eau. Non, pas exactement à l'eau... De fait, depuis avant-hier, le puits de l'orphelinat ne fonctionne plus. Ce puits est le don d'une organisation de coopération internationale hollandaise. Une pièce majeure s'est brisée, et, bien sûr, le seul endroit où l'on fabrique de telles pièces est aux Pays-Bas. Tout à fait hors de prix. Valériane a proposé de payer de sa poche des sachets d'eau pour les enfants qui participent aux ateliers de cirque. Leur entraînement est extrêmement physique, et, par cette chaleur intolérable, quelques enfants se sont évanouis pendant les derniers échauffements. Puisqu'ils ont été choisis, 30 parmi plus de 1 000, ils ont tellement peur d'être remplacés qu'ils ne rateraient jamais un atelier même si la maladie voulait les terrasser au lit. Cette réalité, Valériane ne peut plus l'endurer, mais Moustapha ne veut rien savoir de son offre. Selon lui, M. Bernard doit apprendre à bien gérer son orphelinat, et c'est seulement en «frappant des murs» qu'il apprendra. Si nous payons l'eau ou achetons la pièce nécessaire, ils deviendront dépendants de nous, d'une aide extérieure. Et notre but est de les aider à devenir autosuffisants, de mettre sur pied des programmes qu'ils pourront eux-mêmes développer, et non de leur apprendre à manger dans notre main. Sinon, ils s'attendront à ce que les prochains stagiaires contribuent aussi financièrement pour un autre problème, et la chaîne n'en finira plus. C'est contre les objectifs du programme. Moi, ce qui me déplaît dans cette théorie, c'est que ces «murs» dont parle Moustapha, quand M. Bernard les frappe, ce sont les enfants qui écopent.

Aujourd'hui, c'est à mon tour. Théoriquement, j'ai un travail à accomplir. Depuis que je suis ici, j'ai l'impression d'être continuellement en attente de quelque chose à faire, quelque-chose de concret. Et maintenant que l'occasion se présente, mon ventre se crispe, et les doutes m'assaillent; je ne suis pas à la hauteur. Valériane, une main sur mon épaule, me donne courage :

— Ce n'est qu'une journée de travail! Il faut effectuer le recensement des enfants à l'orphelinat: une tâche simple.

Je prépare mon petit sac de survie — crème solaire, appareil-photo et bouteille d'eau —, puis je monte dans la vieille Mercedes qui assure notre transport. Philippe, le chauffeur, est en retard comme d'habitude. Mais, comme cette fois-ci je fais moi aussi partie du voyage, il semble mal à l'aise et démarre en trombe. Entre ses brusques dépassements qui me font regretter l'absence de ceintures de sécurité, il me demande timidement si je lui accorde la permission d'arrêter pour mettre de l'essence. Je lui demande s'il en a réellement besoin car nous sommes attendus. Il me répond qu'il n'est pas certain de pouvoir se rendre si on ne fait pas le plein. Je regarde l'aiguille du réservoir: elle pointe sous le « E » de *empty*. Permission accordée! Je lui permet aussi d'arrêter chaque fois qu'il le jugera nécessaire, et ce, sans avoir à me le demander.

Nous cuisons au soleil. Valériane me passe la poignée pour que je puisse baisser ma vitre. Eh oui! il n'y en a qu'une dans l'auto; il faut se la passer pour baisser les vitres, une à une. Dès que nous repartons, un camion devant nous laisse s'échapper un dense nuage de gas-oil. La poignée fait rapidement le tour des quatre portes: on doit refermer nos écrans protecteurs.

Dans un brouillard de poussière, nous descendons devant M. Bernard qui nous attend à côté de deux vieilles mobylettes, nos moyens de transport. Nous devons effectuer le recensement de son établissement-satellite, à l'extérieur de la ville; son « école de brousse ». Il me serre la main avec vigueur et se lance dans un discours pour me signifier à quel point il apprécie ma présence. À mesure que sa voix s'élève, mon visage, lui, s'affaisse. De son point de vue, il pense que je suis le spécialiste le plus reconnu du Canada, « l'envoyé » parmi tous les miens. D'accord, je vais faire semblant de savoir ce que je fais, par respect pour lui.

Nous roulons sur deux roues dans les petits chemins de terre qui mènent hors de la ville. Je contemple des arbres magnifiques, des plantes énormes et étranges. La terre est gravée par le vent, brûlée par le soleil, grugée par les violentes pluies. De magnifiques sculptures naturelles m'entourent. Je suis heureux de sortir de la ville. Je m'efforce de ne pas sourire puisque j'avalerais une tonne de sable, Valériane, derrière, s'agrippe à moi ; elle semble avoir peur. J'ai entamé mon nouveau rôle de spécialiste-connaisseur-expert, alors je ne lui dis pas que je n'ai jamais conduit d'engin à deux roues, surtout pas dans des pistes de sable et de terre qui manquent de nous faire déraper à chaque tournant, surtout pas un véhicule dont la roue avant est si désalignée qu'elle fait vibrer mon corps au complet et m'arrache les bras…

De temps en temps, quelques petites cases rassemblées s'offrent à nous. Les femmes sont seins nus. Certaines allaitent leur bébé en bordure de la route : la beauté naturelle de l'union maternelle. Dire que dans mon « chez moi » surpeuplé de lois, elles seraient arrêtées pour « indécence »…

Des enfants nous envoient la main, courent un moment avec nous, puis nous crient leurs salutations. La sensation est magique. Puis sur ma droite apparaît une chose si extraordinaire que seule la nature peut l'avoir créée : un baobab gigantesque qui se dresse fièrement tel un géant. Ses branches sont remplies d'un feuillage vert intense ; son tronc doit faire au moins dans les 20 pieds de diamètre. Je n'en crois pas mes yeux. Ces arbres, qui peuvent vivre pendant quatre millénaires incarnent un emblème sacré dans toutes les tribus indigènes. À voir cette œuvre de Dieu, je n'ai aucune difficulté à comprendre pourquoi.

Derrière d'épais buissons se dresse une petite hutte. Autour de cette structure recouverte de paille, des dizaines et des dizaines d'adultes sont rassemblés dans des vêtements colorés, d'une propreté impeccable. Encore une fois, je prends conscience de mon allure : la petite balade en mobylette a complètement rougi mon t-shirt, imprégné de terre et de sueur, mes cheveux semblent encore dans le vent même si nous sommes arrêtés. Ça n'augure pas bien pour mon rôle de spécialiste.

Plusieurs hommes assis nous attendent. Notre arrivée était prévue pour midi ; il est 16 h 30. Personne n'a bougé. Les hommes se lèvent lentement pour saluer M. Bernard et se placent en demi-cercle devant nous. Les femmes demeurent debout, leurs enfants derrière elles. M. Bernard commence alors à leur parler dans leur dialecte, interrompu fréquemment par les applaudissements qu'ils nous destinent.

Je me demande ce qu'il est en train de leur dire. Sûrement que nous sommes de riches collaborateurs canadiens qui vont investir une fortune dans leur école...

Mais Valériane n'a pas la tête à m'écouter. Dans cette disposition, ce demi-cercle, tout ce qu'elle perçoit, c'est que nous prenons trop de place, que nous méritons trop d'attention. Être au centre de dizaines d'enfants pour les initier à la jonglerie est un défi qu'elle relève fièrement, mais, ici, ce n'est pas du tout la même situation. Nous sommes des idoles, nous qui pourtant n'avons encore rien fait.

Après de chaleureux applaudissements et de nombreux sourires, que l'on renvoie du mieux que l'on peut, M. Bernard demande si quelqu'un dans l'auditoire parle français. Un jeune homme se lève et s'approche de nous. L'heure de notre discours est venue, avec traduction en simultané s'il vous plaît. Ma gêne veut que je me sauve, mais ma responsabilité en tant que spécialiste, mon rôle l'emporte. Je me gonfle un peu le torse, relève la tête et me prépare à les remercier de leur accueil lorsque M. Bernard s'approche de nous et me fait signe d'attendre. Il nous explique que, dans ce village, tous les étudiants sont des garçons ; il n'y a aucune étudiante car il est mal vu pour une fille de fréquenter l'école. L'éducation des filles effrite les traditions : celles-ci, après avoir fréquenté ce genre d'établissement, ne veulent plus se faire exciser, ne veulent plus marier leur mari désigné, ne disposent que de peu de temps pour aider leur mère

171

avec les travaux ménagers, et elles n'ont pas autant d'enfants que les femmes respectables…

Ne sachant trop quoi dire, j'essaie de réfléchir un peu mais Valériane profite de mon silence pour prendre la parole. Elle semble fondre, elle est toute blême. Je place ma main sur son épaule pour l'encourager. Prenant de brèves pauses, autant pour donner au traducteur le temps de faire son boulot que pour réfléchir à ce qu'elle va dire, elle expose l'importance de l'éducation, l'intérêt d'envoyer les enfants à l'école, surtout les filles… Devant le regard désapprobateur des hommes, son ton vacille un tantinet, mais elle continue :

— Puisque ce sont vos filles qui sont le plus souvent en contact avec les enfants de votre famille, ce sont elles qui leur offrent leurs premiers enseignements. Alors si vos filles sont bien éduquées, elles pourront enseigner à vos garçons dès leur plus jeune âge.

Génial ! Retourner la situation en leur faveur… Les hommes demeurent muets, puis, de l'arrière, la clameur des femmes se fait entendre. Elles commencent à battre des mains et à frapper sur de petits bols en bois. Les hommes enchaînent ensuite et applaudissent. Valériane laisse retomber ses épaules. Enfin c'est terminé. Elle me regarde et me lance un sourire en coin qui exprime à la fois un « Ouf ! je m'en suis bien tirée » et un « Plus jamais ! »

Le Conseil des anciens vient à notre rencontre et nous offre une boisson traditionnelle. Avec eux, nous visitons la hutte qui sert de classe. Le jeune instituteur s'assoit sur une natte dans un coin. C'est ici même qu'il dort, qu'il vit. Quelques bouts de bois sont rassemblés pour nous servir de chaises. Nous sortons les cahiers de nos sacs. Le recensement peut commencer. Deux files interminables se forment devant Valériane et moi. Nous devons demander à chacune des personnes présentes leur nom, le nombre d'enfants fréquentant l'école St-Bernard, ainsi que leur salaire annuel, car M. Bernard aimerait que ceux qui disposent d'un revenu minimum contribuent financièrement à l'enseignement de leur enfant. Une contribution symbolique, cinq fois moins que ce que coûterait l'admission à une école publique nationale, qui pourtant est déjà considérée comme gratuite.

Une première femme se présente à moi. Comme ces gens ne parlent pas français, M. Bernard nous a traduit les questions en moré. Puis un enfant étudiant le français nous a été attribué pour traduire les réponses. Je pose ma première question, lui demande quel est son nom :

— *Fuo yaoule laibreux ?*

La vieille femme écarte les yeux, réajuste sa robe colorée et me déverse un raz-de-marée de paroles qui me sont totalement incompréhensibles. Devant ce flot incessant, je n'ai d'autre choix que de me réfugier derrière mon assistant, espérant une quelconque traduction.

— Elle n'a pas compris votre question et raconte que ses enfants ont de très bons résultats à l'école, mais qu'en plus des soirs ils doivent travailler un jour par semaine, alors elle s'excuse pour leur absence.

— Bon, bon, peux-tu toi-même lui poser la question, alors…

Mon traducteur lui pose à son tour la question :

— *Fo youl labré ?*

Ah… Je ne perçois pas trop la différence de prononciation, mais je vois que, elle, oui. Elle me dit alors son nom, mais je n'arrive pas à imaginer comment un tel mot peut s'écrire. Les sonorités sont si différentes, mon oreille perd tous ses repères. Après quelques essais infructueux, je passe le crayon à mon assistant de 12 ans et délaisse mon rôle de spécialiste. Je ne fais plus que superviser l'opération, incapable de faire davantage.

Presque toutes les femmes sont alignées devant moi ; presque tous les hommes devant Valériane. Un coup d'œil à son cahier et je constate qu'elle aussi lutte avec l'orthographe. Impossible de leur demander d'épeler leur nom, ils ne savent pas écrire. Celle-ci porte sa carte d'identité. Il y est inscrit :

Nom : Fadbadouella Yassergatbaou
Date de naissance : vers 1972
Signes particuliers : trois traits sous les yeux

C'est à cette dernière ligne que sont détaillées les cicatrices ethniques ornant son corps. Pour ce qui est des enfants, toutes les femmes en ont, peu importe leur âge. Quelques hommes, eux, ne se rappellent même plus combien ils en ont : « Sept ? Non, attends… Neuf ! »

Nous déplaçons quelquefois les bureaux pour suivre l'ombre. Je suis complètement épuisé ; je ne veux que prendre une longue pause, aller me baigner chez Moustapha. Mais je regarde le petit à mes côtés qui, à vrai dire, fait tout le travail, infatigable. Pourtant, il est étudiant ici, ce qui signifie qu'il ne prend qu'un repas par jour, n'a droit qu'à une tasse d'eau… Comment fait-il ? Mon ego me fustige : je me redresse.

Les heures passent, mais le nombre de gens ne semble pas diminuer. Les uns tentent parfois de dépasser les autres et je dois alors intervenir d'un regard désapprobateur. Je suis redevenu le spécialiste. Je ne suis plus un stagiaire de Jeunesse du monde ; je suis le représentant du Canada, du monde occidental.

— Allons, ne dépassons pas !

C'est ma seule tâche pendant que mon assistant recense en tout 264 hommes et femmes.

La question du revenu annuel est la plus compliquée. Mon assistant doit leur expliquer ce qu'est un revenu annuel, soit le calcul des revenus de l'année et non ceux au jour le jour. À cette ligne est inscrite presque systématiquement la réponse « Néant ». Néant ! Sept enfants ; revenu : néant. Certains m'expliquent que leur revenu, si la journée a été bonne, est un repas le soir et de quoi s'acheter de l'eau. Comment en calculer la valeur annuelle? Néant. D'autres m'expliquent qu'ils n'ont pas de revenu, mais qu'ils possèdent une terre pour se nourrir, terre qui produit deux sacs de mil par année. Revenu? Néant.

La journée, à force de s'éterniser, commence à tirer à sa fin. M. Bernard nous presse de terminer puisque nous sommes en retard pour un rendez-vous. Un vieil homme aveugle vient le voir. Son enfant a été pris en charge par l'orphelinat, alors, en guise de remerciement, il offre un poulet, sa seule possession. M. Bernard lui glisse quelques sous, lui dit que ce sont les *nassaras* qui lui en font cadeau et ajoute à notre intention:

— Sinon il ne les aurait jamais acceptés…

Je ravale mon inconfort tandis que l'homme aveugle me remercie du fond du cœur.

Nous nous dirigeons vers les mobylettes lorsqu'une quinzaine de femmes viennent border la voie. Visiblement encore marquées par le discours de Valériane, elles entonnent un chant puissant, accompagné des battements réguliers de leurs mains. C'est un chant d'honneur. Je laisse Valériane marcher devant. Elle se retourne vers moi; ses yeux sont remplis d'eau. Puis, soudainement, son rire heureux éclate, faisant déborder quelques larmes à droite et à gauche. Des enfants courent dans tous les sens pour attraper quelques poulets qui nous seront offerts en cadeau. Dans ce corridor de femmes majestueuses, nous rejoignons le baobab gigantesque sous lequel nos engins sont garés.

Nous sommes de retour à l'orphelinat. La classe de Valériane va débuter. Des dizaines et des dizaines d'enfants m'entourent et m'agrippent par la main. Il fait si chaud. Et toute cette poussière avalée en mobylette qui m'assèche la gorge… Je meurs de soif et je commence à avoir un sérieux mal de tête; je me sens faible. Il faut que je boive, mais je sais qu'ils ont certainement plus soif que moi. Une petite fille me prend par la main, et, comme si elle lisait dans mes pensées, d'une faible voix me demande de l'eau. Ses tresses tombent doucement sur son visage couvert de terre asséchée. Je veux lui en donner, j'en ai un litre. Je n'en boirai pas autant. Mais si je lui en donne, je dois en donner à celui-ci, et à celui-là, et à celle-ci… Je n'ai pas assez d'eau pour tous. Je ne peux pas tous les aider. Je me retire dans un coin, et, discrètement, malgré la culpabilité mordante du « ça ne se fait pas » qui malmène ma conscience, je bois en dissimulant ma bouteille. Quand les besoins primaires surgissent, la conscience est reléguée aux oubliettes. Je prends une grande gorgée, longue et langoureuse. Quelle délivrance ! J'ose à peine baisser les yeux de peur de voir leur expression. Je me sens comme la pire des crapules, mais je ne peux faire autrement.

M. Bernard vient me chercher et me presse de le suivre. Dans une classe est réuni le comité des enseignants. Ils sont en train de discuter de la note de passage requise par le gouvernement. Cette note qui est de 10 sur 15, les enseignants veulent l'abaisser à 9,5 pour les étudiants de l'orphelinat, afin de tenir compte des difficultés supplémentaires auxquelles ceux-ci sont confrontés. Le point est accepté, puis tous se tournent vers moi en silence. Par leur geste, je comprends qu'ils s'attendent à ce que je parle. M. Bernard leur a sûrement annoncé qu'un représentant canadien viendrait leur faire un discours. Alors, le « spécialiste » se lève, les félicite de leur travail et fait tout le blablabla selon la technique politique, au meilleur de ses compétences. Mais ils ne semblent pas satisfaits. Qu'attendent-ils de moi ? Un des plus jeunes me demande ce que la coopération canadienne compte faire pour les aider, et quel est mon projet :

— Vous savez que nous sommes tous des enseignants bénévoles et que nous faisons notre travail de bon cœur. Cependant, nous n'arrivons même plus à défrayer le coût de l'essence pour venir au travail. Et pour notre nourriture, nous comptons sur les ressources de l'orphelinat, mais, depuis dix jours, il n'y a plus rien.

Qu'est-ce que je pourrais bien leur dire ? Je ne sais plus. Je leur assure que mon organisme se penchera sur le problème et décide d'en parler à Moustapha dès que je rentrerai à la maison. Puis d'autres se lèvent avec des demandes encore plus pressantes. Mais M. Bernard me tire par le bras et me demande de le suivre : « mes invités sont arrivés ». Je salue les professeurs et tente, du mieux que je le peux, de masquer le profond soulagement que j'éprouve à sortir de cette classe. Je me sauve.

Devant une petite table, un homme et une femme m'attendent, très bien habillés, très chic. Ce n'est pas de bon augure. En se rendant vers eux, M. Bernard m'apprend que l'homme est le directeur d'une école de comptabilité ayant signé un contrat de location des salles de St-Bernard dans le but d'y offrir des cours, location qui assurera un revenu indispensable à l'orphelinat. La femme, quant à elle, est la représentante de la banque de la région. Après les présentations officielles, ils me fixent en silence. Bon, ça en devient une habitude... Analyse du problème, qu'attendent-ils de moi ? Je suis celui qui doit parler, certes, mais que dois-je dire ? Que dirait un spécialiste canadien ? Priorité n° 1 : faire bonne figure et sauver la face de Jeunesse du monde ; priorité n° 2 : supplier Moustapha de me sortir du pétrin. Je commence par prendre un cahier et un crayon. Au sourire que M. Bernard lance à ses compères, je comprends que je fais bonne impression. C'est parti. Je pose quelques questions de base, mais tournées d'une façon plutôt compliquée ; c'est que je veux comprendre ce qui se passe ici, mais sans laisser transparaître que je ne suis au courant de rien, puisque je devrais, théoriquement, connaître les objectifs de cet entretien. Je comprends peu à peu que les fameux locaux loués ne sont pas encore construits. Sa campagne de recrutement étant commencée et la rentrée scolaire débutant dans quelques semaines, le monsieur voudrait savoir pourquoi la construction des classes n'est pas encore amorcée. Comme c'est à moi qu'il le demande, je comprends qu'on lui a sûrement affirmé que la coopération canadienne allait se charger de tout. Puis

M. Bernard me demande de rester en contact avec la représentante de la banque afin de lui acheminer l'argent des bailleurs de fonds canadiens que je vais recruter dès mon retour. Bon. Résumé : je suis dans la merde. Un regard rapide à ma montre : 16 h 45. Philippe devait venir me chercher à 16 h 30. C'est ma seule solution. Je vais parler sans rien dire jusqu'au moment où j'apercevrai sa voiture. Je commence à poser des questions sur l'école, la banque, sur les caractéristiques des locaux à construire, le nombre d'élèves par classe. Hypocrite ? Non, je vais vraiment transmettre ces informations à Moustapha… qui cependant n'en fera sûrement rien. Mais je n'ai pas le choix ; je n'ai aucun pouvoir, et eux croient que je suis le roi du monde. Il est 17 h : toujours rien en vue. J'enrage mais ne laisse rien paraître. Je parle des constructeurs possibles, du fonctionnement des soumissions, de la façon de s'assurer de la qualité des constructions… 17 h 15. Je radote. Je ne me souviens même plus de ce que je suis en train de dire lorsque enfin, ENFIN !, au loin, un nuage de poussière m'apprend que la voiture de Philippe s'amène. Je me lève et signale à mes interlocuteurs que je dois aller rencontrer mes responsables. Je m'engouffre dans la voiture, leur envoie la main pendant que je murmure à Philippe de démarrer au plus vite. Mais Philippe n'est plus dans la voiture. Il est sorti pour aller serrer les mains de chaque personne présente. Je veux mourir ! Cet instant ne finira donc jamais.

Finalement, nous partons. Je m'étends sur la banquette et demande à Philippe de m'amener directement chez Moustapha. Celui-ci m'attend à l'ombre d'un arbre. Il me demande si ça s'est bien déroulé, car M. Bernard vient de l'appeler, tout heureux, louangeant mon implication, puis demandant un âne et une charrette à l'aide canadienne pour effectuer la récolte d'un champ. Un âne et une charrette ?

— Ne t'inquiète pas. Je lui ai très bien expliqué que tu n'étais pas un bailleur de fonds, que tu n'étais ici ni pour lui offrir du financement ni pour lui en trouver. Mais il ne comprend pas. Et tant qu'il ne frappera pas son mur, il ne comprendra pas. Il doit arrêter de s'appuyer sur l'extérieur.

M. Bernard n'a beau pas comprendre tout ça, moi je comprends qu'il me tient responsable de la bonne marche de ses projets. Et comme je ne peux rien faire, je serai peut-être la cause de ses échecs…

Le bourreau tue toujours deux fois ; la deuxième fois par le silence.

Derrière sa maison, Moustapha garde un mouton. Dans un petit enclos, le bélier ne fait que bêler, toujours, sans arrêt, dans une tonalité gutturale qui porte, et qui, aussi, par le fait même, porte atteinte à la paix environnante. Quelques soi-disant docteurs sont venus l'examiner pour savoir s'il souffrait d'une maladie ou d'une douleur quelconque. Aucune réponse. Mais pourquoi donc fait-il tant ce vacarme ? La réponse est venue d'un ami de Moustapha, Ismaël, qui ne connaît rien aux animaux, mais qui, d'une logique implacable, a affirmé :

— Si j'étais enfermé pendant plusieurs mois dans une cage sans femmes, moi aussi je chialerais à longueur de journée.

Réunis dans le 4 x 4, nous cheminons donc vers le marché aux animaux, afin d'acheter une moutonne à ce mouton en manque. Question de rire un coup, Moustapha a insisté pour que je prenne le volant. À travers les mobylettes, les bicyclettes, les brouettes, les fillettes, je me faufile avec précaution, les rasant de bien plus près que je ne le souhaiterais. Trop souvent à mon goût, la réponse à la question « Est-ce que ça passe ? » vient d'elle-même, une fois l'obstacle contourné.

Hors des limites de la ville, quand la circulation devient moins dense et que mes épaules peuvent enfin s'abaisser, on m'ordonne de tourner. Mais l'endroit n'est rien de plus qu'une étendue de terre aride qui paraît s'étendre jusqu'à l'horizon ; il n'y a rien, pas même des traces de pas. OK ! Mes passagers devenant insistants, je les écoute et engage le véhicule sur les roches et les fissures qui composent le paysage. Une chanson

181

« souk » fait vibrer les haut-parleurs ; j'essaie de chasser de mes pensées l'image persistante de la danseuse au *New Jack*. Je dois me concentrer. J'ai toutes les difficultés à garder mon pied stable ; à chaque accroc, il piétine l'accélérateur et fait hurler le moteur alors qu'on s'expulse des trous de façon cavalière. Ismaël me demande de stopper. Ce n'est pas sérieux : il n'y a pas âme qui vive ; on ne va certes pas trouver une brebis ici. Il descend du véhicule, s'éloigne de quelques pas, puis s'accroupit en petit bonhomme, les mains contre ses genoux cachés sous son large boubou.

— Il prie ?

— Oui, me répond Moustapha à travers la musique, debout ça éclabousse les pieds...

— Comment ? Ah... il pisse !

Pour celui qui a envie, c'est tout aussi sacré.

Nous repartons vers le néant. J'ai abandonné l'idée d'être guidé. Chaque fois que je demande si l'on se dirige dans la bonne direction, ils me répondent simplement de continuer à rouler. Je fais le test en tournant légèrement vers la droite. On me répond :

— Oui, oui, c'est tout droit.

Puis, en tournant graduellement vers la gauche :

— Oui, oui, continue.

Je me demande si eux-mêmes savent où l'on va. C'est à ce moment-là que je commence à apercevoir des taches noires, des centaines de taches noires qui occupent le fil de l'horizon et qui grandissent constamment. Réunis en plein centre de nulle part, sans aucun repère physique, entourés de sable et de buissons éparpillés, des centaines de bêtes et presque autant bergers sont attroupés. Le nombre de pasteurs est impressionnant, laissant croire que leurs troupeaux respectifs ne comptent qu'une ou quelques têtes. Je me questionne : où puis-je me stationner ? Ne disposant de rien pour m'aligner, j'ai l'impression de garer le camion en plein milieu de leur rassemblement. Le rire de mes compagnons m'indique que je me tracasse évidemment pour rien. J'éteins le moteur ; aussitôt des rumeurs de discussions animées se font entendre. Nous nous présentons devant un berger accroupi à côté d'un mouton qui me semble attaché-là depuis des siècles. L'homme ne s'anime que lorsque nous lui adressons la parole. Il raconte qu'il est ici depuis deux jours pour vendre la fierté de son troupeau : cette belle brebis, à laquelle il ne reste que la peau et les os. Il est évident qu'elle n'a rien mangé depuis deux jours ; lui non plus d'ailleurs. Moustapha se montre très peu intéressé, subterfuge essentiel pour commercer, et lui propose un prix qui est sur-le-champ rejeté par le vendeur, qui réplique avec un montant maintes fois plus élevé. Nous le quittons et déambulons dans le petit marché. Je contemple avec pitié les maigres bêtes. Puis nous retournons à notre point de départ.

Je suis assis depuis un moment quand notre vendeur nous offre de prendre le thé avant de continuer à discuter. Il sort d'un petit sac quelques briquettes de charbon, une petite bouilloire et deux sachets : l'un contenant des feuilles de thé ; l'autre, du sucre. C'est l'intermission avant la suite des négociations. Pour le moment, le vendeur a déjà diminué de moitié le prix qu'il demandait au départ, prétextant qu'on est ses premiers clients de la journée et que ça porte chance. Moustapha, quant à lui, a presque doublé le prix qu'il offrait initialement. Même si les montants n'équivalent qu'à quelques dollars — une bien petite somme pour cet animal —, aucune des deux parties ne veut lâcher prise. Je tends la main au vendeur pour le remercier du thé qu'il m'offre. Il prend bien soin de baisser la tête avant de la prendre lentement. Il m'explique ensuite que ses ancêtres proviennent de cette région, autrefois composée de très riches terres arables où poussait en abondance le mil. Aujourd'hui, pourtant, quelques buissons tout au plus m'empêchent de qualifier l'endroit de désertique. Devant mon air surpris, Ismaël prend une gorgée de thé et me demande :

— Que sais-tu au juste de l'esclavagisme ?

— Pas grand-chose. En fait, je n'ai rien appris sur le sujet dans mes cours d'histoire, mis à part son existence. Peut-être un encadré ou deux dans un livre, rien de plus.

— Les moyens d'aborder l'histoire de l'Afrique sont aussi vastes que le continent, continue-t-il en prenant une poignée de ce sable ingrat et en le laissant filer entre ses doigts. Beaucoup de terres prospères ont été vouées à l'abandon et à la désertification lorsque les Européens ont soutiré les forces vitales du continent[10]...

Nous rentrons chez Moustapha après un voyage couronné de bousculades, la brebis ne se laissant pas contrôler si facilement. Nous l'introduisons de force dans la cage du bélier qui, presque instantanément, contrairement à sa nouvelle compagne effrayée, veut copuler. En demi-cercle, nous observons, voyeurs, une scène bestiale où seul le mâle en profite. Les cris d'épouvante que lance la pauvre brebis me font bien vite quitter les parages. Ismaël me rejoint au bord de la piscine. Après un long silence, il me pose d'une devinette :

— Sais-tu pourquoi les Blancs sont plus fortunés que les Noirs ?

— ...

— Quand Dieu a créé le monde, il a convoqué un Blanc et un Noir. Puis il leur a ordonné de se couvrir les yeux pendant qu'il engendrait la planète. Le Noir a écouté Dieu et s'est fermé les yeux, mais le Blanc ne s'est caché

---

[10] Voir annexe 5.

qu'un œil, regardant de l'autre où Dieu déposait toutes les richesses. Quand est venu le temps de choisir où habiter, le Blanc savait. Alors, Dieu lui a tout donné.

Celui qui se moque des nuages
sera un jour ou l'autre trempé par la pluie.

Je déambule sur la terre rouge, sur une portion que je crois correspondre au trottoir même si elle ne diffère en rien de celle que les voitures considèrent comme la route. Aujourd'hui, il fait particulièrement chaud. Respirer est difficile. Ça fait près de trois semaines qu'il n'a pas plu. Une mobylette me frôle : c'est une femme avec son petit dans le dos. Ni attaché ni retenu, l'enfant se tient tout seul. La loi de la sélection naturelle prime par-dessus tout en Afrique. Avec les multiples épreuves et périls de la vie quotidienne, seuls les plus forts, les plus intelligents et les plus chanceux atteingnent l'âge adulte. Dans chaque famille, ceux qui n'ont pas été de ce lot sont légion. La mortalité est omniprésente, inséparable de la vie.

Poussant un chariot métallique sur lequel reposent deux glacières, un jeune m'aborde pour me vendre un sachet d'eau. Il doit avoir six ou sept ans. Je lui en achète un, mais seulement pour l'encourager puisque je ne peux boire d'eau non traitée, du moins sans que mon corps ne la rejette violemment, et ce par l'issue (ou les issues) de son choix. Je m'assois à ses côtés, pause non méritée mais obligatoire par cette chaleur, et lui demande s'il ensache l'eau lui-même.

— Oh non, c'est ma tantie.

Chaque matin, avec plusieurs autres, il se rend chez elle avant le lever du soleil. Là, elle donne à chacun un chariot avec des glacières remplies de sachets d'eau bien fraîche. Il n'y revient que le soir lorsqu'il a tout vendu. Un sachet d'eau se vend 10 FCFA, environ 2 sous. Quand les choses vont bien, que les gens sont nombreux et le soleil sans pitié, il arrive à en vendre pour 750 FCFA, mais sa tantie lui en prend 500 pour les frais d'entretien des chariots et des glacières, pour l'ensachement de l'eau et, surtout, pour les frais de réfrigération. L'électricité vaut tellement cher et l'eau se doit d'être bien fraîche, sinon elle ne se vend pas. Le jeune garçon, qui s'appelle Samed, retourne donc chez lui le soir, avec 250 FCFA dans les poches : un peu plus de 50 sous. C'est lui qui procure le revenu le plus important à sa famille. Grâce à lui, elle peut manger le soir et un de ses frères peut étudier. Pour rien au monde il ne changerait d'occupation : subvenir aux besoins de sa famille est sa plus grande fierté. Samed est bien loin des enfants de chez nous qu'on ne laisse même pas traverser la rue seuls ; sa maturité est impressionnante, durement acquise.

— Ma sœur aurait voulu aller à l'école comme mon frère, mais mon père ne voulait pas.

Lorsque les parents renoncent à une source de revenu en envoyant un de leurs enfants à l'école, non seulement celui-ci n'aide-t-il plus la famille, mais en plus il lui soutire de l'argent. Bien que tous soient conscients de l'importance de l'éducation, bien peu peuvent se permettre un tel luxe. Alors, si l'on accepte de faire éduquer un membre de la famille, c'est en espérant que les années de sacrifice seront récompensées par un important salaire mérité à cause de l'éducation reçue. C'est ainsi qu'on privilégie l'éducation des garçons plutôt que celle des filles puisque celles-ci, une fois mariées, appartiennent alors à une autre famille, leur salaire aussi.

Une importante file à la station-service capte mon attention. C'est le chaos ! Tous les véhicules assiègent les pompes, et ceux qui viennent de faire le plein ne peuvent sortir qu'en se faufilant avec beaucoup de difficulté. Que se passe-t-il ? Un homme en chemise et cravate, tout en enfourchant sa mobylette, m'apprend que la livraison mensuelle de pétrole n'est pas arrivée. Qui sait si elle arrivera un jour ?

Le prix du pétrole ne varie qu'une fois par mois, au moment de la livraison. Mais, depuis quelques mois, les hausses du prix mondial sont alarmantes. Personne n'est épargné. Cependant, pour les nations africaines, dont la grande majorité sont des pays non producteurs, ces hausses sont catastrophiques puisque le pétrole représente le quart de leurs importations. De plus, pour contrer ces hausses, le gouvernement burkinabé par exemple, se voit obligé de subventionner les produits pétroliers pour maintenir leurs prix à un niveau compatible avec le revenu moyen de la population. Puis, l'accroissement du prix du pétrole a aussi entraîné dans sa foulée une hausse en flèche du prix des marchandises, le coût du transport urbain ayant augmenté de 100 %. Les populations les plus démunies voient donc les produits essentiels devenir presque inaccessibles.

Et voilà qu'en plus la livraison mensuelle tarde. Les réserves des quelques stations-service s'épuisent ; elles ferment une à une. Si les camions-citernes ne franchissent pas les frontières bientôt, le pays au complet sombrera dans l'inertie ; son économie aussi.

Un cri me tire de ma réflexion.

— Hé ! le Blanc ! le Blanc !

— Ah non !

C'est le gars du *baby-foot*, le *bad boss* qui a pris ma place l'autre soir en m'insultant. Il gesticule nerveusement et vient dans ma direction. D'une grande tape sur l'épaule — ouch ! —, il me signifie qu'il se souvient de moi. À voir sa surexcitation, j'ai l'impression qu'il est coké. Je ne l'aimais déjà pas, mais voilà qu'en plus il me fait peur. Il a deux fois ma largeur, quatre fois mon poids, le tiers de mon intelligence. Ce sont du moins mes estimations. Il me demande pourquoi je ne suis pas revenu jouer avec lui au *baby-foot*. Parce que je ne voulais plus revoir ta face ! Ben non ! tout de même... Je lui raconte qu'on m'a avisé de ne plus trop me promener la nuit, que ça pouvait être dangereux pour un Blanc.

— Mais non ! Ici, c'est la zone du bois. Ce quartier, c'est le *A power* !

Il lève son poing dans les airs et continue :

— Si jamais quelqu'un s'attaque à un Blanc ici, il est fini. Tout le monde aura sa peau. Un Noir qui se bat contre un Noir, ça passe toujours ; contre un Blanc, jamais.

De ses mains, il simule une tête qui explose. Puis, en s'approchant de mon visage, que j'essaie discrètement de reculer, il me chuchote qu'une femme lui a récemment demandé de tuer son mari. Elle ne l'aimait plus, elle disait qu'il la battait.

— Tu piges ? Elle voulait me donner 20 000 FCFA. Je lui ai dit que ça ne faisait pas le prix, que c'était 40 000 d'avance et 40 000 après. Alors, elle m'a donné les 40 000 francs et je suis allé boire l'argent au maquis. J'étais un peu soûl, je suis allé la voir et j'ai couché avec elle. Dès que j'ai eu terminé, je lui ai dit que je ne bossais pas pour des putes. Non, mais c'est vrai, si elle couche avec n'importe qui comme ça, c'est qu'elle ne sait pas ce qu'elle veut. Elle manque de respect. Alors, je n'ai pas tué son mari. Mais j'ai quand même bu son argent. Ha ! ha ! ha !

D'une autre tape sur l'épaule, il essaie de me faire cracher mon dentier ; heureusement pour moi, c'est un faux.

Euh… J'essaie de m'entraîner pour être compétent dans n'importe quelle situation, pour être en mesure de réagir correctement en tout temps. Mais là, l'histoire du meurtre, c'est trop. Que suis-je sensé dire ? que c'est super ? génial ? qu'il a bien fait de boire l'argent de la fille et qu'il est chanceux d'avoir couché avec elle ? Je ne sais pas du tout comment réagir. Ce que je sais par contre, c'est que je ne veux pas être à ses côtés. Prétextant qu'avec cette chaleur intolérable je n'arrive plus à réfléchir, que je dois aller changer de vêtements car ceux-ci sont complètement trempés, je m'éloigne d'un pas rapide, plus rapide que mon corps ne me le permet, sans entendre ses dernières salutations.

Moussa, Yaku, Basil, Valériane, Salli et Sibiri sont tous avachis sous le toit de paille qui nous sert de balcon. Personne ne bouge ; tous se plaignent de la chaleur. Je pense que la chaleur est aux Africains ce que le froid de nos hivers est aux Canadiens : on sait pertinemment qu'il va faire aussi froid qu'au pôle Nord, mais le savoir n'aide en rien ; le matin où l'on se lève et qu'il fait -30° C, eh bien... on a souvent recours au vocabulaire catholique.

En les regardant souffrir, je leur lance en riant que je connais la danse de la pluie que nos Amérindiens pratiquent. Là autour d'un tronc d'arbre coupé, je commence à crier et à chanter dans un langage incompréhensible, même pour moi. Je danse en rond, sur une jambe, lançant l'autre devant et derrière, comme je me rappelle avoir vu les Amérindiens le faire dans les films. Tous rient et font des blagues. Moussa me demande de danser pour l'argent plutôt que pour la pluie, mais je m'arrête avant que mon corps ne le fasse lui-même. Maintenant c'est vrai, je dois aller me changer : mon linge et ma peau ne font qu'un. Je remarque que des nuages s'accumulent lentement à l'horizon.

— Ah ! ah ! Vous doutiez de mes pouvoirs !

Sibiri soutient que les nuages s'accumulent souvent de cette façon depuis quelque temps, mais qu'ils se dispersent aussitôt. Il y a un petit vent sauf que, pour que la pluie tombe, il ne doit y en avoir aucun, excepté celui qui la précède immédiatement. Je m'étends aussi et leur rapporte ma rencontre avec le *bad boss* du *baby-foot*. Moussa me taquine, me propose d'organiser un tournoi Canada-Burkina. Voilà qu'un vent faible se lève. Il est étrange et met fin aux discussions. Le roi doré du ciel s'absente. Aussitôt, de lourds nuages noirs se dispersent à une vitesse incroyable au-dessus de la ville. Tous les yeux fixent le ciel. Puis un vent puissant se lève, et avec lui s'amène un épais brouillard de poussière. Avec nos chandails, nous tentons de couvrir nos visages. On ne voit plus qu'à quelques mètres. Des sacs de plastique et des branches nous frôlent. Des portes claquent. Des rideaux s'envoient en l'air comme s'ils voulaient baiser le ciel. Basil se tourne vers moi, les yeux grands ouverts. C'est à ce moment que les nuages éclatent et se mettent à pleuvoir sur les rues et les places. De grosses gouttes commencent à tomber du ciel, des gouttes d'eau lourdes qui, au début, font éclabousser un nuage de sable à chaque impact. La température se rafraîchit instantanément. La tôle du plafond hurle maintenant sous ses battements, et nous devons faire de même pour réussir à nous comprendre. Néanmoins, parler ne sert à rien. Le spectacle est d'une telle puissance, que les mots, eux, n'en ont plus. La pluie est tellement froide, insupportable. Mais après toute la chaleur, le soleil, les maladies qu'il faut supporter, je me le dois bien : je m'élance sous cette immense douche. Instantanément, je suis complètement imbibé. Les nuages s'illuminent comme des stroboscopes ; des explosions de lumière les habitent. D'une tape sur l'épaule, Yaku me rejoint et me remercie, ne sachant pas s'il doit être sérieux ou s'il doit rire aux larmes. D'un hochement de tête général, je suis devenu « l'homme qui sait parler à la pluie ».

Si tu ne tombes pas de l'âne, tu ne remarques pas ses oreilles.

— C'est comme ça. Il n'y a rien qui ne sert à rien, surtout pas toi.

Je m'assois. Je ne sais plus quoi penser. Dans la description de mon stage, celui pour lequel j'ai été sélectionné, je devais créer des histoires et faire du théâtre avec des enfants d'ici. Je n'ai pas choisi le pays, mais bien le projet. De toute manière, pour moi, le Niger, le Burkina Faso, le Congo, le Togo, etc., c'était du pareil au même. Je ne savais rien de l'Afrique, mis à part ce que j'avais appris par quelques documentaires sur ses animaux, je ne connaissais aucune des différences entre ces pays. C'était l'Afrique noire ; c'était l'inconnu. Mais j'avais la chance de jumeler voyage et art, mes deux passions. Devoir travailler avec des enfants, surtout des enfants de la rue m'effrayait, c'était le prix à payer, pour l'expérience et le dépaysement. Mais bon, une fois ici, après quelque temps passé à m'acclimater, à tenter de saisir un peu où je me trouve, je vois bien que rien ne semble se mettre en branle. Tout ce temps, j'ai gardé le silence. « Ne vous attendez à rien », nous avait-on répété inlassablement avant notre départ. Mais de voir Valériane faire son stage, exactement comme prévu, et revenir le soir avec un sourire radieux et une tonne d'anecdotes affaiblit le barrage que je me suis érigé contre le besoin pressant de savoir ce qu'il m'arrive. Déduisant que mon stage était compromis en raison du renvoi de Bamogo, le directeur de l'Inépro, voilà que Moustapha, se doutant bien de la folie intérieure qui me gruge, m'a appris qu'il m'utiliserait pour exécuter des tâches administratives au bureau de Jeunesse du monde. Écrire des rap-

193

ports, remplir des dossiers... C'est alors un barrage contre la panique que je me devais d'ériger, la panique d'avoir à me dédier à un travail que je déteste, dans cette contrée lointaine. Un barrage contre la peur de ne pas être en mesure de tenir deux mois et demi, la peur de craquer, de vouloir à tout prix être rapatrié. On me le disait souvent: «En Afrique, il y a ceux qui veulent retourner à la maison après deux semaines, traumatisés, qui ne veulent plus jamais entendre parler de ce continent. Et il y a ceux qui ne veulent plus jamais le quitter.» Après mes deux premières semaines, je crains bien devoir me joindre au premier groupe, revenir au pays la tête entre les jambes pour m'éviter les nuits d'insomnie qui me détruisent. Mais voilà! Moustapha, devant mon appel au secours, lancé d'une manière subtile, ego oblige, s'engage à me placer dans une troupe de théâtre professionnelle, la plus importante du pays. Ainsi, je pourrais travailler avec un metteur en scène reconnu, même en France; une véritable célébrité ici. Être jumelé à un metteur en scène de renom... le rêve! Je pourrais apprendre les bases du métier, m'associer à lui, mettre sur pied des projets communs... Mon cerveau, parti à la dérive, en quête de rêves, a oublié tous les problèmes qui l'accaparaient une minute auparavant. Mais, et on l'apprend très vite, en Afrique, non seulement 1 + 1 n'égale pas 2, mais, en plus, on ne sait même pas si le résultat est mathématique. Qu'est-ce que l'Afrique? Tout ce qu'on sait est faux; tout ce qu'on pense vrai ne l'est plus. «Ne vous attendez à rien...» Le metteur en scène en question fait présentement une tournée en France, et comme il accorde des supplémentaires, il ne reviendra pas avant mon départ. Tout comme le fait de contempler des richesses inestimables et, l'instant d'après, une pauvreté insupportable, la vie ici est une montagne russe émotive très difficile à tolérer: les sentiments voguent d'un extrême à l'autre; le corps passe de la santé à la maladie de façon soudaine; les espoirs meurent plus vite qu'ils ne se créent.

Ça fait maintenant un mois que je suis stationné dans ce pays.

Selon les standards locaux, ma vie est des plus enrichissantes ; selon les standards occidentaux, j'ai perdu mon temps, n'ayant presque rien foutu. Moustapha se pointe aujourd'hui pour m'annoncer, une fois de plus, ma nouvelle vocation, celle à laquelle je me consacrerai pendant le prochain mois. Cette fois-ci, ça ne me ferait rien du tout si le projet ne se réalisait pas. Parce que je commence à en avoir l'habitude, oui, mais aussi parce que rien de tout ce qui m'avait attiré dans le stage ne se retrouve dans ce nouveau projet : Association pour l'épanouissement des femmes nomades. Des femmes nomades... en l'occurence les Touaregs. Connais pas. Gardez vos bras à l'intérieur du wagon, on redescend !

Avant de descendre devant le navrant petit édifice qui abrite cette association, Moustapha m'en expose les fondements. Il ne faut quand même pas que j'arrive là et que j'aie l'air d'ignorer totalement leur mission, moi qui suis envoyé par le Canada « spécifiquement » pour les aider. « *Les femmes touaregs détiennent les connaissances, la médecine traditionnelle, les histoires et contes, l'écriture et le langage secret. Gardiennes des valeurs sociales, intellectuelles et culturelles, elles constituent le pilier de la société. Traditionnellement, les décisions se prennent sur la base d'un consensus ; faute de parvenir à celui-ci, c'est l'avis de la femme qui s'impose. Lorsqu'un couple se sépare, une grande fête est organisée en l'honneur de la femme. Elle règne sur l'univers de la tente et, en cas de divorce, c'est souvent l'homme qui sera contraint de partir. Mais le rôle de la femme touareg se rétrécit à mesure qu'ils entrent dans la modernité. Il ne faut surtout pas laisser ces valeurs ancestrales s'effriter* », lis-je dans le piteux dépliant de Tin Hinan.

Je comprends leur cause, et en riant, je m'imagine une femme touareg, détenant la sagesse et le pouvoir, débarquer ici à Ouaga, le cœur du plateau mossi. Les Mossis ont la réputation (méritée) d'avoir une perception très rétrograde des femmes. Les femmes effectuent les travaux ménagers, familiaux, agricoles ; elles s'assurent qu'il ne manque rien, que ce soit pour les repas, les besoins de leur mari… Bref, les femmes assument les trois quarts des travaux, et 90 % de l'économie familiale repose sur leurs épaules. En fait, l'Afrique de l'Ouest est l'une des régions du monde où les femmes travaillent le plus, tous âges confondus. Selon le Bureau international du travail, la durée moyenne du travail d'une femme africaine est de 17 heures par jour. Après la première pluie, une scène m'a beaucoup marqué. Nous avions alors croisé un groupe d'une trentaine de femmes qui, munies de leurs *dabas* (une sorte de houe), retournaient la terre d'un champ. Enlignées, pliées en deux, leur bébé sur le dos, elles travaillaient toutes en chœur, presque en dansant, creusant dans la croûte dure comme fer des poquets à tous les mètres et sur toute la surface du champ. Retournant ce sol totalement dégradé sous le soleil impardonnable, coup après coup, rapidement e régulièrement, elles déversaient dans les tranchées une poignée de fumier dans lequel elles semaient ensuite les graines. Les chants qui dictaient leur travail provenaient d'un groupe d'hommes, assis confortablement sous l'ombre d'un arbre, qui tapaient sur leurs tambours sans trop remuer… Le choc culturel de ces Touaregs a dû être terrible.

Je patiente depuis quelque temps déjà dans un petit bureau. Deux gardiens sont dans la salle en face. Un homme qui se dit être le comptable m'assure que la responsable va venir me trouver. Je l'attends, et l'attends. Il n'y a pas d'air. J'étouffe. Les deux gardiens, assis devant de petits journaux, passent la journée à calculer les probabilités aux courses de chevaux de l'hippodrome de Paris, combien ils vont gagner, ce qu'ils vont pouvoir s'acheter avec leur nouveau magot. « *La Loterie nationale : les lots aux heureux gagnants ; les bénéfices à la nation entière.* » L'un d'eux affirme qu'il ne va rien dire à sa famille pour ne pas avoir à partager son gain. Les jeux de hasard sont prospères dans les pays pauvres.

J'attends et attends encore. Chaque seconde de retard torture mon esprit. Je déprime : je ne veux pas être ici ; je ne veux pas travailler pour eux. Motivation zéro. Et cette femme qui m'abandonne dans son bureau de ciment... Il est en désordre et poussiéreux ; un petit ordinateur portable est submergé de papiers de toutes sortes jetés pêle-mêle. La porte s'entrouvre. Une jeune fille me tend un verre de métal contenant une sorte de lait et des grumeaux.

> — C'est boisson touareg. Très bon, m'assure-t-elle en repartant aussitôt.

Pas un sourire, pas une salutation. C'est bien loin de ce à quoi les Africains m'ont habitué. Par politesse, je décide de boire la moitié du verre. Je sais que je ne devrais pas, mais je ne veux tout de même pas les insulter à ma première rencontre. Presque instantanément, un mal de ventre me saisit et la tête se met à me tourner. Je ne me sens pas bien du tout. Je dois sortir, prendre l'air. On se verra la prochaine fois.

Dans la cour, une grande tente est soutenue par quelques poutres de bois. Sous celle-ci, des nattes tapissent le sol ombragé. Je me dirige vers l'une d'elles et m'étend de tout mon long.

> — Bonjour.

Une petite femme, drapée d'un léger tissu bleu, est allongée à l'autre extrémité de la tente. Dans l'ombre, je ne l'avais pas remarquée. Elle se présente, Saoudata. C'est elle que je devais rencontrer !

> — Oh, personne ne m'a avertie que tu étais arrivé ! Je faisais une sieste. Il fait tellement chaud, c'est insupportable.

Puis elle ajoute que les Touaregs détestent être confinés entre quatre murs. C'est pourquoi elle est presque toujours sous cette grande tente, confectionnée de 400 peaux de mouton.

Elle aurait quand même pu se préparer à me recevoir. Je ne me sens pas à l'aise à ses côtés ; déjà que je m'efforce de ne pas lui vomir dessus.

— Pour débuter, il faudrait que tu arranges mon courriel ; je n'arrive pas à lire mes messages. Puis j'aimerais que tu effectues un peu de classement dans mes papiers.

Merde ! Je suis venu en Afrique pour classer des papiers ? Un café avec ça ? Tout en même temps, enragé, déprimé, triste, je retourne dans son bureau, question de m'éloigner.

Une banale erreur, un simple ajustement et son courriel fonctionne de nouveau : 237 nouveaux messages, dont plusieurs portent la mention « important » ! Elle n'a lu aucun de ses messages depuis plus de quatre mois... C'est aberrant, quelle sorte d'organisme peut se permettre un tel retard ? Je jette un coup d'œil dans son bureau, ouvre les portes des étagères. Un nuage de poussière m'assaille. Des montagnes de papiers traînent en piles, sans aucun ordre. Avec toutes les feuilles pêle-mêle déjà sur le bureau, j'en ai au moins pour deux semaines à classer. Je veux rentrer à la maison.

Je ressors, la réveille et lui apprends qu'aujourd'hui je dois quitter plus tôt, que j'ai un rendez-vous important avec mon responsable. Je garde secret le fait que ce rendez-vous a pour unique but de le supplier de me transférer de boulot. Je quitte ce cauchemar aussi rapidement que la chaleur me le permet.

Redis-moi les vieux contes des veillées noires,
que je me perde par les routes sans mémoire.
Mère, je suis un soldat humilié qu'on nourrit de gros mil.
Dis-moi donc l'orgueil de mes pères !

Léopold Sedar Senghor

La poussière s'engouffre dans mes narines, me brûle les yeux. Je dois classer des papiers sur lesquels trop souvent je ne comprends pas un traître mot, ou sur lesquels les mots ont été simplement effacés par le temps. C'est une des tâches les plus ennuyeuses qu'il ne m'ait jamais été donné d'accomplir. Rien à faire, je me suis buté au « non » catégorique de Moustapha. Je dois travailler avec les Touaregs jusqu'à ce que mort s'ensuive, du moins tout le mois.

Après une journée complète de travail, Saoudata m'apprend que mon système de classement — par année — n'est pas celui qu'elle préfère. Et elle me somme de tout recommencer par thèmes, cette fois là. Je ne sais plus si je ressens de la rage ou du désespoir ; un mariage des deux je suppose. Isolé dans une petite pièce obscure à côté de deux machines à coudre, j'attends seulement que le temps passe.

Cette salle sert à la confection de vêtements traditionnels qui sont vendus à la boutique de la maison. Fournir aux femmes des moyens d'engendrer un revenu est une des missions de Tin Hinan. En plus, l'association publie un bulletin trimestriel d'information, de formation et de diffusion des droits humains : *Anmidhal*, mot tamasagh qu'on pourrait traduire par « entraide ». En parcourant les papiers, j'apprends que Tin Hinan travaille depuis plusieurs années avec les femmes no-mades au Burkina, et plus largement dans l'espace saharo-sahélien, afin de les accompagner dans leurs efforts et leur per-mettre de se prendre en mains, de faire valoir leurs droits humains, de se démarginaliser et de s'épanouir. Et ce, par l'alphabétisation, qui leur permet d'évoluer, et l'enseignement des droits fondamentaux, qui est primordial pour un peuple qui doit constamment se défendre.

J'ai entendu le comptable parler d'une réunion qui aurait lieu bientôt, regroupant plusieurs représentants de diverses régions mais, à vrai dire, je m'en fous complètement. Tout ce que je sais, c'est qu'il y a une tonne de maudites feuilles, de papiers de toutes sortes, de chemises pleines à craquer, de brochures poussiéreuses, de factures, de télécopies, de photos, de manuels d'instruction, de livres, de cassettes, de formulaires et de courrier — et je n'ai pas encore tout découvert — qui remplit la table : une véritable montagne Rocheuse. Et puis leur fameuse boisson au lait et grumeaux de mil, à vrai dire excellente au goût, mais responsable de tellement de problèmes et de douleurs la première fois que je l'ai prise. Je ne veux plus y toucher. L'ennui, c'est qu'ils m'en apportent chaque jour. Puisque je ne peux pas refuser cette offrande traditionnelle, je dois donc constamment utiliser mes talents d'acteur en leur présence pour signifier que j'apprécie. Puis je balance la boisson par la fenêtre dès que je me retrouve seul. Comme je « termine » mon verre, ils pensent que j'adore, et m'en apportent donc à profusion. Le problème, c'est que c'est du lait, et que ça laisse des traces, des traces blanchâtres sur le côté extérieur de la maison où je le jette, traces qui deviennent de plus en plus incriminantes…

L'heure sonne enfin ma liberté ! Comme le budget du projet ne me permet pas de disposer d'un chauffeur pour me mener au travail, je dois y aller à pied. Ce n'est pas trop long : quelque 40 minutes. Le matin, ça se fait très bien. Mais, lorsque les bureaux ferment pour la sieste, retourner chez moi sous le soleil ardent est une épreuve des plus exigeantes. Cet astre est une bombe qui explose contre ma peau, qui devient tellement puissant que les couleurs s'estompent. Tout n'est alors que contraste ; moi le blanc, eux le noir. Au sol, les ombres mouvantes des vautours accompagnent mes pas pesants... Les marchands me dévisagent, se demandant ce qu'un étranger peut bien fabriquer pour se promener à une telle heure. Se penchant sur une chaudière, un homme y plonge la main. Immédiatement, une masse de mouches s'envole, libèrant un poisson, complètement camouflé un instant auparavant.

— Hé! mon ami, tu veux acheter un poisson frais ?

— Non, merci. Ça ira...

Je repense à Tin Hinan : me faire classer des papiers... moi qui avais pris l'habitude de me faire traiter en spécialiste, en personne importante par les Burkinabés ; en Blanc. Les Touaregs, eux, me considèrent vraiment comme l'opposé : comme un jeune qui n'a aucune expérience dans ce genre de travail. Et c'est exactement ce que je suis. Ils n'ont pas adopté les mythes légués par les colonisateurs. Leur faible nombre et la pauvreté absolue de leur habitat les rendant sans importance aux yeux des puissances européennes, ils ont en partie échappé au balayage psychologique de la colonisation[11].

J'arrive chez Moustapha. Assis dans sa voiture, il me fait signe d'y monter :

— Nous allons voir mon grand-père. Je veux te le présenter.

Devant une petite demeure fort simple, Moustapha éteint le moteur. Il ne bouge pas, respire profondément en fixant la porte. Ça doit faire quelque temps qu'ils ne se sont pas rencontrés. Nous entrons dans la maison. Un drapeau de la France occupe l'entrée. Je suis surpris de voir l'aménagement des murs, les bibelots ; rien ici n'est africain. Un très vieil homme, courbé sur une chaise, ne remarquant presque pas son petit-fils, est ébloui par ma blanche présence.

— Vous êtes français ?

---

[11] Voir annexe 6.

Mon « non » courtois n'arrête en rien sa lancée :

— J'ai moi-même servi dans l'administration française pendant plus de 30 ans...

Tout comme au château de Kafka, les Africains qui réussissaient le mieux à s'adapter à la culture imposée étaient engagés dans l'administration. Bien sûr, seuls les emplois de bas échelons étaient envisageables, mais tout de même considérés comme prestigieux.

Le culte du Blanc était tel que Moustapha, à l'âge de dix ans, avait, avec des amis, défoncé une fenêtre pour pénétrer dans la maison d'un étranger blanc. Les jeunes avaient, en tout et partout, volé deux brosses à cheveux avant de s'enfuir. C'était à la veille d'un examen scolaire important et les gris-gris contenant des cheveux de Blancs étaient réputés pour faire augmenter l'intelligence... Aujourd'hui encore, la fascination n'a pas disparu. Parler français, s'habiller à l'européenne, c'est le nec plus ultra. Quand on voit les Blancs à la télé, — à l'émission *Santa Barbara* —, ils sont riches et cultivés ; ont de grosses maisons, de grosses voitures, etc.

Son grand-père termine sa dernière anecdote concernant son regretté emploi. Puis me détachant d'une longue poignée de main, je le quitte. Moustapha, lui, cache mal ses émotions derrière un sourire forcé : il a de la difficulté à comprendre pourquoi son grand-père demeure encore tant attaché à ses principes. « Quand la mémoire va chercher du bois mort, elle ramène le fagot qui lui plaît. »

Il m'explique que, lors de la Seconde Guerre mondiale, des enrôlements forcés et violents ont eu lieu dans les colonies. Étant employé de l'administration, son grand-père y a échappé, mais il a été l'un des rares. Pour la deuxième fois de son histoire, le continent a été dépouillé de ses forces vitales. De partout en Afrique, de grands cortèges se sont rendus combattre les Allemands et les Italiens en Afrique du Nord.

Même si les Africains n'avaient rien à voir dans ce conflit, le Moogho naba, roi des Mossis, a mis à la disposition de la France ses deux fils, prélude à l'engagement de milliers de Voltaïques devant servir la cause française. Ceux-ci, accompagnés par les volontaires des autres colonies françaises d'Afrique, ont formé un régiment de 180 000 hommes baptisé les « tirailleurs sénégalais » tirailleurs qui, bien sûr, étaient d'origines diverses. Certains affirment qu'ils étaient tellement efficaces et résistants que la conquête facile prévue par Mussolini s'est transformée en cauchemar, et que Hitler a dû envoyer des ravitaillements imprévus, ce qui a déséquilibré les forces du Reich et permis le débarquement en Normandie. La technique de combat était fort simple : les chars d'assaut constituant une menace pour l'aviation alliée, on envoyait les « tirailleurs sénégalais » les détruire, à la course. Même s'ils n'y arrivaient pas, les chars vidaient néanmoins leurs munitions sur eux, et alors on pouvait finalement envoyer les avions...

Au mois de novembre 1944, les « tirailleurs sénégalais » qui avaient survécu ont été libérés des camps de prisonniers allemands, et rassemblés au camp de Thiaroye, près de Dakar. Ils y ont attendu leur prime de guerre, que l'armée française distribuait à tous ses soldats, sauf, bien entendu, aux Africains. Elle leur avait pourtant promis qu'ils la toucheraient au Sénégal. Mais les jours passaient et rien ne venait. Après un mois d'attente, durant lequel l'impatience avait gagné le cœur de chacun, voilà qu'un ordre de départ leur a été donné. Les tirailleurs devaient quitter le camp sur-le-champ, retourner dans leur pays par leurs propres moyens, sans toucher de prime. C'en était trop ! Ces miraculés de la guerre se sont alors mis à protester et à manifester pour obtenir leur dû. Devant le refus français, une révolte a éclaté. Les émeutes étaient si violentes que l'armée française a abdiqué. Elle leur a alors promis non seulement leur prime, mais en plus un transport pour les ramener à leur famille. Une grande fête fut organisée pour célébrer la victoire, autant la leur que celle de la guerre.

C'était le dernier soir loin de leur famille. Le lendemain matin, on leur a tous demandé de s'aligner devant des guichets où l'on devait leur remettre leur prime et leur billet de transport. Les Africains étaient tellement heureux que ce cauchemar fut enfin terminé qu'ils ont entonné *La Marseillaise*. Les rideaux masquant les guichets se sont ouverts pour révéler des mitrailleuses automatiques. Sans sommation, l'armée française a ouvert le feu sur ces hommes non armés et les a massacrés. Elle a néanmoins pris le soin d'écrire à chaque famille pour leur annoncer que leur fils ou leur père était mort à la guerre contre l'Axe, sous les couleurs de la France libre.

L'heure la plus sombre est celle qui précède le lever du soleil.

Je suis couché dans la chambre, sur mon lit. Aucune lumière ne vient perturber la noirceur qui est totale. Cependant, tout à coup, je perçois une lueur, faible, distante, qui s'infiltre entre la porte et son cadre, par vagues, par ondulations. Un scintillement étrange, bleuté, qui devient menaçant; que la porte, maintenant, ne suffit plus à contenir. Elle ne fait pas le poids; elle est surpassée comme par l'air qui se faufile sous elle, entre ses fentes. La lueur s'accumule dans un nuage dans le coin de la chambre. Un masque en émerge lentement, puis s'élève dans toute sa grandeur. Bien que l'obscurité soit revenue, je parviens parfaitement à le percevoir. Il est translucide, illuminé. Il s'approche légèrement du lit. Je suis glacé. Je n'arrive plus à respirer; je ne contrôle plus mon corps : Aucun de mes membres ne répond. Je reste couché, enraciné; j'attends le destin qui m'attend. Son corps est complètement couvert d'une longue fourrure blanche tachetée de noir. Son visage dévoile des yeux globuleux, un regard perçant qui traverse l'être. Sa gueule est figée en un cri muet ne cessant de se répercuter; ses larges crocs semblent maculés de sang. Il bondit sur une jambe puis sur l'autre dans un mouvement rythmé, saccadé, hypnotisant. De sa main droite, il soulève un long bâton sur lequel sont gravées plusieurs effigies; figures d'animaux, d'esprits ou de féticheurs. Au sommet de celui-ci, entouré de plumes, il y a un os. Un os de poulet... C'est du moins ce que je m'efforce de croire malgré sa taille qui me prouve clairement le contraire. Le masque est à présent si près de moi que je peux sentir son souffle, entrevoir son âme. À

205

deux mains, il lève vers moi son bâton, le tient au-dessus de sa tête tandis que sa gueule figée s'ouvre pour laisser jaillir un violent...

J'entrouvre les yeux ; je cherche mon souffle. Je ne sais plus où je suis. Je regarde de tout bord tout côté. La lumière de la lune traverse la fenêtre. Je ne reconnais pas les ombres. Où suis-je ? Mon cerveau patine, cherche, délire. Une éternité, quelques secondes. Puis, pow ! Ah oui, l'Afrique, ma chambre... Mais l'image du rêve me revient : le masque. Je me sens éveillé, je suis réveillé. Pourtant, je perçois encore sa présence, il m'observe. Il est encore dans la pièce. Je devine son existence, aucun doute en moi. J'ai envie de crier, de sombrer dans l'inconscience. Mon souffle est court. Ma poitrine pèse des tonnes ; j'ai de la difficulté à la soulever pour laisser passer l'air. Je ne bouge pas, ne fais pas le moindre bruit. Je n'existe plus. Un flot de sang me monte à la tête ; il est là... c'est là... Qu'est-ce que je peux faire ? Qu'est-ce que je dois faire ? Je ne remue pas ; je suis de plâtre, cloîtré sous la couverture. Sans bouger la tête, je laisse mes yeux scruter la pièce. Je le sens. Je ne fais aucun mouvement ; j'examine. Mes paupières se font lourdes, mais la peur m'empêche de les fermer. Ma tête s'enfonce dans l'oreiller... D'un coup, la gueule rouge apparaît de nouveau ; ses crocs s'écartent pour lancer : « Ugo ! Réveille-toi ! » C'est Valériane ! Valériane ?! Il fait jour. Le soleil se butte contre ma taie d'oreiller et réchauffe tout mon lit. Je suis complètement en sueur. Confus, je regarde Valériane, et tente de rassembler les souvenirs que j'ai de ce cauchemar. Parait-il que nous faisons environ 150 000 rêves au cours de notre vie... C'est une vraie chance qu'ils ne soient pas tous faits sous l'effet du « Lariam »...

Le klaxon du 4 x 4 me ramène à la réalité. Valériane me fait un grand sourire que je ne retourne qu'à moitié, puis elle m'explique qu'on doit se rendre à l'orphelinat pour mettre les choses au clair avec certains moniteurs. En effet, deux jeunes participants aux classes de cirque qui n'ont pas effectué correctement leurs tâches ménagères se sont vus privés de nourriture et d'eau pendant deux jours. Mais avec un tel entraînement, et par cette horrible chaleur, l'effet de la privation devient des plus périlleux.

— Mais moi, pourquoi faut-il que j'y aille ?

— Parce que M. Bernard a insisté pour que tu viennes. Il veut te voir à tout prix.

Ce M. Bernard me prend vraiment pour Bill Gates. Au moins, Moustapha, qui sera là lui aussi, pourra témoigner de tout ce qu'on attend de moi et pourra me sauver.

Dès notre arrivée, M. Bernard se hâte à ma rencontre et me conduit vers une table. Je me retourne, suppliant, vers Moustapha et Valériane qui s'éloignent déjà dans la direction opposée. À mon grand désespoir, ils m'ont abandonné, jeté dans la fosse aux lions. M. Bernard m'explique que je dois me pencher sur son nouveau projet : une pouponnière. Dès maintenant. Plusieurs enfants non désirés sont abandonnés dès la naissance. Et cette pouponnière pourra en accueillir une centaine. « Après tout, l'enfant est le père de l'homme. »

Il rêve. Il bâtit des projets comme il respire, même s'il ne dispose d'aucun moyen financier. Au fond, c'est peut-être le secret de sa réussite. Un entrepreneur occidental aurait commandé des études de faisabilité, effectué des analyses, attendu d'avoir suffisamment de moyens et de subventions pour s'assurer du bon fonctionnement de son projet, rempli des rapports et recruté du personnel. M. Bernard, lui, se lance tête première dans ses projets et, malgré les difficultés, a réussi à démarrer un orphelinat sans argent ni moyens. C'est quand même plus de 1 000 enfants qui fréquentent son établissement, 1 000 enfants qui voient leurs vies changer du tout au tout. Au lieu d'attendre que tout soit en place avant d'entreprendre, M. Bernard entreprend, puis les choses se placent d'elles-mêmes par la suite.

— Ce n'est qu'une fois la pouponnière pleine que les gens de pouvoir s'y intéresseront ; pas avant.

Faisant mon bon Occidental rationnel, je lui demande comment il compte débuter la construction d'une pouponnière sans disposer d'un seul sou, sans plans, sans matériaux, sans rien. De son air typiquement africain, il reprend :

— Pas de problème, pas de problème. J'ai demandé à chaque enfant de l'orphelinat d'apporter une brique de banco qu'ils peuvent produire eux-mêmes. Avec 1 000 briques, on peut déjà avancer le projet, ensuite on discutera avec les investisseurs canadiens et l'ambassade.

Je suis le lien entre l'aide humanitaire canadienne et lui, la liaison vers des milliers de gens qui n'attendent que de savoir à qui donner leur argent. Je possède des ressources infinies, je suis l'économie planétaire ; la Banque mondiale et le FMI n'attendent que mon accord pour investir des millions dans la pouponnière de M. Bernard.

Je deviens habile à m'échapper des situations embarrassantes. Disons que j'ai pu pratiquer maintes fois depuis que je suis ici... Il ne comprend pas que je ne suis qu'un stagiaire bénévole sans ressources. Alors, je lui explique que je ne pourrai plus collaborer avec son orphelinat (où mon travail ne consisterait qu'à toujours lui répéter : « Non, je n'en ai pas les moyens. Non, je ne peux pas financer ce projet. Non, je n'ai pas les contacts. Non, je ne peux pas entrer en relation avec un président de banque. Non... » Non :

— J'ai été transféré à une organisation touareg, je travaille maintenant avec eux.

— Les Touaregs ? Tu aides les Touaregs ?

Son expression dédaigneuse me surprend.

— Il me semble qu'on en a déjà assez fait pour eux ! Nous

leur ouvrons les portes de notre pays, leur offrons des terres gratuitement pour leurs camps de réfugiés et, pour nous remercier, ils nous attaquent et nous volent! Si tu vas les rencontrer, tu ferais mieux d'acheter ton cercueil en chemin.

Lorsque certains Touaregs ont dû fuir leur Sahara natal, le Mali et le Niger, à cause des assauts constants de la milice, le gouvernement burkinabé a en effet établi des camps de réfugiés, autant pour les recevoir que pour les empêcher de circuler librement dans le pays. Surveillés par les militaires, ces camps ressemblent davantage à des prisons à ciel ouvert. De temps en temps, on apprend que quelques Touaregs se sont échappés d'un camp et ont volé une voiture, un commerce, etc.

— Et c'est comme ça qu'ils nous remercient?!

Moustapha et Valériane reviennent d'un pas rapide et s'engouffrent dans la voiture en me faisant signe. Visiblement, ça ne s'est pas bien déroulé. Je quitte M. Bernard sans trop de remords, et nous partons à toute allure en répandant un incroyable nuage de poussière. Valériane me raconte que le moniteur en question n'a rien voulu savoir et qu'il menace de faire arrêter les ateliers de cirque si on se mêle de la façon dont il éduque les élèves. «Ce sont des choses qui ne concernent pas les étrangers», leur a-t-il crié. Trop enragés pour parler, je profite de leur silence pour leur rendre compte de ma discussion avec M. Bernard, et de ma surprise de voir qu'un homme aux intentions si nobles puisse être raciste.

— Il n'est vraiment pas le seul. Tu demanderas à Salli ce qu'elle pense des nomades pour voir. Elle est née à Walo-walo…

Salli, notre cuisinière, est toujours en train de se plaindre de la chaleur, mais elle le fait sous forme de blagues. En fait, son humour est très particulier. Il s'agit de geindre, de crier et d'engueuler les gens qu'elle aime. Plus elle nous engueule,

209

plus elle semble fâchée contre nous, plus elle nous adore. Une fois habitués, nous en rions, comme nous rions de notre première réaction, traumatique faut-il le préciser, devant l'humour de Salli. Je lui demande de me parler des nomades son expression tourne à l'embarras. Elle me tire un peu en retrait et me chuchote :

— Toi, tes Touaregs, ils sont peut-être très bons avec toi, mais, moi, je suis Walo. Les griots racontent toujours l'histoire de mon village.

Avant la colonisation, les Walos qui habitaient le nord du Sénégal étaient souvent attaqués par des Peuls, nomades venus de la Mauritanie voisine, et par des Touaregs qui voulaient en faire leurs serviteurs et les géniteurs d'une nouvelle lignée d'esclaves. Un jour, alors que tous les hommes étaient aux champs pour semer le sorgho, une jeune fille qui n'avait guère connu plus de dix saisons des pluies est arrivée au village en courant pour avertir qu'elle avait vu les diables blancs traverser le fleuve. N'ayant pas le temps de rejoindre les hommes, la femme du chef du village a rassemblé les femmes et les enfants dans la case de son mari et, refusant d'accepter qu'un des leurs puisse vivre sans ne plus jamais connaître la liberté, y a mis le feu. Quand la paupière de la nuit s'est refermée sur la terre, les hommes sont revenus du champ. Ils ont trouvé leurs cases brûlées, leur village pillé. Ils ont appelé femmes et enfants. Le silence fut la réponse. On dit que la lune était rouge comme le sang qui monte aux yeux de ceux qui se souviennent.

La main qui donne est la main qui dirige.

« Rendez-vous chez le Ministre ». Je répète ces mots dans ma tête de façon naturelle, comme si c'était habituel. Bon, ministre aujourd'hui, président demain, partie de golf dans deux jours... Non, ça ne fonctionne pas... C'est vraiment : « rendez-vous chez le ministre !!!!! »

Cette fois-ci, je dois me vêtir adéquatement. Bien, disons seulement... plus convenablement. C'est que, quand j'ai prévu ce voyage, lors de ma formation, on m'a expliqué que la notion de propriété avait une connotation différente en Afrique. Les objets précieux, les bijoux, les montres, les lunettes, sont à nous, c'est d'accord. Mais les vêtements, les objets de tous les jours, sont à tous.

> — Il est donc très probable qu'un matin vous découvriez quelqu'un portant votre plus beau chandail, un autre votre paire de pantalons préférée, avait dit la responsable du stage. C'est en quelque sorte un compliment, la preuve que ceux qui les portent trouvent ces vêtements à leur goût. En échange, ne vous gênez pas d'emprunter les leurs. Ça leur fera plus que plaisir.

Veut, veut pas, j'ai beau me considérer comme un être généreux, lorsque je préparais mes valises avant de partir, cette donnée a influencé mon choix de vêtements. Mes beaux pantalons en tissu léger, qui sèchent rapidement et qui possèdent des jambes détachables permettant de les convertir en shorts étaient tout simplement parfaits. Mais, ils m'ont tout de même coûté assez cher... Ça m'aurait fait de la peine de les voir

211

disparaître. Surtout qu'on a été bien avertis que de redemander le linge «emprunté» était impensable, honteux. Alors, j'ai plutôt opté pour des pantalons certes plus vieux, mais trop chauds et moins confortables. De toute façon, une fois rendu là-bas, selon mon plan, peu m'importerait mon *look*. Aucune restriction ne m'oblige à travailler chaque matin sur mon apparence, je me laisserais pousser la barbe et les cheveux. Pas de peigne, pas de problème. C'est ce que je croyais. Oh, comme j'avais tort! La majorité des gens sont habillés de façon impec- cable; leur apparence entière est soignée. Aucun détail n'est laissé au hasard. Même s'ils n'ont que des moyens très limités, leurs cheveux sont régulièrement coiffés, leurs vêtements fraîchement pressés, éclatants de propreté, en dépit du fait qu'ils se salissent dès qu'on les met en raison de la sueur qui nous baigne encore et toujours. De gros cernes rougeâtres souillent mon linge et me font paraître bien miteux parmi tous ces gens immaculés. Moi qui croyais pouvoir me laisser aller... Je dois travailler sur mon apparence davantage qu'à Montréal où, chaque matin, je me rendais au bureau. D'autant plus que je fais souvent des rencontres qui sont primordiales étant donné mon statut de coopérant canadien «blanc». Dans ces situations-là, j'ai tellement honte des vêtements que j'ai appor- tés... Dès que mon voyage sera terminé, je les donnerai à l'orphelinat. Plus jamais je ne voudrai les revoir! Rencontrer un directeur en t-shirt sur lequel est imprimé le logo d'une marque de bière, faut le faire... comme de serrer la main d'un président en pantalons d'armée! Même pour aller dans un simple maquis siroter une bière à 60 sous, assis sur des boîtes de bois dans l'obscurité, les gens se mettent sur leur 36.

Je sors mon unique chemise; je n'avais jamais remarqué à quel point elle était chaude. C'est une chemise d'hiver, ça ne fait plus aucun doute. Mais c'est ce que j'ai de plus propre. Du moins avant que j'en attache les boutons... Elle est maintenant complètement trempée de sueur. C'est Bamogo, l'ex-directeur de l'Inépro où je devais travailler, qui a obtenu cette occasion de rencontrer le ministre pour lui demander des explications relativement à son renvoi. Il tient à ce que je l'accompagne. C'est bien parfait ! Je reporte à demain le classement des papiers de Tin Hinan.

Trouver un édifice gouvernemental est très facile ici, la plupart des édifices de plus d'un étage se dressant sur le goudron principal, l'avenue Charles-de-Gaulle. Tous les ministères s'y chevauchent, séparés uniquement par des régiments de l'armée veillant au grain : les ministères de la Santé et de l'Eau ; de l'Éducation ; de la Jeunesse et du Sport ; de la Promotion des femmes… Voilà le fameux palais présidentiel, tout de blanc peint, raison pour laquelle ce grand boulevard est fermé chaque soir dès la noirceur. Et voici enfin notre destination : le ministère de l'Action sociale et de la Solidarité nationale.

Nous accédons à un bureau de bois teint et nous assoyons sur des chaises de cuir. Derrière le petit homme qui nous reçoit, un grand tableau d'art moderne orne le mur, des traits de couleur s'élançant dans toutes les directions. Après lui avoir serré la main, Bamogo me présente comme un « observateur représentant le Canada ». Je comprends que je sers de parure. Je prends donc ma place et me tait. Le ministre nous demande si nous désirons qu'il actionne le « brasseur d'air », c'est-à-dire ventilateur suspendu au plafond. Les expressions sont tellement colorées ici ; chaque fois je m'étonne de voir à quel point le langage africain dénote davantage qu'il ne connote. L'Africain s'écriera : « Regarde la lumière vive qui déchire le ciel obscur et dont le son réveille même les morts ! » L'Occidental, quant à lui, répondra : « Ah… un éclair. »

Bamogo débute un discours superbement construit, sûrement pratiqué maintes fois devant un miroir, et expose son expérience de plus de 20 ans dans le domaine, ses maintes reconnaissances gouvernementales à titre de directeur de l'Inépro, etc. Et Bamogo est effectivement l'une des figures de proue du milieu des jeunes en difficulté au Burkina ; ce n'est pas n'importe qui qui pouvait se faire attribuer la direction de la seule institution publique de ce genre au pays.

213

Pendant le discours, le ministre appuie sa tête contre le dossier de son fauteuil, se balance vers l'arrière, se ferme les yeux, se tourne, regarde à la fenêtre... À un point tel que j'aurais tout simplement arrêté de parler, convaincu qu'il n'écoutait rien de rien. Mais Bamogo, lui, ne flanche pas ; il continue d'un ton vif. Après un court silence, le ministre prend la parole et se tourne vers moi. Il me remercie de ma présence, affirme que c'est un grand honneur de me recevoir dans son bureau, qu'il est heureux que l'aide canadienne apporte son appui au Burkina, qu'il est fier de... Je fonds sur mon siège. Il me remercie, moi, et me considère, moi, alors que je ne suis d'aucune importance si l'on me compare à l'homme qui se tient à mes côtés ; c'est lui et uniquement lui le spécialiste dans le domaine. Après m'avoir longuement félicité pour mon travail au Burkina, le ministre se tourne enfin vers Bamogo, et lui dit :

— On verra ce qu'on peut faire.

Puis il nous demande de quitter son bureau. Une perte de temps et d'énergie. Mais Bamogo est heureux et confiant. C'est une grande chance qu'il a eue de rencontrer le ministre. C'est Moustapha qui, au nom de la coopération canadienne, a sollicité ce rendez-vous... Ça devient un jeu ! Oui, il est gênant d'être considéré comme un spécialiste disposant de ressources infinies, mais, il s'avère que, quelquefois, cette perception est fort utile.

Desserrant le nœud de sa cravate, Bamogo m'affirme qu'il aura besoin de toute l'aide dont il peut disposer. Puis il m'annonce qu'il m'amène dans un petit village. Il veut immoler un poulet pour convaincre les ancêtres de le soutenir.

Parfois, l'espace de quelques secondes, j'arrive à oublier que je suis dans un autre pays, sur un autre continent, de l'autre côté de l'océan, plongé dans une tout autre culture. Mais, soudainement et immanquablement, sorti de nulle part, le choc culturel me

214

frappe comme une claque au visage, — PAF! — et du plus profond de mes tripes me rappelle : « T'es en Afrique, mon gars. »

À l'étranger, où l'étranger c'est moi.

Même les plus fidèles chrétiens ou musulmans africains perpétuent les rites animistes ancestraux selon leur religion traditionnelle. Ils ont adopté les nouvelles religions, mais sans toutefois laisser complètement tomber celles du passé. L'animisme est une force vitale présente chez tous les hommes. Un Dieu tout-puissant est à l'origine de la terre, mais il demeure peu préoccupé par le sort des êtres humains, créatures insignifiantes. Les animistes se penchent donc vers les divinités secondaires pour assurer leur salut : les forces de la nature personnifiées, les esprits, les ancêtres. Pour chaque grand moment — naissance, initiation, mariage, funérailles —, les divinités sont consultées ; des précautions sont prises ; des signes sont interprétés ; des rites sont accomplis ; des requêtes et des sacrifices ont lieu dans l'unique but de satisfaire les divinités et ainsi éviter qu'elles ne fassent tomber mille malheurs sur le village. Tout animiste fera des efforts considérables durant sa vie entière pour éviter de déplaire aux ancêtres. Tout ce qui est néfaste — les sécheresses, les maladies, les pertes d'emploi — est la conséquence directe d'une faute grave qu'il faut tenter de réparer à l'aide d'offrandes.

Quarante minutes d'auto plus loin, dans un tout petit village composé d'une vingtaine de cases et d'autant d'enfants courant après des animaux, Bamogo est reçu par une grosse femme. Celle-ci arrête de piler son mil, envoie un enfant chercher le vieux, puis me sert une grosse calebasse de *dolo*. C'est la meilleure bière de mil qu'il m'a été donné de boire jusqu'à présent. Bamogo me raconte que ce village est un lieu sacré. Il y a plusieurs années, au moment où le soleil amorçait sa promenade dans le ciel, un vaillant chasseur est parti au loin. Les bêtes autour de son village avaient disparu et son clan n'avait pas mangé depuis des lunes. Cet homme connaissait les formules secrètes pour que ses flèches ne ratent pas la cible et que la mort de l'animal soit douce. Comme le veut la coutume, il avait placé une amulette protectrice faite de cornes de bélier devant sa case et il avait construit un autel de terre battue représentant une figure animale pour apaiser les esprits des animaux tués. C'était bel et bien un chasseur digne, respecté et respectable. Malgré tout, l'esprit de la savane s'est moqué de lui, et ce, en modifiant le paysage. Le chasseur, ne pouvant plus retrouver son chemin, exténué, s'est finalement agenouillé devant une grande pierre. Là, il a promis aux ancêtres que, s'ils l'aidaient à retrouver son chemin, il les honoreraient en utilisant cette pierre comme autel. Les ancêtres l'ont entendu : le paysage est redevenu comme il était. Et le chasseur, en plus de son chemin, a découvert trois belles gazelles bien grasses sur son passage, qui s'offraient et n'attendaient que ses flèches, elles d'habitude si craintives. Il était plus heureux qu'une branche morte transformée en oiseau. Pour remercier les ancêtres, plusieurs fois le chasseur est revenu faire des sacrifices sur la grande pierre devenue autel et, avec le sang et le temps, celle-ci s'est transformée en un très puissant gris-gris. Le chasseur a alors construit son village autour de l'autel pour bénéficier de sa protection. C'est de cette manière que ce village est né.

Un vieil homme s'approche, me salue humblement, puis, suivi de Bamogo, tous les deux se rendent à la pierre pour immoler un poulet, l'offrir aux ancêtres. En le sacrifiant, Bamogo doit faire couler tout le sang sur la pierre, puis y coller trois plumes. Pendant que le sang coule, il fait un vœu et promet aux ancêtres une récompense en guise de remerciement s'il se réalise. Celle-ci peut être un autre sacrifice de poulet ou même, si c'est une très importante demande, celui d'un bœuf. La personne dont le souhait se réalise et qui ne respecte pas sa promesse est sévèrement punie par les ancêtres, nettement plus qu'ils ne l'ont aidée.

— Cette pierre sacrée est extrêmement puissante, lance une vieille dame en replaçant son turban décoloré par le soleil.

Une femme du village voisin est tombée enceinte en commettant l'adultère. Cependant, lors de son mariage, elle avait pourtant promis la fidélité devant cette pierre. Alors, comme punition, les dieux l'ont condamnée à ne pouvoir accoucher avant d'avoir admis son péché. Le bébé est resté dans son ventre jusqu'à ce qu'elle eut enfin demandé pardon, au féticheur à plat ventre; aux ancêtres en leur offrant de l'eau.

Bamogo revient, tenant un poulet fraîchement décapité au bout des bras pour ne pas salir sa chemise blanche. Les ancêtres n'ont pas accepté sa requête. Selon ce que le vieux a lu dans le sang, les ancêtres ont trouvé sa demande trop importante; ils ont demandé à Bamogo de leur offrir, en échange, un sacrifice à la mare aux poissons sacrés de Bobo, l'un des endroits les plus mystiques du pays. La vieille qui nous a accueillis tantôt nous invite dans sa case et allume un feu sur lequel elle dépose le poulet. Un petit morceau de ce poulet qui était déjà bien maigre est ensuite remis à chacun des villageois, puis les os sont placés sur les braises. Une fois carbonisés, ils serviront à élaborer des médicaments.

Nous quittons le village avec émotion; après tout, nous avons tous mangé ensemble. Question de se remettre de sa journée, Bamogo m'invite alors à l'accompagner dans un petit bar en ville où un groupe de musique «électrique» donne un spectacle.

Dans une pièce sombre, au plafond orné d'un large ventilateur distribuant uniformément la fumée ambiante, de petits téléviseurs illuminent chaque recoin. Deux musiciens, l'un au clavier, l'autre à la guitare, chantent des chansons cubaines dans un espagnol qu'ils ont visiblement, appris au son. Sans savoir ce qu'ils disent, ils en arrivent à un résultat parfaitement acceptable pour les quelques gens présents, qui eux non plus ne comprennent rien. En me voyant, le guitariste, laisse son comparse et son Casio aux rythmes préprogrammés pour venir me rejoindre. Je le salue avec mon traditionnel «Ça va?». Il me répond avec un large sourire:

— Ici, on ne demande pas si ça va ; on demande comment va la santé. Car si la santé va, tout va.

Il me demande ensuite si j'ai une demande spéciale pour son « groupe ».

— *Stairway to heaven* !

Je m'imagine déjà l'autre la jouer sur son clavier…

— Je ne la connais pas, mais je vais te jouer une chanson que tu vas aimer ; tu vas voir.

Tout en parlant, il me tend son paquet de cigarettes. Je lui fais signe que je ne fume pas, mais il insiste, le laisse sur la table et retourne à sa guitare. Bamogo m'explique qu'il s'attend à ce que je mette discrètement de l'argent dans le paquet, question de le remercier. En me rendant à la salle de bain, j'envoie un large sourire au guitariste. Dès que j'allume l'ampoule et referme la porte du cagibi servant de toilette, deux énormes insectes — du genre coquerelle — tournent et foncent à toute vitesse sur le sol pour éviter la lumière. Mais le seul endroit ici où il n'y en a pas, c'est sous mes pieds. Elles se ruent donc vers moi. Je saute, danse et lève les pieds le plus vite possible, essayant de m'agripper aux murs, mais les grosses bibites sont trop rapides. Je repose un pied. « Crouch… crouichhh… » J'entends leur carapace s'écraser lentement et bruyamment sous mon soulier ; j'en perçois même la pression et la vibration sous ma semelle. Les corps gélatineux recouvrent maintenant une partie du plancher. N'ayant soudainement plus envie, je ressors rapidement, mais je ne peux m'empêcher d'avoir la nausée quand, à chaque pas, une substance gluante me fait glisser et manque de me faire tomber.

Sur la piste de danse, un Blanc venant d'arriver se trémousse. Pour le guitariste, c'est vraiment un jour de chance… Le voilà justement qui revient me trouver pour reprendre son paquet de cigarettes, prenant bien soin de s'en allumer une et de sortir subtilement le billet que Bamogo y a placé pour moi. Ceci étant fait, il se présente ensuite au nouvel arrivant et lui fait le même manège qu'à moi. Ce dernier, bien loin de comprendre le message, le remercie, s'allume une cigarette et place le paquet dans sa poche. Il prouve ensuite clairement qu'il est très soûl en se lançant dans tous les sens au rythme d'une chanson de Bob Marley, terriblement amochée, que les musiciens me dédient d'un clin d'œil. Observant le touriste, je le vois qui saisit la main d'une belle jeune femme et qui se met à danser contre elle, à la coller. Quand celle-ci se rassoit malgré ses protestations, il se retourne et recommence la même avec une autre jeune fille, incapable de soulever les yeux de son décolleté. Vraiment, aucune classe! J'ai honte d'être dans le même «panier» que lui aux yeux des gens d'ici. Le voilà maintenant qui tente de diriger sa main vers les fesses de la fille, malgré les efforts de cette dernière pour l'en empêcher sans arrêter de danser. La chanson terminée, le guitariste se tourne vers moi et apprend à tous qu'il dédiait cette chanson au «Québécois assis dans le fond». Merde! moi qui tentais de me cacher pour que le touriste ne me voie pas, me répétant qu'il faut ignorer les ignorants…. Et voilà que le cauchemar des cauchemars se produit. Lentement, par étapes, me laissant tout le temps de souffrir chacune d'elles, non seulement le Blanc se tourne vers moi, se dirige vers moi et me tend la main, mais il me lance aussi d'un cri intempestif:

— Tabarnac!

Non! c'est un Québecois… Je lui retourne son sourire alors que je voudrais seulement le voir embarquer dans un avion. Et Bamogo, témoin de toute la scène, serre à son tour la main à ce digne représentant de ma culture.

— J'pensais jamais trouver un aut' Québécois icitte, christ! Est bonne en ciboire! Qu'ossé qu'tu fais là asti?

Je lui explique le but de mon séjour puis, à son tour, il m'apprend qu'il est membre d'une délégation québécoise de médecins. Avec quelques collègues, il fait le tour des installations médicales situées dans la brousse. Il s'assoit lourdement, et, tout en se commandant une autre bière, me raconte que les camps visités sont désastreux : aucun spécialiste, aucun équipement, aucune aide.

> — Moi, j'sus pédiatre, on m'a envoyé icitte pour les aider. Mais christ ! j'peux rien faire ! Écoute, avant-hier, j'sus arrivé dans un camp. J'te mens pas, y'avait au moins 50 enfants couchés à terre. Leu' bras pis leu' jambes étaient carrément en train de pourrir. La gangrène, stie ! Y en a qui m'ont demandé qu'ossé que j'leu conseillais d'faire… J'avais juste envie d'leu répondre de prendre un fusil pis d'les achever, de terminer leu' misère.

Il vide sa bière d'une traite et s'en commande immédiatement une autre. Il continue ensuite son exposé en me disant qu'il adore le prix de la bière ici ; qu'il est toujours soûl ; que les femmes sont faciles quand on est blanc ; qu'il donne son numéro de chambre d'hotel à droite et à gauche, aux plus belles, et qu'il ne finit jamais la soirée seul. Sauf que bientôt, après son retour au Québec, il devra rédiger un rapport sur la situation des installations médicales dans la brousse.

> — J'vas me louer un chalet, m'acheter une caisse de 24, pis j'vas l'écrire d'une traite leu' maudit rapport.

Il se lève et va danser avec une femme qui, elle, accepte maintenant que ses mains se trimbalent sur son bassin. C'est tout un choc culturel que de rencontrer ce Québécois ! Bamogo me regarde en haussant les sourcils :

> — Il a vraiment craqué. C'en est trop pour lui. Il semble avoir sombré dans la débauche, les secondes réalités ; tout pour oublier son « ici ».

Rien n'est facile, mais certaines choses sont pires que d'autres. Le mur que nous érigeons pour préserver notre équilibre psychologique lorsque nous sommes confronté à une telle misère doit être très résistant. Par contre, quand il s'agit d'enfants et de l'impuissance que nous ressentons face à leur destin, il ne l'est jamais assez.

Les vrais hommes, ce sont ceux qui tiennent entre leurs mains la décision.
Les autres, ce sont ceux à qui on laisse dire.

Un rêve qui s'éteint ; 24 images à la seconde. Le générique de la fin... enfin. La salle de projection du CCF, le Centre culturel français, s'illumine de nouveau. Les gens qui la quittent diffèrent grandement de ceux fréquentant le cinéma populaire de Ouaga. D'abord parce qu'ici la foule est en majorité blanche. Ensuite ; la salle du CCF, moderne et propre bien que petite, nous fait douter que nous sommes en Afrique. On y diffuse les films français les plus populaires, et, une fois par mois, un film africain ; pas plus, le but recherché étant en premier lieu de permettre aux Occidentaux de fuir l'Afrique pendant quelques moments, de s'imaginer chez eux le temps d'un film. C'est un remède efficace contre le mal du pays. Certains ne jurent que par cet endroit, ne semblant même pas vivre au Burkina.

Une autre énorme différence avec le cinéma de la capitale est l'horaire, qui ici est respecté à quelques minutes près. Dans la salle de Ouaga, le film ne débute bien sûr jamais à l'heure, sinon la majorité des spectateurs rateraient le début de la projection. Aucune pression. On commence quand le dernier des retardataires a acheté son billet et s'est déniché ou improvisé une place. Une fois les lumières enfin éteintes, l'écran projette le plus souvent un film indien. L'Inde est un peu le Hollywood des pays du Tiers-Monde. Malheureusement, tout comme Hollywood produit des films regorgeant de déjà-vu et de rebondissements prévisibles, les quelques scénarios de films indiens que j'ai regardés semblent ne servir que de prétexte à danser. Une conversation dans un restaurant, et hop ! tout le monde danse. Un dialogue dans un autobus, et hop ! on danse.

221

Un mariage, et hop! les mariés dansent. On arrête de danser, on jase un peu, on révèle l'intrigue du film, et hop! on danse pour célébrer le dénouement.

Le dernier film auquel j'ai assisté à Ouaga était néanmoins burkinabé. Et l'ambiance qui régnait était à l'opposé de celle du CCF. Au cinéma de la capitale, les spectateurs locaux participent au film d'une manière très active, réagissant ouvertement et tapant des mains. Les blagues sont non seulement ries — très, très fort —, mais plusieurs prennent en plus la peine de les répéter et de les expliquer aux voisins dans les moindres détails. La foule se met à hurler s'il y a injustice ou délire, ou si la scène se déroule dans un endroit qu'ils reconnaissent. C'est pour le moins très vivant et très énergétique, très agréable. On en vient à aimer la participation des gens, à se laisser transporter par le film et les émotions qui s'en dégagent. C'est un moment de bonheur collectif, tout à fait l'inverse de la salle du CCF, où le moindre chuchotement est vivement réprimandé par un «CHUT!» agressif.

Au Café-Paris, près de la sortie du cinéma, on n'a d'autre choix que de remarquer une autre différence : l'habillement. Bien que les villageoises se promènent souvent seins nus, le bas de leur taille est toujours soigneusement couvert d'un tissu coloré auquel elles accordent beaucoup d'importance. Considérant que les parties sensuelles de leur corps sont les fesses et les cuisses, elles prennent toujours soin de les dissimuler. Les femmes touaregs, quant à elles, sont vêtues de longs tissus décorés qu'elles enroulent autour d'elles et qui les recouvrent de la tête aux pieds. Cet égard et ce traditionalisme respectueux expliquent une des recommandations faites à Valériane avant notre départ, soit qu'il était préférable d'apporter des vêtements «couvrants», d'éviter les vêtements courts et les camisoles. Rien n'est obligatoire, bien sûr ; il n'y a pas de loi sur l'éthique. On ne parle ici que d'une forme de respect élémentaire. Mais les quelques jeunes Françaises qui émergent de la salle en même temps que moi, fréquentant probablement

222

l'École internationale américaine, ne semblant pas connaître ce principe. Elles n'ont en rien modifié leur garde-robe; au contraire elles s'en servent, pour clamer haut et fort la liberté dont elles disposent comparativement à ces «pauvres» Africaines. Homme que je suis, testostérone fourmillant dans mon sang, bien peu de choses ne me sont plus belles qu'un magnifique décolleté ou une minijupe laissant s'échapper de longues jambes qu'on aimerait caresser en douceur... jhfds[12]. Pourtant, ici, ces vêtements n'ont pas leur place. Leur inconscience m'enrage; je me sens insulté. Une gamine d'environ 15 ans porte un chandail qui nous libère du moindre effort pour imaginer ses seins. Sa copine porte un jeans largement déchiré à l'endroit exact où sa fesse devient cuisse, laissant transparaître une belle ligne charnue qu'aucune petite culotte ne vient masquer. Ensuite, bien sur, elles vont se plaindre que les Africains sont trop «collants», trop insistants.

Je quitte cet endroit. Traversant la rue, je me retrouve devant une trentaine de cases, construites de briques, toutes identiques, toutes touristiques. C'est le marché des bronzes. Dès que j'approche, des dizaines de vendeurs se ruent vers moi, me proposent de passer à leur case, puis s'en retournent un à un attendre devant leur porte. Ils n'ont pas essayé de me remorquer par le bras, ne m'ont pas talonné; ils ne sont pas trop fatigants. Ça m'étonne. Peut-être ont-ils réalisé, à force de côtoyer des touristes, qu'à trop harceler les clients ils finissent par les effrayer.

Dans chaque case, d'environ trois mètres sur trois, en plus des masques et des colliers traditionnels, s'empilent des centaines de sculptures de bronze de toutes dimensions. C'est l'une des spécialités du pays. Un peu plus loin, un four crache une lourde fumée noire. Son intérieur est jaune vif, comme le soleil. Ç'est le soufre qui brûle, qui fait fondre le bronze, maintenant liquide; de l'or en fusion. D'abord les artistes produisent une

---

[12] (Lettres que ma salive a heurtées en coulant.)

sculpture en cire d'abeille qu'ils enrobent ensuite d'une épaisse couche d'argile, ne laissant qu'un tout petit trou dans lequel ils coulent le bronze en fusion. La cire s'évapore au contact du bronze qui se solidifie ensuite dans le moule qui est plus tard fracassé pour révéler l'œuvre. Chacune est unique.

Dans chaque case que je visite, un vendeur s'engouffre à mes côtés et me place entre les mains tout ce sur quoi mes yeux ont posé leur regard plus d'une seconde. La négociation commence par un prix exorbitant, suivi immédiatement d'un :

— Mais c'est un prix pour parler, un prix à débattre.

Jamais je n'ai vu de meilleurs commerçants. Que ce soit la générosité, la culpabilité, le désir, etc., tout est utilisé de manière subtile pour arriver à convaincre le client d'acheter. Si bien qu'on se sent toujours déçu ou carrément con de ne pas le faire, de passer à côté de cette offre exceptionnelle. *Once in a lifetime...*

Je visite toutes les cases une à une, par curiosité certes, mais aussi pour éviter les vives protestations que mon départ causerait dans les «non encore visitées». Enfin, la dernière se présente devant moi. Au lieu du vendeur habituel qui me laisse entrer pour immédiatement se placer entre moi et la porte, pour ajouter un obstacle supplémentaire afin de m'empêcher de partir les mains vides, ce vendeur-ci reste allongé sous un arbre ; il ne se lève même pas pour m'accueillir. Bien que ce soit de cette manière que je me sens le plus à l'aise, l'écart avec les autres est tel que je le trouve impoli. Je désire seulement entrer et sortir, mais sa case, contrairement aux autres, n'est pas surchargée. Seuls quelques items occupent les étagères, tous d'une grande beauté.

— Excuse-moi, il ne reste plus beaucoup de trucs, me déclare-t-il en apparaissant derrière moi. J'ai tout envoyé en France pour faire une tournée cet été, mais mon visa m'a été refusé à la dernière minute, sans aucun motif.

Certains amis, lorsque je leur ai décrit les conditions de vie ici, la dureté de mère nature à l'égard des habitants, m'ont demandé pourquoi les gens demeuraient sur ce bout de terre maudit, pourquoi ils ne le quittaient pas pour tenter leur chance ailleurs. C'est qu'il faut savoir que, en plus d'être liés à leur terre ancestrale par des liens familiaux et traditionnels, les Burkinabés sont presque dans l'impossibilité de partir. La somme d'argent requise pour le transport est hors de toute commune mesure. De plus, tous les pays du monde, de peur que les touristes burkinabés ne se transforment en immigrants illégaux, exigent d'eux un visa inaccessible. Seule l'élite peut se permettre de sortir, de partir, ce qui prive le pays de ses éléments les plus dynamiques. On peut avec raison avancer que les Burkinabés sont en quelque sorte prisonniers de leurs frontières ; les colonisateurs ont tracé les limites de leur prison.

Le Burkina est enclavé par des pays dont les situations politiques sont plus ou moins stables, célèbres pour leurs conflits armés réguliers. La Côte-d'Ivoire, qui était la seule exception, vient de subir un coup d'État et tente présentement de calmer les ardeurs d'une guerre civile. Au sud, les limites du Burkina se terminent là où la végétation devient enfin verdoyante. Le nord, quant à lui, se révèle enfoui sous un désert aride qui ne cesse de croître et d'avaler les terres arables à une vitesse lui ayant permis une avancée de 200 km au cours des 30 dernières années. Ce sentiment d'être emprisonnés territorialement, physiquement et humainement par un étau se refermant peu à peu sur eux tourmente, avec raison, les Burkinabés. Et comme on estime que leur population doublera d'ici 25 ans… claustrophobes s'abstenir !

Dans cette optique, on comprend mieux pourquoi les Burkinabés se font inculquer dès l'enfance que les contacts avec l'extérieur sont le seul moyen de lutter contre l'enclavement. Rencontrer un étranger est pour eux une bénédiction de Dieu, un pont vers le reste du monde, et, par le fait même, la chance d'une vie meilleure.

Le vendeur m'offre un petit tabouret sculpté dans du bois d'acajou et, de son comptoir, sort un petit brûleur au beurre de karité sur lequel il place une bouilloire. La majorité de ses pièces d'artisanat en France, son billet d'avion chèrement acheté, son visa refusé après acceptation préliminaire, voilà qui change un destin.

> — Tu sais, l'ignorance est la base de la pauvreté ; c'est un frein puissant au développement social et culturel. Mais la base de l'éducation et du développement provient des contacts avec le monde extérieur, de l'enrichissement qu'il nous procure. C'est primordial de savoir comment ils font ailleurs, comment ils vivent pour adapter les meilleures idées à notre culture. Nous devons être ouverts sur le monde. Mais nous n'avons pas cette chance.

Avant de se lancer dans l'artisanat, ce vendeur était médecin. Toujours ces fameuses restructurations dictées par le FMI[13].

> — Ça ne me dérange pas. Je suis capable de trouver plusieurs moyens de gagner ma vie.

Il poursuit d'un ton posé :

> — Ce qui m'inquiète cependant, c'est que le FMI impose ses mesures dans le but de modeler le système économique des pays pauvres en vue de le transformer en un système comparable au vôtre ; laisser libre cours au néolibéralisme, la fin de l'État providence. Mais l'histoire démontre que les idéaux matérialistes n'ont pas su répondre aux besoins de l'humanité. Ce modèle que vous nous imposez, même à son apogée, engendre une pauvreté alarmante. Même dans les périodes les plus prospères de votre économie, une part importante d'exclus demeure : chômeurs, sans-abri, marginalisés. L'écart entre les riches

---

[13] Voir annexe 7.

et les pauvres ne fait que s'accroître et traduit un échec commun à tous ces idéaux. Le FMI nous oblige à couper dans nos services essentiels, à privatiser nos ressources naturelles, à nous sacrifier dans le but ultime, si tout fonctionne, d'adopter un système qui marginalise une portion importante de la population... Ici, les sans-abri n'existent pas. On peut toujours dormir et manger dans sa famille. Il suffit qu'il y en ait un dans la communauté qui réussisse pour assurer la destinée de tous les autres. Et vous voulez installer votre mode de vie individualiste ici ? Des milliers de gens mourraient si celui qui réussissait se mettait soudainement à ne penser qu'à lui-même. Moi, chaque jour, je reçois la visite d'un ami ou d'un membre de ma famille qui n'a nulle part où aller. Et je suis content de partager mon repas avec lui. Ici, quand nous tombons, c'est la famille qui nous rattrape. Si Bill Gates était africain, tous les pauvres de la planète auraient un repas et un toit. Au lieu de cela, il va mourir en emportant avec lui ses milliards de dollars. Vouloir défaire ce qui a été fait par les dieux afin de mettre en place ce que désirent les hommes, voilà le geste audacieux dont rêvent les Blancs, voilà aussi la source de leurs litiges. Par le progrès, vous croyez dominer la nature alors que vous devenez prisonniers de vos propres créations.

Depuis l'apparition des plans d'ajustements structurels, de leurs coupes draconiennes et de la dévaluation, les conditions de vie des Africains se sont radicalement détériorées. Tout cela sous les yeux de la communauté internationale, qui ne soupire mot.

— Mais tout est parfaitement justifié à leurs yeux. À présent, notre macroéconomie est mieux équilibrée, ce qui signifie que nous sommes de nouveau solvables. Nous avons remboursé une part suffisante de notre dette pour être éligible à de nouveaux emprunts... Bravo ! C'est avec un bon crédit qu'on devient crédible.

En mars 1999, le Burkina s'est même mérité un satisfecit du FMI pour le bon déroulement du Programme d'ajustements structurels en cours, notamment à travers le développement rapide du programme de privatisation des sociétés d'État et la réduction des dépenses publiques.

Les restructurations imposées visent uniquement, la profitabilité, évidemment. Les institutions issues de Bretton Woods (FMI et Banque mondiale) gèrent donc les pays pauvres comme on gère une compagnie au bord de la faillite. Leur seule priorité étant purement économique, ce sont les institutions sociales, déjà si friables, qui encaissent les coupures. C'est de cette manière qu'au-dessus des institutions politiques, au-dessus des gouvernements, le Tiers-Monde est contrôlé par le FMI et la Banque mondiale qui parlent souvent de répartition du travail, mais jamais de répartition des richesses. Les gouvernements élus se retrouvent donc avec un pouvoir fort limité, n'ayant de jeu qu'à l'intérieur du cadre qui leur est imposé.

— Notre sort à tous se joue sans que nous en sachions quoi que ce soit et sans que nous ne puissions intervenir en quoi que ce soit. Nous sommes le butin qui est disputé. Et qui donc s'arrêterait à demander son avis à un butin ? Ces institutions supra gouvernementales dictent les règles. Alors, ne me parlez pas de démocratie, parce que ce n'est pas moi qui a élu le président de la Banque mondiale, conclut le vendeur de bronze en avalant sa dernière goutte de thé.

Les voyages sont à l'amour ce que le vent est au feu ;
il éteint les petits mais attise les puissants.

Sibiri a une grande nouvelle :

— J'ai enceinté ma femme. Je vais gagner un autre enfant qui va venir découvrir le ciel et la terre.

Sa femme, il l'a mariée bien jeune. Il y a plusieurs années, un vieil ami de son père, pour témoigner son respect et son amitié, a offert à ce dernier un cadeau : sa fille qui venait tout juste d'atteindre 18 ans. Mais son père ayant atteint un âge vénérable, s'est déclaré trop fatigué pour se marier de nouveau. Il a donc légué son cadeau à son fils Sibiri. Ce dernier m'avoue que, même si au début il était déçu de devoir se marier de cette manière, il a été chanceux : c'est une bonne femme, et aujourd'hui il est véritablement en amour avec elle. Ce sera leur troisième enfant. C'est sa fierté, sa plus grande richesse.

Il me demande si j'ai des enfants, si je désire en avoir. Oui, j'en veux. Mais pas tout de suite. Je n'ai pas assez de temps, d'argent, de stabilité… Il me regarde, incrédule. Je dois avoir au moins mille fois plus de temps, d'argent et de stabilité que lui.

Avoir des enfants est pour lui, en plus d'une immense joie, un besoin. C'est une question de survivance ; il doit assurer le futur, le sien ainsi que celui de son clan. Nous, nous concevons des enfants presque uniquement en fonction de notre propre vie, mesurant les pour et les contre par rapport à nos propres objectifs, nos propres désirs. L'égoïsme-roi. Et si cela ne concorde pas avec notre agenda, il est toujours possible de se procurer un animal domestique, de recevoir tout plein d'affection

mais sans le tracas. Nous reproduire est pourtant notre principale fonction biologique, le but premier de tout être vivant
étant d'assurer la survie de l'espèce. Nous sommes plus évo-
lués, d'accord, mais est-ce bien dans la bonne direction ? Nos
sociétés dites « modernes » sont celles qui possèdent le plus bas
taux de natalité, un taux inférieur à celui de la mortalité. Sur
cette lancée, elles sont donc vouées à disparaître.

— Une fleur non butinée est certainement belle, mais son
existence est vaine, conclut Sibiri.

Les enfants… ça me fait penser à ma blonde.

Quand on pousse une pierre sans crier,
on perd les deux tiers de sa force.
Quand on s'aime sans se le dire,
on perd les deux tiers de son amour.

Je décide de me rendre au poste Internet, pour glisser un mot à ma bien-aimée et reprendre contact avec mon univers. Je lutte pour rassembler mon énergie qui s'évapore avec la chaleur de l'après-midi. Sous cette température, la paresse devient une forme de survie ; celui qui dépense trop d'énergie est le premier à tomber. Il faut se conserver. J'arrive à demander à Sibiri la permission d'emprunter sa belle bicyclette de montagne. J'utilise l'adjectif « belle » par comparaison avec ce qui existe ici, puisque, bien sûr, cet engin sans freins, aux roues croches, ne tiendrait pas la route chez nous. Tout est relatif dans la vie.

Je m'amuse à dévaler l'escalier et à tester les capacités de ce « champion » d'Afrique lorsque Sibiri, peut-être pour me demander subtilement d'y faire attention, m'avoue à quel point il chérit sa bicyclette, pour laquelle il a dû épargner pendant deux ans. Concevant maintenant la valeur du jouet que je chevauche, j'ai soudainement envie que rien ne lui arrive ; je pédale au ralenti.

J'arrive au boulevard Charles-de-Gaulle, bordé par des marchands de toutes sortes. Ici, on vend du *Bissap*, un jus rouge sucré fait à partir de feuilles d'hibiscus. Là, une foule s'amasse ; des morceaux de porc remplissent une grande casserole ; les gens y fouillent résolument à la recherche de celui contenant le plus de viande. Des poissons barbus, séchés et noircis, occupent une grande table derrière laquelle on vend des vêtements pour enfants. De tout pour tous, à tous les prix, partout. Une masse de jeunes adultes discutent vigoureusement autour

231

d'un poste de radio ; un débat a lieu. Quelque chose se trame, quelque chose d'étrange. Mais peut-être ne s'agit-il que de la retransmission d'une partie de football, d'une décision controversée de l'arbitre.

J'atteins le poste Internet. Désiré, le jeune propriétaire, m'apprend que la ligne est coupée, mais que ça devrait se régler d'ici quelques minutes. Je m'assois sur un banc et, comme les autres clients présents, m'y enfonce peu à peu. Un enfant apparaît devant la porte. Il se retourne, me voit et entre. Son linge est en lambeaux. À première vue, il m'a l'air très jeune, mais sa tête est plus grosse que la normale et son visage semble compter plusieurs années. Je le salue, comme c'est la coutume, mais il ne me répond pas et s'accroupit à mes pieds. Sans bouger, il me regarde fixement. Désiré s'approche pour le faire sortir, mais, comme je ne réagis pas, laisse tomber. Le petit commence à caresser mes jambes de ses mains ; de ses doigts, il étudie mes poils. Je suis figé. Je ne sais pas comment réagir. Si je le repousse, que vont penser de moi les autres clients ? Que je suis raciste ? intolérant ? Ce n'est qu'un enfant... Après avoir touché ma jambe, il approche sa main de son nez et la renifle. Puis il me caresse le bras, doucement. C'est de la pure découverte, comme un nouveau-né devant l'inconnu. Il prend ma main et l'approche de son visage ; il sent ma peau, hume mon poignet. Les gens m'observent, rient sans bruit… de lui ou de moi ? Ce que je sais, c'est que je ne me sens pas bien. Mais dans le regard de cet enfant, il n'y a que découverte, émerveillement. Il réagit comme je réagirais si moi-même je rencontrais une fée. Voyant à présent que je ne connais pas l'enfant, et que je me sens visiblement inconfortable, paralysé, Désiré le soulève par les bras, le traîne à l'extérieur et prend soin de quitter mon champ de vision avant de lui faire savoir de ne plus revenir. Mais le son mat de ses coups, suivi des cris de l'enfant, le trahissent. Je me redresse ; je ne veux plus rester ici.

Je décampe et traverse le boulevard au moment où une dizaine de *bachés* alignées me dépassent pour quitter le centre-ville. Les

232

boîtes arrière de ces *pick-up* sont remplies d'hommes, debout, les uns serrés contre les autres. Qu'ils ne puissent bouger d'un poil leur garantit ainsi qu'ils ne vont pas se faire expulser du véhicule à la prochaine bosse... Des escadrons de mobylettes les talonnent à plein gaz, transportant chacune deux hommes. Une énergie intense se dégage du moment. Tous les piétons sont silencieux et marchent rapidement. Quelque chose est en train de se tramer, quelque chose de gros. Une tension écrase la ville. Tous savent qu'un coup d'État peut survenir d'un instant à l'autre. D'ailleurs, la majorité semblent le souhaiter. Cependant, si c'était le cas, on entendrait des coups de feu. Ces fameux coups de feu qui, telles les cloches d'une église, annoncent le début des cérémonies.

Quelques camions militaires remplis de policiers casqués me frôlent. Je retourne à la maison à pleine vitesse, car, peu importe ce que c'est, je ne suis pas en sécurité seul ici. Au coin de ma rue, une *baché* remplie des hommes qui débattaient tantôt autour du poste de radio démarre en trombe, se dirige vers l'action. J'entre dans notre cour à toute allure et ouvre la radio, seul lien avec l'information. Entre les interminables chansons de souk, j'appelle Valériane. L'animateur prend enfin le micro et annonce qu'une violente émeute a éclaté en face du marché, où des centaines de casseurs armés de machettes, de bâtons et de roches ont détruit le Marina Market. Le Marina Market... c'est le marché des Blancs, le seul endroit où l'on peut acheter du fromage, de la confiture, du lait... enfin, tous ces produits de la vie courante d'un Occidental, à des prix qui font que la majorité des Burkinabés n'y ont jamais mis les pieds. Je suis tout énervé ; je tourne en rond tout en me rongeant les ongles.

— En ont-ils contre les Blancs ? Est-ce aujourd'hui que la révolution éclate ?

Enlisé dans le divan, d'un ton qui va de pair avec sa position, Sibiri se moque de ma réaction.

— Mais non ! Il n'y a rien à craindre. C'est contre les

233

Libanais qu'ils en ont.

La « mafia » au Burkina est composée, semble-t-il, de Libanais, propriétaires de tous les grands commerces et réputés pour leurs pots-de-vin aux politiciens. Aux abords du grand boulevard, quelques excentriques villas font aussi partie de leurs propriétés. Ces marchands disposent de tout plein d'avantages et de permissions spéciales que leur richesse leur procure. Ainsi, la compagnie Nestlé leur a attribué l'exclusivité de la distribution de son célèbre Nescafé, le seul café que l'on trouve ici. Et bien que le pays voisin, la Côte-D'Ivoire, soit l'un des plus grands producteurs de café au monde, tout son stock est exclusivement destiné à l'exportation. Il ne reste donc que de l'instantané.

Les Libanais ont sommé les policiers d'arrêter tous les revendeurs illégaux de café. Et les descentes policières ont été effectuées avec des camions à l'effigie du Marina Market. Pour leur répondre, les petits commerçants sont descendus dans la rue avec leurs machettes.

L'humeur des Burkinabés est à fleur de peau. Avec la chaleur étouffante et les scandales qui surgissent régulièrement, on a l'impression que la moindre étincelle suffirait à tout faire exploser.

L'œil ne voit pas ce qui le crève.

Le temps prend son temps en Afrique. Mon propre métabolisme semble s'être adapté à un rythme de vie plus lent. En déambulant dans la ruelle, je distingue plusieurs femmes assises sur un bout de tissu ou de carton, en train de se tresser les cheveux. Pour un homme, être tressé n'est pas bien vu ; c'est affirmer à tous qu'on fait partie des rastas, considérés comme des bons à rien, des drogués… sauf si l'on est un artiste reconnu. En fait, côté style, la coupe des hommes est plutôt limitée. Pour les plus fantaisistes et rebelles de tous, les cheveux sont davantages rasés en arrière que sur la tête ; quelques millimètres. Point. Mais pour une femme, être tressée est un *must*. Les chevelures savantes et artistiques sont un symbole de la personnalité ; elles affirment l'appartenance, l'ethnie, la caste ; distinguent les jeunes filles des femmes mariées, les riches des pauvres… Traditionnellement issues de la caste prestigieuse des forgerons, les tresseuses ont parfois besoin d'une journée entière de travail pour coiffer une tête de ces centaines et centaines de petites tresses travaillées une à une. Se mettant quelquefois à trois, elles tirent les cheveux de tout bord, tout côté... Les tresses doivent être extrêmement serrées. C'est ce que Valériane est partie expérimenter.

— Ugo, voici sœur Estelle.

Une religieuse est venue me rencontrer ? Amen ? ou ah, *man*… ? Elle désire fonder un orphelinat dans son Togo natal et a décidé de faire la tournée des installations du Burkina pour observer ce qui est en place, ce qui fonctionne et ce qui fonctionne moins bien. Quand elle a visité l'orphelinat de M. Bernard, celui-ci s'est empressé de lui faire savoir qu'il bénéficiait de l'appui de la coopération canadienne qui avait mandaté des spécialistes pour travailler spécialement avec lui. Désireuse de connaître ces experts canadiens sur la question des orphelins africains, elle est donc venue me rencontrer. Grand connaisseur de la jeunesse africaine en difficulté que je suis, j'aurais bien aimé que Valériane n'ait pas de cheveux pour qu'elle soit à mes côtés en ce moment. La sœur s'assied devant moi, ouvre un cahier et sort un crayon. Je cale dans le sofa. Elle s'apprête à me poser des questions techniques sur des points que tout bon spécialiste se doit de connaître. Mais si je commence à faire l'expert maintenant, son orphelinat risque d'être très mal en point. Je lui avoue donc que je ne connais rien dans ce domaine.

— Mais M. Bernard m'a affirmé que vous aviez été envoyé ici pour travailler avec les orphelins et les enfants de la rue.

— C'est à peu près cela, oui. Mais...

— Ils vous ont payé le voyage comme ça, même si vous n'aviez aucune expérience? Êtes-vous le fils du président?

Nous avons beau être fiers d'agir, nous convaincre que nous faisons un beau geste en nous lançant dans un programme de coopération internationale, mais, en fait, ce n'est pas nous qui les aidons, c'est plutôt le contraire. Les coopérants débarquent ici et ne savent pas comment se débrouiller dans la vie de tous les jours. Les responsables sur place doivent donc investir une somme incroyable d'énergie seulement pour leur permettre de saisir la culture et de s'y adapter au minimum. Le temps de devenir indépendants, du moins partiellement, et enfin prêts à aider plutôt que de n'être qu'un fardeau, et il est l'heure de repartir. Ce que je suis en mesure d'offrir aux gens d'ici n'est absolument rien comparé à ce qu'eux m'offrent chaque jour.

— Je suis un étudiant, venu apprendre de vous. C'est moi qui devrais poser les questions et tenir le cahier.

Elle rit de bon cœur. Ouf!... je peux relaxer. Elle ajoute en souriant qu'elle est d'accord; je peux lui poser des questions. Euh, je n'ai dit ça que pour... Je ne pensais pas... n'ai aucune question à lui poser... Je tente de camoufler la situation en lui lançant la première interrogation que mon cerveau m'envoie:

— Qu'est-ce que vous trouvez le plus difficile dans ce domaine?

Ma question est pensée, merci méninges. Sœur Estelle me répond que, depuis deux ans, elle travaille dans un département qui se spécialise, entre autres, dans la détection du sida. Et cette maladie est étroitement liée aux orphelinats — cause à effet. Dans la seule Afrique subsaharienne, en 2001 uniquement, ONUSIDA affirme que plus de 11 millions d'enfants sont devenus orphelins à cause du sida.

Ce qu'elle trouve pénible dans son travail, c'est que, parfois, des jeunes gens ayant de bonnes raisons de croire qu'ils ont contracté le sida, et qui se donnent la peine de venir passer un test, repartent avant de recevoir le résultat. « Et si je l'ai, qu'est-ce que je vais faire? » lui disent-ils. Ils préfèrent se fermer les yeux, destinant en quelque sorte leur vie à l'attente incertaine de la mort. « Et qu'est-ce que ça change de le savoir puisqu'on ne peut pas en guérir? »

Aujourd'hui, justement, les journaux faisaient état d'une bonne nouvelle provenant d'Afrique du Sud. Pour la première fois, un prêtre catholique s'est prononcé en faveur des préservatifs. Il a malgré tout attendu que la pandémie affecte presque la moitié de la population avant de se prononcer.

— Enfin, ils ont compris, n'est-ce pas, ma sœur?

Aie! Parfois, j'ai l'impression que ma bouche parle plus vite que ma tête ne dicte. Mon cerveau doit donc se concentrer pour écouter et réaliser ce que je viens de dire, trop tard, puis conce-

237

voir des stratégies pour me tirer d'embarras. La réaction de Sœur Estelle m'indique très clairement qu'elle ne partage pas du tout mon opinion. Elle se lance dans un grand sermon enflammé qui me prouve hors de tout doute que les femmes feraient de très bons prêtres.

Sur quelques panneaux publicitaires de la ville, et sur plusieurs t-shirts portés par les jeunes, on peut voir le logo rose d'un homme et d'une femme se tenant la main : « Prudence », une marque de préservatifs distribués un peu partout.

> — Cette initiative provient d'une ONG allemande. La majorité des organisations d'aide ne consultent ni ne visitent les gens du pays avant de mettre sur pied leurs projets. On dirait que les organisateurs veulent faire quelque chose au plus vite pour soulager leur conscience, puis repartir aussitôt leur « aide » dispensée.

Cette ONG a lancé une vaste campagne publicitaire pour la promotion des préservatifs. Distribuant des condoms gratuitement dans les écoles et les rues, l'organisation a fait usage de toutes les techniques imaginables et inimaginables pour convaincre les hommes de les utiliser, ce qui n'est pas chose de tout repos, car il est bien ancré dans la mentalité africaine que si un homme laboure son champ, c'est pour obtenir récolte.

> — Le résultat a été la prolifération d'une débauche épouvantable.

Des couples jusque-là fidèles de peur de contracter des maladies sont allés voir ailleurs, ils se sont séparés. Des jeunes qui désiraient patienter encore quelques années avant de goûter à l'amour ont vu disparaître leur principale raison d'attendre. « Aucun danger de faire un bébé, alors pourquoi pas ? Alors je vais essayer ». Puis, après avoir goûté aux relations sexuelles, plusieurs ont voulu découvrir ce qu'elles étaient sans préservatif. Voilà donc qu'au lieu de décroître le taux de séropositifs a connu une hausse.

— C'est encourager le péché que de distribuer pareilles choses.

Les religions catholique et musulmane considèrent en quelque sorte, plus ou moins ouvertement, le sida comme un châtiment de Dieu. Les personnes atteintes sont victimes de leurs péchés contre nature ou de leur vagabondage sexuel. Que chacun gère les conséquences de sa conduite ignominieuse. Les gens qui mènent une vie droite, qui demeurent vierges jusqu'à leur mariage comme il est prescrit, ne peuvent contracter un tel mal.

— C'est réellement déplorable que des gens meurent, j'en suis infiniment triste, mais si la société suivait les préceptes de Dieu rien de tout cela n'arriverait.

Et comment escompte-t-on repousser ce fléau qui cible si bien ses victimes ? En distribuant des préservatifs qui encouragent la débauche, les relations prémaritales, l'adultère et le sexe, dans le but égoïste d'en retirer du plaisir plutôt que dans le divin dessein de reproduire ? On comprend pourquoi le pape n'est pas très chaud à l'idée.

Les pécheurs ne méritent que peu de pitié, — Satan serait assez d'accord là-dessus —, mais les choses se corsent lorsque des innocents sont injustement infectés par ce fléau. Alors, là, l'Église ne peut plus faire la sourde oreille. De nos jours, une nouvelle génération d'enfants naissent sidéens, infectés dans le ventre même de leur mère. Ne sommes-nous pas tous supposés naître purs et innocents, et ce peu importe les péchés commis par nos parents ? C'est sans doute cette nouvelle réalité qui a frappé le prêtre sud-africain. Ce battement d'ailes en viendra peut-être un jour à ébranler l'immuable Vatican.

Un roi s'assied sur son trône
pendant qu'un autre se fait taillader le sien.

Je ne veux, je ne peux, que porter des sandales. Par cette température, séquestrer mes pieds dans des chaussettes, puis les confiner ensuite dans des souliers, est un pur supplice. Toutefois, les sandales ne sont pas bien chics dans les grandes fêtes… comme celle de ce soir, chez un coopérant français dont Moustapha connaît indirectement la femme. Bon, peu m'importe. Au diable l'étiquette !

Nous croisons le pavillon de la coopération américaine, reconnaissable à ses gardiens lourdement armés, aux innombrables drapeaux qui flottent et aux luxueuses voitures américaines pourtant introuvables en Afrique. Un peu plus loin, dans un quartier baptisé « Le Petit Paris », de magnifiques villas occupent de vastes terrains boisés. C'est le coin des coopérants français. Ce ne sont pas les membres d'ONG comme nous, mais bien les envoyés gouvernementaux de l'aide bilatérale officielle ; le genre d'aide qui stipule : « Oui, le gouvernement français vous offre des ordinateurs, mais vous devez en contrepartie engager des techniciens français pour en faire la maintenance et n'acheter que des logiciels français, etc. » ; le genre d'aide que les grands offrent dans le but de recevoir, et que les petits, en l'occurence le peuple, ne voient jamais.

Une magnifique piscine nous accueille. Dans celle-ci trône une élégante fontaine qui, d'un jet, éclabousse l'eau. Valériane soupire de dédain ou d'admiration, je ne sais trop. La grande porte de bois verni s'entrouvre. Un lourd silence plane sur les invités de marque : directeurs d'établissements importants, informaticiens formés en France, spécialistes en télécommunications…

Des gens qui représentent les intérêts du coopérant, mais pas nécessairement sa fonction officielle dans le pays. Aucun responsable d'organisme humanitaire ou d'autre chose du même genre. Seulement des connaissances importantes du monde de l'aisance... et nous, éternels cheveux sur la soupe. Les yeux sont rivés sur nous, responsables que nous sommes du silence qui s'est établi. Valériane se présente et explique sa fonction et son travail au sein de l'orphelinat. Visiblement ennuyé d'entendre parler de la misère qu'il consacre tant d'efforts à fuir, un vieil homme se lève et s'exclame :

— Tu es ma reine, tu mérites un trône.

Il cède sa place à Valériane, et tire ensuite une chaise. Il sera son voisin immédiat. Tous les hommes contemplent Valériane et m'oublient. J'en suis heureux. J'étais justement en train d'imaginer leur réaction méprisante à l'annonce de ma collaboration avec les Touaregs...

Le coopérant français, notre hôte, un gros bonhomme aux traits carrés, se lève et repousse une fois de plus sa petite fille qui le supplie de la prendre. Sa femme, une belle et jeune Noire, probablement la raison qui l'a motivé à s'établir ici, est, de son côté, occupée à préparer le buffet. La petite se tourne donc vers moi, s'approche et me fixe. Profitant de mon inexistence dans l'ombre de Valériane, je libère le ballon gonflé attaché à ma chaise, et commence à jouer avec l'enfant. Elle est beaucoup plus intéressante que tous ces riches hommes d'affaires à qui je devrais prouver ma valeur (au sens littéraire) pour mériter leur intérêt. La petite, après seulement quelques secondes, laisse tomber le ballon, se rue dans mes bras, et me serre de toutes ses forces. Très surpris de cet élan d'affection, je la serre à mon tour, mais, plutôt que d'en ressentir de la joie, j'ai la triste certitude qu'elle manque d'affection et qu'elle se sent délaissée. Et à voir le comportement de ses parents ce soir, je n'ai pas tort ; elle non plus. Je lui propose d'aller jouer au basket dans la cour ; il y a en effet un magnifique terrain

242

goudronné, le seul que j'ai vu au pays. Mais un subtil coup sur la jambe me fait sursauter ; tous les yeux sont tournés vers moi. Valériane vient de leur annoncer que je suis son fiancé : un appel au secours. Le président de je ne sais qui l'a décrétée « sa reine », ne la lâche pas d'une semelle depuis son arrivée. Il cherche maintenant à obtenir ses coordonnées, à planifier une rencontre. J'entre en scène : je demande à Valériane si elle désire boire quelque chose. Immédiatement, soulagée, elle propose d'aller se servir elle-même et décampe. L'homme, un peu déconcerté, se tourne vers moi, son rival, et me regarde, son mépris mal dissimulé derrière un large sourire. Examinant mon collier de chanvre, il me demande si je suis enfant unique.

— Non.

—- Habituellement, les colliers de ce genre incarnent un *wack* de protection que les parents donnent à leur enfant unique afin de le préserver de tous les dangers, et qu'il puisse ainsi assurer la continuité de la famille. Mais toi... tu portes des bijoux pour te décorer ?

Ayant haussé le ton à la dernière phrase, pour être certain d'avoir un auditoire, il éclate maintenant d'un rire déplaisant. Puis, cherchant des yeux l'attention de ses pairs, il ajoute :

— Ici, ce sont les femmes qui portent des bijoux.

D'autres rires se joignent au sien ; des doigts me pointent ; des larmes d'euphorie coulent sur certaines joues. Valériane ! C'est à ton tour de me secourir ! Trop occupé à se bidonner, l'homme m'oublie une seconde ; j'en profite pour lui demander quelles sont ses origines, sa provenance. Si j'arrive à porter son attention sur un sujet lui tenant à cœur, peut-être m'oubliera-t-il un peu plus longtemps... Plan réussi, du moins je l'espère ; il se gonfle la poitrine et, se la frappant de la main, dit :

243

— Je suis né à Ouahigouya, une ville du Nord, près de la frontière du Mali.

Le Burkina est composé de plus de 60 ethnies différentes. En l'espace de quelques kilomètres, on passe d'une collectivité à une autre : Mossi, Gurunsi, Sénufo, Lobi, Boba, Mande, Fulani, etc. Par l'architecture des cases, l'artisanat, la nourriture, la langue, elles se distinguent toutes. Chaque ethnie est donc extrêmement fière de son histoire et leurs aborigènes se doivent d'en être ambassadeurs. Ma question a frappé dans le mille.

L'homme, maintenant emballé de capter l'attention de Valériane qui est revenue, nous apprend avec émoi que le roi du Yatenga, sa province, vient de mourir, et que demain a lieu le couronnement du prince héritier.

— C'est un événement historique, vous ne pouvez pas le rater. Je vais vous y conduire, conclut-il en contemplant Valériane.

•

Le lendemain matin, une Land Rover grise se gare devant notre porte. Nous rejoignons le gentil président de je ne sais quelle importante boîte qui, assis à l'arrière, me pointe la banquette avant, à côté de son chauffeur. Mine de rien — je regardais ailleurs — je m'assois derrière, entre lui et Valériane, au grand bonheur de celle-ci. Pendant que nous roulons à toute allure vers le nord, il nous déclare sur un ton solennel :

— Ce que vous allez voir est sacré. Vous ne devez pas prendre cette cérémonie à la légère. Le roi, le *naba*, est en contact direct avec les ancêtres. Mais vous... euh... êtesvous croyants ou pensez-vous qu'il ne s'agit que d'une secte quelconque ?

Au fond, qu'est-ce qu'une religion sinon une secte qui a réussi ? Je lui parle de mon voyage au Pérou. Dans ce pays, les conquistadors espagnols ont rasé toutes les constructions et tué six millions d'Incas. Sur les fondations des temples sacrés, ils ont érigé des églises catholiques. Quand je me suis présenté devant la basilique de Lima, la capitale, une longue file d'attente obstruait la rue. Des centaines et des centaines de gens attendaient sous la pluie, entourés d'une brume d'encens, pour entrer voir le Christ d'argent, crucifix qui a la réputation de soigner les malades, de guérir les handicapés. Sur un mur de l'église, des milliers de photos étaient épinglées ; au centre de celui-ci, le gigantesque crucifix d'argent dominait. Quelques centaines d'années d'existence l'avaient quelque peu terni, mais son pied, était brillant comme le soleil. Les croyants apportaient la photo d'un proche qui était malade, l'accrochaient au mur et louaient le Seigneur en caressant légèrement le pied droit du Christ. À travers la fumée de l'encens et les bougies, et l'orgue qui ressassait une mélodie puissante, les gens qui se prosternaient en priant frénétiquement avaient quelque chose d'irréel. Des colliers, des pièces d'argent, des fleurs, des bijoux, des cadeaux de toutes sortes s'empilaient, se glissaient entre les statues, pour remercier le Seigneur lorsqu'une prière était exaucée. Ce fanatisme, pour moi, semblait tout droit sorti d'une secte. Pourtant, c'était de la religion catholique dont il était question. Les histoires de miracles se multipliaient ; le crucifix d'argent guérissait vraiment. J'ai d'abord pensé que, si quelqu'un est à ce point convaincu que Dieu le sauvera, son métabolisme peut se mettre lui-même à le guérir, accomplir le miracle, par la force de l'inconscient. Mais, au fond, peut-être est-ce justement cela le secret ; peut-être que Dieu réside-t-il dans notre subconscient à tous. Quelqu'un qui est en phase terminale, qui n'a aucun espoir, mais qui guérit subitement à la suite d'une prière faite au Christ d'argent, signifie, pour moi, qu'il a été sauvé par Dieu, que celui-ci réside en lui ou flotte dans les nuages. L'important, c'est le résultat. Ce sont les questions qui affaiblissent Dieu.

Le chauffeur arrête la voiture et sort ensuite du coffre quelques bouteilles d'eau. À la jonction d'une route, nous attendons ici ; le nouveau roi va passer. Quand ? Qui sait ? Le temps s'arrête.

À l'horizon apparaissent des silhouettes. Des spectateurs, sortis de je ne sais où, s'agglutinent autour de nous. La route se remplit d'hommes vêtus de superbes soieries et d'autres tissus colorés. Puis, au loin, une masse de gens se détache ; un cavalier la surplombe.

Dès que la famille royale donne naissance à un héritier potentiel, celui-ci est immédiatement retiré à ses parents et envoyé dans un village sacré. Il ne les reverra plus jamais. Dans ce village, l'enfant choisi reçoit son éducation et apprend les us et coutumes de la chefferie, la politique et l'histoire de ses ancêtres. Tout ce qu'il lui faut pour devenir roi. Quand l'héritier juge que son tour est venu de régner, il envoie un messager annoncer à son père qu'il lui reste trois jours de règne, formule consacrée qui invite le *naba* à quitter le trône dans les 72 heures, c'est-à-dire à se donner la mort selon les pratiques traditionnelles : par une flèche empoisonnée enfoncée dans le mollet ou par strangulation à l'aide d'une bande de coton blanc. Mais si le *naba* quitte ce monde d'une mort naturelle ou libère le trône sans préavis, le prétendant doit prouver sa valeur : il doit demeurer ligoté à une pierre plate pendant 24 heures, sans eau, sans nourriture et sans ombre. S'il survit à l'insoutenable température, il doit enfourcher un cheval et, pour la dernière fois, quitter le village sacré dans lequel il a toujours vécu afin d'aller rejoindre son nouveau royaume. Il ne doit plus jamais y revenir ; ce sera à ses enfants d'y vivre un jour. Enfin, pour symboliser son adieu à son passé qui disparaît à tout jamais, il doit se rendre à son nouveau royaume à reculons.

Je n'en crois pas mes yeux. Un jeune garçon, habillé d'un long tissu délicat, guidé par quelques hommes, enfourchant un cheval qui, pas à pas, recule. Le jeune garçon regarde droit devant lui, vers son passé ; son visage tente de camoufler les heures de souffrance qu'il a vécues. Il se tient bien droit ; aujourd'hui il est devenu roi.

246

Si tu portes un vieillard depuis l'aube et que le soir tu le traînes,
il ne se souvient que d'avoir été traîné.

Aujourd'hui a lieu l'événement pour lequel, théoriquement, je devais monter une pièce de théâtre avec les jeunes : la Journée de l'enfance. Mise sur pied pour commémorer un massacre en Afrique du Sud, cette journée est l'occasion pour les enfants sous la responsabilité de Jeunesse du monde de dévoiler leur plein potentiel. Mais moi, je n'ai pas écrit de conte, je n'ai pas monté de pièce de théâtre. Rien de tout ça ! En fait, je viens tout juste, après des journées qui m'ont semblé des années, de terminer le classement de la paperasse de Tin Hinan. Et le pire, c'est que je suis convaincu que, d'ici quelques mois, tout sera à refaire.

Sans remords aucun, je prends une journée de congé pour assister au spectacle que Valériane a préparé. Ça fait déjà plusieurs semaines que les enfants s'exercent et se préparent ardemment pour cet événement. Rien ne peut les arrêter. Côté météo, sans aucune carte satellite, je peux prévoir qu'il régnera un gros soleil, intolérable comme toujours. L'énergie est palpable. Tout le monde crie et danse ; personne ne tient en place. Les instruments de musique de Yaku, Basil et Moussa brisent le mur du son ; les peaux frappées à tout rompre par ces jeunes en furie. Aujourd'hui, c'est leur journée de liberté. Dans leurs yeux brille une lumière étincelante. L'avenir du pays est entre leurs mains ; il sera ce qu'ils en feront. Comme le rêve ne coûte rien, il leur est encore permis. Un petit autobus vient chercher les enfants à l'orphelinat. Pour plusieurs, c'est la première fois qu'ils montent dans un véhicule motorisé ; la première fois également qu'ils quittent cet endroit.

Au centre d'un grand terrain de football à la pelouse jaunie, une petite estrade se cache à l'ombre d'une toile. Devant celle-ci, dans l'herbe, se trouve la scène, l'endroit où se déroulera le spectacle. Il suffit d'un peu d'imagination. Les enfants commencent leur échauffement, pendant que Valériane, à tour de rôle, leur peint un soleil sur le ventre. C'est son inspiration artistique du moment. Tous les enfants des alentours viennent à notre rencontre : ils veulent eux aussi un dessin sur le ventre. Nos petits sont tellement fiers, mais voilà déjà qu'ils se mettent à râler :

— Je veux un soleil rouge.

— Moi, je n'en veux pas.

— Je suis le plus vieux…

— …

Il faut vite arrêter cette pagaille. Valériane étant occupée, je dois trouver quelque chose. Je leur demande alors de se regrouper en cercle, puis je leur apprends qu'au Canada, avant une compétition, les jeunes lancent un cri d'équipe pour démontrer à tous qu'ils sont unis. Je passe en revue tous les cris d'équipe que je beuglais au hockey et au base-ball, mais aucun d'eux ne fait l'affaire ici. Sur un coup de tête, je leur demande de sauter sur une jambe et de m'imiter alors que je lance des cris à l'amérindienne en frappant ma bouche de ma main, mon autre main derrière la tête pour imiter les plumes. Tous les enfants demeurent immobiles et me regardent.

— Ou-wou-ou-wou, ou-wou-ou-wou, ou....

Je m'arrête. Non seulement personne ne participe, mais, en plus, ils me considèrent tous d'une drôle de manière, le plus sérieusement du monde. L'un d'eux s'approche de moi et me chuchote à l'oreille qu'ils ne peuvent pas faire ce cri, qui est destiné aux cérémonies rituelles d'enterrement. Oups !

Leader vite élu, leader vite remplacé. Je me cache derrière Valériane et la regarde peindre des ventres en silence.

J'intercepte le responsable en chef de la journée.

— Ça commence à quelle heure ?

— Dans le courant de l'après-midi. Vous avez 15 minutes pour faire votre spectacle, me répond-t-il.

Il ignore la notion de temps quand il s'agit de déterminer l'heure de l'événement, mais en devient soudainement conscient quand il s'agit de limiter notre prestation. Décidément, je trouve cet organisateur bizarre ! Plus tôt, lorsque nous sommes arrivés, il est venu directement vers moi, présumant que j'étais le chef de la délégation. Quand je lui ai dit que c'était Valériane, il s'est retourné et est parti en silence. À présent, il prend la peine d'inviter Valériane lorsqu'il a quelque chose à dire, mais il ne parle qu'à moi. Une responsable féminine, c'est une notion encore trop loin de la culture locale.

La tension monte ; il y a de l'électricité dans l'air. Puis, tout d'un coup, ils arrivent. Par une entrée pratiquée dans la clôture, des centaines et des centaines d'enfants apparaissent ; ils courent et se ruent comme des abeilles s'emparant d'un champ de fleurs. L'activité de la journée est une course, de la mairie jusqu'ici. Plusieurs milliers d'écoliers ont pris le départ pour ce parcours de quelques kilomètres. Et, comme il fallait s'y attendre, les nombreux enfants qui traînent dans les rues les ont suivis. Des policiers arrivent en *baché* kaki. Le terrain de football se remplit d'enfants de tous les âges. Nous devons placer le matériel de cirque au milieu du terrain, improviser une scène. Les enfants qui arrivent déterminent eux-mêmes les limites de leur aire d'occupation : ils et s'assoient par terre, devant la scène. Impossible d'en élargir l'espace, ils ne veulent pas bouger d'un centimètre, de peur de perdre leur place. Une mer d'enfants déferle toujours sur nous. Mais voilà qu'une brèche apparaît ; un trou se forme. Des enfants courent maintenant vers l'autre extrémité du terrain. Deux hommes s'y trouvent, tenant chacun une glacière à bout de bras. Les jeunes les piétinent presque. Après ces quelques kilomètres de course sous un soleil de plomb, l'eau que contiennent ces glacières devient le bien le plus précieux de la terre. Un des hommes se fraie un chemin et arrache d'un arbre de longues branches souples qu'il fait ensuite tournoyer autour de lui, frappant les enfants qui, maintenant, reculent. Dès qu'ils ont cédé quelques pas, l'autre homme ouvre sa glacière et lance quelques sachets d'eau au loin, puis la referme aussitôt que les petits tentent de la prendre d'assaut. Son partenaire fait de nouveau tournoyer les branches pour repousser les enfants qui se ruent sur lui. Plusieurs gamins supportent les violents coups donnés pour avoir la chance de boire une gorgée d'eau. Mais les sachets lancés en l'air retombent dans les mains des plus grands ou sont volés par les plus forts qui, d'une violence farouche, les arrachent aux plus jeunes. Celui qui réussit à attraper un sachet, sachant fort bien que d'autres tenteront par la suite de le lui arracher, se sauve de la mêlée tout en buvant une gorgée ; il se fait ensuite plaquer, puis arracher son sachet qui trop souvent finit par se déverser sur le sol. L'homme qui lance les sacs se trouve au milieu d'un nombre incroyable de jeunes en mouvement, comme des vagues heurtant un récif, comme un volcan crachant sa lave. Ils se tassent avec les coups et rechargent dès que la glacière s'entrouvre. Mais, même à l'aide des coups, même en repoussant violemment les enfants assoiffés, les deux hommes commencent à se faire bousculer, agresser. Les policiers interviennent pour les sortir du gouffre dans lequel ils sont maintenant pris. Impossible d'en distribuer le contenu, les glacières repartent presque pleines. Le mirage de l'eau disparu, les jeunes reviennent vers le centre, vers le matériel et la scène. Nous avons besoin d'une zone relativement grande pour les jongleurs et les acrobates, mais les jeunes ne veulent plus reculer, n'ont même plus de place pour le faire. Ceux qui arrivent à l'arrière s'accumulent rapidement, puis ils poussent, poussent, et poussent toujours davantage. Je suis maintenant, non plus en train de surveiller le matériel, mais bien en train de me demander si je vais mourir par suffocation, pris lentement mais sûrement dans un tourbillon se refermant sur moi. Les policiers me voient et viennent à ma rescousse. À vrai dire, je ne sais pas si j'en suis heureux. Ils donnent la bastonnade aux jeunes avec leurs matraques ; de violents coups résonnent à mes oreilles. Les jeunes ne peuvent pas reculer, mais, pour éviter le coup suivant, ils sont prêts à piétiner leurs voisins. Même ceux qui tentent d'implorer une trêve en tendant la main se font frapper durement. Dès qu'un policier leur tourne le dos, les jeunes font quelques pas vers l'avant, puis d'autres, puis d'autres. Jusqu'à ce que la matraque ne retombe sur eux, créant un vide éphémère. Quatre ou cinq policiers pour contrôler cette masse ! S'ils frappent trop fort, si la foule venait à se déchaîner, ils ne tiendraient qu'un instant. J'ai l'impression de me promener les yeux fermés aux abords d'un précipice.

Je me fais bousculer de tous côtés ; respirer devient une tâche difficile. Quelques personnalités sont escortées jusqu'à l'estrade. J'ai l'appareil photo de Valériane : elle veut des souvenirs. Le spectacle devrait bientôt commencer. Les jeunes tentent de se faufiler sur l'estrade, de s'y agripper, de se glisser sous celle-ci, mais les policiers sont vigilants : plutôt frapper trop que pas assez. Un mur de matraques s'abat et repousse la masse. Je ne peux pas rester ici ; je vais mourir. Mes voisins compressés contre moi, je me croise les doigts, me répète que je suis blanc, puis je tente le tout pour le tout : je me dirige droit vers le mur de policiers qui protègent l'estrade, où les matraques s'abattent comme les faux récoltent un champ. Un des policiers me fixe, me regarde approcher. Je n'ai aucun droit de passer, mais je tente tout de même ma chance. Jamais ils n'oseraient frapper un Blanc, du moins je l'espère... J'arrive à la hauteur du policier, faisant comme si je savais où j'allais. Il soulève sa matraque… et l'abat sur un jeune qui me suivait. Puis il me fait signe d'avancer. Ouf ! Il n'a pas pris le risque de me repousser : et si j'étais l'ami d'un dignitaire ? Le Blanc passe partout. Je grimpe sur l'estrade. Devant moi, un homme saisit un microphone et commence à présenter maladroitement les personnalités présentes.

— Voici les représentants d'Unicef, d'Amnistie internationale, de la Croix-Rouge, d'Oxfam, le ministre de la Culture, de la Jeunesse et des Sports...

Les différents intervenants du monde de l'enfance sont tous rassemblés ; toutes les autorités... et moi. Justement, c'est à mon tour d'être présenté... Un court silence hante les haut parleurs, puis il remarque l'appareil photo de Valériane qui pend à mon épaule.

— Et, enfin, un photographe. Applaudissez, mes enfants !

L'homme se présente finalement : c'est le maire de la capitale, Simon Compaoré, le cousin du président Blaise Compaoré. Là, tout s'explique.

Le spectacle débute avec le *djembé* de Moussa qui résonne comme le tonnerre. Tout autour, à peu près au même rythme, les matraques tentent de maintenir un espace suffisant pour les jongleurs. Les jeunes se font allègrement frapper devant nous, les représentants de l'enfance et moi. Quelques petits futés tentent à nouveau de grimper sur l'estrades, ils contournent les clôtures cette fois-ci. Nous nous retrouvons au centre de cette folie ; je me demande comment nous pourrons nous en sortir. Un sentiment de panique me saisit : je me sens emprisonné, capturé par cette foule déchaînée. Les enfants crient, ils demandent de l'eau. Mais les gens assis autour de moi regardent le spectacle, hypnotisés ; la bouche grande ouverte, ils sont émerveillés. Je me concentre sur eux, tente de partager leur bonheur. Je regarde les balles multicolores qui volent dans les airs, Yaku, qui effectue quelques pirouettes. Une grande pyramide est formée et un jeune, chevauchant un unicycle, la contourne tout en jonglant avec des quilles. J'essaie de prendre des photos de tous les angles possibles. Cependant, peu importe l'angle, et même si je tente de cadrer très serré, il y a toujours un policier, matraque levée, à l'arrière-plan. Les coups sont terribles. J'en viens à avoir hâte que le spectacle finisse ; la récompense de la journée est à la fois le châtiment des spectateurs... Un policier perd sa matraque dans la foule. Immédiatement, il détache sa ceinture et l'utilise pour frapper farouchement tout autour de lui jusqu'à ce qu'il la retrouve. Son compagnon déboutonne son étui de revolver. Je prends une grande respiration pour tenter de noyer l'angoisse qui me fait craindre le pire. Le spectacle se termine. Et tout s'arrête au moment des applaudissements. Les jeunes se dispersent. L'organisateur vient me trouver et me félicite.

— C'était merveilleux. Tout s'est si bien déroulé !

*Celui-là seul mérite la liberté comme la vie
qui doit chaque jour la conquérir.*

Goethe

Le bureau de Tin Hinan est surnommé « la maison des Blancs ». Les Touaregs sont considérés comme les Blancs de l'Afrique parce qu'ils ne sont pas noirs, seulement plus foncés, comme les Arabes disons. Et il suffit de les confondre pour les insulter.

Tout au long du Moyen Âge, des tribus berbères, refusant la domination arabe, ont reflué vers le Sud. Elles sont devenues les maîtres du désert et de sa frange sahélienne, trait d'union entre l'Afrique du Nord et l'Afrique noire. Les historiens affirment que le Sahara était à une époque lointaine, quelques millénaires avant l'ère chrétienne, une riche savane. Mais un jour la terre aurait légèrement changé d'orbite, peut-être à la suite de l'impact d'un météorite. Toujours est-il que les précipitations se sont raréfiées, la température s'est peu à peu élevée, et le Sahara s'est désertifié. Les traditionnels chevaux touaregs, la fierté de ce peuple, sont devenus trop fragiles, trop vulnérables au réchauffement et au manque d'eau. Alors est survenue ce que l'on a nommé la Révolution du chameau : les chevaux ont été supplantés par les dromadaires venus d'Arabie. Surnommés les « vaisseaux du désert » pour leur exceptionnelle résistance à la soif, les dromadaires sont devenus les piliers d'une économie caravanière qui a connu un essor considérable, le seul lien entre les grands royaumes noirs et le monde méditerranéen. Ils menaient or, esclaves et fourrures de la brousse sauvage vers le nord, et rentraient avec des produits manufacturés et du sel. L'existence même des Touaregs dépendait de ce commerce, en particulier celui du sel.

Mais depuis peu, d'immenses camions dotés de moteurs de la taille d'une locomotive ont commencé à sillonner le désert. Avec des roues dépassant en hauteur un dromadaire, cette nouvelle concurrence pour le moins déloyale a eu comme conséquence une chute libre des prix. Les caravanes ont beau marcher de 10 à 15 heures par jour pour concurrencer ces mastodontes d'acier, chaque camion transporte autant de sel que cent dromadaires... Les « vaisseaux du désert » ont perdu la course technologique, et la majorité d'entre eux se sont tristement retirés d'un marché millénaire pour laisser place aux bêtes mécaniques. Les grandes caravanes légendaires, de plusieurs milliers de chameaux, ont peu à peu disparu. Les Touaregs ont dû se rabattre sur l'élevage du bétail, ce qui n'est certes pas chose facile dans ces contrées quasi stériles.

Par petits groupes, ils se déplacent avec leurs troupeaux à travers le Sahara et le Sahel, la limite semi-aride du désert, et demeurent sur place tant que les animaux trouvent de l'herbe à brouter. Comme il n'y en a que des parcelles, rapidement rasées, les déplacement sont constants et nécessaires pour la survie du troupeau et du clan. Cependant, chaque année, le troupeau doit aller quérir sa subsistance de plus en plus loin des sources d'eau.

Les frontières, issues de la colonisation et délimitées par des Européens indifférents, ont séparé le Sahara et divisé l'espace traditionnel de leur peuple. On estime que plus de trois millions de Touaregs ont été partagés entre cinq pays sahélo-sahariens, soit l'Algérie, le Mali, la Libye, le Niger et le Burkina Faso. Désormais, les nouvelles puissances en place n'acceptent plus que l'on traverse le désert à sa guise, interdisant du même coup, au grand dam des chameliers voyageurs, les grandes transhumances, seul système d'élevage adapté à la rareté des ressources en eau et en pâturages. Et les barrières virtuelles sont à présent soumises à un contrôle rigoureux.

Totalement exclus politiquement et socialement lorsque les États émergeants ont commencé à se développer en foulant leur territoire inchangé depuis des siècles, les Touaregs ont estimé que ces «nouveaux venus» n'avaient pas leur mot à dire, et les nomades sont demeurés indépendants. Les Français ont donc mis sur pied une compagnie militaire saharienne expressément créée pour faire disparaître cette dissidence. Dans les plaines brûlées par le soleil, des véhicules blindés se confrontaient aux Touaregs galopant sur leurs dromadaires et brandissant leurs sabres. Malgré l'inégalité flagrante, les Touaregs ont toujours été de farouches résistants. À preuve, le Sahara a été la dernière région africaine à céder à la pénétration française.

Toutefois, les conditions climatiques demeurant très difficiles, la désertification est devenue critique dès le début des années 1960. Des vagues successives de sécheresses se sont abattues sur le Sahel et ont décimé une grande partie du cheptel des Touaregs. Dans certaines régions, seulement entre 5 % et 25 % des bêtes, incluant chameaux et chevaux, ont survécu à la catastrophe. Leur peuple Touareg a porté le deuil pendant plusieurs années. Ces sécheresses, qui se transformaient en famines généralisées, ont joué un rôle important dans l'évolution de ce peuple, en ajoutant à leur condition sociale précaire des conditions de survie insupportables.

Vivant depuis toujours selon leurs propres règles, les Touaregs ne se considèrent citoyens d'aucun État, ne veulent se soumettre à aucun gouvernement, aucun pouvoir. Les gouvernements les considèrent donc comme une nuisance. Et certains pays ont même fait usage de paramilitaires pour les exterminer, ce qui a poussé les Touaregs à prendre les armes pour mener une longue rébellion. Les armées et milices maliennes et nigériennes se sont engagées dans une répression sanglante contre les nomades, et pendant la période s'étalant de 1990 à 1995, 15 000 Touaregs ont été massacrés. Plusieurs ont été arbitrairement choisis par les militaires, emmenés sur une dune voisine où ils ont dû creuser un trou avant d'y être précipité pour y brûler vifs... Des villes majeures du nord du Mali, comme Tombouctou, ont été totalement purgées de leurs populations touaregs. Des centaines de milliers de nomades ont fui dans les pays avoisinants, en Mauritanie, en Algérie et au Burkina Faso, précipitant de nombreuses familles vers la sédentarisation forcée dans des camps de réfugiés, cloîtrées dans des bidonvilles en périphérie des grands centres. Une fois leurs champs et leurs troupeaux abandonnés, ils ne peuvent plus les récupérer. Ils mènent donc une vie végétative, misérable et désespérée, ne cultivant rien, ne vendant rien, ne produisant rien. Ils n'ont aucune identité ; ni adresse, ni argent, ni papiers. Personne ne sait rien de ces endroits, lieux de souffrance collective soigneusement isolés du reste du monde. Et personne ne veut en entendre parler.

Les sociétés touaregs commencent à se disloquer dans un monde qui semble condamner sans appel le nomadisme. Traversant l'une des plus tragiques époques de leur histoire, les Touaregs perdent peu à peu leur culture et leurs traditions. Quand une population perd son identité propre, les anthropologues regrettent surtout la perte de sa vision du monde, unique résultat de milliers d'années de pensées et d'interactions. De ce fait, l'étendue des cultures humaines diminue.

Dans leur langue, les Touaregs se nomment *Imageren*, qui signifie « hommes libres ». Quant au mot « touareg », répandu par les Français, il vient du mot arabe *tawarîq*, qui signifie « abandonné des dieux ».

Sous la tente en peau de chèvre, allongé sur une natte, je compose sur un ordinateur portable, véritable anachronisme ici, le texte que comportera le futur dépliant de Tin Hinan. Un garçon entre dans la cour avec un grand bidon d'acier sur roues. C'est un vendeur d'eau qui fait sa tournée.

— Non, merci.

Bien que la saison des pluies soit amorcée depuis plus d'un mois, la pluie ne vient pas. Parfois des nuages se forment à l'horizon, s'emplissent d'eau, mais toujours le vent les repousse au loin. Jusqu'à présent, il n'y a eu que deux pluies, trop fortes et trop brèves. L'eau n'a pas eu le temps de pénétrer la terre : elle s'est sauvée en rigolant avec tous ses nutriments. Le comptable de Tin Hinan m'assure que ce sont les ancêtres qui punissent Ouaga. Selon lui, les nuages la contournent et se déversent ailleurs, car dans la capitale les coutumes ne sont pas respectées, les sacrifices ne sont pas accomplis. C'est la débauche, et les ancêtres en sont mécontents. Jamais, quoi qu'il arrive, le comptable n'amènerait les vieux de son village en ville, car ils seraient tellement indignés par le manque de respect envers les traditions et les ancêtres qu'ils perturberaient la ville entière.

— Les vieilles valeurs morales ont rejoint les vieilles lunes.

Le problème qui se pose avec la saison des pluies, c'est qu'on ne sait jamais quand elle arrivera, mais on sait toujours quand elle se terminera. La saison sèche se présente toujours en septembre ; rien ne vient jamais empêcher ce phénomène. Comme le mil et le sorgho prennent plus de 40 jours pour atteindre leur maturité, on connaît précisément la date butoir, celle avant laquelle on doit absolument avoir semé. Ce qui complique les choses, c'est que pour assurer la germination il doit pleuvoir abondamment juste avant de semer les graines, puis pleuvoir de nouveau tout au plus quelques jours après. Les cultivateurs espèrent donc que ces conditions se présentent avant la date critique. Alors, dès qu'il pleut, tous les champs sont ensemencés, puis, quand la seconde pluie ne vient pas, tout est à recommencer. Il faut recreuser des sillons avec la bêche, racheter des graines, etc. ; bref, replanter autant de fois qu'il le faut jusqu'à ce que ce soit la bonne. Mais celle-ci tarde à se présenter cette année, et la saison des pluies ne cesse de s'écourter, nous rapprochant de plus en plus de la date butoir. Le réchauffement de la planète et la désertification ne sont en rien étrangers à ce phénomène. L'an dernier, il manquait deux ou trois pluies afin que les récoltes arrivent à maturité, mais elles n'y sont jamais parvenues : les pluies ne sont pas venues et elles ont brûlé au soleil. Et comme le mil et le sorgho occupent 70 % des terres cultivées, si l'on parle d'une mauvaise saison agricole, on ne parle pas d'une légère hausse des prix ; on parle de pénurie, de carence, d'étagères et de ventres vides. J'éclate d'un rire bref. Je me rappelle que chez moi, au pire d'une pénurie d'eau, il devient interdit de laver sa voiture… Conséquence atroce.

Il n'y a pas si longtemps, en 1997, le gouvernement burkinabé a tenté, par des moyens extraordinaires, de remédier à une saison des pluies catastrophique. En effet, cette année là, le gouvernement a dépensé des millions de dollars afin de bombarder les nuages avec un équipement spécial que possède l'armée marocaine pour provoquer les pluies. Les explosions étaient spectaculaires, comme des feux d'artifice semble-t-il, mais le vent s'est levé et a poussé les nuages vers le sud avant que ces derniers ne déversent la moindre goutte d'eau sur la région.

Il ne reste aujourd'hui que deux semaines avant la date critique pour les semences. Même si en ville nous ne sommes pas en région agricole, une tension palpable plane au-dessus des gens. Une menace invisible qui pèse comme l'épée de Damoclès.

L'absence de pluie a aussi, à court terme, une autre conséquence sévère. Déjà, le vendeur d'eau que j'ai rencontré m'a tantôt fait froncer les sourcils : le prix de son eau a doublé. L'eau de la capitale provient d'un énorme bassin, profondément creusé dans la terre, qui accumule les pluies. Et ce qui habituellement ressemble à un lac n'est plus qu'une flaque boueuse. L'eau va bientôt manquer... Il faudrait inventer un moyen de recueillir la sueur de nos corps et de la rendre potable. Il me semble que depuis mon arrivée j'en ai exsudé assez pour remplir à moi seul ce bassin. Je dois constamment relever ma tête ; j'inonde le clavier.

Saoudata vient me trouver pour que je lui déchiffre une autre lettre. Depuis plusieurs jours, je traduis des missives de toutes sortes : des lettres d'invitation, des itinéraires des correspondances, etc. Du français à l'anglais pour les envois, de l'anglais au français pour les réceptions. L'événement qui se met en branle est en préparation depuis plus d'un an, mais tout est bloqué faute de traducteur. Aucun moyen de communiquer ; tout est en retard. Je suis leur seul moyen. Une chance que mon projet de contes n'a pas fonctionné... La première réunion doit se dérouler aujourd'hui. Les invités débarquent cet après-midi.

●

Voilà qu'arrivent, un par un, les membres fondateurs de *Tasghalt*, vêtus de longs tissus brodés qui enveloppent leurs corps. Les hommes sont voilés, mais non les femmes. La légende prétend qu'à la suite d'une défaite au combat, les hommes se voilent la figure pour cacher leur déconvenue.

Une grosse femme débarque du Mali ; un homme à l'allure stricte arrive du Niger ; un autre qui ne parle pas français vient de Libye ; une femme vient d'Algérie ; une autre de Mauritanie. Du Burkina, il y a des représentants de tous les coins. Les Touaregs constituent une minorité non reconnue dans tous ces pays. Le but recherché est de mettre sur pied, dans plusieurs pays saharo-sahéliens, un réseau d'organisations non gouvernementales, qui travaillera en partenariat avec les communautés en milieu pastoral et répondra aux besoins en matière de développement chaque fois qu'une initiative collective s'avérera plus appropriée qu'une action. *Tasghalt*, nom d'origine tamashagh, signifie « collier », faisant ainsi référence à un bijou traditionnel formé de plusieurs perles de dimensions, de formats, de motifs et de couleurs variés qui représentent la diversité des organisations membres du réseau. Le fil qui relie les perles constitue la trame entre les associations, illustre leur solidarité et leur engagement.

Habaye, Mamadou, Zeneb, Ausman, Halimatou, Aboubacrine… ; chacun se présente et me serre la main. Ces gens se regroupent pendant quelques jours pour finaliser la création du réseau. J'aurais besoin d'autant de jours pour me rappeler leurs noms.

Ils prennent place autour de la table, manifestement inconfortables d'être ainsi enfermés dans un édifice. La réunion débute avec la nomination du président, Abdoulahi, provenant du nord du Burkina. Chacun doit dorénavant lui demander la parole avant de faire quelque intervention. Un débat de fond éclate immédiatement : aider les Touaregs, oui ; tous sont d'accord, mais comment ? Le Libyen pense que les nomades devraient se sédentariser :

> — On est obligés de se mouler au système si on veut en retirer les droits et les bénéfices. Pour que notre population fleurisse, il faut être en contact avec le monde. Il faut des services sociaux, des soins, des puits, des écoles, de l'agriculture. Il faut donc se sédentariser, tout en conservant notre caractère autochtone.

Aïe, aïe, aïe ! D'un bond, l'assemblée se lève, le ton monte. Des valeurs et des croyances profondes sont en jeu. La Mauritanie fait entendre sa voix :

> — Nous devons avoir des conditions pour nous sédentariser. Aujourd'hui, nous sommes beaucoup plus sédentaires qu'il y a 100 ans ; pourtant, nous avions alors beaucoup plus de pouvoir...

Les nomades sont constamment tiraillés. Les divers gouvernements leur ont tant de fois répété que leur mode de vie était obsolète, que leur mentalité était contraire au développement, que certains se sentent coupables d'être nomades. Mais une communauté doit se prendre en mains, contrôler et décider d'elle-même ce que sera son destin.

Abdoulahi prend la parole d'un ton grave et rempli d'émotion :

— Peu importe ce que nous recevrons en échange, si nous nous sédentarisons, nous perdrons la raison de notre existence. Je suis peut-être pauvre, mais je dispose de la liberté d'aller où bon me semble. Je lutte peut-être chaque jour pour avoir du pain, mais je ne dois absolument rien à personne…

Les gens bougent, tournent sur leurs chaises, se lèvent et se rassoient. Ils sont incapables de rester en place, ils ont besoin de grands espaces. Tout ce qui délimite est ennemi des Touaregs. Toutes les barrières et tous les obstacles méritent d'être détruits. Pour vivre, ils ont besoin d'une terre sans limites, d'un horizon large et ouvert. Leur patrie est sans bornes, s'étendant sur des milliers et des milliers de kilomètres de rochers et de sable brûlant.

Le débat reprend de plus belle, mais le président arrête chaque intervention. Ausman de la Libye doit bénéficier d'une traduction pour comprendre, mais nul n'en a la patience, emporté par son propre discours. Alors, selon la personne qui intervient, on passe de l'arabe au français, puis au tamashagh. J'en profite pour m'esquiver : je dois surveiller les cuisinières pour m'assurer que tout est en ordre pour le dîner, mon rôle officiel.

Derrière l'édifice, dans un petit coin entouré de briques, quelques femmes pilent des légumes et font bouillir de l'eau sur un feu de charbon ; devant, une femme, sous l'ardent soleil, perfore énergiquement le sol à l'aide d'une lourde perche métallique pendant qu'un vieil homme, accroupi à ses pieds, balaie doucement la terre qui s'accumule autour du trou. On y plantera la charpente d'une immense tente. Même si les Touaregs sont contre l'esclavagisme, ils ont toutefois différentes castes au sein de leur communauté. Et les femmes que je vois font partie de la plus basse dans l'échelle hiérarchique. Elles accompagnent une personne d'une caste supérieure et voient à tous les travaux ménagers. En retour, celle-ci leur assure logement, nourriture et quelques suppléments.

Je dois ramener de l'eau pour le thé. Le fameux thé! On dit qu'un vrai Touareg ne sort même pas de son lit avant d'avoir pris une première gorgée de thé. Une fillette d'à peine 12 ans, qui pilait les épices avec vigueur, m'aide à puiser l'eau, puis allume le charbon. Étant gêné de ne pas très bien savoir comment le tout fonctionne, d'avoir l'air totalement incompétent, je lui avoue en blaguant qu'elle est une « femme à marier ». Elle me répond sans hésiter :

> — Moi, je ne veux pas trouver un mari tout de suite, car je veux étudier. Quand on a un mari, on pense trop… On a toujours des pensées dans la tête, alors on quitte l'école.

> — Ah bon...

Le thé est prêt, c'est la pause. Tous les membres quittent la salle de réunion avec bonheur et vont s'asseoir sous la tente; ils respirent la liberté. Avec notre première tasse de thé, on nous sert de petits morceaux de dromadaire cuits au soleil. Il faut disposer d'une dentition très robuste pour manger de la viande dans ce pays; les animaux sont tellement maigres que la viande semble faire partie intégrale de l'os. Il faut d'abord tenter de la trouver, puis l'arracher.

Je contemple en silence les gens autour de moi, dans leurs habits traditionnels, voilés, assis sous la tente en buvant du thé et en dégustant du dromadaire. Un vieil homme, celui qui plus tôt balayait la terre, s'approche de moi. Seules quelques dents lui restent. D'un français aux accents mélodieux, il me lance :

> — Sais-tu pourquoi nous buvons tant de thé? Car le thé fait mourir jeune. Il vaut mieux pour nous ne pas vivre trop longtemps. Pendant l'hivernage, il faut marcher plusieurs jours pour apporter bétail et familles près d'un point où il y a de l'eau et des pâturages. Si l'on compte

dans son clan deux ou trois vieillards, le retard qu'ils causent peut coûter la vie à tout le groupe. Il faut céder sa place dès qu'on devient un fardeau, et ce, pour le bien de tous. Où irait notre peuple si les jeunes devaient gaspiller la majeure partie de leur énergie à soutenir des gens qui ne sont plus productifs ?

Je dissimule un sourire en pensant à notre *baby-boom*, véritable gérontocratie en devenir. Il reprend son souffle et ajoute :

— Parfois la mort est faussement accusée lorsqu'elle achève des vieillards qui par l'âge étaient déjà bien morts avant l'avènement de la mort.

Abdoulahi, avec une tape sur l'épaule, me demande si je suis déjà allé dans le Sahel. Bien sûr que non. Immédiatement, je reçois une série d'invitations. Je ne peux en accepter qu'une : j'irai chez Abdoulahi, dans le nord du Burkina ; c'est le président, mais c'est aussi l'endroit le plus près. On réglera les détails en temps et lieu, car, maintenant, la réunion recommence. Je regagne ma place. Saoudata me demande discrètement si j'ai des connaissances en administration.

— J'ai déjà suivi un cours au cégep, mais c'était assez élémentaire.

— Parfait ! Ugo a une formation en administration, il peut nous faire une proposition.

Un grand tableau est placé devant la table ronde. Puis, le président et le secrétaire me demandent de leur proposer un modèle de fonctionnement pour leur organisation... J'ai l'impression de vivre un cauchemar, le genre où j'arrive tout nu en retard à un examen. Je me place devant le groupe, ne sachant trop quoi faire. Je jette un coup d'œil discret : bon, du moins j'ai encore mes pantalons. Je cherche l'inspiration dans mes souvenirs. Ah ! le cégep... Je me suis perfectionné au aki, en roulage de joints et en *party*, mais concrètement... Je dessine un grand cercle au centre du tableau puis je réfléchis. Devant ma léthargie, la représentante du Mali demande :

— Ça, c'est le noyau de l'organisation ?

— Eh oui, le noyau... C'est ça. Et vous serez en orbite autour de ce noyau central qui s'occupera de déléguer et de relayer l'information.

Tout excité, je commence à dessiner des petits ronds autour du premier cercle. Je trouve que je m'en sors pas mal ; j'ai l'air de savoir ce que je fais. Les hochements de tête me le confirment. Le représentant de la Libye, après avoir reçu sa traduction, propose que Tin Hinan serve de noyau. Mais Saoudata élève la voix et fait savoir à tous que déjà, avec Tin Hinan, elle est débordée. Qui sera donc en charge ? Comment choisiront-ils le noyau ? Les conversations s'animent, encore entrecoupées par le président qui exige l'autorité, et une traduction en arabe pour le représentant libyen... Ils m'ont oublié, heureusement ! Discrètement, je quitte le tableau et retourne à ma place. Je m'efface.

On ne regarde pas dans la bouche
de celui qui fait griller les arachides.

Le Moogho (prononcez moro) naba est le roi du Burkina Faso. Il incarne le soleil, le centre de l'univers, le cœur de l'empire mossi. Parlant du soleil, il brille bien fort aujourd'hui. Il fait si chaud que j'ai peur de me consumer, de prendre feu littéralement. Pouf!

Profitant du statut qu'est le nôtre, et qui disparaîtra dès notre retour en Amérique — nul n'est prophète en son pays —, nous entreprenons quelques démarches afin de pouvoir rencontrer Sa Majesté. Les autorités sous sa gouverne sont près du peuple, et bien nombreux sont ceux qui se sont déjà entretenus avec le roi sur un sujet de la vie quotidienne. Malheureusement, sa popularité est telle qu'aucun rendez-vous n'est disponible ce mois-ci. Valériane ne peut rien obtenir avant cinq ou six semaines, mais comme, nous ne serons déjà plus là... Une rencontre nous est cependant accordée avec le Larlé naba.

La ville de Ouagadougou est divisée par quartiers qui, autrefois représentaient des sous-royaumes et chacun d'eux porte le nom du *naba* — *naba* signifiant «chef» — qui y régnait jadis. Encore aujourd'hui, plusieurs chefs traditionnels habitent leurs quartiers respectifs, mais ils ne détiennent plus vraiment de pouvoir autre que moral. Le quartier appelé Kamsogho abritait le maître des eunuques, Kamsogho naba, celui qui veillait sur le harem du roi; Tansoba logeait le ministre de la Guerre, Tansoba naba, le commandant de l'armée; Gounga, le commandant d'infanterie Gounga naba; Ouidi, Ouidi naba, le commandant de la fameuse cavalerie mossi qui comptait autrefois 10 000 cavaliers. Il y a aussi Soré, où résidait Soré naba, celui qui veillait sur le tambour de guerre. Quand son battement s'élevait, que son martèlement résonnait sur la colline, les ennemis tremblaient. Memné, lui, rassemblait les lieux de divertissement, et c'est dans le quartier appelé Zangote que les étrangers disposaient leur étalage de perles, d'or, ces marchandises venues d'un autre monde. Quant au Moogho naba, lors d'une guerre, il a rassemblé une armée de guerriers mangas, d'excellents féticheurs qui détenaient entre autres le pouvoir de disparaître et d'apparaître à volonté. Après la victoire, le roi, méfiant, voulu les garder, à distance : il leur légua un dépotoir éloigné, Tampui, qu'ils ont transformé en l'un des plus beaux quartiers de la ville. Ces chefs traditionnels et plusieurs autres formaient une monarchie fortement hiérarchisée qui permettait au royaume mossi une remarquable cohésion sociale et religieuse, ainsi qu'une exceptionnelle constance politique qui ont apporté paix et sécurité au peuple, et leur ont permis de résister à l'esclavagisme alors que partout ailleurs la chasse aux esclaves dévastait les villages. Cette réalité a contribué à faire du Burkina Faso, malgré sa petite taille, l'un des pays les plus peuplés de l'Afrique occidentale.

Notre taxi se dirige vers le quartier du Larlé, où demeure le *naba* responsable des coutumes et des traditions, le père des griots. C'est lui qui est chargé des âmes mossis et des sépultures royales. Le véhicule nous laisse devant deux grandes portes de fer forgé. S'approchant de moi, un petit homme me montre de sa main gauche une pancarte sur laquelle est dessiné un soulier, et de sa main droite un petit marteau. Mais un gardien le repousse avant de nous demander de décliner notre identité. Il ouvre ensuite les portes grinçantes, derrière lesquelles nous découvrons une magnifique cour intérieure. On se croirait en pleine brousse. Entre les arbres et les buissons, une vingtaine de cases sont alignées en demi-cercle. Construites en *banco* traditionnel, elles ne renferment qu'un espace pour cuisiner, une natte pour dormir, de petits bancs, quelques canaris remplis d'eau et, surtout, d'innombrables calebasses servant de cuillères, de récipients, de tirelires, etc.

268

La demeure principale, par contre, est grande et belle. Moderne, son style un tantinet colonialiste me surprend : son propriétaire n'est-il pas chargé de conserver les traditions ? Entre celle-ci et les cases, un univers de différence. Devant l'immense résidence, de grands escaliers mènent à la porte principale, qui elle, est accompagnée de deux énormes cavaliers de bronze (grandeur nature) qui montent la garde de chaque côté. Ils semblent si réels qu'on jurerait les voir respirer. À l'intérieur, un escalier en bois tournoit jusqu'au second étage. Des statues, des instruments de musique, des œuvres d'art traditionnelles et modernes décorent les murs. Nous sommes conduits à une vaste salle où nous sommes priés de patienter dans de luxueux fauteuils réservés aux invités. Valériane s'assoit, puis, voyant le plaisir qu'elle a à s'enfoncer dans le siège, j'en choisis un et je m'y cale. Le valet qui nous a escortés brandit alors une clochette pour convoquer le *naba*. Se déplaçant ensuite dans la maison, il agite la clochette qui résonne. En rigolant, Valériane déclare :

> — On dirait qu'ils veulent nous faire croire que la maison
> est immense. Ne me dis pas qu'il n'entend pas la cloche,
> peu importe où il se trouve...

La clochette retentit d'encore plus loin. La situation est comique, mais aussi trop impressionnante pour en rire. Je suis intimidé : c'est la première fois de ma vie que je rencontrerai un roi.

Nous patientons encore et encore. Mon angoisse est disparue ; je suis seulement indifférent, si las. Le temps en Afrique est comme un élastique qui s'étire indéfiniment. Puis, alors qu'on ne s'y attendait plus, la porte s'ouvre. Quatre hommes assez âgés s'approchent en silence. Ils sont vêtus de boubous brodés, tous différents, chacun indiquant leur région d'origine. Je me lève et m'apprête à leur serrer la main quand ils s'agenouillent à nos pieds, puis s'abaissent front au sol. Ils demeurent ainsi dans cette position, ne remuant plus. Dans un silence complet, nous n'osons, nous non plus, ni bouger ni parler. Après l'incompréhension et l'inconfort voilà que le ridicule de la situation fond sur nous. Valériane lutte difficilement contre un fou rire. Je le sens aussi qui grandit en moi, qui menace de faire éclater mon ventre. Cependant, même si je ne comprends rien à ce qui se passe je sais pertinemment que si nous éclatons de rire, nous ne ferons certes pas bonne impression. Leur position semble vraiment inconfortable, mais ils la tiennent sans broncher. Mes pieds frôlant leur visage, je les retire par respect. C'est tout ce que suis en mesure de faire. Finalement, le Larlé naba se présente. On sait immédiatement que c'est lui à voir la richesse de son costume, son chapeau finement brodé, la grâce dans ces mouvements. Il amène avec lui une apaisante sensation. Il est beaucoup plus jeune que je ne l'imaginais; il ne doit pas avoir encore atteint la quarantaine. Il paraît *cool*. J'espérais que les hommes agenouillés se relèvent à son arrivée, mais il n'en est rien. Le Larlé nous salue, puis il s'attarde particulièrement à Valériane. Le visa aux yeux bleus *strikes again*. Il lui raconte que son arrière-grand-père possédait 55 femmes. Devant sa réaction négative, il s'empresse de souligner que lui-même n'en dispose que de 22. Puis, d'un ton quelque peu charmeur, il ajoute qu'il a encore du chemin à faire pour rattraper son ancêtre. Se sentant immédiatement visée, et avec raison, Valériane déploie son système de défense, véritable réflexe ici :

— Malheureusement, je suis déjà fiancée, lui lance-t-elle en esquivant un sourire et en prenant ma main.

— Ce n'est pas grave, répond-il d'un ton ferme. Quand un roi désire quelque chose, il l'obtient.

Serrant ma main avec force, Valériane se fait toute petite. J'interviens :

— Vingt-deux femmes ? Ça fait un mois bien rempli...

Mon rire se propage. Il nous apprend qu'il ne les a pas toutes mariées, que son père lui en a légué près d'une vingtaine. Elles sont donc plutôt âgées, mais elles sont au courant de plusieurs secrets. C'est pourquoi, à la mort d'un *naba*, son successeur ne peut chasser les femmes de celui-ci. Elles sont détentrices d'une sagesse, de pouvoirs et de savoirs qu'il n'a pas. Elles sont aussi les gardiennes des fétiches royaux.

Le Larlé tient cependant à spécifier que ce n'est pas parce que son royaume s'est affaibli qu'il n'a pas épousé autant de femmes que son père, c'est plutôt par modernisme.

Après une brève pause, il nous demande la permission de disposer des notables. Enfin ! il était temps... Je n'arrivais plus à me concentrer sur ce que le *naba* disait, je ne pensais qu'à ces pauvres hommes à l'échine courbée. D'un signe de la main, il leur permet de se relever. La coutume veut qu'ils demeurent agenouillés durant tout l'entretien ; un signe d'honneur face aux invités. Mais je suis heureux de briser le protocole plutôt que leur dos. À l'extérieur, le cri d'une mosquée retentit. Le Larlé nous quitte quelques instants pour sa prière.

Les religions institutionnalisées ont réussi à s'adapter aux cultures locales pour mieux se répandre, à se modeler aux croyances en place pour mieux recruter les fidèles. Ici, les deux grandes religions, le christianisme et l'islamisme, ont pris bien soin d'inclure dans leurs icônes des symboles locaux, reprenant et assimilant des éléments sacrés africains. Elles se sont enrichies de l'animisme pour arriver à l'imbriquer dans leur religion. Par exemple, les baptêmes se déroulent sur plusieurs jours dans ce pays, à l'âge de la maturité et non au moment de la naissance, conservant ainsi le symbolisme de l'initiation, le passage à l'âge adulte. Pour les païens, le mort devait subir des épreuves finales dans l'au-delà avant de parvenir au paradis, d'où l'idée du purgatoire proposée par les catholiques. Pour l'agriculture, plusieurs rites existaient. Entre autres, les féti-cheurs devaient, pour assurer de bonnes récoltes, faire des sacrifices lors de l'ensemencement des champs, implorer Thagba (le ciel) de féconder sa femme (la terre) de ses pluies et s'excuser à la mère nourricière de lui gratter le ventre au risque de la blesser en labourant. Pour remplacer tous ces rites, le christianisme a élaboré des prières spéciales implorant Dieu de faire tomber la pluie, et a planté des croix devant les champs. Fini les esprits des champs ! il n'y a de Dieu que Dieu, car tout est Dieu. Il faut s'adapter pour mieux se développer. Les religions traditionnelles ne traversent pas les barrières culturelles et sont donc vouées à disparaître avec l'extinction de leurs membres.

Le Larlé revient de son entretien avec Allah. Devant nos interrogations, il admet qu'il est aussi animiste, mais que les nouvelles religions possèdent leurs bons côtés. Ainsi, elles interdisent les sacrifices humains, bien que le symbole suprême du catholicisme en représente un. L'être humain a été créé par Dieu et seul Dieu peut lui retirer la vie. Plusieurs *wacks*, les plus puissants, étaient auparavant concoctés à l'aide d'ossements et de chair humaine…

Par contre, l'animisme prône des valeurs plus humaines. Tous peuvent entrer en contact avec les ancêtres qui, eux, sont un pont entre l'homme et le Créateur. Le pouvoir n'est pas relégué à quelques « élus de Dieu ». Les gris-gris sont personnels, chacun possède les siens. On ne retrouve pas un seul Saint-Graal pour des milliards d'individus. Tous font partie intégrale de la religion et peuvent « s'en servir » personnellement. D'ailleurs, l'athéisme n'existait pas avant l'incursion des religions du Nord.

De nos jours, tous les préceptes de l'animisme sont reniés par le nouveau système introduit par les Blancs, causant quelques frictions. Il y a peu de temps, le haut tribunal burkinabé a chargé un avocat d'enquêter sur l'animisme. C'est un problème sérieux au sein de la cour criminelle puisqu'une part importante des plaidoyers légaux blâment les *wacks* ou les mauvais génies pour différents décès. Les causes se retrouvant ainsi dans l'impasse, la justice doit-elle reconnaître cette force surnaturelle ? Donc l'avocat chargé de l'enquête devait établir la preuve scientifique de l'existence ou l'inexistence de cette «sorcellerie» afin que le pouvoir judiciaire puisse la traiter d'une manière concordant avec ses principes. Retournant dans son village natal se soumettre aux étapes de l'initiation ; cet avocat, plusieurs mois plus tard, a envoyé à la Cour un rapport préliminaire affirmant que les forces surnaturelles existaient bel et bien, mais que les *wacks* n'étaient possibles qu'entre les membres d'une même tribu. Personne n'a plus entendu parler de lui ; il n'est jamais revenu. Un peu comme Carlos Castaneda qui, au fur et à mesure qu'il entrait dans le monde des sorciers mexicains, perdait la certitude que son ancien univers était le bon. Après tout, nos croyances ne sont que la conception que nous nous faisons de la réalité.

Nous quittons le Larlé naba. Derrière la maison, une toute petite et étrange case circulaire se dresse. Faite de terre qui semble rugueuse et vieillie, elle a une minuscule ouverture recouverte d'une sorte de bouclier en paille en guise de porte. C'est sans doute pour un animal… Un chien royal ? Je m'approche doucement de cette étrange cabane qui détonne avec la belle résidence qu'elle borde. Tout à coup, un gardien se met à me crier après d'un ton sévère. Au pas de course, il se place devant moi et m'indique du bras la sortie. Je lui demande tout de même ce qu'est cette petite case. Il ne fait que marmonner, mais j'arive à discerner les mots « rituels sacrés ». Je me retourne et quitte la cour.

Je questionne le chauffeur du taxi. Il nous apprend que le Larlé est reconnu pour la grande puissance de ses *wacks*. Selon les dires, il possède dans une case protégée — celle que je viens de voir ! — des gris-gris faits avec les os des ancêtres du Moogho naba. Lui-même doit y entrer en rampant humblement pour être certain que les ancêtres le laisseront passer. Voilà sûrement pourquoi la porte est si basse.

273

— Même les enfants du naba ne savent pas ce qui se trouve dans la chambre des fétiches.

Et moi qui pensais que c'était pour son chien ! Une chance que je ne me suis pas approché davantage en criant « Pitou ! Pitou ! »... Les ancêtres ne m'auraient sûrement pas pardonné.

Dans l'arène des chats, un coq ne s'y pavane pas.

Il y a plusieurs types de chocs culturels. Un choc culturel n'est pas une maladie qui frappe telle une violente grippe, laissant sa victime clouée au lit. C'est plutôt notre réaction à l'ensemble des petites différences qui distinguent un pays du nôtre, ses coutumes et ses valeurs des nôtres. C'est tout à fait normal de ressentir ces chocs, même que Moustapha aime à dire :

— Si vous venez en Afrique et que vous ne vivez pas de choc culturel, vous avez complètement passé à côté.

Toutefois, la capacité à encaisser les chocs culturels diffère selon les limites de chacun. Tout comme, pour certains, se rendre à une fête où ils ne connaissent personne est une occasion en or de se faire de nouveaux amis ; pour d'autres, il s'agit d'un cauchemar où ils s'assoiront dans un coin, ne parleront à personne et s'efforceront de trouver une excuse valable pour partir le plus rapidement possible. Certains ont besoin d'être entourés de la présence rassurante d'un monde qu'ils connaissent parfaitement ; ils ont besoin d'être toujours en contrôle. D'autres, au contraire, recherchent justement les situations où ils ne comprennent aucunement les règles, où la seule manière de les apprendre est en commettant erreur par-dessus erreur, quasiment relégué au rôle d'enfant. Comme chacun est différent, que chacun doit y aller selon ses propres limites, il est toujours possible de minimiser son intégration à une autre culture, d'atténuer les chocs culturels. Ainsi, comme quelqu'un qui se sent mal à l'aise du seul fait de quitter son patelin peut apprécier un voyage « tout inclus » dans le Sud où, s'il est chanceux, durant tout son séjour dans un hôtel aux standards américains, il ne rencontrera pas un seul habitant du pays visité, même en plein cœur de l'Afrique noire, où cet univers à l'opposé du nôtre recèle assez de chocs culturels pour tuer un éléphant, il est possible de minimiser son dépaysement. Avec un peu d'argent, il est possible de lire des magazines français, de manger de la nourriture européenne, d'être en lien avec ses proches via Internet, de regarder des films hollywoodiens, de ne côtoyer que des touristes dans les piscines des hôtels, etc. Par contre, ce mode de vie n'est pas très enrichissant à mon point de vue. Je suis ici pour surpasser mes barrières, apprendre et découvrir. La vraie magie, l'extase, c'est de se retrouver en plein cœur de choses qui nous dépassent et d'y survivre. Je teste mes limites en me lançant tête première dans leur monde, puis, quand je réalise que j'ai été trop loin, que je commence à m'angoisser, à ne plus comprendre ce qui m'arrive, je reviens chez moi et écoute une bonne vieille cassette de Richard Desjardins ou de Radiohead tout en lisant un livre. C'est une bouée de sauvetage, un remède presque instantané et toujours efficace, du moins je l'espère…

J'installe de nouvelles piles dans le petit radio ravagé par le sable et avance la cassette à la chanson des *Yankees*. Je suis fin prêt pour affronter une situation d'urgence. C'est que Sibiri vient de me proposer d'assister à une partie de l'équipe nationale de football (soccer) au stade du 4 août. Bien que tentée par l'expérience, Valériane estime qu'elle ferait mieux de passer son tour. Je me lance, je me le dois. Ma crainte se transforme en excitation. Je ne tiens plus en place.

Je me dirige d'un bon pas vers le boulevard principal. J'ai encore deux heures avant notre départ pour le stade. Après une marche qui n'en finit plus, je parviens à un petit kiosque composé de quatre minces troncs d'arbre soutenant un toit de paille. Accrochés à cette paille, des dizaines de casquettes et de sandales, mais, surtout… des maillots de football. À force d'être exposé si près du boulevard, tout est recouvert de poussière et d'une couche de gas-oil séchée, une crasse noire. La fumée épaisse des camions suffit à tuer toute vie aux abords des chemins... Je convoite un chandail de l'équipe nationale : les Étalons du Burkina Faso .

Avant que le monde ne soit monde (vers le XV⁰ siècle, nous disent les plus rationnels), Yennenga, une princesse guerrière de Dagomba, célèbre pour sa beauté et son courage, fille du puissant *naba* Nedega des peuples du nord du Ghana, a été emportée dans la brousse par un cheval déchaîné, où elle s'est égarée. Au moment où les mains du soleil effleuraient les épaules de la terre, un chasseur d'éléphants malinké du nom de Rialé est venu à son secours et l'a recueillie dans son humble hutte pour la nuit. Et, cette nuit là, ils sont tombés amoureux. Puis, ils ont eu un enfant et l'ont baptisé Ouédraogo, qui signifie « étalon », en l'honneur de ce cheval qui, en fuyant, avait permis leur rencontre. Ce jeune Ouédraogo, n'étant pas reconnu prince puisque né de sang impur, est parti explorer les régions plus au nord. Et il a fondé l'empire mossi, devenant le premier Moogho nabe, empire qui, grâce à sa puissante cavalerie et à l'organisation très sophistiquée de ses royaumes, est l'un des seuls à avoir survécu jusqu'à nos jours. D'ailleurs, une partie très importante de la population porte toujours le nom de Ouédraogo, et quand on ne se rappelle plus le nom de famille de quelqu'un, c'est sur ce dernier qu'il faut placer les paris.

Le petit vendeur, tout excité de voir un Blanc se diriger vers son étalage, me présente sa marchandise. Je vois un beau chandail kaki, qui devrait être originalement vert avant le legs des camions et des mobylettes, sur lequel est brodé l'écusson des Étalons. Les manches sont ornées du logo d'une marque réputée m'annonçant que ce ne sera sûrement pas donné. Pourtant, la qualité du tissu ne m'impressionne guère. Je regarde plus attentivement autour de moi et je comprends mieux. La petite radio qui rugit à mes pieds est un *Philibs* ; les sandales du vendeur présentent la célèbre griffe *Nuke* ; les écouteurs près de la radio sont des *Bony*... Toujours des logos impossibles à distinguer si l'on n'y porte pas attention, aux couleurs, grandeurs et styles identiques aux originaux. Tout ici est piraté. Le chandail n'est finalement qu'un *Adibas*. Mais ça ne fait rien. Le vendeur souligne que c'est l'un des derniers en ville, qu'il ne veut pas vendre à perte, que je ne lui fais pas une offre raisonnable... En définitive, mes deux heures libres que j'avais avant le départ sont passées à négocier. Satisfait du maigre 3500 FCFA que j'ai payé, soit 7$, j'enfile le chandail et cours rejoindre Sibiri. Je deviens vraiment efficace dans l'art de négocier : le vendeur a dû céder et il n'a pas réussi à me passer un prix de Blanc. Je dévoile fièrement mon chandail à Sibiri,

— Ça ne vaut pas plus de 1500 FCFA.

Les maudits vendeurs ! Peu importe de combien nous nous faisons avoir, ils arrivent toujours à nous donner l'impression qu'ils perdent de l'argent avec nous. Tu peux négocier pendant des lunes, mais, au fond, s'ils acceptent de te vendre, c'est qu'ils t'ont eu.

Nous montons dans un taxi. Le conducteur me considère avec un large sourire et, heureux, me serre la main vigoureusement. Il est content de voir un Blanc appuyer son équipe. C'est la dernière partie de la saison régulière, et les Étalons doivent absolument gagner pour se qualifier à la Coupe d'Afrique. Leurs rivaux d'aujourd'hui, les Algériens, sont premiers de leur division. C'est une partie importante, certes, mais ici ça devient un événement capital. Les rues sont pleines, Le trafic est immense. Une foule de gens installés devant un petit écran posé sur une boîte ou attroupés autour d'un poste de radio. D'autres sont maquillés, déguisés, brandissant des drapeaux. Les commerces ferment. La ville est complètement paralysée. Des mobylettes se faufilent entre les voitures, et les conducteurs, en m'apercevant, agitent leurs bannières en criant. Plus les voitures avancent, plus la foule devient dense, compacte. Parmi celle-ci, plusieurs s'exclament quand ils aperçoivent mon maillot. Quelques mobylettes roulent maintenant à nos côtés pour nous escorter avec leurs étendards et des cris de joie. J'ai vraiment bien fait de m'acheter ce chandail.

Des centaines et des centaines de mobylettes sont garées pêle-mêle aux abords de la route. À perte de vue. Nous approchons. Les klaxons, les cris ; l'atmosphère est explosive. Le stade est en vue, gigantesque édifice qui se démarque de façon impressionnante des minuscules habitations qui l'entourent. On dirait un énorme vaisseau spatial ayant atterri en plein centre d'un simple quartier de cases. Toutes les entrées sont noircies d'une nuée incalculable de personnes. *Exit*. Je prends une grande respiration avant de plonger dans la foule. J'ai envie de crier. Je suis tellement excité et heureux d'être ici, traumatisé et paniqué aussi. J'ouvre la portière : paf ! la chaleur me frappe. Sous ce dur soleil d'après-midi, je me demande bien comment les joueurs feront pour courir. Dans la foule, je cherche l'anonymat, mais ne la trouve nulle part. Les Blancs avec un chandail de l'équipe nationale ne sont pas légion. On m'entoure, me crie des mots d'encouragement, s'attroupe autour de moi pour me serrer la main. Des enfants s'approchent pour me vendre des panneaux de boîtes de carton. Sibiri m'explique que c'est pour s'asseoir, le béton est parfois si brûlant. Je comprends alors qu'il n'y a aucune place réservée, c'est l'admission générale : premier arrivé, premier servi. Nous avançons vers la billetterie. Je dois pousser les gens autour de moi simplement pour tenir debout. Voyant cette masse se bousculer à la barrière, je décide d'acheter les billets les plus dispendieux, quelques dollars. Puisqu'ils sont le double du prix normal, les sièges seront sûrement réservés, et il y aura de l'air à respirer. Je sens que le choc culturel est en train de me noyer. Je ne veux pas plonger trop profondément, je n'aurai plus assez d'air pour remonter à la surface. La foule m'avale et me transporte comme le courant d'une rivière. Je ne sais même plus si mes pieds touchent le sol. La direction empruntée n'est pas de mon ressort. Il y a des policiers partout, matraque à la main. Ils semblent contrôler la foule, mais, en vérité, leur pouvoir est quasi inexistant face à ce raz-de-marée. Sibiri me tire par le bras ; notre section *VIP* n'est pas dans cette direction. Nous devons nous dégager du courant et emprunter un escalier moins achalandé. Excellent ! Mais pas pour longtemps... Une foule m'attend en haut, tout est congestionné. Les gens commencent à s'impatienter et à hurler. À la porte numéro huit, un policier nous crie que la section est pleine, qu'il n'y a plus de place. La riposte est vive et immédiate : les gens se mettent à pousser et à crier encore plus fort. Voyant cette masse charger vers lui, deux choix seulement s'offrent clairement au policier : céder le passage ou se faire piétiner. Il ne choisit ni l'un ni l'autre ; des renforts viennent plutôt l'aider à barricader l'entrée. J'arrive à me faufiler entre deux jambes, mais, derrière moi, des matraques bloquent le passage, d'énormes portes de métal se referment et de grandes barres d'acier en croix munies de cadenas les verrouillent. Je ne peux ni avancer ni reculer. Tout est plein. Je me suis trompé ; non seulement il n'y a aucune place réservée dans cette section, mais il n'y a aucune place, point. Sibiri, devant moi, me fait signe de monter. Profitant de ma minceur, je pose le pied sur une marche, entre les gens qui sont complètement collés les uns contre les autres, et tente ainsi de passer entre eux, marche par marche. J'arrive enfin tout en haut de la section. Une sorte de petite plate-forme en bois est érigée, comme pour supporter une caméra de télé. Je n'hésite pas : j'y grimpe. Je sais que je n'en ai pas le droit, mais, puisqu'elle n'est pas complètement engorgée de gens, peut-être va-t-on m'oublier... La plate-forme tremble dangereusement à chacun de mes pas, une foule importante ruant dessous, dont Sibiri, mais tant que ce n'est que moi ça va. Puisque je ne suis pas trop lourd. Un tremblement m'apprend que quelqu'un d'autre y grimpe. Puis un homme vient s'asseoir à mes côtés et m'annonce qu'il est le gardien chargé de s'assurer que personne ne monte sur cette passerelle. Oh, oh... Il observe mon chandail et enchaîne tout de suite en me disant qu'il est heureux de voir que je supporte son équipe. Puis il regarde le terrain en silence... bon, je crois qu'il ne va pas m'expulser, tout va bien. Je reagrde aussi le terrain. Son gazon jauni survit de peine et de misère. Je remarque qu'au-dessus de ma tête un petit toit de béton me protège du soleil. Ah! je comprends maintenant pourquoi les billets étaient le double du prix : c'est la seule section à l'ombre. Et avec la journée qui avance et le soleil qui descend, ses rayons commencent lentement mais sûrement à nous gagner. Quelle affaire…

Je surplombe la section, j'ai maintenant de l'air. Le mouvement ne s'arrête pas. Plus un espace n'est libre ; pourtant, les gens continuent d'avancer, de chercher une place. C'est le chaos ! Toutefois, bien qu'il n'y ait aucun ordre établi, les gens semblent savoir exactement où aller, ce qu'ils doivent faire. Dans ce désordre apparent, il y a une logique qui m'échappe.

La section à nos côtés est complètement vide. Pas une âme qui vive ; seulement des policiers chargés d'empêcher les gens de grimper sur les barbelés qui séparent les sections. Plusieurs essaient tout de même. La frustration est palpable. Ici, impossible de respirer. En face de nous, de l'autre côté du terrain, une section également vide est protégée par des matraques ! Le genre d'inégalité auquel on s'habitue en Afrique… De jeunes téméraires se lancent sur les barbelés et tentent d'éviter les coups pour gagner la section libre. Voulant décourager les prochains qui voudraient s'aventurer, les policiers sont d'une violence inouïe. Partout, on voit des individus tentant de changer de section se butter aux matraques. Une voix de femme se fait entendre à travers de vieux haut-parleurs :

— Communiqué pour les portiers : fermez les portes des sections 6, 11 et 17. Les policiers sont demandés d'urgence à la section 14. Je répète…

Je compte les sections, pose mon regard sur la section 14. Dans la foule, une espèce de trou noir en ébullition révèle une terrible bataille. Mon voisin, le gardien me raconte que les portiers essaient généralement de placer les supporters de l'équipe adverse dans une même section, sinon il y a trop de troubles. Soudainement, un bruit semblable à un coup de canon… Les portes de la section d'à côté viennent d'exploser, de s'ouvrir.

Comme un geyser, une foule s'y échappe dans un flot continuel. La section est immergée, inondée en l'espace de quelques minutes tout au plus. Et les portes ouvertes déversent toujours des centaines de spectateurs. C'est une hémorragie que rien ne semble pouvoir arrêter. Bien vite, ils deviennent pour ainsi dire incapables de bouger. Et voilà qu'ils se mettent à leur tour à escalader les barbelés pour venir dans notre section. Les policiers ne sont plus là. Plusieurs tentent de grimper sur la structure de bois. Je me tourne vers eux, affichant mon air le plus sévère. Trop imaginatif, je vois la passerelle s'écraser sur la foule en dessous. La panique s'empare de moi. Nulle part où aller... Les portes de notre section sont verrouillées ; impossible de sortir. Prendre de grandes respirations... prendre de grandes respirations. De violents chocs m'empêchent de continuer. Des spectateurs, encore à l'extérieur, tentent à présent de défoncer les portes de notre section qu'ils pilonnent avec je ne sais quoi. Ce que je sais, c'est que s'ils y arrivent nous sommes mal en point. Je ne sais même pas où l'on pourrait placer une allumette de plus. Je prie pour que les portes résistent, les policiers nous ont abandonnés pour aller prêter main-forte à leurs collègues de l'autre côté. Toutes les sections du stade sont maintenant archipleines. Même sur les immenses poteaux de lumière s'élevant aux quatre coins du stade des gens sont grimpés ; de bas en haut, ils occupent chaque échelon. Le gardien, toujours à mes côtés, prétend qu'officiellement le stade a une capacité de 35 000 personnes. On l'a sans aucun doute dépassé depuis déjà longtemps.

Des cris et des chants s'élèvent ; c'est l'hystérie. La foule se met à bondir : les équipes ont fait leur entrée sur le terrain.

— Les policiers sont appelés à intervenir au niveau de la porte numéro six.

Je réalise que je suis très heureux de porter le maillot des Étalons de ne pas être pris pour un supporteur de l'équipe algérienne. La partie débute. Des joueurs de *djembé* sonnent le cri de guerre dans les estrades. Presque tous les spectateurs sont déguisés et maquillés. Ils dansent, et avec la sueur leur maquillage se liquéfie et dégoutte. Des chants sont entonnés, accompagnés de tout ce qui peut faire du bruit : des assiettes de plastique attachées à un bâton, des bouteilles vides, des sifflets, etc. Ici, ils font de tout avec rien, peu importe ce qui leur tombe sous les mains. Un océan de drapeaux submerge le terrain : des bandes, l'une verte, l'autre rouge, une étoile dorée en leur centre. « Allez Burkina ! » Le soleil atteint maintenant mes jambes et me torture. J'essaie d'imaginer la résistance de ces joueurs qui courent comme des fous. Une bousculade éclate sur le terrain ; les joueurs échangent des coups. La tension est à couper au couteau. Les pays du Maghreb sont reconnus comme étant racistes envers les Noirs. Ils ont longtemps accepté l'esclavagisme et tiennent toujours, en conférence internationale, à se dissocier de l'Afrique noire qu'ils jugent arriérée. Loin d'eux la volonté de scander le célèbre *Africa unite*. Lors de confrontations de ce genre, tous ces facteurs resurgissent.

Par-derrière, un *tackle* projette un joueur algérien au sol. L'arbitre laisse filer. Le ballon est envoyé loin à l'aile droite. Un joueur burkinabé y va d'un sprint interminable pour aller le récupérer. Je m'essouffle seulement à le regarder courir. Ce sont vraiment des étalons, dans le bon sens du terme (quoi que les deux sens soient positifs au fond). Il saisit le ballon, feinte et fait un lob au centre ; son coéquipier se projette vers l'avant et dévie la trajectoire d'un puissant coup de tête. Le ballon effleure la lucarne ; le gardien retombe lourdement. Il ne s'est pas rendu. *GGOO-AAALLLL* ! D'un seul bon, le stade se lève. Les gens hurlent et les *djembés* sonnent la fête. C'est une véritable cacophonie. La passerelle tremble. Je suis emporté par le courant ; c'est la joie. Je remarque, complètement à l'autre bout du stade, un Blanc qui se tient lui aussi debout et qui applaudit. Ah ! un Blanc... Un Blanc ? Si lui se distingue d'aussi loin, c'est que moi aussi... Paf ! t'es en Afrique, mon gars, et ici tu ne cadres pas du tout avec le décor... Mais au moins j'ai mon chandail des Étalons. *Yes* ! *Go* Étalons ! Je me retourne pour féliciter mes voisins. Oh ! boy, la passerelle est maintenant complètement occupée. Se faufilant discrètement, de nouveaux arrivants en ont rempli chaque pouce carré. Pour le moment, elle tient ; tout va bien. Mais un jour elle va lâcher... C'est comme ça.

Un énorme cadran à aiguilles indique que le temps réglementaire est terminé. On a gagné ! L'arbitre n'a même pas le temps de siffler son quatrième coup que déjà des partisans envahissent le terrain. La police intervient. C'est la folie ! Le Burkina s'est qualifié pour la Coupe d'Afrique. Debout sur la passerelle branlante, essayant de ne pas tomber, chacun se saute dans les bras. Les Étalons ont gagné ! Un cameraman de la télévision nationale me cadre, moi le *nassara* qui prend pour leur équipe. Je lève mes bras au ciel... les porte aussitôt à ma gorge. Ça brûle ! Puis mon nez chauffe et mes yeux coulent. Je cherche mon air. Les gens se mettent à courir. Les policiers lancent des bombes lacrymogènes sur le terrain pour faire évacuer la place. On se bouscule vers la sortie. Plus rien ne m'importe sauf sortir d'ici. Je me fais le plus mince possible et, me faufilant difficilement entre les gens, j'arrive enfin à l'air libre. J'ai eu peur. Sibiri me rejoint. Et, raclant sa gorge endolorie, soupire calmement :

— Ah... ça, c'est moins bon.

Reprenant notre souffle, nous achetons un sachet d'eau pour les yeux. Sibiri m'explique que les stades africains ne sont pas des lieux où l'on peut regarder un match de football en toute sécurité, puis retourner tranquillement chez soi. Depuis les derniers mois, ils se sont tristement signalés comme étant des antichambres de la mort. C'est toujours bon de le savoir... mais avant. Le jour de mon arrivée en Afrique, au stade de Accra, la capitale du Ghana, des supporters mécontents de la défaite de leur équipe ont commencé à détruire les sièges du stade. Pour tenter de les disperser, la police a fait usage de gaz lacrymogènes, ce qui a provoqué un mouvement de panique. Les portes du stade étaient verrouillées... Quand les gaz te prennent à la

284

gorge, être ailleurs devient la seule priorité, peu importe les obstacles. Bilan ce jour-là : 126 personnes piétinées ; 126 morts…

Dehors, des autobus se remplissent ; sur leur toit s'entassent des gens maquillés jouant divers instruments. Ici, les voyages en autobus ne semblent être qu'une excuse pour chanter et jouer de la musique. Pour ce qui est des mobylettes, aussi incroyable que cela puisse paraître, elles retrouvent une à une leur propriétaire. Et les taxis débordent de passagers. Nous devons marcher jusqu'à la grande route pour en trouver un. Le trafic incroyable, congestion indescriptible, fait en sorte que nous sommes plus rapides à pied, mais le smog noir qui s'échappe de tous ces véhicules stationnaires est quasiment pire que les gaz lacrymogènes. Je me demande si finalement il n'aurait pas été préférable de rester dans le stade... À chaque bouffée que je respire, je dois perdre un an de ma vie.

Quand un homme la corde au cou passe près d'un homme tué,
il change de démarche et rend grâce à Allah du sort que le Tout-
Puissant lui a réservé.

Valériane est déprimée. Les temps sont durs. De petits *downs* passagers nous guettent chaque instant, même si rien ne va réellement mal. Il faut investir une forte dose d'énergie seulement pour s'adapter et fonctionner dans la vie de tous les jours, alors, lorsque la déprime se pointe, elle est très lourde à supporter. Elle nous met complètement à terre, et nous pile dessus.

Nous sommes malades régulièrement. À un point tel que je suis étonné lorsque mon métabolisme est « régulier ». Nous ne sommes vraiment pas conçus pour vivre ici ; notre corps n'y est pas du tout adapté. Un peu trop de chaleur, une petite bactérie, et nous voilà au fond du gouffre. Jamais je n'avais perçu aussi clairement l'indissociable lien entre la santé physique et la santé mentale.

Valériane vient tout juste de se remettre d'une terrible maladie. N'échappant pas aux statistiques, elle a été clouée au lit plusieurs jours, s'empoignant le ventre et rugissant de douleur pendant que son corps rencontrait de nouveaux amis : quelques bactéries autochtones. « *È viva* « fidèle gastro ! » » Sur plusieurs années, plusieurs groupes et plusieurs projets, Moustapha est capable de compter sur les doigts d'une main les quelques stagiaires, les *survivors*, qui n'ont pas été frappés par cette turista africaine, cette désormais célèbre affection qui nous retire toute énergie. Sauf dans les moments où il faut se précipiter aux toilettes... où celles-ci doivent être libres. Quand les premières douleurs intestinales se font sentir, on en a pour deux ou trois jours avant de s'en remettre. Couché sur son lit, on expérimente alors l'infini du temps. Il est impossible de dormir. Chaque seconde est interminable ; le temps prend toute son ampleur. Et Salli qui vient nous *wacker*, affirmant connaître un sort pour la guérison, un sortilège de sorcière. Un pouce dans le nombril, quelques incantations magiques, un peu d'espoir…

Valériane, debout à nouveau, me suit dans le taxi. Il faut en profiter : c'est la première fois depuis quelques jours qu'elle sort de la maison. Elle est passé à travers. Quand on vit des choses si désagréables, la seule manière de l'exprimer est d'en rire, surtout quand on sait que l'autre a vécu exactement le même cauchemar. Ça devient un sujet de plaisanterie, mais c'est une rude épreuve malgré tout. D'autant plus que la fatigue nous retire l'énergie nécessaire à l'adaptation ici.

Valériane est vraiment à bout. Elle ne supporte plus d'être continuellement le centre d'attraction, de toujours se faire aborder par les hommes, d'entendre tous les jours des commentaires macho, bref, d'être une Blanche. Surtout à Ouaga, berceau de l'empire mossi. Pour un vrai Mossi, la femme est une ouvrière que l'homme a la bonté de faire vivre sous son toit. Cette conception établie crée une pression extrême sur les jeunes filles qui, déjà à un très jeune âge, savent qu'il est primordial de trouver un mari pour garantir leur avenir, elles qui ne dépasseront guère 40 ans. La pression est forte car la vie est courte au Burkina. Avec une espérance de vie de 45 ans, presque 35 ans de moins qu'au Canada, avoir 20 ans prend alors une tout autre connotation. Pourquoi je ne suis pas père de famille à 26 ans demeure un mystère pour eux, moi qui ai déjà franchi la moitié de ma vie… Dans ce pays, un vieux de 26 ans qui n'est pas encore marié est une honte. Le Coran lui-même parle du mariage comme devant se dérouler à la fin de l'adolescence. Les femmes qui cherchent presque désespérément un mari sont légion et cette obligation les pousse à de bien grands efforts.

Je repense à Jonas qui porte des lunettes sans aucune force, uniquement pour se donner un style intellectuel qui, selon lui, fonctionne très bien avec les filles. Comme il dit : Il faut soigner son aspect : « car l'aspect fait le respect ». Avec la sueur qui lui baigne le visage, il remonte constamment ses lunettes qui veulent sans cesse s'échapper. Il lui faudrait de l'anti-sudorifique sur le nez...

— Tu veux qu'on s'associe pour *maquiser* ? Avec ma moby-lette, on est peinards pour la nuit.

Il voulait visiter tous les maquis de la ville, rencontrer les belles jeunes femmes que mon statut de Blanc attirerait.

— Tu peux avoir toutes celles que tu veux. Elles ne regardent que ça ! Et une chèvre broute où on l'attache...

Il m'a toutefois mis en garde contre le danger que représentent les femmes d'ici, me soulignant l'importance de ne pas en tomber amoureux. Elles sont reconnues pour devenir exactement ce que nous voulons qu'elles soient, pour se mouler à nos désirs, être parfaites. Cependant, une fois mariées, elles reprennent leur vraie personnalité ; leur but atteint, elles n'ont plus à faire d'efforts. Dans un monde où l'éducation leur est souvent refusée, où le taux d'analphabétisme est presque le triple de celui des hommes, où faire carrière demeure encore mal vu, l'amour devient une valeur secondaire par rapport au besoin d'assurer son avenir. Et l'anneau au doigt en est la clé. Le mariage devient un but en soi, et non le commencement d'une belle histoire.

Jonas m'a relaté l'histoire de son grand-père. Cet homme relativement aisé possédait une voiture, ce qui était extrêmement rare à l'époque. Quand celui-ci rencontra celle qui allait devenir sa femme, il lui raconta qu'il était nettoyeur de W.-C. Chaque fois qu'il venait la chercher, il laissait l'automobile à la maison et se présentait à pied, portant des vêtements troués, sales, rapiécés. Et quand il était invité à manger chez ses beaux-parents, il dérogeait même à la coutume et n'apportait rien, aucun cadeau. Ce n'est qu'une fois qu'elle eut proposé le mariage qu'il se présenta finalement bien habillé, en voiture, pour l'accompagner au cinéma. Elle n'en crut d'abord rien, pensant qu'il avait emprunté l'automobile de son patron, qu'il ne voulait que l'impressionner. Tout ce manège et cette énergie, sans parler de s'imposer une pareille honte, et ce, afin d'être certain de l'amour de sa future épouse... Jonas joue également sur son statut social lorsqu'il s'agit de femmes. Si c'est une fille qu'il ne désire que connaître à court terme, il lui fera un blabla impossible sur ses importantes possessions matérielles, son emploi bien en vue et sa fortune manifeste ; s'il s'agit d'une fille avec qui il espère une relation sérieuse, voilà qu'au contraire il se diminuera, se fera passer pour un pauvre bon à rien, un va-nu-pieds. Bien sûr, plus souvent qu'à son tour, cette dernière approche ne fait qu'effrayer la jeune femme convoitée, et Jonas se retrouve seul. Alors, avec son groupe d'amis, il se lance dans la stratégie qui consiste à se taper le plus de filles possible. Mais revêtir un statut de riche impose quelques sacrifices... Séduire la «cible» en lui achetant maints cadeaux, en dépensant sans compter exige beaucoup d'argent. C'est parfois le salaire de tout un mois qui s'envole en l'espace d'une soirée, et ce, dans l'unique but «d'aiguiser son couteau». Que sa stratégie porte fruit ou non, une chose est certaine : le reste du mois sera très maigre, le manque d'argent le privant de plusieurs choses, dont certaines essentielles. Hélas ! dès qu'il se renfloue un peu, il retourne sans tarder tout dépenser.

There is no tomorrow. Cette attitude n'est pas particulière à Jonas ; elle semble commune aux Africains. Ceux que j'ai côtoyés jusqu'à présent font très rarement des plans à long terme. Il n'y a qu'à regarder la façon dont le pays est géré, tous ces présidents qui ne font qu'empocher et dépenser sans tenir compte des conséquences... Peut-être est-ce dû aux conditions de vie précaires ; à la mort qui rôde toujours et qui emporte les êtres chers ; à la constante incapacité de prévoir s'ils pourront survivre demain, s'il y aura suffisamment d'eau ou de nourriture. De quoi vivre au jour le jour.

— Qu'est-ce que tu veux être plus tard ?

— Vivant.

Peut-être aussi que les dépenses extravagantes servent de baume pour l'âme, qu'elles permettent d'oublier la misère quotidienne, de se libérer de contraintes épouvantables et d'avoir un aperçu de la vie des riches, celle qui est exposée à profusion dans tous les médias. La belle vie, l'espace d'une soirée ; l'infini, le temps d'y rêver...

Valériane entre la première au *Jardin de l'amitié*. Dans ce grand maquis bordé de buissons, qui ressemble à un parc, quelques-uns tentent justement de se baigner dans la belle vie. L'endroit est parsemé de grands arbres, parmi les derniers peuplant le cœur de la ville, et une paix s'empare de notre âme lorsque nous y entrons, sentiment qui contraste étrangement avec le chaos régnant sur le boulevard que nous venons tout juste de quitter. Un petit groupe de musique lance des notes de reggae. Nous optons pour une table en retrait. C'est l'endroit parfait pour échapper quelques instants à l'Afrique, se soigner et refaire le plein. Valériane patauge dans le doute et craint que toutes les relations qu'elle entretient avec les hommes ici ne soient doublées d'un but sous-jacent. Elle remet en question ses plus belles amitiés, celles qui lui sont les plus chères, car elle soupçonne maintenant que leurs visées soient tout autres. En fait, elle vient d'apprendre qu'un des moniteurs du cirque, avec qui elle partage toutes ses journée est amoureux d'elle. Comment réagir ? que faire ? Le sujet est des plus délicats. Si elle reste elle-même et ne s'impose aucun frein, peut-être interprètera-t-il son attitude comme une invitation. Si elle s'éloigne, dans la peine, comment la relation de travail si étroitement liée se portera-t-elle ? Puis, pour s'éloigner, elle doit s'imposer des barrières, ce qu'elle déteste par-dessus tout. Devoir être quelqu'un d'autre que soi-même ; l'hypocrisie. Sa dernière relation amoureuse s'est justement terminée parce qu'elle avait le sentiment de ne pouvoir être elle-même.

— Est-ce que ça existe quelqu'un avec qui on peut être soi-même à 100 % ?

Elle n'en a plus la conviction. Des larmes coulent maintenant sur ses joues et tombent sur le sol assoiffé qui les absorbe instantanément. Faut-il sacrifier certaines facettes de sa personnalité pour connaître l'amour, ou faut-il être vraiment soi-même pour véritablement être en amour ? Moins on s'estime, moins on croit « posséder » l'amour de l'autre, plus on est prêt à se travestir pour plaire, à modifier son comportement et sa façon d'être pour séduire. Mais une fois que l'autre est conquis, que l'anneau est passé au doigt, le besoin de plaire devient alors moins pressant ; on redevient soi-même. Et c'est à ce moment-là qu'on réalise pour la première fois des anicroches occasionnées par la rencontre des deux personnalités, aucun des deux partis ne faisant plus le compromis de masquer les divergences. Alors, on comprend qui est réellement l'autre.

Notre *alter ego* existe-t-il ou n'est-ce qu'un mythe ? C'est évident qu'il est beaucoup plus facile de trouver un partenaire lorsque nous sacrifions certains aspects de notre personnalité. Si nous n'acceptons aucun compromis, il est difficile de dénicher quelqu'un ayant des besoins, des goûts et des valeurs totalement compatibles avec les nôtres. Et puisque nous sommes tous différents, je dirais même que c'est impossible à dénicher. Nous devons donc sacrifier quelques facettes de notre personnalité pour nous imbriquer dans celle de l'autre. La question est de savoir jusqu'à quel point. L'idéal, c'est le moins possible, mais, comme chacun a sa propre idée de ce que représente le moins possible... Pour une femme burkinabée qui approche la trentaine et qui n'a toujours pas trouvé de mari, les critères de sélection doivent devenir de plus en plus souples ; elle doit être prête à sacrifier et à accepter beaucoup plus que lorsqu'elle était dans la fleur de l'âge. C'est donc dire que, malgré notre mentalité et nos valeurs, des facteurs externes influent sur nos standards. La personne, homme ou femme, qui vit une rupture amoureuse ne veut plus être blessée, connaître une telle douleur ; la prochaine fois qu'elle s'embarque, l'autre devra donc être vraiment «parfait». Ce qui veut dire qu'à la moindre étincelle, au moindre accrochage entre eux, elle laissera tomber, prétextant qu'ils sont trop différents, que les sacrifices à faire sont trop grands. Pourtant, déployer des efforts est incontournable ; le prince charmant ou la princesse charmante, c'est selon, n'existe pas. Malgré toutes ses qualités, il faudra accepter qu'il ne fasse pas souvent la vaisselle ou qu'elle aime mieux aller au cinéma voir *L'étranger romantique II* mettant en vedette le beau Hugh Grant... plutôt que de regarder *la Soirée du hockey*.

Je suis heureux d'apercevoir un sourire se poser sur le visage de Valériane. Les temps sont durs, mais une bonne conversation arrosée d'un peu d'alcool aide à mettre les cadrans à zéro pour affronter les prochains défis.

La nuit se fait tard. Nous quittons le *Jardin* et, à la recherche d'un taxi, nous nous dirigeons vers la lumière. Sans le vouloir, mes pieds se figent une fraction de seconde : devant nous se dresse la Place de la nation, sous laquelle se trouvent les canalisations de la ville, là où en plein jour, devant tout le monde, Valériane s'est fait voler. Je ne crois donc pas que ce soit l'endroit le plus sécuritaire la nuit. Objectif : taxi. Il faut s'éloigner d'ici. Bien que le boulevard Charles-de-Gaulle s'unisse à une autre artère importante, les voies sont complètement vides ; il n'y a pas âme qui vive et un étrange silence règne sur la nuit. La crise du pétrole ! Il ne doit plus rester beaucoup de véhicules en ville qui ont encore quelques gouttes du précieux jus. Nous nous orientons vers le milieu de la Place, au centre du boulevard, là où c'est un peu plus éclairé. À l'autre extrémité, dans un coin sombre, un taxi vert est stationné devant une *baché*. Excellent ! Nous accélérons le pas. Dans un petit rire étouffé, la tension ridicule que j'éprouvais s'envole... mais elle pique du nez aussitôt, et s'écrase lourdement sur mes épaules ; du coin de l'œil j'aperçois trois silhouettes. J'arrête de parler mais pas de marcher. Mes yeux fixent le sol, mais toute mon attention est dirigée vers elles. Je lève la tête nonchalamment ; mon sang se glace. Trois policiers avancent vers nous. Mais ce ne sont pas des policiers municipaux, des policiers normaux, armés de petites matraques. Non. C'est la police nationale. Ils sont vêtus comme l'armée. Je n'en avais jamais vu, mais j'ai souvent entendu parler de leur inquiétante corruption. Je glisse le doigt dans ma poche arrière, touche la photocopie de mon passeport pour me rassurer. Tout va bien aller, tout va bien aller, tout va bien aller… Ce n'est qu'une opération de routine. Le lampadaire me renvoie un reflet métallique ; celui d'une mitraillette. Le bruit de leurs bottes martelant le sol attire enfin l'attention de Valériane qui flotte encore sur un nuage, épatée qu'elle est par mon discours de ce soir. Elle relève la tête et laisse échapper un grave « tabarnac ». Son expression fait naître en moi une série de *flashs*. Tout s'éclaire ; dans ma poche gauche j'ai son paquet de cigarettes ; dans mon portefeuille, 4500 FCFA qui lui appartiennent. Rien d'autre. Elle ne transporte pas de sac à main et sa longue robe aux motifs mauves n'a aucune poche donc... Valériane n'a pas de papiers d'identité. Dans mon sang, l'alcool se transforme tout de suite en adrénaline. Je détourne une fois de plus le regard, les évitant pour qu'ils m'évitent, espérant qu'ils ne fassent que traverser le boulevard, qu'ils ne viennent vers nous que pour... aller voir les buissons abandonnés derrière moi ? Ridiculement rassurant ! Un cri et mes rêves s'évaporent :

— Hé ! vous !

Le plus grand des trois nous apostrophe. Complètement vêtu de kaki, je ne discerne que sa lampe de poche qu'il oriente vers notre visage. Le deuxième policier vient à notre rencontre ; il s'arrête à quelques pas de nous et fait tournoyer sa matraque autour de son poignet. C'est une matraque étrange, longue et molle, qui s'enroule et se déroule légèrement autour de son poignet. Elle ne semble pas faire trop mal, mais je n'ai pas très envie de l'expérimenter. Le troisième se place en retrait, derrière nous. Non seulement il n'est pas dans mon champ de vision, mais mon dernier coup d'œil m'a révélé sa Kalachnikov. C'est la première fois que je vois une mitraillette de cette taille, surtout orientée vers moi. Ses grandes bottes noires sont luisantes au point de refléter la lumière. Nous sommes seuls au monde. Je suis un ver de terre, et je suis très nerveux.

Lorsqu'un policier burkinabé est assermenté, il jure de ne dire que la vérité, ce qui fait qu'en cour judiciaire sa version des faits est incontestable jusqu'à preuve du contraire. Et dans des cas comme celui-ci, des preuves du contraire, il n'y en a pas. Leur pouvoir est absolu.

La lampe de poche nous demande nos papiers. Valériane recule subtilement et se place derrière moi. Je sors la photocopie de mon passeport ; son long séjour dans mes poches l'a complètement froissée et l'on voit qu'elle a connu la sueur. Elle commence même à se déchirer et le sceau officiel de l'ambassade déteint en une grosse tache rouge qui maquille ma photo.

— C'est ton seul papier officiel et il est abîmé comme ça ? Tu nous prends pour qui ? Ce n'est pas sérieux !

Aïe ! je crois que je vais m'évanouir. Je commence par m'excuser, puis hasarde doucement quelques blagues pour détendre l'atmosphère, lui démontrer qu'on est aussi innofensifs que des bébés. Je pointe du doigt ma photo et, me coiffant avec les mains, je lui dis :

— Ah, je ne me ressemble pas beaucoup. Je souriais davantage sur la photo, et j'avais une couette qui s'envolait vers le ciel comme ça… Voilà, maintenant je me ressemble.

Puis j'ajoute en riant :

— Oh, et je suis en couleur dans la vraie vie, pas en noir et blanc comme sur la photo…

Aucune réaction. Non, faux : la réaction est très mauvaise. Il me tend sévèrement mon papier et demande celui de Valériane. Si leur but est de nous terroriser, ils y arrivent à merveille. À voir leur figure, il est possible aussi qu'ils croient que je me moque d'eux et que je défie leur autorité.

> — Nous sommes ici avec l'ambassade canadienne. Nous travaillons avec des jeunes de la rue… en coopération internationale… avec Moustapha et Bamogo… euh, je ne me rappelle plus de leur nom de famille…

Jamais les rôles n'ont été si clairement définis : ils sont les commandants, je suis le commandé.

Le contraste est énorme, nous sommes passés du paradis à l'enfer, et ce, en l'espace de 50 mètres. Officiellement, une personne qui ne possède pas ses papiers d'identité se mérite une amende et doit être amenée au poste. Légalement. Mais ça c'est sans compter que Valériane est une Blanche. S'ils enmènent Valériane, ce sera une histoire d'horreur. Et les histoires d'horreur pullulent, dans ce système fort complexe, où il est difficile d'y faire sortir quelqu'un même pour un ambassadeur. Et puisque je suis « légal », je n'ai aucun droit de l'accompagner.

Je continue mon monologue, essaie d'énumérer des personnes importantes, des partenaires, mais je ne me souviens plus des noms, autant celui de l'ambassadeur que ceux des délégués canadiens. Je ne fais que marmonner. Je ne dois pas être très convaincant. Nous sommes perdus ! Il redemande les papiers de Valériane. Avec le plus beau sourire du monde, et sur un ton tellement mais tellement gentil, elle leur apprend qu'elle les a oubliés, qu'elle ne les a pas sur elle. Puis, tout doucement, elle penche sa tête légèrement à droite et cligne des yeux d'une façon tout à fait charmante.

> — Nous attendions simplement un taxi pour rentrer chez nous, monsieur l'agent.

Le policier consulte ses comparses d'un regard, puis lui répond d'une voix sévère :

— Vous devriez disposer de vos papiers en tout temps, comme votre mari, madame. Maintenant, attendez à ce coin ; nous allons vous envoyer un taxi sécuritaire. À cette heure, vous ne devriez pas prendre n'importe lequel.

Sans réfléchir, je me dirige à l'endroit désigné. Mes genoux tremblent. Je réalise soudainement à quel point je suis nerveux, à quel point je suis loin de chez moi. Ils avaient nos vies entre leurs doigts. Ce n'est pas terminé ; nous sommes encore ici et nous patientons dans la rue. Le temps n'existe pas, nos voix non plus. Il n'y a aucune vie à l'horizon, sauf nos policiers qui retournent à leur intersection. Nous attendons. À tout moment, tant et aussi longtemps que nous ne partirons pas, les policiers peuvent revenir ; nous demeurons à leur merci. Puis un chauffeur de taxi se présente finalement à nous. À pied... C'est lui qui était garé devant la *bâché*, c'était celui vers lequel nous nous dirigions avant notre interception. Il accepte de nous prendre, mais pour 1500 FCFA chacun.

— Mille cinq cents ! Non, pas question ! Nous sommes venus ici pour 200 ; nous allons retourner pour 200. C'est le prix.

Je commence à négocier ferme. Ce *taximan*-là, il ne me roulera pas par-dessus le marché ! Mais d'un vif coup de pied Valériane me ramène à la réalité. La priorité, c'est de foutre le camp, à n'importe quel prix. Le chauffeur propose 1200 pour les deux, payables d'avance. Nous acceptons. Nous nous dirigeons alors vers son taxi garé devant la *bâché*. Les trois policiers y sont appuyés ; c'est leur véhicule. Je m'efforce de ne pas regarder dans leur direction, mais, arrivé à la portière du taxi ils m'interpellent... par mon nom ! Valériane monte dans le taxi et se tourne vers moi avec un air angoissé. Ça doit ressembler à l'air que j'ai... Je me dirige vers les policiers. Le plus grand, celui à la lampe de poche, veut savoir combien le chauffeur nous a demandé pour le trajet.

— Mille deux cents.

— C'est bien, ce n'est pas trop cher.

Hein ? Il s'assure que le *taximan* ne nous a pas roulés ? C'est gentil... Je remercie le policier d'une tape amicale sur l'épaule. En retournant vers le taxi, je réalise soudain, terrorisé, que je viens de lui donner une tape sur l'épaule. Je ne me contrôle plus. Je veux déguerpir d'ici.

— On peut s'en aller !

Le chauffeur me répond qu'il doit encore montrer quelques papiers aux policiers. Quoi ?! Mais qu'est-ce qu'ils foutaient pendant que nous poireautions sur le coin de la rue ?! Il sort du véhicule avec une pile de papiers que les policiers prennent et vérifient dans leur véhicule. Je remarque que le pare-brise du taxi est complètement détruit. Puis je comprends ; je comprends pourquoi ils nous ont laissés partir sans emmerde. C'est le *taximan* qui paie pour nous ! Le scénario se dessine dans ma tête : les policiers étaient probablement en train de contrôler le taxi, qui n'est certainement pas réglementaire, quand ils ont vu arriver deux Blancs. — $$$. Possiblement afin d'éviter les problèmes si jamais nous connaissions une personne d'influence, au lieu de nous taxer nous, ils ont dû proposer un arrangement avec le chauffeur, du genre : « Tu nous donnes le montant de la course et on te laisse filer. » Je comprends maintenant aussi pourquoi le chauffeur voulait qu'on paie avant de partir. Et moi qui pensais que le policier s'assurait qu'on ne se faisait pas avoir. Ils voulaient plutôt savoir si le taximan allait les avoir, eux. Discrètement dissimulé dans des papiers, l'argent change facilement de propriétaire... Ce qu'ils devaient être furieux que je négocie leur prix à la baisse ! Dire que je lui ai donné une tape sur l'épaule... J'ai les jambes molles. La kalachnikov est toujours à portée.

Le chauffeur termine enfin son entretien avec les policiers. Le chemin du retour se fait en silence ; le taxi avance à pas de tortue. J'ai mal au ventre. Le taxi s'immobilise juste à temps ; je sors la tête par la portière et je vomis. Je tremble encore, et je sais que je ne pourrai pas dormir. Je m'allonge sur un divan. Valériane et moi récapitulons les faits. Tout s'est bien passé, mais nous ne voulons pas le revivre. Ne pas contrôler son destin donne de grands vertiges.

Le chat adore le poisson. Quel dommage qu'il ne sache pas nager.

C'est notre fête nationale aujourd'hui. Vive la Saint-Jean ! Valériane et moi décidons de convier quelques bonnes « genses » et de célébrer chez nous. Une petite soirée, non pas parce que nous ne voulons pas fêter en grand, mais bien parce qu'inviter quelqu'un ici signifie lui offrir toute la nourriture et toute la boisson qu'il peut ingurgiter. Et en calculant un peu nos moyens, avec la quantité d'alcool qu'il nous faudra, nous convenons de ne pas servir de repas. Nous les invitons donc, vers les neuf heures, pour qu'ils comprennent que le souper n'est pas inclus. Valériane est responsable de préparer quelque chose à grignoter tandis que je me rends à *La cave* pour y chercher les caisses de bière et la glace. Mais, tout d'abord, je dois arrêter chez Tin Hinan. Les réunions se sont closes hier soir ; Tasghalt est maintenant officiellement sur pied. Longue vie !

Sous la tente, c'est la fête. Tous les Touaregs ont revêtu leurs plus beaux habits faits de tissus brodés d'or et saupoudrés de pierres précieuses. Des voiles colorés flottent au vent ; sur leur tête, des bijoux couvrent leurs cheveux. Les hommes ressemblent à des princes dans leurs longs costumes. Quelques musiciennes frappent sur des *tindés* : de simples mortiers en bois, destinés à piler les céréales, recouverts d'une peau de chèvre. Les rythmes sont hypnotisants. Sans le vouloir, mon corps se met à bouger, lui que la chaleur vouait pourtant à l'immobilité. Chaque femme accompagne la cadence en chantant et en tapant des mains. J'essaie de les suivre, mais je n'y arrive pas. Elles battent à contretemps un tempo complexe que je ne saisis pas, quasi chaotique, mais qu'elles soutiennent toutes en chœur. Le

301

représentant de la Libye m'invite à danser au centre du cercle. Leur danse est plaisante et fort simple comparée à celle des Bobolais qui semblent branchés sur le courant électrique. Nous dansons assis en tailleur, deux par deux, face aux femmes. Pourtant, même si nous ne faisons que remuer doucement les pieds en tapant des mains, la sueur arrive bien vite à nous gagner. J'ai chaud. Et j'ai faim. Mais je dois d'abord inviter quelqu'un d'autre au centre du cercle pour me remplacer, lui «passer» la danse. Puis je m'assois ensuite autour d'un plat d'agneau rôti au charbon de bois et en déguste un morceau. C'est dans cette simplicité que se trouve le bonheur. Habitués à la pureté du désert, rien n'est complexe dans le cérémonial des Touaregs; le rythme de la tente nous conquiert et nous apaise.

Des chants attirent mon attention. Émergeant de l'ombre, j'aperçois deux Touaregs plus âgés qui occupent une natte un peu en retrait. Leurs vêtements sont sombres, et des bijoux étranges ornent leurs manches. Leur visage est sculpté par le temps. Ils récitent des phrases complexes. Même si je ne comprends rien, je remarque qu'ils prennent soin de peser chaque mot. Au rythme des paroles, l'un des hommes agite doucement de petites clochettes. Saoudata vient me rejoindre et m'explique que ce sont des griots. Ils sont la matérialisation de l'histoire de leur peuple, les seuls registres; des prophètes. Ils me font signe de m'asseoir devant eux. Je m'assois et les écoute. À leur dernière phrase chantée, j'arrive à distinguer le mot *Tasghalt*. Sur cette nouvelle organisation reposent beaucoup d'espoirs: elle vient d'être mise sur pied et tous souhaitent qu'elle soit en mesure de modeler le futur selon leurs espérances. Par le biais de Saoudata, qui fait office de traductrice, ils me parlent:

— Pour pouvoir retourner à nous-mêmes, pour faire revivre notre culture, nous avons, premièrement, besoin d'air pour respirer.

Puis l'un d'eux me remercie d'avoir épaulé leur cause et me tend un magnifique sabre, le sien. De son étui en cuir de

302

dromadaire, finement ciselé, je sors une longue lame incurvée, faite de cuivre et recouverte de symboles gravés. Elle est étincelante ; j'arrive à m'y voir comme dans un miroir. C'est une œuvre d'art, un objet mythique ; c'est leur arme traditionnelle. C'est avec une telle arme que les guerriers touaregs, sur leurs dromadaires, se sont battus, chargeant des chars blindés et des pistolets automatiques pour défendre leur patrie. Le griot me l'offre, pour me remercier. Je me sens mal à l'aise. Je n'ai presque rien fait pour eux. Je ne les ai que secondés, et de loin. Mais sa décision est prise.

> — L'homme blanc qui a porté les Touaregs en son cœur mérite sa récompense, conclut-il.

Je ne sais pas comment les remercier. Dans leurs yeux, je discerne de la gratitude, pure et sincère ; ils n'attendent rien en retour.

> — *Har'assarat !*

Le temps file, je dois les quitter. Les salutations sont chaleureuses puisqu'il est improbable qu'on se rencontre de nouveau. De plus, pour la majorité d'entre eux, de telles réunions internationales sont formellement interdites par les gouvernements de leurs pays respectifs. Il est donc possible que les policiers viennent les quérir directement à l'aéroport dès leur retour chez eux. C'est le risque encouru lorsqu'on espère de meilleurs lendemains.

Abdoulahi, le responsable de la région sahélienne du Burkina, réitère son invitation. Il me propose encore une fois d'aller découvrir les Touaregs dans leur milieu de vie. Et moi, encore une fois, j'accepte, sans trop savoir ce qui m'attend. Il me cite le nom d'une ville en me disant de m'y rendre quand je le veux, puis, rendu là bas, de demander aux enfants que je rencontrerai de me conduire à lui. Tout le monde le connaît. J'aime les plans africains, aucune pression, aucune restriction ; quand tu peux, tu viens. Pas d'horaire, pas de numéro de téléphone ; rien. C'est simple. Si simple que ma tête de Nord-Américain se remplit d'incertitudes angoissantes. Gorom-Gorom ! Drôle de nom pour une ville... Je le quitte en lui promettant que nous allons nous revoir.

— *Tarlassad !*

Bon. Prochaine étape : aller chercher de l'alcool. Je suis énervé ; je plane, je flotte. Je souris et salue tous ceux que je croise. Un attroupement près du marché attire mon attention ; peut-être un amuseur public... je veux voir. J'arrive à me faufiler dans la foule. Et le spectacle que je vois n'est pas du tout celui auquel je m'attendais. Un homme est étendu dans une mare de sang, entouré d'individus qui le battent. Sous les reflets du soleil, je remarque avec horreur qu'ils se servent d'un marteau... du côté des oreilles utilisées pour arracher les clous..., transperçant sa chair dans un bruit sec resurgissant dans une traînée rouge. On cogne le type avec obsession ; coup sur coup, sans arrêt, inlassablement. Ils sont possédés, complètement sortis de leurs gonds. Je détourne le regard ; mes jambes vacillent. Je m'éloigne avant qu'elles ne cèdent. C'était un voleur. *C'était* parce qu'à présent son corps ensanglanté ne fait plus que trembler violemment chargé de spasmes. Un peu plus loin, deux policiers attendent patiemment.

Tout voleur tente d'éviter d'être pris, certes, mais ici les motivations sont considérables. Contrairement à ses voisines, cette capitale est reconnue pour être très sécuritaire. En effet, les gens ont la fâcheuse habitude de lyncher les voleurs qui se font prendre. Le spectacle est horrible, mais n'a-t-il pas l'avantage d'imposer la justice ?

Une fois la foule calmée, et le voleur hors d'état de nuire, les policiers interviennent finalement et dispersent les spectateurs en brandissant leur matraque. Leur rôle ne semble pas être d'arrêter les voleurs, mais bien de les recueillir — vivants, si possible — après le passage à tabac dont ils ont été victimes sous leurs yeux.

J'ai encore la nausée lorsque je commande les caisses de bière... De retour à la maison, je ne peux faire à la sieste que je pré- voyais : des invités sont déjà arrivés. Malgré l'heure à laquelle nous leur avions demandé de se présenter... Nous n'avons pas assez de nourriture pour tous et nous ne pouvons certes pas manger devant eux ; Valériane propose donc de sauter le souper. Super ! Nous commençons à servir aux invités des ra- fraîchissements pas encore rafraîchis, à leur très grand et appa- rent déplaisir. Un flot de convives commencent à débarquer. Les invitations se sont multipliées comme les pains de Jésus... Mais ce dernier n'est pas là ; il ne pourra pas changer notre eau en vin... Des amis d'amis, des cousins de voisins… même des passants qui entendent la musique se présentent. Nous ne pouvons pas les refuser. Mais c'est bien juste parce que ça ne se fait pas. Je sors les mains chargées de bouteilles pleines et j'entre les mains chargées de vides. C'est ma routine, mon job pour la soirée : rentre, sors ; bouteilles vides, bouteilles pleines. Valériane, quant à elle, se fait littéralement assiéger dès qu'elle sort un plateau de hors-d'œuvre. Les invités nous demandent quand nous sortirons la viande, quand est-ce que nous mange- rons pour vrai... Ils sont assis en cercle, ne bougent pas. La cour est pleine, mais il n'y a aucun bruit. L'ambiance est à mourir. Je me décrète une pause :

— Bon, vous allez découvrir notre culture.

Je pose mes bouteilles et mets une cassette de musique qué- bécoise : Paul Piché, Harmonium, Plume, Richard Desjardins... Valériane risque même une petite gigue, une claquette ; une dé- monstration de danse québécoise quoi. La réaction est catastro- phique. Ils discutent, n'écoutent même pas. Personne n'embar- que ; certains parlent même de partir. En désespoir de cause, Moussa m'explique que tout le monde veut danser. *Go !* Sans avoir à se faire prier, il rassemble ses instruments, puis, accom- pagné de Yaku et de Basil, commence une vraie fête africaine. Un rythme endiablé remplit l'air et les gens, d'un bond, se lèvent et se laissent emporter. À mon grand plaisir, quelques jeunes dames s'adonnent même à la célèbre danse du mapuka. Leurs fesses tourbillonnent dans un mouvement gracieux et hypnotisant, empêchant les hommes de seulement imaginer regarder ailleurs. À les contempler, je comprends instantanément pourquoi *mapuka* rime avec « alléluia ». Basil se lance dans un solo ; ses bras sont quasi invisibles tellement il frappe rapidement son balafon. Moussa, lui, va sûrement défoncer la peau de son *djembé*. Enfin ! Il était temps que « le party pogne dans place ». Une délégation de Touaregs débarque, du moins ceux qui n'ont pas encore quitté le pays. Je suis vraiment heureux ; c'est la première fois de ma vie que j'organise une fête qui attire autant de gens de divers pays. Par contre, nos autres invités, eux, les regardent arriver dans un lourd silence. Les Touaregs ne sont vraiment pas considérés comme la crème de la société ici. Je tente de camoufler le malaise en faisant le super hôte et en leur apportant une bière avant même qu'ils ne me l'aient demandé. Et ce n'est que lors'ils me remettent tous leur bière un à un que je réalise que, étant musulmans, ils ne boivent pas d'alcool. Aïe ! ça ne va pas bien ! Mais ils ne sont pas insultés. Sans attendre davantage, Ausman, le Libyen, commence à danser. Sur cette musique étrangère, il essaie d'imiter les danseurs locaux ; tous se tordent de rire quand, dans sa longue djellaba blanche, il tente de danser le mapuka. Le rire est le meilleur des passe-partout. Voilà que les gens reprennent leurs discussions ou se remettent à danser. Les Touaregs ont passé le test ! De nouveau, on cogne à la porte. Deux enfants tirent un âne qui, lui, tire une brouette chargée de bûches. Excellent ! Nous plaçons tout le bois en tas et y mettons le feu ; c'est le feu de la Saint-Jean. Les invités viennent, à tour de rôle, me demander pourquoi j'ai allumé un si grand feu. Est-ce que je vais enfin y faire cuire de la nourriture ? ... La chaleur que dégagent les flammes, en plus de celle qui régnait déjà, est suffocante. Mais, tout de même, comme c'est notre feu de joie, Valériane et moi se mettons à danser autour des flammes. Asphyxiant, nous devons toutefois cesser notre ronde après seulement quelques tours. M. Bernard, un des invités qui n'a certes pas chômé sur l'alcool, vient me demander, à l'instar des autres, pourquoi j'ai allumé un feu. Je lui explique que chez nous, à l'origine, la Saint-Jean était la fête du solstice d'été, qu'elle saluait le retour du soleil. Il me répond qu'en Afrique le soleil est toujours là. Il n'arrive pas à croire que l'on brûle du bois simplement pour le plaisir de le voir brûler, sans raison. Pour lui, c'est exactement comme si j'allumais un cigare avec un billet de cent dollars; c'est du gaspillage pur et simple, le bois est tellement dispendieux. C'est comme si nous voulions montrer à nos invités à quel point nous sommes riches... Ce n'était pourtant ni le but ni le cas.

Les Touaregs me saluent une dernière fois. Les invités partent peu à peu, à une heure trop peu avancée pour considérer que la fête a été réussie. Je m'assois devant le feu, complètement exténué. Les flammes se sont transformées en une braise étouffante. Ce soir, je n'ai fait que servir des bières et commettre des erreurs. Une fois les derniers invités partis, je demande à Moustapha pourquoi ils ont tous quitté si tôt. Il me répond en souriant qu'il ne voulait pas se mêler de l'organisation de notre fête pour nous laisser «apprendre», mais qu'en Afrique, dans toutes les fêtes, on mange. De les inviter à une heure tardive ne leur a pas fait comprendre qu'il n'y aurait pas de souper; au contraire, ils étaient encore plus affamés. Et plusieurs, lorsqu'ils ont le privilège de se faire inviter à une fête de *Blancs* — si privilège ils ont déjà eu — ne mangent pas de la journée afin de mieux profiter des délices qui les attendent. Certains se sont même plaints à Moustapha en lui confiant que nous voulions les faire mourir de faim. C'était la pire fête de ma vie. Tous nos invités semblaient nous en vouloir.

Maintenant que nous sommes seuls, je prends la guitare acoustique, empruntée pour la soirée, et je m'installe autour des braises trop chaudes. Valériane se joint à moi et nous fredonnons quelques bonnes vieilles chansons: «Imaginez, qu'un homme-musicien...». Nos chants percent le silence de la nuit. Je m'ouvre une bière, à moi... Je n'ai plus personne à servir, je ne suis plus responsable que de moi. C'est maintenant que ma Saint-Jean commence. Nous décidons d'aller nous baigner à la piscine de Moustapha. Flottant doucement au gré des vagues, dans un profond calme, je regarde les nuages prendre feu alors que le soleil se lève sur un jour nouveau. Le vieil amplificateur de la mosquée fait entendre son étrange complainte ; les sourates ardentes invitent les fidèles à la prière matinale, *salad as-subh*. Moi, elles m'invitent à aller dormir. Cette journée sera ma nuit.

Le sang qui doit couler ne passe pas la nuit dans les veines.

— Viens, on va faire un tour en ville.

Sur ces mots, Moustapha se retourne et referme la grande porte de notre cour intérieure. Je pose mon livre et me lève, lorsque j'entends le 4 x 4 démarrer que je retrouve un certain rythme nord-américain : le pas de course.

Zigzaguant dans la rue bondée, nous croisons des dizaines d'étals d'où jaillissent des montagnes de patates. C'est la rue des vendeurs de pommes de terre, tous regroupés ici. Nous croisons également une caserne militaire qui borde une grande place. Au milieu de celle-ci se dresse une sculpture représentant plusieurs personnes, hommes et femmes, les bras tendus vers le ciel en signe de victoire. Ce qui m'étonne, c'est qu'il y a des gens tout autour ; il y a des vendeurs partout et les piétons se marchent presque sur les pieds. Mais sur l'immense place, personne. Elle est déserte.

— Il est interdit d'y poser le pied. Si tu t'y promènes, ne serait-ce que l'espace de quelques pas, les militaires émergent de la caserne à côté et viennent t'arrêter.

Ça me rappelle la petite pension où j'ai séjourné à Puno, sur les rives du lac Titicaca au Pérou. Dans un quartier sombre, et réputé pour ne pas être très réputé, se dressait une petite résidence, *Le pommier*. Immédiatement en face, de l'autre côté de la rue, une immense base militaire avec clôture barbelée et tours de garde. Le propriétaire m'avait juré que c'était l'endroit le plus sécuritaire en ville :

— Oui, on se trouve dans un quartier chaud, mais tu vois ces deux tours de garde en face ? Dès que tu arrives dans la rue, un militaire dans chaque tour te vise de sa mitraillette, question de prévenir les attentats. Penses-tu qu'il y a un voleur assez fou pour t'attaquer alors que deux mitraillettes sont braquées sur toi ?

Dans le même esprit, cette place en plein cœur d'Ouaga est protégée par des militaires n'ayant que deux enjambées à faire pour t'appréhender.

— Mais pourquoi une grande place comme celle-là est-elle interdite au public ?

— C'est Sankara qui a fait construire cette place, la Place de la révolution. Elle était justement conçue pour les manifestations publiques, mais quand Blaise a pris le pouvoir, il en a interdit l'accès, et l'a rebaptisée la Place de la nation.

Nous pénétrons maintenant dans la plus grande banque du pays. Une file d'attente serpente interminablement jusqu'à l'extérieur, remplie de gens qui vont y passer leur avant-midi, peut-être même leur après-midi aussi. Après être passé à travers la queue, obligeant ainsi à se mouvoir des gens qui n'en avaient plus l'habitude, nous traversons la salle, puis empruntons un escalier en retrait qui nous mène à un étage climatisé, spacieux, où sont exhibées plusieurs œuvres d'art. Un autre monde : celui des gens importants (lire : riches).

— S'il vous plaît, j'aimerais rencontrer le directeur.

Shorts, sandales et t-shirt sale, mal rasé, si ce n'est pas rasé du tout, je ne cadre pas avec le décor huppé. La seule raison pour laquelle personne n'est venu m'avertir que je n'avais pas le droit d'être ici, c'est que je suis blanc.

Moustapha profite de l'attente pour m'expliquer qu'en Afrique, puisque les relations humaines sont si importantes, la survie dépend de son cercle de connaissances. Ainsi, pour maintenir quelqu'un dans son cercle de relations, la règle est de lui rendre visite de temps en temps, question de demeurer frais dans sa mémoire. Car, si l'on ne fait plus partie d'un puissant cercle de connaissances, on ne peut rien faire ; on ne vaut plus rien. Et l'une des règles d'or si nous voulons nous assurer qu'une personne puissante sera disposée à soutenir notre projet et qu'elle le considérera avec attention, c'est de lui démontrer qu'il concerne des Blancs. Me voici donc. Je suis le faire-valoir. *Show time!*

Nous sommes conduits dans un prestigieux bureau vitré avec vue sur la ville. Situé dans l'un des seuls édifices de plus de deux étages, la vue y est grandiose. Pendant nos salutations d'usage, l'un des deux téléphones posés sur le vaste bureau nous interrompt. Puis c'est au tour de l'autre. Et à nouveau le premier. Nous restons assis en silence pendant que le directeur de la Banque Ouest-Africaine bavarde avec des interlocuteurs muets et invisibles. Entre deux sonneries, il s'excuse d'être tellement en demande, mais il ne peut se permettre de rater un appel. Il nous raconte, pendant qu'il se trouve en attente sur une ligne, l'anecdote d'un homme d'affaires avec qui il a transigé la semaine dernière. Au moment de signer un contrat de plusieurs millions de dollars, le téléphone de l'individu en question s'est mis à sonner. C'était sa fille :

— Non ! non ! Laisse-le. Ne fais rien. Attends que j'arrive.

Elle l'appelait pour lui dire que son nouveau chat était lui aussi tombé dans la piscine.

— La dernière fois qu'un matou avait abouti dans la piscine, elle l'avait placé dans le micro-ondes pour le faire sécher.

Moustapha n'est pas satisfait de mon « Ah ! bon ! ». À l'aide d'une pression subtile sur le bras, il me le fait savoir. Je comprends que je dois donc rire exagérément moi aussi, comme si c'était la meilleure des blagues. C'est que je ne suis pas très bon à ce jeu...

Le calme, le silence enfin. Moustapha prend une grande respiration, et, comme il prononce les mots « Jeunesse du monde », une nouvelle sonnerie retentit. Le directeur sursaute un peu, quitte quelques secondes son expression sans expression, puis, agité, il se lève et explore rapidement les poches de son veston accroché au mur. Il y sort un portable, qu'il cale contre son oreille, et répond avant même de s'asseoir en se tournant et en masquant de sa main ses paroles déjà faibles.

— Bonjour, Monsieur.

— (...)

— Je suis heureux que vous m'ayez appelé. Justement, je vous ai vu à la télévision.

— (...)

— Oui. Et la température n'est pas trop souffrante ?

Puis s'ensuit une longue discussion sur les options qu'offre la banque, côté dépôts à terme. L'interlocuteur dispose vraisemblablement d'une importante somme d'argent à placer. Il désire le meilleur taux d'intérêt possible, mais il veut aussi avoir accès à ses fonds en tout temps. Le genre de conversation routinière pour un directeur de banque. Pourtant, celui-ci est nerveux. D'une manière ridiculement inefficace, il chuchote pour masquer les mots qu'il semble soigneusement choisir. Nous sommes assis là en silence, face à lui. Je n'arrive pas à croire qu'il puisse penser que nous n'entendons rien de ce qu'il dit. Je me penche la tête vers l'arrière, ennuyé. Mais Moustapha me donne un léger coup de coude et, avec un clignement d'œil, me fait signe d'écouter. Le directeur raccroche, après plusieurs minutes de conversation, et, l'air visiblement gêné, nous informe qu'il s'agissait d'un ami détenant une somme « petite » à investir. Il nous informe aussi qu'il est désolé, mais qu'il a maintenant des choses importantes à régler et que nous devons le laisser travailler. Nous quittons son bureau après une autre séance de salutations, salutations qui finalement auront constitué l'essentiel de notre conversation. Une fois montés dans le 4 x 4, Moustapha m'agrippe par le bras, puis, me regardant droit dans les yeux, il me demande si j'ai une idée de la personne qui vient d'appeler le directeur. Non ! C'était Blaise Compaoré, le président du Burkina. Il est présentement en voyage « diplomatique » au Nigeria ; et voilà que, soudainement, il détient une somme importante à placer… Depuis quelques années, on dit que, au lieu de penser au développement du pays, il ne pense qu'aux moyens de rester au pouvoir et ne fait que s'enrichir, s'enrichir et encore s'enrichir. Il se met de l'argent plein les poches, et des poches, il en a beaucoup… L'heure est venue pour le pays de connaître un autre Sankara.

Il n'y a pas de malin qui ne trouve plus malin que lui.

Valériane revient de sa journée de travail à fleur de peau, me raconte. Honteusement, elle me raconte ce qui lui est arrivé. Durant la session d'entraînement, un vieil homme la scrutait, la fixait avec insistance. Un homme étrange, assis à l'extérieur de la porte d'entrée. Inconfortable, et trop souvent incapable d'agir de peur de blesser l'autre, Valériane a décidé cette fois-ci de régler cette situation la mettant mal à l'aise. Elle se devait de le faire. D'un ton sévère, elle a donc averti l'homme en question d'arrêter de la dévisager et de s'en aller. Celui-ci, tranquillement, s'est relevé, et, d'une voix douce, lui a répondu :

— Quand je t'ai vue, j'ai repris confiance en Dieu. Car un Dieu capable de créer une beauté telle que toi est vraiment tout-puissant. Je te remercie d'avoir rallumé cette flamme dans ma vie. La voilà retombée.

L'homme s'en est allé. Et Valériane se sent maintenant coupable... Je lui tends une petite enveloppe. J'en ai reçu une aussi. Imprimée sur un fin papier, avec, en relief, l'emblème officiel du pays, la lettre nous prie de bien vouloir assister à la cérémonie en l'honneur de la fête du Canada qui se déroulera à la demeure privée de monsieur l'ambassadeur. Tenue de ville ou habit traditionnel exigé. Tenue de ville : non ; cravate : non. Seule option possible : un habit traditionnel... Je vais retourner au marché afin de me procurer un boubou pour ce soir, et en profiter pour acheter quelques souvenirs. Aller au marché n'est certes plus un problème, maintenant que je suis accoutumé au pays.

À la seconde où je descend du taxi, à quelques rues du marché central, je suis complètement encerclé. J'avance d'un pas rapide, tentant d'ignorer les interminables questions servant à établir la relation. Arrivé au marché, je m'aventure dans les petits couloirs débordant de monde et de tout ce qu'on peut imaginer. Les gens sont serrés les uns contre les autres ; ils se poussent, s'écrasent, s'étouffent. À perte de vue, une mer de têtes, un océan de vêtements aux couleurs criardes, et un Blanc… moi. Interpellé, agrippé de tout bord tout côté, encerclé, presque agressé, je ne peux poser le regard où que ce soit sans qu'un vendeur ne me suive pendant quelques centaines de mètres. J'ai aussi des escortes qui me talonnent fidèlement, et qui punissent sévèrement ceux qui osent s'approcher de moi sans leur autorisation. Elles me contrôlent comme un otage ; impossible de m'en débarrasser. Je prends de profondes respirations. Ils ne vont pas gagner. Malgré leurs protestations, j'arrête devant un kiosque d'artisanat où un collier auquel pend un petit *djembé* attire mon attention. Je commence à négocier avec le vendeur, longuement, patiemment. Finalement, nous nous entendons sur un prix : 500 FCFA. Le vendeur ne peut descendre plus bas. L'un des hommes qui m'accompagnent malgré moi voit que je sors mon portefeuille.

— Tu ne vas pas payer ce collier 500 FCFA ! Tu te fais avoir. Viens, je vais te trouver le même bien moins cher…

Il me tire par le bras ; je me laisse entraîner. Quelques centaines de mètres plus loin, son ami nous rejoint avec le même collier dans les mains.

— C'est 300 FCFA. Tu vois, tu ne connais pas les prix. Nous, nous allons t'aider, sinon tu te feras voler.

Ils ont raison. Je suis nul, complètement nul. Je me sens comme un enfant qui ne comprend rien à ce qui se passe autour de lui. J'enrage contre le vendeur qui, plein d'apparente bonne volonté, essayait en fait de me voler. Ils ont raison, Ils peuvent me sauver de l'argent, m'aider à négocier, mais je déteste tellement leur présence si imposante...

— Alors, tu veux un *djembé*? tu veux un *djembé*?

Ils me tirent; ils me traînent. Rendu au centre du marché, étouffé par tous ces murs, tous ces corridors, tous ces vendeurs, ayant l'impression d'être perdu dans un labyrinthe seul au milieu d'une foule qui me presse, au cœur de la section des viandes que l'on dépèce, il faut que je parte au plus vite. C'est urgent... Les odeurs prennent vie et se bousculent dans mes narines. Un des bouchers saigne abondamment; il vient de se couper. Un enfant passe; sur son t-shirt sale, de grosses lettres roses: « Prudence ». Les préservatifs. Un sentiment de panique tourbillonne alors dans ma tête, qui engendre d'autres phobies. Le sida. Oui, selon d'anciens chiffres, atteignait 10 % de la population du Burkina. Oui, aujourd'hui, doit en atteindre au-delà de 20 %. Dans mon entourage immédiat, ici, à cet instant, il doit bien y avoir une cinquantaine de personnes. Parmi elles, cinq à dix doivent donc être porteuses. Et me frôlent. Si je me blesse, si je m'égratigne... On me tire; on m'accroche. On me touche. OK, mon portefeuille est toujours là. Je n'arrive plus à contrôler ma panique. Je dois sortir d'ici. Je m'engage dans un large corridor. Toutes ces voix qui m'interpellent... De mon pas le plus rapide, je m'éloigne. Il faut à tout prix que je parte; je suis sur le point de craquer. Marcher droit devant; ne plus jamais m'arrêter.

Plus loin, ailleurs, je reprends mon souffle. Plus jamais! Je me calme. Devant moi, une boutique artisanale bien tranquille J'hésite. Les articles y sont sûrement plus chers qu'au marché, mais au moins on peut y respirer. J'hésite encore, puis je décide d'entrer. À l'intérieur, le marchand me propose un siège et une tasse de thé. Ah, c'est mieux... Je lui raconte à quel point je déteste être encadré par tous ces vendeurs, être ballotté à droite et à gauche. En plus, comme je ne connais pas les prix, quand je suis seul, je me ferai toujours avoir. Il abaisse légèrement le regard, et, sur un ton plein d'émotion, me raconte:

— C'est de cette manière que j'ai commencé ma carrière. Mais je me suis retiré... C'est trop… périlleux.

Qu'est-ce qu'il raconte ? De quoi parle-t-il ? Puis il continue, et je comprends. Il y a quelques années, cet homme imposant faisait partie de la bande qui contrôlait le marché, contrôle acquis lors d'une terrible bataille qui s'était terminée à coups de machette, question d'établir clairement quelle bande aurait la mainmise sur le marché. Comme partout ici, seule la loi du plus fort est respectée. Une fois la bande en place donc, des «guetteurs» se positionnaient à chaque extrémité du marché, puis, dès qu'un Blanc ou un individu visiblement aisé se présentait, ils se relayaient le message. Après quelques secondes seulement, ils étaient en mesure d'encercler et de contrôler la nouvelle victime. Ils étaient toujours courtois, toujours polis. Et la technique était fort simple : attendre que le «touriste» négocie son premier achat... Le marchand me demande ce que j'ai acheté. Je lui montre mon collier.

— Et ils t'en ont trouvé un moins cher, n'est-ce pas ?

Je repense au vendeur, à la rage que j'ai éprouvée.

— Le rôle de l'encadreur est de te faire croire que tu te fais avoir, que tu ne connais rien ni aux prix ni à la négociation, que tu ne peux pas te débrouiller sans lui. Pour ce faire, il a achète à ton insu la marchandise négociée, puis te la revend moins cher.

Ils ont très bien compris que la valeur la plus importante est la confiance, que tout repose sur les relations humaines.

— Une fois que la victime constate que son «sauveur» lui a fait économiser des sous, elle lui fait confiance et le suit partout... Et c'est alors qu'elle se fait vraiment avoir. L'encadreur, une fois la confiance de sa victime gagnée, la guide vers les kiosques où il possède des ententes avec les marchands, réalisant ainsi un important profit sur chaque vente, au détriment, bien, sûr, de la victime. Le réseau est fort complexe, très bien orchestré, et il fonctionne à merveille.

L'argent entre rapidement, jusqu'à ce qu'une autre bande prenne le contrôle...

Ce n'est qu'à ce moment que je remarque la cicatrice ornant son œil.

— Voilà pourquoi je me suis retiré. Mieux vaut la tranquillité.

C'est de ce marchand que j'ai acheté le boubou bleu pâle, brodé, très beau, que je veux porter ce soir à la fête. Mais il est tout froissé... Sibiri accepte de me rendre service ; il allume les briquettes de charbon et les place dans le fer à repasser de fonte. Ses longs mouvements qui éliminent monts et vallées. De temps en temps, une briquette éclate et projette quelques flammèches. Je ne serais jamais capable de repasser avec un tel engin ! Je ferais des trous partout ! Sibiri prend une pause pour se chercher une cigarette.

— Tu veux du feu ?

— Pas besoin, je travaille avec.

Il ouvre le fer à repasser et allume sa cigarette dans ce mini-brasier.

Moustapha vient nous chercher. Bien que la demeure de l'ambassadeur ne soit qu'à quelques minutes de marche, arriver à pied serait bien mal vu. Moustapha ne voulait pas y aller. Il n'aime pas trop l'ambassadeur ; ils ont déjà croisé le fer lors d'une cérémonie pour le lancement de notre programme. Une dispute a eu lieu à savoir si l'on devait placer le drapeau du Québec plus haut ou plus bas que celui du Canada. C'est qu'en fait notre projet est financé par Québec sans frontières, l'argent des contribuables québécois. C'est ce que Moustapha essayait de souligner à l'ambassadeur. Mais celui-ci a aussitôt renchéri en disant que tous les citoyens du Québec étaient par le fait même des Canadiens. Les Africains ont dû regarder ces deux hommes se chamailler sans trop comprendre... C'est une guerre des mots, et c'est ridicule qu'elle se transpose jusqu'ici, dans un contexte de mondialisation qui rend insensées ces questions de drapeaux...

La ruelle est bondée d'automobiles luxueuses et de 4 x 4 étincelants. Des militaires en assurent le contrôle routier d'une extrémité à l'autre et ordonnent aux enfants qui s'y trouvent d'aller jouer plus loin. Toutes les belles voitures du pays doivent être ici! Également tous les ambassadeurs, dignitaires, personnalités importantes... Wow! Nous franchissons l'entrée de la maison, efficacement protégée par des gardiens arborant tous un écusson du Canada, pays qu'ils ne verront probablement jamais. En fait, de tout le personnel, seul l'ambassadeur et sa femme doivent avoir déjà foulé le sol canadien. Moustapha est arrêté à la porte. Les gardes ne croient pas qu'il est canadien puisqu'il est noir. Ils croient que c'est notre chauffeur puisqu'ils nous ont aperçus plus tôt dans le véhicule, lui au volant, nous à l'arrière.

— Carte d'identité, s'il vous plaît! ... Oh, pardon, monsieur...

Nous traversons un luxueux salon, décoré d'œuvres d'art et muni d'appareils électroniques, tels un téléviseur, un système de son, un ordinateur... Un peu comme chez-nous, quoi. Dans ce pays cependant, il semble tout droit sorti de Mars. Nous continuons jusqu'à la cour arrière, où une superbe pelouse verte nous attend. Je n'ai jamais vu de gazon aussi vert depuis mon arrivée ; les litres d'eau qu'il doit consommer... Entre deux grands palmiers se trouve une profonde piscine creusée alimentée par une fontaine. La cour est immense tout entourée de hautes haies et de plates-bandes décoratives; elle occupe un quadrilatère du quartier.

Six bars sont placés ici et là dans la cour. Ils offrent de la bière en fût, de la bière en bouteilles, entre autres la Molson

Canadian, fraîchement débarquée de l'avion, ainsi que toutes les marques d'alcool inimaginables, notamment le fameux whisky canadien. Je vais leur montrer comment les Québécois profitent des ressources naturelles du Canada…

Les mains occupées par deux bières, on me présente l'ambassadeur, un homme grand et mince, à l'allure distinguée, qui parle assez bien français. Libérant ma main droite, il la serre, m'explique un peu sa fonction, puis me remercie de mon implication.

— L'aide canadienne est vraiment appréciée ici puisque le Burkina ne représente aucun intérêt économique ou politique pour notre pays, aucun avantage concret pour notre gouvernement. Les gens savent donc que nous venons ici dans un esprit purement humanitaire et non dans un but mercantile.

Justement, je me posais une question… Dans un pays démocratique comme le nôtre, où nos chefs doivent expliquer chaque dépense et où un budget équilibré est une condition pour se faire réélire, comment le gouvernement canadien justifie-t-il ses dépenses dans un pays ne représentant aucun débouché, n'étant aucunement intéressant économiquement, ne possédant aucune ressource naturelle à exploiter ? Personne ne me fera croire qu'un ministre votant un budget a en tête les mots « charité » et « humanité ». Chaque dépense doit rapporter d'une manière ou d'une autre, même si ce n'est que la sympathie des électeurs. Mais personne ne connaît le Burkina, personne ne se penche sur ses problèmes. Alors pourquoi venons-nous y dépenser l'argent des contribuables puisqu'il n'y a rien à en retirer ?

Un peu désemparé, l'ambassadeur m'explique une sorte d'entente implicite que les pays « développés » ont ratifiée. Selon celle-ci, sans engagement ni contrat, un infime pourcentage des PIB doit être investi pour aider les pays les plus démunis. Car, si un peuple ne dispose pas des ressources pour subsister, sa population, un jour ou l'autre, se soulèvera et luttera pour changer les choses, question de survivre. Et si les pays pauvres de la terre deviennent trop instables, ils créent une menace pour notre propre système. Une vague de révolutions peut déferler et tout balayer. Par conséquent, pour assurer la paix mondiale, et (surtout) l'équilibre économique, il faut que tous les pays soient sensiblement stables, ce qui implique qu'ils doivent tous disposer d'un certain minimum. Il importe donc de fournir ce minimum aux nations pour qu'elles demeurent dociles et que, d'une certaine façon, elles n'aient pas assez de raisons pour se soulever. Un soporifique mondial, un baume à la grandeur de la planète.

Les Américains, eux, sont plus directs (moins hypocrites ?), ne jouent pas avec les mots. Leur coopération se nomme les Peace Corps. Ils savent que les élites qu'ils ont mises en place doivent dominer pour imposer leur type de développement. Et vlan ! Les deux tiers de l'aide internationale américaine sont distribués sous forme d'armes, d'entraînement militaire et d'« assistance » en matière de sécurité nationale. Dans cet ordre d'idée, chaque année, dans le monde, il est investi 700 milliards de dollars dans les budgets militaires, soit 35 fois plus que dans les besoins essentiels : accès à l'eau potable, santé, installations sanitaires et éducation. Et cela explique en partie pourquoi, en Afrique de l'Ouest, il n'y a qu'un médecin — mais 12 armes — pour 300 personnes...

Un plateau de champagne nous est présenté. L'ambassadeur tente d'utiliser cette distraction pour me tourner le dos. Mais je n'ai pas terminé...

— Soutenir un pays marqué par des élections frauduleuses et un président ayant acquis le pouvoir à la suite d'un coup d'État n'est-il pas contraire aux valeurs démocratiques prônées par le Canada ? Aider officiellement ce régime n'est-ce pas légitimer un pouvoir indûment acquis ?

Me souriant gauchement, il ne s'attendait sûrement pas à ce genre de question... L'ambassadeur répond que l'aide bilatérale n'est pas parfaite. Il sait pertinemment que des sommes d'argent disparaissent dans l'engrenage, que les hommes au pouvoir se les mettent directement dans les poches. Néanmoins, l'argent qui traverse le tamis, l'infime pourcentage qui se rend vraiment au peuple, constitue une aide primordiale. Si le Canada refusait de coopérer avec les gouvernements illégitimes, la population de ces pays perdrait la part lui revenant.

> — Et nous n'avons pas le droit de les laisser tomber, ajoute-t-il.

Mais nous ne les laissons pas tomber... Des organisations non gouvernementales mettent sur pied des programmes qui rejoignent les besoins de la société, directement sans être « filtrés » par la corruption en place. Elles octroient les ressources au peuple, et non à ceux qui les lui volent. Pourtant, les nombreuses ONG, qui dépendent du financement de l'État, ne se partagent qu'environ 10 % du budget annuel total destiné à l'aide internationale alors que l'ACDI, l'organisme officiel d'aide gouvernementale, consomme ce pourcentage juste en frais de gestion.

> — Mais s'il n'y avait pas d'aide officielle, les pays ne permettraient pas la présence d'ONG comme la vôtre...

Débourser d'immenses sommes en espérant qu'une infime partie se rende à destination, c'est une mentalité à laquelle les électeurs canadiens sont habitués si l'on considère le taux de taxation...

L'ambassadeur est un homme intelligent. Et même si, selon Moustapha, il ne fait que jouer aveuglément le jeu de la corruption en place, je crois qu'il aspire lui aussi à un idéal. Mais sa position officielle le ligote ; il n'a que très peu d'espace de manœuvre, d'autant plus qu'il doit se conformer aux règles du jeu. Si l'on veut être libre, ne pas être pris au piège du pouvoir, on doit devenir indépendant, comme les ONG, ce qui par

323

contre implique de travailler avec des ressources presque inexistantes, et d'avoir un impact mineur. L'ambassadeur lui, a décidé de jouer le gros jeu, de se plier aux règles mais de disposer de ressources importantes. Au fond, notre but est le même. La seule différence, c'est que, moi, mes mains ne sont pas ligotées et peuvent encore brandir le poing.

Il me quitte pour aller faire son discours de bienvenue. Quelques centaines d'invités sont maintenant arrivés. À ma grande surprise, presque toutes les conversations se déroulent en français ; c'est qu'une majorité de Québécois représentent le Canada dans ce pays. Tous se taisent quand l'ambassadeur saisit le micro. Son allocution est très « officielle » ; ne pouvant aller trop loin, chaque mot est pesé. La frustration doit le ronger, mais, avec le temps, il doit aussi s'y être habitué. Toutefois, il termine son discours en mentionnant que le gouvernement canadien serait heureux de voir plusieurs partis se présenter aux prochaines élections. Une petite flèche, presque anodine, lancée pour montrer son désaccord avec la fraude électorale qui règne dans ce pays. Mais, qu'est-ce qui finalement a le plus de poids ? Une phrase subtile d'un homme de pouvoir ou les cris des ONG qui, pour survivre, doivent consacrer davantage de temps à collecter des fonds qu'à passer les messages leur tenant à cœur ?

Mister l'ambassadeur descend du petit podium, vient me trouver et me demande de m'occuper de la musique, d'être le *D.J.* Les disques sont tous canadiens, et aucun de ses employés ne connaît ni les artistes, ni les meilleures chansons... J'essaie de varier la musique — c'est tout de même une soirée officielle —, passant de Céline Dion à Bryan Adams. Mais je me fais tout de même plaisir au passage en insérant, entre les plus connues, quelques chansons qui brassent un peu plus. C'est que je me sens un peu rebelle. Étant envoyés par une organisation *non gouvernementale*, nous sommes un peu les exclus de la soirée, ceux qui en ont contre le pouvoir, alors que la majorité des invités sont ici pour se faire des contacts, faire du *PR*, rencontrer des gens puissants ou présenter leurs projets. Dans les fêtes de ce genre, qui rassemblent presque toutes les têtes dirigeantes, il faut connaître et être connu. Mais nous, nous sommes tout simplement ici pour nous amuser. Nous n'avons rien à faire de ces dirigeants et de leurs impressions.

Les plateaux de nourriture arrivent. De superbes petites bouchées... Très distingué. Je me place directement à la sortie de la cuisine et intercepte tout ce qui en sort d'une manière particulièrement efficace. Je repense à notre soirée de la Saint-Jean. Qui disposait de beaucoup moins de ressources.

Vraiment, je me sens dans un autre monde, dans la vie des gens riches et célèbres. Pourtant, à quelques mètres, juste de l'autre côté des grilles, des enfants en haillons jouent avec des poules ; des mendiants sont chassés par la police... C'est terrible. Néanmoins, dans ce pays où l'image est tellement importante, si l'ambassadeur, par respect pour la plèbe, avait organisé une fête simple, sous une tente, ne réunissant que quelques invités, la population l'aurait qualifié d'hypocrite : « Qui est-il donc pour nous faire croire qu'il vit dans la misère alors que, tout le monde le sait bien, les Canadiens sont riches ? »

Un moustachu s'approche de moi et me félicite pour mon boubou. Je suis le seul Blanc à porter un habit traditionnel. Même les Africains présents ont préféré, en majorité, démontrer leur « évolution » en revêtant l'habit, la cravate, etc. Mais mon interlocuteur m'apprend aussitôt, sarcastiquement, que, selon la broderie et le style de mon vêtement, je suis un musulman nigérien... Alors là, c'est un peu la honte. Il se présente. C'est un prospecteur minier qui, puisque les gens du pays n'ont ni les connaissances ni les ressources financières, peut à sa guise explorer des sites. Et quand il trouve un filon, une banque de ressources naturelles inestimables, il appelle sa compagnie au Canada, qui achète le terrain pour des *peanuts*, puis l'exploite à sang. Toutes les ressources sont exportées, sans aucun partage, sauf peut-être une petite commission au président en place, sous la table, question de respecter la coutume. Le pays, lui, ne reçoit que quelques centaines d'emplois mal rémunérés et dangereux. Quand je lui demande pourquoi il a choisi l'Afrique, il me répond avec un large sourire que, s'il était resté au Canada, il n'aurait pas connu tout ce qu'il vit. Ce disant, il lève les bras en désignant la fête qui se déroule autour de nous : une soirée de bal avec des personnalités importantes. Exactement le genre de fête où d'habitude je me trouve de l'autre côté de la barrière, avec le bas peuple. Puis, ajoute-t-il en s'approchant de moi, il y a certaines choses qui sont «plus faciles» ici. Il me montre une photographie de sa femme, une ravissante Noire de 21 ans.

> — Tu sais, à 45 ans, je n'aurais pas pu trouver mieux comme femme au Canada...

Mariés depuis l'année dernière, ils se sont rencontrés lorsqu'elle avait 16 ans. Elle appartient à la tribu des Dagaras, l'une des nombreuses tribus victimes des frontières léguées par le colonialisme.

Quand les colonisateurs ont scindé les pays d'Afrique, ils ont tracé des frontières arbitraires en fonction des cours d'eau, du relief et des coordonnées géographiques. Ils n'ont évidemment pas respecté les peuples qui y étaient établis depuis toujours. Divisons pour mieux régner : créons des micro-États! Aussi plusieurs villages, clans et champs ont-ils été partagés entre deux pays. C'est le cas des Dagaras, divisés entre le Burkina Faso et le Ghana, son voisin du Sud. Quand le prospecteur minier visite la famille de sa femme au Burkina, celle-ci lui parle en français; quand ils visitent celle au Ghana, c'est en anglais. Voilà l'héritage des colonisateurs.

En rangeant la photographie de sa jeune épouse, il me lance :

> — Au Canada, je me ferais arrêter. Ici, c'est le paradis. *Once you go Black, you never go back...*

Il me quitte pour aller chercher une autre bière. Je retourne trouver Moustapha. Deux hommes, sûrement pas habitués de pouvoir consommer de l'alcool à volonté, commencent à se moquer de mon ample costume ; ils me racontent que je rescemble à Jésus avec ma barbe qui commence à pousser. Moustapha intervient en leur disant :

— Jésus, c'est moi !

Ce n'est pas ce que croient les deux lurons qui répliquent sèchement qu'il n'a pas le bon *look*... Les rires qui suivent confirment que la remarque avait trait à la couleur de sa peau. Moustapha demande alors à l'un d'eux :

— As-tu déjà rencontré Jésus ?

— Non...

— Ah ! il me semblait bien aussi que je ne t'avais jamais vu.

Dans un grand rire il me tape dans la main et nous retournons dans le salon.

C'est l'un des plus grands avantages de ce voyage. Dès notre arrivée, nous avons été admis dans plusieurs cercles de connaissances, instantanément, étant donné notre statut de coopérant canadien, nous avons été projetés parmi l'élite du pays. Simples ex-étudiants, nous sommes maintenant dignes de rencontrer maires, célébrités, présidents, ministres, etc. La couleur de ma peau devient un passe-partout. C'est le contraire du racisme. Ou une conséquence...

Je remarque que la climatisation tourne à plein régime même si toutes les portes sont grandes ouvertes. De l'argent s'y envole. Et, comme dans toute fête qui se respecte, le téléviseur est allumé, peu importe que personne ne le regarde. Nous qui, à la maison de Jeunesse du monde, sommes habitués à éteindre les quelques appareils dès qu'ils ne sont plus utilisés... Valériane me fait toujours remarquer que... Valériane... Ça fait un bout que je ne l'ai vue. La musique commence à faire danser les gens dans le salon. Je leur laisse la place ; je vais aller à la recherche de Valériane.

Je fais un petit tour et la trouve enfin dans un coin, entourée de trois gars. Je ne sais jamais si elle va bien ou si elle a besoin d'aide ; si je l'importune ou si je la sauve. Cette fois-ci, à voir sa figure, je comprends que j'arrive à point. En formant un demi-cercle qui la tient prisonnière, les trois tentent de la convaincre de repartir avec eux. Dès que j'arrive, elle me présente comme son mari, puis, d'un air grave, me demande où j'étais. Les trois personnages ne me prêtent aucune attention ; je n'existe pas.

> — Il fait si chaud… et quand on sue, un jonc ça s'enlève facilement…

Toujours en souriant, et d'une manière fort polie, elle tente de leur faire comprendre qu'elle n'est pas intéressée mais ils ne veulent rien entendre. Ils n'ont rien à perdre. Le pire qui puisse arriver est qu'ils se fassent dire non et qu'ils repartent avec rien, ce qu'ils avaient en arrivant. Mais en tentant leur chance, il y a une mince probabilité que ça fonctionne et, avec une Blanche, c'est une autre vie qui les attend… La seule référence au mode de vie des Blancs est diffusée à la chaîne nationale : *Santa Barbara*, ce *soap* américain où tous vivent dans une richesse exubérante et où, surtout, après seulement quelques épisodes, une même femme aura connu intimement plusieurs partenaires… voire des histoires d'amour à répétition. Les femmes blanches sont donc considérées comme des femmes faciles.

Je propose à Valériane d'aller prendre un verre et, malgré les protestations des trois messieurs, elle me suit, complètement abattue. La seule fois où elle s'est permis de lever le ton et d'exprimer son désaccord, c'était ce matin, et ça s'est révélé une catastrophe. Elle demeure prisonnière, ne sait plus comment faire pour se débarrasser des hommes qui la courtisent avec beaucoup trop d'insistance. Au bord des larmes, elle veut rentrer, immédiatement. Nous traversons le salon et faisons signe à Moustapha que nous nous apprêtons à partir. Il a entrepris une grosse discussion avec le directeur de la Banque Ouest-Africaine que nous avons rencontré l'autre jour. Avec un large sourire, je tends la main au directeur en serrant les dents pour m'empêcher de lui demander comment se portent les placements de Blaise. Valériane s'excuse pour aller à la salle de bain. L'homme demande à Moustapha de lui présenter Valériane, affirmant être intéressé à la rencontrer et à observer l'une de ses séances de travail. Il s'intéresse soudainement au projet, laisse sa carte d'affaires, puis se joint à une autre discussion. Moustapha me regarde, l'air ébahi.

— Il a trouvé Valériane *cute*, et paf, je viens de réaliser des pas de géant qui autrement m'auraient pris des mois et des mois de PR. Il s'intéresse au projet! Tu te rends compte? Attends un peu que je dise ça à Valériane!

— Tu ferais mieux de ne rien lui raconter ce soir...

*Le pire, ce n'est pas les méchancetés des méchants,
c'est le silence des bons.*

Pas de réveille-matin ici. C'est le coq du voisin qui se charge de nous lever. Désavantage : pas de bouton *snooze*. Une manière d'appuyer sur *snooze* serait de lui lancer une brique par la tête, question qu'il tombe inconscient quelques minutes. À son réveil, il me re-réveillerait. Mais des matins comme celui-ci, je serais trop tenté de *snoozer* à répétition... ce qui deviendrait dangereux pour la vie de ce poulet. Je m'expulse alors de mon lit à son premier cri. Le soleil se lève habituellement avant moi et se fait un malin plaisir de projeter un rayon désagréable sur mon corps, filtrant tout juste au-dessus du rideau de la fenêtre pour me baigner de sueur. Mais pour le moment, il n'est pas encore de ce monde. L'aube et le crépuscule sont les heures les plus agréables en Afrique. Le soleil n'est plus le maître. Il nous laisse en paix.

Un rêve que je viens de faire m'occupe l'esprit, merveilleux, étrange, fascinant... j'étais libre. Je vis réellement deux existences, l'une de jour, l'autre de nuit. J'existe dans mes rêves, j'y suis conscient. Je m'accapare plusieurs formes ou tout simplement je suis difforme, entité omniprésente. Parfois, je suis la vedette de mon court-métrage ; d'autres fois, seulement l'observateur. Souvent, à mon réveil, je ne me souviens de rien, de même que dans mes rêves je ne me rappelle aucunement qui je suis le jour. Laquelle de ces deux vies est ma vraie vie ? Dans laquelle vivons-nous le plus d'expériences ?

Depuis deux jours, je suis malade. Je tremble plus que les branches des arbres sous le souffle de l'harmattan. Mais à présent, je me sens mieux, mon mal commence à se dissiper.

331

J'avais moins d'appétit et Salli, notre cuisinière, à défaut de pouvoir me guérir à l'aide de ses *wacks*, est allée m'acheter une surprise. Pour me remonter le moral, pour faire revenir mon appétit : des têtes de poulet braisées. On passe les pattes par le cou de manière à faire sortir les orteils par le bec. Dans ce bec se dresse alors la fleur que forment tous ces doigts groupés. Salli m'avait bien averti que je devais sucer le cerveau du poulet, car cette partie, beige et dure, est la plus prisée. Tout pour guérir mon mal de cœur, quoi !

Je me promène dans les ruelles qui s'activent. À l'aube, le soleil et l'ombre surgissent simultanément, d'un coup. Les hommes et les femmes qui se réveillent doivent aussitôt commencer à se défendre contre les rayons brûlants et chercher de la protection. Sous l'ombre d'un arbre, je rencontre un étudiant. Je le sais étudiant, car, presque tous les soirs, je le remarque sous le lampadaire qui illumine ma rue de « coopérants ». C'est le seul endroit où il peut étudier, le seul endroit où il dispose d'une lumière suffisante pour lire. Maintenant, le voici au contraire en train de lutter contre la clarté.

— Je m'appelle Ugo, et toi ?

— Bienvenu. Et ne me dis pas merci, c'est vraiment mon nom.

— Et la journée ?

— Ça va.

— Et la santé ?

— Ça va.

— Et la famille ?

— Ça va.

— Et le travail ?

— Ça va.

— …

Comme les policiers quand ils sollicitent les papiers durant un contrôle, lors des salutations notre interlocuteur ajoute toujours une phrase à laquelle nous ne connaissons pas de réponse :

— J'espère que tous les membre de ta famille sont gros.

— Euh… Merci ? Je vais leur signaler qu'un Africain leur souhaite qu'ils soient gros…

— Tu vois comme tout est merveilleux, ajoute-t-il, cet arbre nous a permis de nous rencontrer et de jaser sous son ombre.

C'est un étudiant en médecine, mais, à voir les journaux indépendants qu'il porte sous son bras, il s'intéresse sans aucun doute à la politique. C'est un vice que l'on doit cacher.

— Je n'ai voté qu'une seule fois dans ma vie, me dit-il ouvertement, mais en baissant le ton. Ce sont tous des bandits. Si un politicien intègre devient populaire dans l'opposition, la semaine d'après soit il devient ministre de quelque chose dans le gouvernement officiel, soit il est subtilement exilé ou assassiné. À quoi ça sert de voter ?

Plus personne n'a l'espoir de voir s'améliorer le système politique. L'élite au pouvoir n'est plus crédible. Le peuple est désillusionné ; mais, après tout ce qu'il a enduré, c'est avec raison. Le raisonnement est simple : si quelqu'un semble bon et qu'il demeure au pouvoir, c'est qu'il est corrompu. Il n'y a aucune relève, aucun espoir, rien.

— Moi, le seul parti que j'ai admiré, c'est le RDA, le Regroupement démocratique africain. C'est grâce à ces politiciens si le Burkina existe encore aujourd'hui, poursuit-il. De nos jours, ce n'est plus de la démocratie, ce sont des monarchies à terme. Nous élisons un roi qui, aussitôt au pouvoir, nous oubliera, oubliera ses promesses. Et comme c'est uniquement celui qui ne l'a jamais exercé qui trouve que le pouvoir n'est pas plaisant, ces rois règnent toujours trop longtemps.

Bienvenu me demande si c'est vrai que les arbres, chez moi, perdent leurs feuilles l'automne venu. Et si c'est vrai que lorsqu'on coupe la branche d'un arbre avant qu'elle ne perde ses feuilles, les feuilles demeurent sur la branche.

— C'est vrai, elles ne tombent pas.

— Alors, tu vois, le fait d'expulser ses propres feuilles est un geste conscient de l'arbre. C'est ainsi que fonctionne le cycle de la vie. Il faut parfois se donner volontairement la mort pour faire place à la vie. Il faut accepter de laisser sa place.

Il me cite en exemple un poème de Baudelaire qu'il n'arrive pas à terminer ; il sort un vieux livre pour en retrouver les derniers vers. Son sac contient un chandail, quelques affaires, dont une petite théière. Ce sont ses possessions, tout ce qu'il a au monde. C'est à ce moment que ça me frappe : la seule différence entre lui et moi, c'est que lui est né en Afrique, et moi, en Amérique. Je n'ai aucun mérite, sinon celui d'être né tout bêtement ailleurs. Fonds de retraite, REER, hypothèque, prêt étudiant, assurance dentaire, assurance maladie, auto… Mon univers entier dépend de mon lieu de naissance. Seul le hasard est responsable de ma fortune. Bienvenu est cultivé, intelligent, travaillant… Pourtant, tous les atouts sont dans mon jeu : je suis né du « bon bord ».

Je le quitte après les longues salutations que valaient mon respect pour lui. Je remarque que sur le boulevard, un peu plus loin, des policiers bloquent la circulation. Vvrrooomm ! Quatre mobylettes passent devant moi à toute allure. C'est une course ! Est-ce que j'ai bien vu ? Les conducteurs, pour maximiser l'aérodynamisme, sont couchés à plat ventre sur leur banc, jambes dans le vide, les mains serrant les poignées. Au son que produisent les mobylettes et à la vitesse qu'elles atteignent, nul doute que leurs moteurs ont été modifiés. Des enfants, comme les fruits d'un arbre, occupent des branches pour mieux contempler le spectacle. Je m'assois à un maquis pour observer la course. Une émission de télévision capte mon attention :

— Aujourd'hui, l'ONU a blâmé le Burkina d'être une plaque tournante du commerce des diamants qui finance la guerre civile au Sierra Leone.

Interrogé à ce sujet, voilà Blaise, en gros plan, qui affirme solennellement :

— Mais je ne sais même pas ce qu'est un diamant...

On coupe, un vidéoclip petit budget accapare les ondes, des gens souriants entament *L'hymne au pardon* en l'honneur de la récente Journée du pardon. Un quart d'heure d'images qui sont diffusées chaque jour depuis des mois. Il n'y a qu'une seule chaîne au pays : TVNB. Si on ne l'aime pas, on est cuit. Le ministre de l'Économie prend ensuite la parole. Il prône la privatisation immédiate de l'eau et de l'énergie.

— Avec ces services, le gouvernement s'endette chaque année. Si un privé veut les assumer, ce sera tout à notre avantage !

Bien sûr, une multinationale privée voudra acheter une entreprise dans le but d'essuyer des déficits... À la fin, c'est toujours les consommateurs qui se retrouvent avec la facture. Mais l'interviewer ne pose aucune question, tout est beau. Ce n'est plus un journaliste mais bien un « liseux » de communiqués. Un petit *jingle* annonce le bulletin national.

— Une marque d'huile d'olive italienne a été retirée du marché en Europe car elle contenait des traces de substances toxiques...

Mais pourquoi parlent-ils du marché européen au bulletin national ?

— Regardez bien cette étiquette et vérifiez les étagères de vos commerces, ne l'achetez pas. Ah, j'avais oublié... l'Afrique, la poubelle de l'Europe. Bon, il est temps pour moi de faire la feuille d'érable en automne, je laisse ma place à un autre.

Au clair de la lune, mon ami Zongo.
Refusa de bâillonner sa plume au Burkina Faso.
Mais Zongo est mort, brûlé par le feu.
Que justice soit faite pour l'amour de Dieu.

Alpha Blondy

La Maison du peuple est un grand édifice situé en plein cœur de la ville. Ornée de deux énormes éléphants, l'entrée donne sur une grande salle où se tiennent des spectacles divers. Hier soir, à la radio, on pouvait entendre les animateurs y inviter les gens pour le couronnement de «Miss Université», promettre aux auditeurs que les filles du défilé seront belles et sexy comme des bouteilles de Coca-Cola. Pourtant, depuis le printemps 2000, l'unique université du pays traverse une grave crise et est fermée sur ordre du gouvernement, question de condamner les récentes manifestations étudiantes. Pendant ce temps, les étudiants perdent leur année universitaire, une «année blanche», et, pour plusieurs, une année de plus sans pouvoir travailler et subvenir aux besoins de la famille est chose impossible. Ainsi s'achève leur rêve de diplôme et d'avenir meilleur.

Les manifestations universitaires ont toujours été reconnues pour marquer l'histoire. Par les revendications qu'on y scande, certes, mais surtout pour la façon musclée avec laquelle on les dissout. Depuis trois décennies, au Burkina, pas une seule année universitaire ne s'est déroulée sans intermissions. Tout cela cause une peur du lendemain aux étudiants, qui ne savent plus à quelle sauce ils seront mangés, et qui se demandent si ça vaut la peine d'entrer dans la course au diplôme.

Lors du bogue de l'an 2000, les étudiants ont déclenché une grève pour protester contre les classes surchargées, la diminution du financement public, la piètre qualité des cours et le fait que les frais de scolarité avaient quadruplés. Lors d'une altercation, un gendarme a abattu un jeune manifestant. Le soir même, le Conseil des ministres interdisait tout rassemblement public. Les enfants de Valériane devaient parader, présenter un mini-spectacle de cirque dans les rues, mais les autorités sont immédiatement intervenues, aucun regroupement n'étant toléré. Des dirigeants syndicaux et des étudiants sont régulièrement mis en prison ; l'armée est omniprésente dans les rues... Ces restrictions sévères font suite aux nombreuses émeutes qui ont suivi l'affaire Nobert Zongo ; elles sont la conséquence de la crise sociopolitique qui secoue le Burkina depuis l'assassinat de cet homme, le 13 décembre 1998.

Mais ce soir, ce n'est pas une émeute ni un défilé de femmes-bouteilles-de-Coca-Cola que nous allons voir. Dans le cadre du lancement d'une nouvelle exposition de masques africains, qui se tient à la Maison du peuple, une représentation de la danse des masques *dwo* se déroulera à l'extérieur.

Nous parvenons à l'endroit désigné ; seulement une vingtaine de personnes s'y trouvent. Elles entourent un nombre plus important de gens vêtus de larges costumes, recouverts de cordelettes de teintes rose, jaune et noire. Sur chacune de leur tête, un masque différent, sculpté dans le bois et peint de couleurs vives. Des yeux proéminents, des dents acérées, de longs becs, des cornes imposantes... Assis en cercle, une trentaine de masques attendent leur appel. Le maire de Ouagadougou nous offre un classique discours cérémoniel. Je profite de ce temps mort pour prendre quelques photos des masques. Leurs couleurs exceptionnelles m'émerveillent : le rouge est sanguin, le blanc est pur, le noir profond... J'ai le souffle court, c'est une chance en or de les apercevoir. J'espère que mon flash sera assez puissant, car il ne fait plus très clair. Pendant que je finalise un cadrage artistique, un groupe d'hommes s'avance vers moi, sorti de je ne sais où. Vêtus de gris, sacoches en bandoulière, ils portent tous une sorte de tuque typique. L'un d'eux m'empoigne le bras et me demande, sans élever la voix, mais d'un ton ferme :

— C'est toi qui as pris des photos ?

Aïe ! Immédiatement je comprends que quelque chose cloche. Un autre m'accroche et regarde son comparse :

> — Il en a pris trois, j'ai compté les éclairs. Une de là, puis deux d'ici.

Ils ne peuvent quand même pas me battre, je suis en public ; pourtant, ils ont beaucoup trop de pouvoir sur moi pour que je me sente le moindrement confortable. Le troisième, qui s'approche de moi, est petit et nerveux. Il m'a l'air instable.

> — Il faut lui arracher le film. Il faut arracher son film.

Ses camarades viennent le remorquer, le prient de se calmer. Le premier, qui me retient toujours le bras, m'informe que ce sont des masques sacrés. Les prendre en photo est non seulement interdit mais constitue un sacrilège.

> — C'est très très grave.

Je joue la carte du touriste stupide qui ne connaît rien... Ça ne fait pas l'affaire. Ils continuent à me coincer. Je hausse un peu le ton, question de me faire remarquer, qu'on réalise que j'existe. Il y a quelques instants, je me trouvais dans une foule ; à présent, je suis seul au monde. En regardant autour de lui, le deuxième renchérit :

> — Tu n'es pas le photographe du maire, non ? Alors tu n'avais pas le droit, vraiment pas le droit...

Puis, terminant sa profonde inspiration, il ajoute :

> — Mais il y a peut-être une manière de s'entendre.

Subtilement, il me fait un signe, puis me tend la main. Malgré la peur et l'angoisse qui me figent, ce seul petit geste fait chuter en moi la pression. Je comprends soudainement que tout ce qu'ils veulent, au fond, c'est un peu d'argent. Un montant pour me faire pardonner. Moi qui me sentais si mal parce que je croyais avoir enfreint une règle spirituelle, posé un geste culturellement inacceptable, insulté leur culte… Seul le fait qu'ils me demandent des sous me prouve qu'au fond ce ne sont que des profiteurs. C'est d'accord, je ne prendrai plus de photos, mais ils n'extirperont rien de moi. D'un ton redevenu confiant, je leur raconte que non, je ne suis pas le photographe officiel du maire, mais bien son invité personnel. Je suis un représentant de la coopération canadienne venu ici le rencontrer. Oh, là alors ! Un invité du maire… Après de longues protestations et ma menace d'aller quérir le maire en plein milieu de son discours pour lui expliquer la situation, à contrecœur ils me laissent partir. Ces trois photos sont mieux d'être les meilleures de ma vie parce que je les ai vraiment… travaillées.

Le maire dépose finalement son micro. Je me retire dans le coin opposé de celui de mes tourmenteurs alors qu'un homme, habillé comme un simple paysan et coiffé d'un chapeau de paille, se présente au milieu des masques. Il arbore sous le bras, fixé à une courroie, un tam-tam « parleur ». Des cordes retiennent les peaux aux deux extrémités de sa caisse de résonance en bois, très élancée. L'homme frappe à l'aide d'un petit bâton courbé tout en serrant et desserrant les peaux, en levant ou rabaissant le bras sur les cordes qui les tendent. Le musicien arrive ainsi à imiter les tonalités et les rythmes de la voix. À la suite de ces préliminaires très énergétiques, son tambour, en imitant la musique des mots, appelle les masques tour à tour. Ceux-ci représentent pour la plupart l'esprit des animaux : le léopard, le singe, la gazelle, etc. Un par un, les hommes masqués se lèvent d'un bond et, à l'aide de deux cannes qu'ils portent dans leurs mains, ils dansent, bondissent, tournent et courent dans la foule, menaçant de la frapper. Chaque danse est différente, chaque animal connaît la sienne. Le petit groupe d'hommes qui voulait m'arnaquer entre à son tour dans le cercle. Ce sont des bergers gourounsis. De leur petite sacoche, ils sortent un sifflet allongé en bois. D'un son très rudimentaire, ils arrivent néanmoins à créer un rythme enlevant. Puis ils se déplacent en meute à travers les masques, chacun sifflant à temps ou à contretemps, créant ainsi une composition unique. On dit que les pasteurs, avec ces sifflets, arrivent à communiquer de colline à colline, par exemple pour avertir qu'un fauve rôde dans les parages.

Les masques courent parfois vers la foule, bâtons levés, prêts à frapper. Si quelqu'un dans l'assistance a mauvaise conscience, le masque le punit en le frappant. C'est alors une vive panique, les gens se réfugient, créant une mini-pagaille. Le masque revient alors au centre du cercle, la foule se reconstitue dans un mélange de fascination, de joie et de peur.

Dès qu'ils terminent leur danse, les masques se couchent par terre et ne bougent plus, comme s'ils tombaient dans un coma. Certains spectateurs parlent et rigolent, ne prêtent pas vraiment attention au spectacle… sauf lorsqu'un masque s'approche d'eux et menace de les frapper. Finalement, la danse se termine et le public se prépare à entrer pour voir l'exposition.

À l'intérieur de la petite pièce qui lui est consacrée, je regarde la trentaine de masques. On m'offre un verre, car je suis l'invité du maire après tout. Chaque masque a son histoire et une fonction bien précise. Par exemple, celui du papillon invoque le principe du renouveau. On le porte pour obtenir la pluie et la fertilité, le papillon étant le premier insecte à renaître lorsque la première pluie de la saison pénètre la mère-terre. D'autres masques n'évoquent pas d'animaux, mais plutôt une légende, un conte. L'un d'eux représente plusieurs hommes armés dans les montagnes, puis un village où tous les habitants sont rassemblés près d'un cours d'eau. Une femme dépose un enfant dans un ruisseau rempli de formes étranges. Ce masque représente les habitants d'un village qui avaient appris qu'une puissante armée venait par-delà les montagnes pour les massacrer. Ils s'étaient alors sauvés vers le ruisseau rempli de crocodiles sacrés. La femme du chef, pour permettre aux siens de s'enfuir, avait pris son nouveau-né, l'héritier du trône, et l'avait déposé dans l'eau. Les crocodiles, s'étant attroupés pour dévorer l'enfant, ont servi de pont aux habitants qui les ont enjambés pour traverser la rivière et s'échapper.

Un masque mossi, peint de rouge et de blanc, et représentant une antilope, mesure plus de deux mètres de hauteur. Chaque courbe, chaque détail, est soigneusement travaillé. Le tout doit se poser sur le visage d'un danseur sans lui cacher la vue. L'art sacré !

Sous chacun de ces masques historiques, un petit carton indique ce qu'il représente et quelle est sa provenance. Quelques masques proviennent de villages différents. Mais pour la grande majorité des masques exposés, à la ligne « Provenance » on peut lire : « Saisi à l'aéroport international d'Ouagadougou ». Des touristes qui se sont fait retirer leurs souvenirs…

Si quelqu'un t'a mordu, il t'a rappelé que tu as des dents.

Moustapha Thiombiano est journaliste ; il est aussi président de l'Association des diffuseurs africains et fondateur de la première radio libre d'Afrique. Thiombiano, en 1995, a mis sur pied une station de radio, Horizon FM, qui est aujourd'hui la plus écoutée du pays. Notre Moustapha à nous, journaliste à ses heures, a déjà réalisé un reportage diffusé à Radio-Canada sur cet homme. Les deux Moustapha se sont contactés à nouveau et, une chose menant à l'autre, voilà que Valériane et moi sommes invités à l'émission de radio de Thiombiano. Il revient tout juste du Ghana, où il a passé quelque temps après la mort de son ami Zongo. Ici, les choses étaient trop « chaudes » pour les journalistes. Et ce Thiombiano est justement reconnu pour être très dur envers le gouvernement. Dans le cours de ses diverses émissions, il se permet des commentaires tranchants sur l'actualité, et ses opinions donnent aux auditeurs de nouvelles versions d'événements déjà catégorisés par la presse gouvernementale. La seule chose qui le sauve, c'est qu'il passe ses messages d'une manière humoristique, décrit l'injustice sous la forme de blagues acérées qu'il accentue de cris secs et parsème de fous rires. Ainsi, on le juge dérangé, on le considère comme une menace négligeable. Il est tout simplement fou. Mais quand l'affaire du chauffeur David Ouédraogo est devenue publique, Thiombiano diffusait régulièrement les informations que Nobert Zongo mettait à jour. Quand ce dernier s'est fait abattre, le Ghana est devenu une destination pressante pour l'animateur.

— C'est contre ma langue qu'ils en ont, mais c'est mon nez qu'ils veulent briser.

Après avoir vu la spectaculaire manifestation du peuple à la suite de cet attentat, Thiombiano, qui est en quelque sorte une célébrité dans le pays, fait le pari de revenir au Burkina et de continuer ses émissions en misant sur le fait que le gouvernement devait être apeuré à l'idée des réactions que pourrait provoquer sa propre mort. Il croit qu'il est la goutte d'eau qui risque de faire déborder le vase et, de son côté, le président actuel sait que le peuple africain, habitué à des revirements massifs de situation, est prêt à aller jusqu'au bout. Si Thiombiano venait à « disparaître », le vent de la révolution se lèverait. C'est du moins ce qu'il croit, la conviction à laquelle il s'agrippe infatigablement pour continuer à être ce qu'il est.

— Les seules luttes que l'on perd sont celles que l'on abandonne.

Lors du dernier Fespaco, le Festival international de cinéma, l'une des plaques tournantes de l'internationalisation de l'Afrique et de son ouverture sur le monde, il a créé une chaîne de télévision privée et diffusait lui-même les émissions. TVZ, en ondes une seule semaine, a devancé les cotes d'écoute de la chaîne nationale. L'État a démantelé et saisi son équipement, prétextant qu'il ne disposait pas de permis. En fait, seule la chaîne nationale en possède un. La télévision doit absolument demeurer sous le joug de l'État. Perdre le monopole de la radio était déjà une très lourde perte pour le gouvernement.

Bien que les journaux indépendants aient vu le jour et qu'ils se soient multipliés de façon exponentielle, même si une copie passe en moyenne dans les mains d'une vingtaine de personnes, ce qui lui confère une durée de vie très importante, le Burkina possède le plus bas taux d'alphabétisation au monde. En 1998, l'ONU estimait que seulement 22,2 % de la population était alphabétisée. L'analphabétisme atteint un taux de 87 %

chez les femmes. On ne peut donc pas accorder aux journaux l'appellation «média de masse» avec la même portée qu'au Canada où, pour la même année, on estimait le taux d'alphabétisation à 99 %. Le vrai pouvoir informationnel réside dans l'oral, à la radio, mais surtout à la télé. Une image vaut mille maux. La télévision d'État est baptisée «la télévision du président». Comment espérer qu'un journaliste de l'État, engagé et payé par l'État, dise la vérité dans une émission télévisée de l'État ? Oui, les journaux sont souvent victimes de corruption, parfois carrément écrits par les gens au pouvoir, mais on arrive souvent à y débusquer des bribes d'information capitales. À la télévision, les journalistes ne sont pas victimes de censure, ils s'autocensurent pour préserver leur poste. Le message du gouvernement est clair : oui à la liberté d'expression, mais faites gaffe à ce que vous dites.

Je suis tout nerveux à l'idée de rencontrer un homme comme Thiombiano, il est une star ici. Je n'arrive pas à me débarrasser de mon sourire quand je repense au visage de Désiré, le gérant du kiosque Internet, quand je lui ai appris nonchalamment :

— Oh, en passant, tu écouteras Horizon FM... Dans deux heures, je vais passer à l'émission de Moustapha Thiombiano.

Déjà qu'il me considérait comme une personne importante ; bientôt je crois qu'il va me demander un autographe.

Valériane, comme moi, est agitée. Elle déteste parler en public. L'idée d'avoir un micro planté dans le visage la traumatise. Quelles questions va-t-il nous poser, nous, les représentants du Canada ? Muni d'un petit guide, dans le 4 x 4 qui se dirige vers le lieu de notre entrevue, je me pratique avec Valériane, tente de mémoriser la superficie du Canada, la population des trois plus grandes villes, le nom du ministre des Affaires extérieures, les «pourquoi» des référendums québécois, etc. Il faut tenter de ne pas avoir l'air trop idiot.

345

Notre voiture se gare devant une maison de quatre étages ceinturée d'une vaste barrière. C'est vraiment impressionnant! Aucune construction autour n'atteint même la hauteur de sa clôture. Au sommet de ce «gratte-ciel», une longue antenne métallique tente de transpercer le ciel. C'est sa maison-studio-station de diffusion. Plus tôt dans sa vie, Thiombiano a réussi à quitter l'Afrique pour se rendre en Colombie-Britannique vendre de l'artisanat africain. Avec l'argent qu'il a économisé, il s'est formé un groupe de musique et s'est retrouvé à Hollywood pour enregistrer quelques albums. Même un salaire très modeste en Amérique équivaut à une fortune ici. Avec ses épargnes, il est revenu construire sa station de radio.

Nous entrons dans la cour, une grande piscine nous y attend. Tout autour, une dizaine de personnes vaquent à des occupations quelconques. Une cour vide est une honte en Afrique. Un petit homme nerveux et maigre dévale les escaliers en lançant des cris de salutation à notre Moustapha. Il est en caleçon. Après toutes les cérémonies protocolaires que j'ai dû endurer ici, voir un hôte nous recevoir en caleçon retire immédiatement une pierre de mes épaules. Il est *cool*. Un chien vient à notre rencontre: il se nomme Caramel. C'est la première fois que je rencontre un chien domestiqué ici, et à le voir se faire cajoler, ça me fait tout drôle. À l'ordinaire, les chiens africains sont des menaces; sauvages et souvent porteurs de maladie, ils ne se font pas prier pour attaquer. Quelques photos de l'Amérique ornent les murs. Dans un cadre, une photo de lui derrière le président des États-Unis, Bill Clinton. Nous le suivons dans l'escalier qui mène au dernier étage, puis dans un petit studio. Il se dirige alors vers une autre pièce qui contient les consoles, séparées de nous par une vitre. Valériane et moi nous assoyons autour d'une table sur laquelle est posé un micro.

— Est-ce qu'on doit faire un test de son?

— Mais non, me répond-il par le haut-parleur. Parle assez fort mais pas trop, c'est tout.

346

Un *jingle* se fait entendre.

— Cinq, quatre, trois, deux, un... Bienvenue, chers auditeurs, ici votre hôte Moustapha Thiombiano. Aujour-
d'hui j'ai une surprise pour vous, deux jeunes Canadiens
se trouvent dans mon studio. Si vous avez des questions
à leur poser, n'hésitez pas à nous appeler.

Je vois Valériane qui se crispe. Je lui tends le micro, qu'elle
repousse vigoureusement d'un air désespéré. Nous rions un
peu, mais une fin de phrase en point d'interrogation me fait
réaliser qu'il vient de me poser une question. Fini de rire,
c'est commencé.

— Pourquoi l'Afrique ?

Pourquoi l'Afrique ? Demande-moi le nombre de provinces au
Canada ou la population de Montréal, mais pas : « Pourquoi
l'Afrique ? » Pourquoi l'Afrique... Je ne peux quand même pas
répondre que tout a été fait sur un coup de tête, que j'hésitais
entre l'Asie, l'Inde, l'Australie et l'Afrique, mais que,
finalement, j'ai opté pour un stage qui touchait au théâtre, et
voilà... il se déroulait au Burkina. Non ! Ils me perçoivent
comme un coopérant canadien qui vient offrir son aide à leur
pays, dans un but totalement altruiste. Pourquoi l'Afrique ?

— Ben, euh... parce que c'est le berceau de la civilisation...
Que c'est important de...

Une sonnerie retentit.

— Oh ! Nous avons un appel.

Sauvé par la cloche ! J'expire mon air, soulagé, en jetant un
regard à Valériane qui me fait de nouveau signe qu'elle ne veut
pas prendre le micro.

— Oui, j'écoute.

— Puisqu'il fait si froid dans votre pays, est-ce que l'herbe et les plantes poussent comme ici ?

Ce n'était vraiment pas le genre de questions auxquelles je m'attendais.

— L'hiver est comme une saison morte, tout dort sous la neige…

Thiombiano me coupe et passe à un autre appel.

— Comment est la vie au Canada ?

— La vie ? La vie en général ?

Valériane s'esclaffe et me regarde d'un air je-suis-vraiment-heureuse-de-ne-pas-avoir-le-micro-entre-les-mains. Je ne sais pas trop quoi répondre.

— Eh bien, au début de la journée, habituellement, si tout va bien, on se réveille.

La question est tellement vaste ! Je passe brusquement le micro à Valériane. Elle doit assumer sa part. Quand l'auditeur entend Valériane m'ordonner de reprendre le micro, il demande à Thiombiano de la décrire. Celui-ci entame alors une description physique détaillée, et ajoute que nous sommes tous les deux *sexy*. Une auditrice téléphone :

— Oui, j'aimerais avoir ton adresse, car je veux correspondre avec toi.

C'est absurde, comique à la fois. Je ne peux tout de même pas donner mon adresse en ondes. Je lui réponds :

— Tu as la chance de m'avoir *live* au bout du fil, est-ce que tu as une question ?

— Non, pas vraiment, je voulais seulement tes coordonnées pour correspondre.

Notre Moustapha, complètement hilare de l'autre côté de la vitre, saisit le microphone des mains de Thiombiano et annonce que ceux qui veulent correspondre avec nous n'ont qu'à appeler Jeunesse du monde Burkina, puis il donne en ondes le numéro de téléphone du bureau. Je n'en crois pas mes oreilles. Le téléphone sonne de nouveau : un homme. Il veut parler à Valériane, veut son adresse.

— Appelle à Jeunesse du monde.

C'est devenu un *freak show*, ça n'a aucun sens. Une fille appelle, je prends le microphone et entre dans le jeu. D'une voix chaude, je me présente et ajoute à la blague :

— ... et je suis célibataire, Mesdames.

Valériane se prend la tête, ça va être l'enfer. Le téléphone ne dérougit plus. Toutes les fois que Thiombiano veut nous poser une question intéressante sur le Canada, il se fait interrompre par un appel.

— Oui allô ! Je voudrais vos coordonnées.

L'émission la plus écoutée au pays est devenue une ligne de rencontre. Thiombiano déconne, crie, nous coupe la parole et lance des blagues cinglantes contre les « Libanais qui boivent du café Nescafé », c'est le délire. Un autre appel, c'est pour Valériane.

— Est-ce que je peux prendre ton cœur ?

Elle rougit, avale sa salive.

— Bien, tu ne peux pas le garder, j'en ai besoin pour vivre.

C'est devenu pour elle une guerre, elle doit se débattre pour survivre aux questions. Thiombiano nous demande comment un étudiant peut se permettre de quitter le logis familial si jeune, ce qui est financièrement impensable ici. Le téléphone l'interrompt, c'est une fille qui veut mes coordonnées.

349

Thiombiano nous demande pourquoi, dans notre pays, c'est mal vu pour une femme de vivre chez sa belle-famille, alors que c'est la tradition ici. Un autre appel, les coordonnées de Valériane. L'interviewer pose des questions intéressantes par rapport aux chocs culturels, mais il est encore interrompu par un appel. Un gars demande à Valériane ce qu'elle fait ici.

— J'enseigne les acrobaties aux jeunes de la rue.

— Moi aussi, j'aimerais apprendre des acrobaties avec toi...

Une fille me demande pourquoi je n'ai pas trouvé une femme ici.

— Ça fait un mois et demi que tu es ici et tu n'es pas encore tombé en amour ?

L'heure finie, l'émission avec elle. Je suis euphorique. C'était tordant. Valériane, quant à elle, broie du noir. Elle déteste ces situations, l'attention constante dont elle est toujours objet. Ça commence à lui peser. Elle me lance, cynique :

— Attends un peu que je dise à ta blonde que tu as annoncé à la radio nationale que tu étais célibataire...

Une femme vient remplacer Thiombiano aux consoles. Pendant que nous sortons, la musique se termine et elle présente son émission :

— Bienvenue à *Coups de cœur*, l'émission pour les solitaires qui cherchent des solidaires. Nous allons prendre un premier appel.

Décidément, on aurait dû écouter un peu cette station avant de venir ici. Je repense à mon Désiré, du kiosque Internet, qui doit se dire que je ne suis qu'un *cruiseur*. Un premier appel :

— Bonjour, jeune femme élégante, au teint naturel, cherche homme d'affaires européen ou américain, âgé entre 25 et 50 ans…

350

— Bon, une jeune et jolie femme qui se cherche un Blanc entre 25 et 50 ans, c'est tristement classique, mais pourquoi dit-elle qu'elle a un teint naturel?

Thiombiano m'explique qu'il existe un produit chimique très fort sur le marché et que plusieurs femmes se le procurent. Il faut se l'appliquer sur la peau trois fois par jour et frotter vigoureusement, presque se râper. Tout comme un abrasif, il clarifie le teint, la peau noire devient plus pâle. C'est la mode. Plus la peau est blanche, mieux on est vu. Mais ce produit dégage une forte odeur de brûlé, d'acide, alors ses utilisatrices sont reconnaissables par le fort arôme qu'elles dégagent. Du blanchissement de peau. On en est rendu là!

Après de vives salutations et des sourires en coin, nous quittons la station de radio. Le téléphone portable de notre Moustapha fait entendre sa sonnerie dont la mélodie est celle de la 9ᵉ symphonie. C'est Estelle des bureaux de Jeunesse du monde Burkina. Là-bas, le téléphone ne dérougit pas, tout le monde appelle pour parler à Valériane ou à moi.

— Mais qu'est-ce que vous avez foutu?

En fait, elle appelle pour annoncer qu'elle débranche le téléphone, sinon plus moyen de travailler...

Au loin sur la route, un regroupement de taxis-brousse. Un contrôle policier. Moustapha rassemble les papiers du véhicule, ses propres papiers, son permis de conduire, tout ce qu'il trouve. Le policier les scrute un à un, puis lui demande ses papiers d'assurance. Il fouille partout, ne les a pas. Oh! Oh! Les policiers s'éloignent avec les papiers, et Moustapha se retourne vers nous, bouillonnant. Les policiers ont toujours le dernier mot, le pouvoir absolu. Ils arrivent toujours à trouver quelque chose qui cloche pour nous placer dans la position du coupable. Une fois, lors d'une conférence de presse qu'il essayait de couvrir, un policier lui a demandé tous les papiers inimaginables. Puis, comme tout était en règle, il a terminé en demandant un « certificat de bonnes mœurs ». Moustapha ne sait même pas si ce genre de papier existe ; tout ce qu'il sait, c'est que le policier l'a arrêté. Quand on est dans leur ligne de mire, il n'y a aucune raison de plaisanter.

> — Si un policier t'arrête et te demande de « parler français », ça veut dire que tu dois sortir ton argent. S'il te fait du trouble, tu dois lui donner un « tais-toi ». C'est un billet de 1000 FCFA.

C'est la coutume, la routine. Mais le problème avec nous, c'est que nous ne savons pas « lire » les policiers, deviner ce qu'ils veulent. De plus, certains policiers changent complètement de comportement quand il s'agit de Blancs. Ou ils demandent subtilement davantage, alors le « tais-toi » ne suffit plus ; ou ils ne veulent tout simplement pas s'abaisser devant un Blanc, alors la moindre tentative de corruption sera vivement réprimandée et méritera une peine sévère. Une fois la personne rendue en prison, la première étape est le rasage. Elle se retrouve complètement nue dans une pièce bondée ; là, on procède à la douche et au rasage complet des cheveux, question de démoraliser et d'affaiblir le prisonnier, de bien lui faire comprendre qu'il n'a aucun pouvoir ici. Puis on l'enferme dans une cage surpeuplée. Un coup de téléphone n'est pas un droit acquis ici, et parfois il peut se dérouler plusieurs semaines avant que les proches n'apprennent où la personne se trouve. Non, définitivement, je ne veux pas me faire arrêter.

Le policier nous interpelle de loin. Il nous tend un billet d'infraction : posséder les papiers d'assurance du véhicule en tout temps est une exigence de la loi. L'amende est exorbitante.

> — Vous devez laisser votre véhicule ici tant que l'amende ne sera pas réglée.

Tous nos arguments tombent dans l'oreille d'un sourd. Nous sommes dans un champ, loin de tout. Moustapha sort alors son téléphone cellulaire, compose un numéro et, après quelques salutations, explique la situation à son auditeur, puis tend le téléphone au policier :

— Tiens, c'est pour toi.

Le policier change de couleur. Il tente de se justifier, mais n'a jamais le temps de finir ses phrases. Il rigole quelques fois, d'un rire un peu forcé, blague un peu, puis :

— Parfait, oui, Monsieur Thiombiano. Alors je vous salue, Monsieur Thiombiano.

Il déchire l'amende et nous ordonne de partir. Dans l'auto, nous rions à pleins poumons. Les policiers savent qu'ils peuvent nous soutirer l'équivalent de leur salaire d'un mois. Dans ce monde sérieusement sous-payé, la corruption se glisse tout naturellement et devient pour eux une question de survie, le seul moyen de subvenir adéquatement à leurs besoins. Notre seule chance contre eux, c'est de créer une peur, la peur que nous sommes en contact avec des personnes puissantes et importantes, des gens qui leur feront regretter de nous avoir embêtés. Dans le code des normes tacites, le plus vieux commande le plus jeune, le plus gros peut taper sur le plus petit. Mais attention, si le petit est l'ami d'un encore plus gros… Nous sommes passés du concept au concret, et ce, en quelques centaines de mètres. En Afrique, dis-moi qui tu connais et je te dirais qui tu es.

Si un canari se casse sur ta tête, lave-toi de cette eau...

Bamogo se présente chez moi avant que le soleil n'exhibe son plein cerceau. Entre deux bâillements, je le salue comme le veut la coutume.

— Oui, ça va très bien !

— Et la famille ?

Une fois les salutations complétées, il m'apprend qu'il a rêvé de sa rencontre avec le Ministre. Un étrange pressentiment le hante : il est convaincu que quelque chose de bien va lui arriver. C'est aujourd'hui qu'il doit aller faire sa grande demande aux ancêtres comme l'avait exigé le féticheur. Par ce matin ensoleillé qui laisse présager une journée torride (le contraire m'aurait étonné), Bamogo me propose de l'accompagner à Bobo-Dioulasso. Mon stage chez les Touaregs s'est terminé avec la mise sur pied de Tasghalt. Je n'ai plus rien d'officiel à faire durant les quelques semaines qu'il me reste à passer dans ce pays. Valériane, quant à elle, doit encore former des moniteurs de cirque qui pourront entraîner les enfants lorsqu'elle sera repartie, afin que son programme puisse se poursuivre. Mais moi, je suis libre, totalement, infiniment. Je demande à Bamogo combien de temps nous prendra le voyage. Il ne fait que me répondre :

— Le matin, on sait ce qu'il faut savoir le matin. Le soir, on sait ce qu'il faut savoir le soir.

Bon… celui qui vit en Afrique connaît la patience. *And we're off to Bobo.*

Je rassemble quelques affaires, un peu d'argent et ma *ne-partez-pas-sans-elle* fidèle bouteille d'eau, puis m'installe dans la vieille Carina II 1972 qui démarre dans un bruit plus ou moins rassurant. Bof! ce n'est pas grave, ça ne doit pas être bien loin ; ce pays est quand même petit. J'arrive à dénicher dans la boîte à gants, ouverte en permanence, une petite carte du pays. Je trouve Bobo et essaie de calculer la distance. Deux doigts collés équivalent à 50 kilomètres ; donc, 300, maximum 350 kilomètres. C'est plus loin que je ne l'imaginais. Partir sur un coup de tête comme ça, c'est quand même un Montréal-Québec.

— Nous devrions arriver avant la tombée de la nuit, me dit Bamogo.

La tombée de la nuit ? J'avais oublié de calculer le facteur « système routier burkinabé », qui fait en sorte que même se rendre à l'épicerie du coin devient un défi. Pourtant, Bobo-Dioulasso est la deuxième plus grande ville du pays et le chemin qui y mène relie Ouagadougou et la Côte-d'Ivoire, son principal partenaire financier. C'est le chemin des camions et des convois, donc la plus importante du pays, la « route nationale A1 ».

Déjà un premier contrôle policier, puis le contrôle de douane. Tout va bien, pas même besoin de nous arrêter. Nous voici enfin au dernier poste avant de quitter définitivement la zone d'Ouaga, celui de mes amis de la police nationale, « le péage » comme l'appelle Bamogo. Cette fois-ci, pas de passe-droit… on nous fait signe de la main, nous devons nous immobiliser. Je suis encore traumatisé quand j'aperçois un policier s'approcher, sa mitraillette sous le bras. Bamogo me demande de demeurer silencieux, il va s'occuper de tout. Je sors ma photocopie de passeport : toutes ses petites déchirures, ses plis, me paraissent énormes, inacceptables, honteux. Je crains la réaction du policier. Bamogo rassemble papiers d'assurance, permis de conduire, cartes d'identité, etc. Le tout forme une pile imposante. Puis, ramenant subtilement le tout entre ses jambes, il place un billet de 1000 FCFA au centre, bien dissimulé. Le policier nous demande nos papiers, retourne dans sa cabine pour les vérifier, nous les remet pêle-mêle et nous ordonne de passer.

> — Un «tais-toi» et tout va bien, me lance Bamogo en accélérant.

Son moteur le suppliant de changer de vitesse, il me tend la série de papier pour que je les replace dans son coffre à gants. Sa carte d'identité tombe sur mes genoux. Je la déplie pour découvrir sa photo et me mets à rire, comme toutes les fois que l'on voit la photo d'une personne prise il y a 10 ou 15 ans. À l'opposé de son visage, l'emblème du pays occupe le carnet, mais ce n'est pas celui que je connais. Sous une grosse étoile rouge, une mitraillette croise le fer avec une faux. Sur un ruban qui flotte sous la bannière est inscrit : «La patrie ou la mort, nous vaincrons !»

> — J'ai eu ma carte durant la révolution, c'était le slogan de Sankara. Il était un peu fou, mais seuls les fous parviennent à de grandes choses.

Nous croisons enfin la dernière barrière, cette fois-ci un vrai péage, car nous embarquons sur la route nationale. Bamogo sort la main pour donner l'argent au guichetier. Assis par terre, un enfant vêtu de lambeaux espère qu'une ou deux pièces soient échappées, tombent dans ses mains.

Une fois ce dernier obstacle dépassé, il ne reste presque plus de vie autour de la route. De temps à autre, de plus en plus rarement, nous croisons un amoncellement de vendeurs ou de cases. La coupure entre la ville et la campagne est drastique.

Ce ruban de goudron qui relie les deux villes est vraiment étroit. C'est surtout sur sa largeur qu'on a économisée, faisant en sorte que deux camions qui se croisent ne peuvent que conserver la moitié de leurs roues sur le bitume, servant d'abondantes rasades de poussière à ceux qui les suivent. Comme les bordures de la route reçoivent fréquemment la visite de poids lourds, elles s'égrainent, se brisent et disparaissent par larges plaques. On dirait qu'un animal gigantesque se nourrit à coup de grandes bouchées de bitume. Le côté de la voie ressemble au tracé d'un électrocardiogramme : alors que chez-nous *le patient* ne possède aucun signe vital, celui d'ici... Je me demande bien ce qu'il peut faire comme activité. Certaines pulsations atteignent nos pneus. Pour des roues de camion, ça va toujours, mais pour les petites roues de notre voiture, ce n'est pas souhaitable. Bagomo doit choisir entre une crevaison probable s'il s'éloigne trop du centre de la route, ou bien effleurer les camions qui arrivent en sens inverse à toute allure. Comme les raccommodeurs de pneus sont rares une fois hors de la ville, Bagomo opte pour la deuxième alternative. Chaque frôlement de camion nous envoie un vent puissant et un bruit très impressionnant.

La monotonie de cette savane arborée n'est rompue que par la fréquence des accidents de la route. L'heure du midi sonne. Au loin, une petite cabane d'où émane une épaisse fumée indique que de la nourriture est en train de cuire. Sous l'ombre d'un énorme baobab, nous dégustons une assiette de Tô et trinquons une *calebassée* de dolo. Des touffes d'herbe verte s'élèvent ici et là ; la végétation reprend lentement vie sur cette plaine brûlée.

Nous repartons en discutant. Entre la voie et nous marchent lentement une femme, un plat sur la tête, et sa fille. Bamogo, qui observe s'il y a du trafic en amont tout en accélérant, fonce droit vers elles. Dès qu'elle voit l'auto, la mère jette son plat par terre, se met à courir et pousse avec force sa fille, qui tombe dans le fossé. C'était la première fois que je voyais une Africaine courir. Une fois la route regagnée, Bamogo se retourne vers moi et me fait remarquer que je suis en train d'arracher la poignée de la portière. Le plus sérieusement du monde, il m'avertit :

— Ne t'en fais pas. Avec Bamogo, conduite assurée.

Je me retourne et vois les pauvres secouer la poussière de leur linge. Conduite assurée… tant que nous sommes à l'intérieur du véhicule…

Plus nous roulons, plus la végétation verdit et devient luxuriante, exubérante. Le paysage change, devient vallonné : des rares arbres et de la terre rouge calcinée qui m'étaient familiers, nous sillonnons à présent de petites lagunes, des buissons, de l'herbe. Dans les champs, la couleur sable et paille sèche cède la place au vert ; nous traversons de douces collines. C'est vraiment un baume pour l'esprit : cette verdure me soulage l'âme. Nous sommes en route vers la brousse africaine qui se dévoile peu à peu.

À ma droite, nous croisons une belle église dont la tour représente un masque *bwa*. La religion qui s'adapte pour mieux conquérir. Tout comme au Pérou, camouflé dans un motif de fleurs décorant la cathédrale de Cusco, on arrive à voir un puma, le symbole inca divin veillant sur la terre. Mais parfois cette adaptation cause des frictions. Quand les artistes péruviens ont orné les sièges des évêques de l'effigie de la *Pacha mama*, la mère-terre Inca qui donne naissance à la nourriture en se laissant pénétrer par la pluie de Dieu, le Vatican a été scandalisé de voir ces reproductions de femmes aux seins nus, lui qui voulait préserver la sainte image de la femme vierge.

Brusquement, des silhouettes traversent en trombe la route, un peu plus loin devant nous.

— Des babouins !

Bamogo ralentit beaucoup trop à mon goût, et ils disparaissent entre quelques arbres avant que je ne puisse bien les apercevoir. Il se justifie en me racontant que, si un babouin est blessé ou tué par un chauffard, malheur aux occupants :

359

— Ils seront impitoyablement lapidés par la troupe ou subiront de terribles morsures. Et comme les babouins se tiennent en bande de 20 à 30, se défendre contre eux devient impensable.

J'avoue que, malgré la distance, ils avaient l'air vraiment imposant. Bamogo m'avertit de regarder autour de moi, que je verrais peut-être des antilopes. Généralement, elles aiment accompagner les groupes de babouins. C'est leurs partenaires de défense contre les prédateurs. Les antilopes ont un excellent odorat et les babouins possèdent une vue perçante et une force redoutable. Ensemble, ils partagent les pâturages.

Ce sont les premiers animaux sauvages que je vois en Afrique ! Et selon les spécialistes, ils sont sûrement parmi les derniers de ce pays ravagé par les sécheresses. Moi qui pensais qu'en Afrique il y aurait des troupeaux d'animaux partout. Mais enfin, mieux vaut tard que jamais !

•

Bobo-Dioulasso approche, ou vice-versa. De plus en plus, des vendeurs se massent aux abords de la route pour offrir des cacahuètes ou de l'eau aux nombreux camionneurs. Une barrière sur la voie m'apprend qu'on arrive aux limites de la ville : des barrages de police, mais dans l'ordre inverse. Je redistribue à Bamogo sa pile de certificats et d'attestations, puis il recommence le même manège, plaçant le « tais-toi » entre deux feuilles (le « péage » pour la police nationale). Mais le policier, regardant à peine les papiers, insère sa tête dans l'auto, me pointe de sa main libre — l'autre étant occupée à enlacer sa mitraillette — et me demande d'aller pisser. La lenteur de ses mouvements, son regard qui me dévisage et son air sévère lui donnent de l'autorité. Il essuie sa sueur, relève son arme, examine les pneus de la voiture… Je regarde Bamogo d'un air interrogateur, je n'y comprends rien. Le policier me répète d'aller pisser et Bamogo me fait signe d'y aller. Le policier doit souhaiter discuter seul à seul avec Bamogo, peut-être pour négocier un prix plus élevé. Je m'éloigne et me retourne vers l'auto pour m'assurer que tout est sous contrôle. Comme il n'y a évidemment pas de toilette en vue, je me dirige vers un petit buisson, mais un second policier m'interpelle sévèrement d'un « Psssittt, psssittt ! » et me pointe un arbre. Il n'y a pas à dire, ils sont vraiment organisés en matière de pissoir. Je me place derrière l'arbre indiqué, détache ma braguette... et comprends tout. Ce n'est pas Bamogo qu'ils voulaient, c'était le Blanc. Dans l'arbre, une petite cavité regorge de billets, de pièces de monnaie ; il y a aussi une montre, un pendentif... C'est ici qu'on paie. J'annule mon envie, referme mon pantalon et place un « tais-toi » dans cette banque improvisée. Les policiers me saluent et nous repartons. J'aurais pu tout prendre, ils n'ont même pas regardé ce que j'avais déposé...

Je commence à avoir sérieusement hâte d'arriver, surtout que mon envie de pisser s'est concrétisée maintenant que je l'ai attisée. Mais nous bifurquons avant même de franchir les portes de la ville et prenons une nouvelle route, vers le sud, nous éloignant de Bobo.

> — Nous sommes bientôt rendus... me dit doucement Bamogo, comme s'il avait pressenti la déception qui agrippait mon âme.

Nous nous rendons à son village natal, Koumi, non loin, car il doit consulter les vieux, ses vieux. La terre ancestrale est le berceau de toutes les puissances. Les femmes doivent faire le voyage, parfois dans d'inconfortables et lents taxis-brousse surchargés, pour accoucher dans leur village natal, car les nouveau-nés doivent absolument ouvrir l'œil sur la terre des ancêtres. Comme les « prédictions » ne sont pas toujours exactes, une bonne bosse sur la route déclenche parfois des accouchements à des lieues-lumière du médecin le plus proche.

La route s'élève vers les nuages, qui occupent une partie du ciel. Un ciel partiellement dégagé, c'est une première ! À Ouaga, c'est soleil, plein soleil et seulement soleil. Puis très rarement, d'un solide coup de vent, les nuages s'emparent brutalement du ciel et déversent en fureur une lourde et violente pluie qui disparaît presque aussitôt avec toute trace de ses géniteurs. La nature est tout autre ici.

Après une grande descente, nous traversons la rivière Kou, et des mouvements de foule me font remarquer une route de terre qui détale vers la gauche. J'arrive à distinguer quelques étalages pendant que Bamogo file à l'allure maximale permise par sa petite voiture, la côte aidant. C'est jour de marché. Dans cette région, le marché a lieu tous les quatre jours. Les gens qui se déplacent à pied pour venir jusqu'ici doivent tenir leurs calculs rigoureusement à jour. Ce serait catastrophique de parcourir tout ce trajet pour se rendre compte que le marché, c'est demain. Quoique, après tout… nous sommes en Afrique, l'endroit même où la notion de « catastrophe » n'existe pas. C'est la philosophie du « tout se règle, tout est bien, tout peut s'arranger ». Il fait bon vivre selon ces critères, le stress n'existe pas. Il nous faut cependant abaisser dramatiquement nos propres standards pour en arriver au même niveau que les Africains. Et ceci est primordial pour le maintien de notre santé mentale. La différence entre notre niveau de stress et le leur est telle que cela devient angoissant. Quelqu'un qui, comme chez nous, porterait une attention constante à tous les détails, à chaque prévision, à chaque minute d'un horaire détaillé où tout est prévu et où il n'y a pas de place pour l'inattendu, et où même les périodes de temps libres sont clairement et précisément indiquées, ne survivrait jamais. Les habitants du pays ne s'en font pas, ne s'inquiètent pas si quelque chose risque de ne pas fonctionner ou si un plan change instantanément, et cette simple constatation suffit pour traumatiser sérieusement le plus calme des Occidentaux. Tout, mais absolument tout ce que l'on prévoit a de fortes chances de ne pas se produire. Seule la minute qui suit sait ce qu'elle nous apportera.

Nous empruntons maintenant un minuscule chemin de terre et apercevons une école de briques et ses deux salles de classe.

Puis nous nous engageons dans la savane et parvenons à une petite case, casa. Il n'y a aucune route autour de nous. Nous laissons le véhicule devant la maison comme s'il s'agissait d'un cheval. Une voix agréable nous accueille. Sous une sorte de hutte, un homme est en train de repasser des vêtements avec son fer à charbon. Le métier de couturier est réservé aux hommes. C'est l'un des frères de Bamogo. Il court chercher les autres membres de la famille, et de grandes salutations se déclenchent. L'eau de bienvenue nous est apportée. Sans plus tarder, Bamogo discute quelque temps en dialecte et part rencontrer le sage de son peuple, le Bobo-Fing. Je ne peux l'accompagner. Karine, une de ses sœurs qui a mon âge, s'approche de moi et me demande si je suis intéressé à visiter un village au sommet de la colline pendant que Bamogo poursuit son entretien. Je la suis volontiers. Elle sort un bandeau de ses pantalons et se le noue autour de la tête.

Nous traversons quelques champs puis, de loin, se fait entendre le martèlement des pilons dans les mortiers, celui des femmes qui battent le grain. On les entend aussi chanter et rire. Nous gravissons une pente escarpée et devons nous servir de nos mains lorsqu'elle devient trop abrupte. La montée est vraiment rude ; je m'arrête pour me plaindre intérieurement lorsqu'une faible voix me demande de céder le passage. Une femme portant une chaudière remplie d'eau en équilibre sur sa tête m'a rattrapé et maintenant me dépasse dans la montée. Elle piétine mon orgueil, et aussitôt je reprends ma marche. Karine m'avoue que l'approvisionnement en eau est un problème quotidien pour ces habitants. Puis elle se retourne vers moi et me demande si je saurais trouver une solution. Elle croit peut-être que je suis un spécialiste en ingénierie. Ces Blancs qui possèdent la connaissance, élus parmi les élus. J'essaie d'imaginer deux ou trois solutions potentielles. Elle m'énumère alors, d'une façon brève mais éloquente, les raisons qui font que mes idées sont irréalisables. Encore une fois, mon orgueil se fait piétiner : elle a découvert que, même si je suis un Blanc, ça ne veut pas dire que je ne suis pas nul.

Le village vit pratiquement en autarcie, niché au sommet d'une colline rocailleuse. Il était possible, perché de cette manière, de remarquer les ennemis s'avancer. Mais, depuis le colonialisme, la paix règne entre les tribus. Le colonialisme a tout de même apporté quelque chose de positif : il a solidarisé ses victimes, les différentes ethnies se ralliant pour combattre un oppresseur commun, et leur a imposé une langue commune, ce qui a permis l'intercommunication.

Cette colline nous offre une vue incroyable de la plaine vierge et de la falaise qui nous entourent. La région fertile et bien arrosée offre un contraste saisissant avec le plateau mossi. Ce village date du XIe siècle et, depuis ce temps, la seule chose qui a changé, c'est les vêtements que portent ses habitants. Un enfant court avec un t-shirt sale sur lequel, entre deux trous, un *Pokémon* sourit. D'anciennes maisons de terre se dressent dans un désordre ancestral qui impose le respect. Elles se fusionnent littéralement avec la colline de rochers. Certaines, hautes de trois ou quatre mètres, donnent l'impression d'être fortifiées ; leurs murs irréguliers sont formés de terre épaisse et granuleuse. De petits trous permettent d'avoir une vue sur un intérieur sombre. Les toits sont faits de paille et de bois empilés. Après chaque saison des pluies, pour reconstruire la structure, les gens créent une flaque de boue et, placés à quelques mètres, lancent une par une des balles de terre qui collent à l'ancien mur et le solidifient. À gauche de l'entrée, une cruche d'argile soutenue par un pieu de bois renferme un gris-gris qui protège la maison. Trois branches entourent la cruche, comme si les doigts de l'arbre entouraient ce protecteur.

Nous rencontrons un vieil homme bedonnant — seuls les vieux ne sont pas aux champs aujourd'hui — le chef. Le blanc de ses yeux est rougi par l'âge. Il me salue chaleureusement, et Karine me fait savoir que je peux lui poser toutes les questions qui me passent par la tête, sauf des questions concernant le cimetière du village. Je ne suis pas autorisé à lui poser des questions sur les morts. C'est étrange, et même si de telles questions ne m'avaient jamais traversé l'esprit, à présent elles me tracassent. Peut-être les habitants d'ici mangent-ils leurs morts ? Je ne sais pas, moi... Et je ne le saurai jamais. Le chef me demande d'approcher et me présente une petite chèvre attachée à une corde.

— Apporte-la avec toi...

Pendant mon tour du village ? Comme c'est étrange ! Je regarde la belle petite bête. C'est l'animal domestique ou la mascotte du village ? Je tire la corde, suis-moi Biquette, on va faire un tour. Le chef me sert la main, Karine lui transmet mes remerciements.

La chèvre me suit docilement. Elle est toute blanche, même sa barbichette. Elle me devance et grimpe sur un rocher, sur une grosse pierre qui ne cadre pas du tout avec les alentours. Sur celle-ci, Karine me fait remarquer des cavités, les pas du géant de Koumi.

Il y a fort longtemps, les agriculteurs du village, lors des périodes de moissons, s'assemblaient et s'entraidaient pour faire la récolte, une terre à la fois. Le propriétaire de la terre offrait à manger et à boire à ses travailleurs, et ceux-ci récoltaient tout. Le lendemain, c'était au tour du champ de quelqu'un d'autre. Mais un des habitants de Koumi était un géant. Il était tellement fort qu'il arrivait, à lui seul, à faire la récolte de deux hectares par jour. Mais lorsque venait le temps pour le propriétaire de lui offrir à manger, ce géant était capable, à lui seul aussi, d'engloutir une casserole, grandeur 30, pleine de mil. Après un de ces repas gargantuesques, en se rendant chez lui, il avait passé sur cette roche avec tout son poids, si bien qu'il y avait gravé ses empreintes de pieds. Les sages du village, voyant qu'il ingurgitait toutes les provisions, ont alors creusé un profond trou dans le sol, puis placé des nattes afin de le camoufler, et se sont assis tout autour. Après, ils ont fait tonner les *djembés* pour annoncer la réunion du conseil. Quand le géant de Koumi s'est enfin présenté, on lui a signalé que, puisqu'il était le plus fort et le plus vaillant travailleur du village, il méritait de s'asseoir au centre. Ainsi a disparu le géant de Koumi.

Derrière cette pierre, une poterie, une large cruche inversée, est plantée dans le sol. Son ouverture lui sert de pied. Sur celle-ci, des plumes sont dispersées, collées; des traces de liquide rouge et blanc ont ruisselé. C'est un autel de sacrifice. On y invoque l'âme du géant, on lui demande pardon et on l'implore de bénir les récoltes. Des poulets sont égorgés sur cet autel. On y fait couler leur sang, on y étend quelques plumes, puis on offre du tô au géant, ce qui fait la couleur blanchâtre.

Je me promène entre les maisonnettes. Sur chacune, au-dessus de la porte, on retrouve les mêmes plumes mêlées au sang. Sacrifices pour empêcher les malheurs et les mauvais génies d'entrer dans la maison. Bien quelles soient construites en terre très friable, les habitations ont, pour la plupart, deux étages. Seul l'homme vit au second étage. La femme et les enfants demeurent au premier. De là-haut, les chefs de famille peuvent surveiller les allées et venues du village, s'alerter de maison en maison, grâce à un langage secret, si une présence suspecte rôde la nuit. Système de surveillance de quartier.

— Et c'est bien pratique pour avoir la paix lorsque les enfants sont trop tannants, le chef de famille n'a qu'à monter à l'étage, ajoute Karine.

Une épaisse fumée noire s'élève vers le ciel. Elle prend vie d'un coin opposé du village. Nous nous y rendons. Dans un champ vide servant de cour arrière à une case, un imposant amas de branches et de bûches est en feu. Sous cette pile, on distingue quelques cruches. Comme on n'a pas de four, on allume de gigantesques feux pour cuire l'argile. La femme qui est à côté du brasier, endurant d'une manière qui m'est inconnue l'acca-blante chaleur, devra l'alimenter toute la journée en prenant soin de ne pas casser les poteries. J'entre ma tête dans la petite case, je dois presque me placer en petit bonhomme pour y arriver. Soulagement : c'est frais et humide, tout est sombre. Dans un coin, d'énormes cruches gravées de motifs linéaires sont en train de sécher. Devant la maison se dresse un autel double, deux vases inversés couverts de sang.

— C'est pour les jumeaux, me dit Karine.

— Quoi ? Pour sacrifier des jumeaux ?

Son rire non équivoque me démontre que mes interrogations sont ridicules. Cette artisane a mis au monde des jumeaux. Avoir des jumeaux est considéré comme une bénédiction de Dieu. Chaque famille possède son fétiche ou gris-gris pour ses enfants. Après la naissance, le placenta y est enterré. Quand les enfants atteignent l'âge de deux ans, on doit les présenter à leur fétiche, et sacrifier plusieurs animaux sur cet autel spécial. Si l'enfant n'est pas accepté dans ce monde, il mourra dans les prochains jours.

En retournant vers l'endroit où j'ai laissé Bamogo, nous croisons une case très basse et circulaire, complètement en retrait. Sa porte est minuscule. Il faudrait ramper pour y entrer. Même Biquette devrait baisser sa petite tête. Cette case me fait penser à celle qui se trouvait chez le Larlé naba, celle que je croyais dédiée à son chien. Karine accélère le pas, oriente son regard dans une autre direction. Elle semble vouloir s'assurer que je ne remarque pas cet abri. Profitant de mes nombreuses erreurs d'interprétation qu'on peut attribuer à ma différence culturelle, je feins de ne pas comprendre son langage non verbal, et lui pose directement la question, innocemment :

— Qu'est-ce que c'est ?

Elle hésite quelque peu et, une fois à l'écart, se résigne à m'éclairer. Le dieu de ce village est le Dwo, le secret. Le Dwo représente tout ce qui ne doit pas être su, tout ce qui doit rester enfoui dans la mémoire et ne pas être divulgué. Comme le secret est la valeur la plus importante, enfreindre cette loi est l'offense la plus grave que l'on puisse commettre.

367

— Les yeux voient, mais la bouche ne parle pas.

Dans cette hutte circulaire vit le gardien Dwo. Dès qu'un initié transgresse les lois et dévoile à un non-initié une connaissance secrète ou dès qu'une promesse est brisée ou qu'un engagement est rompu, le dieu Dwo se matérialise et punit le coupable. Grand de quelques mètres, recouvert de fourrure, cet esprit erre la nuit et châtie sévèrement, allant même jusqu'à tuer. Son visage est celui d'une bête monstrueuse, mais Karine ne l'a jamais entrevu, car les femmes qui l'aperçoivent deviennent stériles, ou encore sont les victimes qu'il venait chercher, les condamnées à mort. Karine me décrit quelques récits concernant le Dwo. C'est un véritable démon, il habite parmi eux, et émerge régulièrement. Sa discipline doit être honorée, respectée en tout temps. Les récits de vengeance, les contes des anciens et les nombreuses victimes ne laissent aucune place à l'incrédulité. Je sors ma caméra, mon désir est incontrôlable, et demande si je peux prendre en photo cette hutte énigmatique. Karine me regarde d'un air hésitant et m'affirme que les ancêtres n'apprécient vraiment pas que l'on photographie les endroits sacrés.

— De toute manière, lorsqu'on photographie un autel ou le repère d'un esprit, la photographie ne sort pas, elle est tout embrouillée.

Je décide de jouer de nouveau mon rôle de touriste innocent, de ne pas comprendre son message, je veux à tout prix un souvenir tangible. Je prends une photo rapide malgré ses avertissements et rassure Karine en lui disant que, de toute manière, la photo sera «embrouillée», et que, par conséquent, les esprits ne m'en voudront pas.

— J'espère pour toi que tu dis vrai, me lance-t-elle, d'un ton qui me fait douter.

Nous nous éloignons d'un pas rapide. La vision de tous ces autels ensanglantés me revient à l'esprit, m'insufflant une dose d'irréel, de délire. Je me sens étrange, comme dans un rêve où tout pourrait arriver, où l'inconcevable peut surgir et prendre vie à tout moment. D'un coup, la courroie de mon appareil photo se brise, ma caméra tombe lourdement sur le sol, le boîtier s'ouvre, révélant mon film aux impardonnables rayons du soleil. Je le referme aussitôt, paniqué, tente de sauver quelques-unes unes de mes photos mais, aucun doute, les dernières prises sont foutues. Les photos des masques à la Maison du peuple le sont aussi.

> — Les esprits n'aiment pas que l'on prenne des photos des lieux sacrés, me répète Karine d'un ton ni moqueur ni triste.

C'est une simple constatation, une évidence qui inexorablement devait se produire.

J'attends Biquette qui prenait une pause pour faire ses besoins. Nous revenons au centre du village où un feu nous attend. Le soleil est tellement brillant qu'on ne discerne plus les flammes. Le feu a vaincu le feu. Le chef m'accueille de nouveau, un couteau à la main.

> — Pour honorer ta présence, il t'offre le sacrifice de cette chèvre, me traduit Karine d'un ton solennel.

Il me tend son vieux couteau, la chèvre s'éloigne de moi, mais la corde la retient. Je la regarde, traumatisé, arme à la main, je n'aurais pas dû lui attribuer un nom… Je voudrais la libérer, mais je sais pertinemment que le manquement à cette coutume serait une insulte si profonde que cette tradition doit être respectée à n'importe quel prix. Une petite foule est maintenant assemblée autour de moi. Je n'ai pas le choix. Je respire profondément, tente de m'extirper de mon corps, de ne devenir que machine. J'agrippe la tête de la pauvre Biquette. D'un geste dégoûtant, je lui tranche la gorge. La bête tremble, se débat violemment. Ses bêlements sont effroyables. Le sang coule, mais pas assez. Je n'ai pas pressé assez fort, tranché assez creux. Une seconde fois.

Schhuuiittt. Non! Je n'arrive pas à trancher l'œsophage. Je deviens névrosé, possédé. J'entre le couteau une dernière fois. Meurs!

On vient prendre la créature sans vie et on la dépèce immédiatement. Je m'éloigne, je ne suis plus capable de voir le spectacle, je reprends mon souffle et ma vie. Karine vient me chercher, me dit de ne pas trop m'éloigner. En guise d'honneur, on m'offre le foie à manger. Je me sens faible, n'arrive plus à me redresser. On m'apporte un peu d'eau, je m'en lave les mains.

●

Karine me mène au quartier des forgerons. Les cultivateurs habitent un quartier délimité, les forgerons de même. Les mariages entre les communautés sont défendus. La caste des forgerons est l'une des plus respectées et des plus puissantes du Burkina; les forgerons détiennent les secrets du feu et peuvent lancer de puissants sorts. Ce sont eux aussi qui disposent des outils en métal nécessaires pour creuser les tombes.

— Si tu ne leur plais pas, ils ne t'enterrent pas…

Comme je suis l'ami de Bamogo, on me considère comme un invité d'honneur. Assis à l'ombre d'un toit de paille, le chef du village et le chef de la terre viennent me rejoindre. Le chef du village s'occupe des affaires internes et agit un peu comme le maire de la ville; par contre, avant les récoltes et pour demander la pluie, c'est le chef de la terre qui dispose de l'autorité. Le chef de la terre (*tengsoba*) détient un pouvoir mystique car il est responsable de nourrir les ancêtres et que, de ce fait, il est en relation directe avec eux. Il connaît les lieux qui sont habités par les esprits et ceux qui ne le sont pas, sait quand il est temps de semer et de récolter.

Derrière moi, un véritable concert a lieu. Trois enclumes sont alignées, et, sur chacune, quatre hommes munis de masses frappent à tour de rôle sur une pièce de métal en fusion. Le rythme qu'ils produisent est précis et puissant, aucune interruption. Le forgeron en chef tient et tourne la pièce de métal avec précision sous les coups d'une fréquence furieuse. Ces hommes fabriquent des bêches. Les cultivateurs sont dépendants des outils que leur fournissent les forgerons, et ceux-ci sont dépendants de la nourriture que leur procurent les cultivateurs. Toute la communauté vit en relation d'inter-dépendance. La survie des uns dépend de la survie des autres.

Un apprenti est assis près des braises qui rougissent les métaux. Il appuie à répétition, de sa main gauche puis de sa droite, sur des poches faites de peaux animales qui, en se gonflant puis en s'écrasant, bombardent le feu de l'oxygène dont il se gave. Au battement des enclumes, tout se fait à une cadence précise, ce rythme qui domine chaque caractéristique de la vie africaine. Le chef du village, par l'intermédiaire de Karine, m'explique que les enclumes des forgerons sont de puissants gris-gris. Lors d'une cérémonie secrète, on sacrifie un chien rouge pour invoquer la bénédiction des ancêtres sur leur enclume, et celle-ci détient le pouvoir non seulement de créer des outils résistants, mais aussi de protéger la communauté. Le chien, ce pont entre les deux mondes, est un animal de prédi-lection. Certains affirment que c'est le chien qui remplace maintenant les humains dans les sacrifices, qui ont unique-ment lieu lors d'événements importants, car les ancêtres sont choqués de la mort d'un chien et doivent acquiescer qu'elle en a valu la peine. Il est primordial que l'animal ne voie pas sa mort et qu'il n'émette aucun jappement. On lui retient donc la gueule et on lui masque les yeux au moment du sacrifie. Les conséquences d'un tel sacrifice, s'il n'est pas parfaitement accompli, sont désastreuses.

Je les remercie, un à un, par des salutations élaborées qui se terminent par un «héin!» sec, dont j'ignore la signification. J'ignore bien des choses à propos de ce qui m'entoure. Nous traversons quelques étroits corridors, descendons l'autre versant de la falaise abrupte pour quitter Koumi et parvenons à une petite plaine. Sur le sol, Karine me désigne un trou. Je m'approche pour réaliser que cette toute petite ouverture donne accès à une salle souterraine, une grotte creusée dans la terre, assez grande. Un tronc d'arbre dans lequel on a sculpté des marches sert d'échelle. Plus loin, une autre entrée, une autre caverne. Plus loin encore, une autre. Ce sont les « trous à vannerie ». Chaque famille possède son trou et seules les femmes peuvent y descendre. Les femmes du village vont cueillir des feuilles de rônier, feuilles qui ressemblent à celles de grands palmiers. Puis elles descendent dans ces trous pour les tresser en paniers de toutes dimensions. Sous la terre, l'air est frais et humide, les feuilles sèchent moins rapidement et sont plus malléables. Comme ces endroits sont interdits aux hommes, les femmes y tiennent de grandes discussions. Les jeunes filles, dès qu'elles atteignent la puberté, apportent de la nourriture aux vieilles, en échange de quoi elles peuvent rester et poser des questions. C'est donc dans ces trous que se transmettent les connaissances entre femmes et les traditions, que se fait l'éducation sexuelle... Dans ces sombres espaces souterrains se tiennent aussi les réunions importantes pour le clan, réunions dont les hommes sont exclus. Le système est matriarcal. Alors, lorsque les femmes se rassemblent dans les trous à vannerie et qu'elles en ressortent avec seulement quelques paniers tressés, les hommes ont raison de s'inquiéter.

Nous poursuivons sur le chemin du retour. Sous un colossal kapokier, qui laisse couler son ombre apaisante sur notre sentier, se dressent quatre troncs d'arbre qui soutiennent un toit de feuilles au-dessus de roches disposées circulairement. La structure est accotée sur le mur que forme une immense pierre qui s'élance hors du sol, matérialisation de sa tentative échouée de rejoindre le ciel. Une fraîcheur humide émane de cette pierre, comme si nous étions près d'une grotte qui rejoint les entrailles de la terre. Je me dirige vers son centre, mais avant que je ne parvienne près du toit, Karine me saisit fermement par le bras et m'empêche de faire un pas de plus. Cette fois-ci, il n'y a pas de négociation possible.

— C'est la place du conseil, des sages, cette place est réservée aux initiés.

De derrière l'arbre, un vieil homme m'apparaît, vêtu d'une longue tunique laiteuse, de la même teinte que ses courts cheveux frisés. Je ne l'avais pas remarqué. Il se retourne vers moi, me salue lentement. Je fixe ses yeux, complètement blancs. Il est aveugle ; cependant, il semble me regarder droit dans les yeux. Il paraît frêle, fragile, faible. Pourtant, je perçois une incroyable énergie qui se dégage de lui. Je me sens en paix, en harmonie, par sa seule présence. Immédiatement, je lui attribue toute ma confiance, toute mon attention. Il m'invite d'un geste à m'asseoir, à l'extérieur, et j'en suis heureux, je ne désirais plus partir. L'humidité qui se glisse jusqu'à moi en vagues est accompagnée par un arôme distinct. Près du mur de pierre, un autel, l'odeur âcre du sang frais parvient à mes narines. Un sacrifice vient d'avoir lieu, mais aucune trace de l'animal. Le vieil homme se déplace paisiblement à l'aide d'un long bâton de bois parsemé de nœuds ; il se dirige vers moi. Sans quitter l'abri, il arpente les pierres qu'il semble connaître par cœur. Il se penche légèrement et place sa main droite sur mon front. Je n'ose ni bouger ni respirer. Il parcourt délicatement mon visage de sa main tremblante, puis rejoint l'une des pierres disposées en cercle derrière lui pour s'asseoir à son tour, toujours face à moi. Sa force vitale est plénitude ; son être respire la sagesse. J'accepterais de suivre cet homme partout ; pourtant, il ne m'a pas encore adressé une seule parole.

— Es-tu tout ce que tu as rêvé d'être ? me demande-t-il d'un timbre de voix vacillant.

Tout ce à quoi j'ai rêvé de devenir ? J'hésite.

— Non, pas encore… mais je suis sur la bonne voie, je crois.

— Bien ! Profite des enseignements de ta vie privilégiée, ne sombre pas dans la facilité.

Il rajuste ses vêtements sur ses genoux et éclaircit sa gorge. Ses mots sont d'une simplicité déconcertante, ses idées concises. Selon lui, la vie connaît différents niveaux, des catégories en quelque sorte. Avant de venir au monde, l'esprit décide consciemment dans quel niveau il désire évoluer. Certains décident de connaître une vie de misère et d'épreuves. Ces vies sont extrêmement difficiles, mais sont de loin les plus enrichissantes sur le plan de l'expérience, de l'humanité. Chaque obstacle y est quasi insurmontable, mais chaque réussite infiniment gratifiante. D'autres optent pour une vie simple et confortable, mais sombrent parfois dans la paresse. En effet, certaines personnes, riches, puissantes, en santé, consacrent leur vie aux loisirs, à la facilité, ne s'enrichissant pas, n'apprenant rien de leur passage sur terre, n'en retirant rien. Parfois même, ces personnes, que pourtant tous envient, sont déprimées, mènent une vie misérable, se suicident, n'ont aucun but. Leur esprit a opté pour l'aisance, et non pour la sagesse.

L'homme qui se trouve devant moi est né aveugle dans un village pauvre d'Afrique. Il a choisi cet état pour éprouver l'humilité, pour connaître non seulement la souffrance mais aussi la force de la surpasser. Il a accumulé une multitude d'expériences, et peut ainsi affirmer qu'il est aujourd'hui en mesure d'affronter n'importe quelle vie avec succès, car il a maximisé son apport et sa présence sur terre.

— Toi, tu as choisi le plus haut niveau des échelons. Tu as choisi la vie la plus aisée de toutes. Tu détiens la force, la santé, l'intelligence, la beauté, l'accès à la nourriture, à un logement, à l'éducation, à la culture, tu as une famille qui t'aime... Tous tes besoins de base sont comblés. Tu n'as pas à consacrer la totalité de ton énergie, de ta volonté et de ton temps à les satisfaire, tu peux donc te vouer aux sphères supérieures de la vie. Mais t'y adonner est un effort que tu te dois de réaliser, car tous les attributs facilitant ta vie ne sont que des outils qui sont mis à ta disposition. Il n'en revient qu'à toi de les utiliser comme tremplin pour découvrir quelle est la hauteur maximale que tu peux atteindre, jusqu'où tu peux te rendre. Il faut toujours se dépasser. Il est extrêmement facile de ne pas faire d'efforts, de mener une vie aisée et vide quand on se trouve à ton niveau. C'est le plus grand des dangers. De ceux qui choisissent le niveau le plus difficile, le plus bas, il y en a beaucoup qui n'arrivent pas à surpasser les épreuves et à franchir les nombreux obstacles, mais, au moins, à force d'être confrontés à des difficultés de la sorte, ils apprennent et en retirent des leçons de vie primordiales. À ton niveau, par contre, nombreux sont ceux qui n'apprennent rien, qui gaspillent leur vie et les occasions de progresser qui s'offrent à eux. Ils ne font que tout bonnement en profiter au jour le jour, vivre sans aucun but, sans aucune conséquence. Il est pourtant de ton devoir d'aller toujours plus haut, sinon ta vie n'aura été qu'une perte de temps, une existence vaine. Tu as choisi une vie d'accomplissements. Il ne dépend que de toi de les réaliser. Retourne à l'esprit-mère chargé d'expériences et de confiance en toi. La vie est trop courte pour être petite.

Je bois ses paroles que je n'ai pas encore complètement digérées. J'ai choisi le palier le plus haut, je dois m'en servir pour atteindre le ciel. C'est un devoir. Mais, en même temps, c'est un poids énorme. Et si je n'arrivais à rien d'extraordinaire ? Et si je ne décrochais pas d'étoiles ? La vie serait beaucoup plus simple si je ne faisais qu'un travail routinier où je n'aurais pas à réfléchir, où je n'aurais pas à me dépasser. Comme s'il lisait mes pensées, le vieillard poursuit doucement :

— La simplicité est à l'antipode de l'enrichissement. Notre seul but sur terre est d'apprendre et de nous surpasser pour toujours pousser notre conscience plus loin. Une vie vide d'intérêts est la pire calamité qu'un humain puisse accomplir. Au bout d'une existence complète, son esprit se retrouvera au point de départ. Profite de ton passage sur terre pour aller au-delà de toutes tes espérances, pour réaliser tous tes rêves. C'est ton seul but, ton seul devoir. Quand je vois un homme riche et puissant, dont tous les besoins sont comblés sans qu'il n'ait à faire le moindre effort, et qui ne fait que profiter de la vie et s'adonner à des loisirs, à la paresse, que profiter bêtement de l'instant présent sans chercher à apprendre ou à se dépasser, moi le pauvre aveugle d'Afrique, qui ai faim, qui ai soif, moi qui n'ai rien, j'ai pitié de lui. Le bonheur est facilement atteignable dans l'insouciance. Mais c'est un bonheur léger, qui est lourd de conséquences.

Tout en se relevant, il expire une dernière phrase :

— Je bénis Dieu de m'avoir donné ces deux richesses qui manquent à bien des riches. Le travail qui me fait libre et la pensée qui me fait digne.

Son étrange bâton à la main, le vieux devin ridé quitte la pierre où il était assis et s'enfonce dans l'aire de sacrifice délimitée par les rameaux feuillus. Karine vient me rejoindre. Je ne bouge pas, ne sais plus quoi dire. Elle me pose la main sur l'épaule et une incroyable énergie s'empare de moi. Je le dois, il le faut. Pousser toujours plus loin, défier les limites, repousser les frontières. Je ne sais pas si je vais y arriver, mais du moins je sais où je me dirige. Il est si difficile de trouver un sens à sa vie lorsque les besoins de base sont comblés. La vie a un sens éminent pour celui qui doit se battre pour survivre, défendre ses droits, protéger sa famille… Tout est clair, tout est défini. L'âme s'enclenche dans cette direction, il n'y a aucune autre option possible. Mais nous qui côtoyons le sommet de la pyramide de Maslow, et qui pour beaucoup avons nos besoins fondamentaux comblés, le but semble déjà atteint, l'existence devient vaine, il n'y a plus rien à faire, sauf se divertir en attendant…

Karine m'aide à me relever et nous nous dirigeons vers notre refuge pour la nuit. Un sentiment pressant ne cesse de m'absorber. Pourtant je ne comprends pas ce qu'il attend de moi, ce que je dois faire. Tout ce que je sais, c'est que je suis en retard. Il faut que je m'y mette sérieusement. Mon passage sur terre ne sera pas gaspillé.

•

Je m'accroupis pour entrer par la petite porte au-dessus de laquelle du sang séché me garantit une nuit paisible. Le père de la famille m'accueille :

— Bonne arrivée ! Mange autant que tu as faim, bois autant que tu as soif, dors et rêve le jour autant que la nuit, tu es dans ma case comme chez toi.

Entouré de ces murs de terre, bien au frais, je me croirais dans une grotte. La pièce centrale est occupée par des casseroles et par des herbes qui composeront le repas. Trois pierres noircies forment un triangle qui constitue l'aire de la cuisine. Un petit trou dans le plafond laisse filtrer un rayon de soleil circulaire bien délimité, complètement saturé de poussière et de fumée. Ce jet lumineux éclaire sobrement la pièce, c'est l'unique source de lumière. Servant aussi de cheminée, le trou est bien petit et l'air est difficile à respirer, mais la fumée, en concentration suffisante, et croyez-moi elle l'est, a des propriétés bénéfiques, calfeutrant le toit qui devient imperméable grâce à elle.

Dans chaque direction, comme si on avait creusé des galeries supplémentaires, de petites pièces s'ouvrent ; elles se sont additionnées au fur et à mesure que la famille s'agrandissait. Tout est sombre et la proximité avec les nombreuses personnes qui habitent chaque recoin m'intimide. Je n'ai d'autre choix que de frôler les gens, de les coller. Je me demande s'ils ne sont pas offusqués d'avoir à me recevoir alors qu'ils étaient déjà si à l'étroit. Mais le sourire de la mère, alors qu'elle m'offre un peu d'eau, est si radieux que je me rappelle soudainement que je suis au Burkina Faso, le pays même de l'hospitalité. Son absence de dents lui confère un visage charmant, amusant. Je m'assois par terre, au seul endroit qui n'est pas occupé. Ce faisant, je me rends compte que le sol semble creux, une légère réverbération retient mon attention. Le père de la famille, remarquant ma réaction, m'apprend discrètement que, sous moi, gît la tombe familiale. Tous les ancêtres de la famille s'y trouvent. Je me relève aussitôt, déclenchant un fou rire général.

— Tu n'as rien à craindre, ils sont tous bel et bien morts, me lance Karine en tapant des mains.

L'esprit des ancêtres, leur force protectrice, leur attention, leur aide sont réconfortants, l'essentiel est de les avoir à proximité, de sentir leur présence.

— Quand on est désemparé, ils ont toujours de bons conseils, poursuit le père. Tiens, va lui montrer.

Prenant soin d'obtenir le consentement de tous les membres de la famille, Karine me conduit vers une pièce légèrement à l'écart. Je dois constamment me souvenir que le plafond est bas, sinon c'est un grand coup à la tête qui me le rappellera. La pièce sent bon, elle est baignée d'une sorte d'encens. Je traverse un petit corridor, puis me retourne. Dans un coin, une dizaine de statuettes de toutes les grandeurs, ce sont les fétiches de la famille, les représentants des ancêtres. Sous des couleurs vives, des plumes, des personnages de toutes sortes sont debout et me regardent dans leurs habits de cuir, de terre, de bois ou de paille. Animaux, esprits, ancêtres... tous les protecteurs sont ici rassemblés. Ils datent de plusieurs générations. Une pensée m'assaille, mais seulement durant un laps de temps infiniment petit : non, je ne prendrai pas de photos. Ces personnages, représentant toutes les facettes de la vie de cette famille, sont leur bien le plus précieux, leur pont vers Dieu. Lorsqu'un membre de la famille a une requête à formuler, une prière qu'il veut voir exaucée ou une simple question à poser, il peut

demander aux esprits de le guider. Il revêt le costume traditionnel et boit une *dolo* sanctifiée par le sang d'un poulet
sacrifié aux fétiches. Alors l'esprit d'un ancêtre s'intègre au
corps du demandeur et le contrôle. Complètement sous
l'emprise de cet esprit, possédée, la personne pourra alors
transmettre les pensées de l'ancêtre, prévoir l'avenir, répondre
aux questions, être le traducteur du monde de l'au-delà. Les
génies parlent par elle et lui révèlent ce qu'il faut faire et savoir.
Mais l'effort requis par cette transe est considérable, et, lorsque
l'esprit quitte le corps, celui-ci tombe dans un état léthargique
qui prend plusieurs jours à se dissiper. Il arrive que l'esprit ne
quitte pas assez rapidement le corps du demandeur et que
celui-ci meurt d'épuisement. Comme si j'avais moi-même été
en transe, je m'écroule de fatigue. Bonne nuit !

•

Le lendemain matin, le petit trou dans le plafond laisse filtrer
une lumière dense. Je me lève mais ne me réveille pas. En fait,
ça fait bien longtemps déjà que je suis réveillé. La petite natte
sur laquelle j'étais couché est posée sur un peu de paille qui
sert de lit pour bien d'autres que moi. Hier soir, dès que la
lampe à l'huile de karité a été soufflée et que l'obscurité la plus
lourde s'est emparée de ce monde (« que Dieu te garde jusqu'à
l'aube »), j'ai immédiatement commencé à entendre des sons,
des pas, des mouvements, des bruits étranges, de petits cris.
Sous moi, autour de moi, sur moi quelques fois. De la vie…
partout. Un nombre incalculable de bestioles, d'insectes que je
ne pouvais qu'imaginer. D'aucune manière je ne pouvais
rejoindre une allumette ou un briquet dans cette obscurité,
aucune possibilité d'accéder à la lumière. Mon imagination est
alors devenue mon pire ennemi. Des pas, des craquements…
Une terreur naissait en moi, une paranoïa à rendre fou. Aucune
autre option que de m'enrouler le plus serré possible dans le
drap que j'espérais étanche. Ce mince tissu était mon armure
de protection, le mur qui me séparait de ces insectes africains
énormes et inconnus. Mais il ne me protégeait pas des sons. Je

me demande bien quelles dimensions doit posséder un insecte pour que l'on arrive à entendre clairement chacun de ses pas sur un mur de terre. Et je ne veux pas le savoir. Cette nuit n'a pas vraiment été la meilleure de ma vie. Dans une chambre partagée, le sommeil aussi est partagé. Mais j'ai bel et bien dormi, un cauchemar que j'ai fait me le prouve. L'esprit de Biquette, la chèvre sacrifiée, me chargeait, voulait se venger…

Karine vient me trouver avec un large sourire. Je lui réponds que oui, j'ai bien dormi, politesse oblige. Maintenant que la lumière arrive à se faufiler, je remarque la composition des murs. Les maisons ici ne sont pas construites de la même façon que celles du village de Koumi, où elles étaient bâties à l'aide de boulettes de boue lancées contre les murs. Les cloisons sont beaucoup plus lisses et régulières. Ici, les constructeurs empilent la boue sur un mètre de hauteur tout au plus. Puis, après une journée au soleil, ils en empilent un autre mètre sur le premier. Après quelques jours, ils ont leur maison. Ce processus doit recommencer après chaque saison des pluies, car les toits ne protègent pas efficacement les murs contre l'effet destructeur des violentes pluies qui grugent littéralement la terre comme des affamés.

Près de moi, je remarque un endroit où le mur semble renfoncé près du sol. Karine m'explique que, lorsqu'on construit une habitation, on prévoit une « issue de secours ». C'est cette petite dénivellation dans le mur à mes côtés. Suffisante pour qu'un homme puisse y ramper, cette partie est moins épaisse. En cas d'urgence, on peut facilement la défoncer pour s'échapper. C'est pourquoi on m'a fait dormir si près de cet endroit : c'est en quelque sorte la place d'honneur. Si, durant la nuit, des voleurs avaient pénétré dans la maison ou si, en raison d'une violente pluie, les murs s'étaient effondrés… j'aurais été le premier rescapé. Bien sûr, pour cela il aurait fallu que je connaisse cette porte secrète avant, mais ça c'est une autre histoire.

Bamogo n'est pas encore revenu de son entretien avec les sages. Peut-être ne le reverrai-je que demain ? Karine m'annonce avec enthousiasme que le fils de l'ami de son père a accepté de nous confier sa « deux-roues ». Je sors de la maison, devant laquelle se trouve une vieille mobylette qui autrefois devait être mauve. Sur son réservoir à gasoil, écrit en lettres stylisées qui, comme la mobylette, datent des années disco, on peut lire : *Mamba*. Une petite *Mamba* à moi ! Je suis tout énervé, à un point tel que la famille rit de ma réaction. Les mobylettes, qui ne nécessitent pas de permis de conduire, pas d'assurances, pas d'immatriculation, pas trop d'entretien, presque pas d'essence ou d'investissement, sont omniprésentes ici. C'est la voiture du Burkina. Mais moi, je n'en ai jamais possédé une. J'embarque derrière le guidon ; je dois donner un peu de gaz tout en pédalant pour faire démarrer le moteur. J'enlève le *stand* et commence à contourner les gens. Les pédales sont très petites et assez difficiles à actionner ; même avec toute mon énergie, la mobylette n'avance presque pas, le moteur ne veut pas partir. Je m'engage dans une petite côte qui descend pour pouvoir pédaler plus vite. Je me lève et consomme toutes mes forces, arrachant presque le guidon, mais rien n'y fait. Arrivé en bas, je dois tourner mais j'effleure une plaque de sable qui me fait perdre l'équilibre. La *Mamba* s'abat lourdement sur moi. Toujours étalé par terre, je me retourne ; il me semble que tout le village est devant moi, me dévisageant. Mais personne ne rit. On dirait qu'ils sont tout simplement désespérés. Karine s'approche, relève la mobylette, la replace sur son *stand*, ce qui fait soulever la roue arrière, et donne un coup de pédale dans le vide. La roue arrière se lance dans une rotation rapide, le moteur s'allume immédiatement. Un nuage de fumée étouffant s'échappe, représentant tout le gaz que j'avais donné en trop. Bon, je ne suis pas exactement un champion... Pourtant, Karine me cède le guidon et se place derrière moi, s'agrippant à ma taille. Je donne un peu de gaz, encore un peu plus, et nous démarrons lentement. Quelques mètres plus loin, après que nous eûmes gagné en vitesse, une grande surface de sable nous fait glisser. Je sens la mobylette perdre son adhérence, je ne la contrôle plus. Un mur s'approche de biais vers nous, vers Karine surtout. Je viens tout juste d'apprendre avec ma chute que, si je freine sur le sable, la roue va se bloquer, et que je vais glisser, ce qui signifie, dans ce cas-ci, que je vais plonger tête première vers ce mur. Je relâche l'accélérateur, serre le guidon à m'en briser les doigts, ma respiration s'arrête. Nous planons. La roue avant ressaisit le sol, la stabilité revient. Ouf!... J'espère que Karine n'a rien remarqué. Un frisson me parcourt l'échine : j'ai eu vraiment peur. Je m'arrête et demande à Karine si elle veut conduire. En fait, j'espère qu'elle va accepter, car je ne peux pas trop garantir ma performance. Elle refuse en riant, comme si c'était une blague. Quelle idée! Un homme se laisser conduire par une femme...

Nous empruntons une piste parcourant la savane. Les branches des arbustes se rejoignent souvent au milieu de la voie étroite. La terre qui la compose laisse trop souvent prise à quelques pouces de sable qui me font perdre tout contrôle. C'est comme un «aquaplanage» perpétuel, mon seul pouvoir se limitant à m'accrocher au guidon et à prier pour que nous parvenions à l'autre bout des trappes de sable. Chacune d'elles est un pari. Plus je vais rapidement, plus j'ai la chance de passer, moins je risque de m'enliser et de tomber. Mais plus je vais rapidement, plus je me *pète la gueule* sérieusement si je tombe... Je n'aime pas trop ça, mais Karine, vêtue d'une belle robe d'été fleurie, doit se serrer contre moi à chaque petite trappe, le ralentissement brusque la poussant contre mon dos. Ma peur laisse peu à peu sa place à un enthousiasme naïf, à un mépris du danger que je chasse avec de grands rires, et à la sensation excitante que me procure la vitesse, le vent dans les cheveux... et ses seins qui m'effleurent le dos.

Nous empruntons un tronçon de la route nationale. Je pensais que l'instabilité était causée par la route de terre, mais sur le goudron je me rends compte que la roue avant se balance de droite à gauche. Elle est tellement cabossée qu'elle me fait dévier de ma trajectoire par à-coups à chaque rotation. Le guidon, quant à lui... disons que je dois m'orienter vers le champ pour aller tout droit, tout ça en prenant soin d'éviter constamment les «bouchées» manquantes dans le bitume et les camions qui me frôlent et me font dévier violemment. Finalement, je crois que je préférais les trappes de sable. Des piétons occupent le bord de la route, transportent des sacs ou tirent un âne qui à son tour remorque une charrette. Karine rit de moi lorsqu'elle remarque que je me tourne la tête pour savoir si je peux les dépasser.

> — Quand tu dépasses, ceux derrière doivent t'éviter. Il n'y a pas d'angle mort ici, me résume-t-elle, il faut faire confiance aux réflexes qu'ont les autres pour nous éviter, faire crédit au destin.

Mais cette route n'est guère large; si un camion arrive en sens inverse et qu'une automobile veuille me dépasser, celle-ci préférera tout de même subir la petite égratignure que ma tête dessinera en frappant son capot plutôt que de courir le risque de percuter le poids lourd...

> — Vous ne portez jamais de casque ici?

Karine me répond en riant:

> — Les casques, c'est seulement bon pour qu'on soit capable de t'identifier à la morgue.

La voie est libre, j'enfonce la poignée à gaz. En fait, elle était déjà au fond, mais maintenant j'en suis conscient et confiant. Je rattrape une automobile et la suis de près sans pouvoir la dépasser. Je me rends compte que la *Mamba* n'a presque plus de freins exactement au moment où je réalise que les lumières arrière de l'auto en avant de moi ne fonctionnent pas. L'auto freine brusquement pour éviter des piétons, je manque de l'enfourcher. Mes freins, serrés au maximum, ne font que me ralentir un tantinet. J'ai vu son pare-chocs frôler ma roue avant de beaucoup trop près pour ne pas être complètement pris de panique. Karine me souffle à l'oreille que, si je veux klaxonner, je n'ai qu'à attraper le fil électrique. Un petit fil électrique perdu serpente nonchalamment autour de la lumière avant. Son extrémité est à découvert. On n'a qu'à prendre le bout de ce fil et le frotter au métal du guidon pour qu'une étincelle se produise, qu'un son désagréable et faible se fasse entendre. Un gémissement qu'une auto en mouvement, avec le vent qui s'engouffre par ses fenêtres et en considérant l'état général des moteurs et des silencieux ici, n'entendrait jamais. De plus, en situation d'urgence, où l'usage du klaxon est une nécessité, on doit complètement délaisser le frein pour pouvoir, à tâtons et en quittant des yeux la route, trouver le maudit fil et le plaquer contre le guidon, ce qui, mais je ne suis pas un spécialiste en la matière, ne doit pas être recommandé en pleine crise.

Nous dépassons un marché agité, puis parvenons à un étroit chemin. Quelques baobabs démesurés se dressent de part et d'autre de celui-ci. Ils sont tout simplement incroyables, tout droit sortis d'une autre planète, celle du Petit Prince. Des enfants jouant à leur pied courent avec nous et crient en chœur. On pourrait croire qu'il s'agit d'une chanson. Les rives d'un grand lac apparaissent, le lac Tengrela. Un homme nous y attend. Il ne relève pas la tête, sauf lorsque Karine lui adresse directement la parole. À la suite de salutations élaborées où elle lui étale sa généalogie, sa provenance, les membres de sa famille, son clan, et après quelques questions et réflexions, ils se rendent compte qu'ils ont un cousin commun. D'un élan de joie, provoqué par le fait d'avoir découvert un membre de sa famille et de recevoir un invité provenant du Canada, l'homme nous invite à faire un tour de pirogue.

La pirogue est creusée dans un tronc d'arbre unique, et nous devons nous faire bien petits pour y tenir. L'eau me semble déjà à ras bord et notre « guide » n'est même pas encore embarqué. Il pousse la pirogue, lui donne un élan, se place à l'arrière et demeure debout. Armé d'un long bout de bois d'au moins quatre mètres, il l'enfonce au fond du lac et pousse hardiment. Sa perche est si longue que, lorsqu'il la sort, on a l'impression qu'il va crever l'un des nuages cotonneux qui nous survolent. La masse d'eau s'ouvre devant nous. Des fleurs bleues flottent sur des étendues de quenouilles. Nous avançons à un bon rythme lorsque l'homme me fait signe de demeurer silencieux en me pointant une masse sombre au loin. Des hippopotames! C'est eux que nous sommes venus voir. Karine se tourne vers moi, heureuse de ma réaction enchantée. Nous nous glissons entre les algues qui flottent à la surface pour ne pas faire de vagues et approchons lentement, sans bruit. Le guide arrête l'embarcation et plante son long bout de bois dans le fond du lac. Nous ne pouvons pas nous approcher davantage. En Afrique, les hippopotames sont les animaux qui tuent le plus d'humains par année. Oubliez les histoires de lions, de panthères, de boas constrictors, de crocodiles... Les plus meurtriers, ce sont les gros hippopotames dodus et *cute*. Le mâle dominant répand ses excréments en les balayant avec sa queue, il délimite son territoire. Un intrus à l'intérieur de ce secteur voit des dents de 15 pouces l'attaquer.

L'embarcation flotte au beau milieu d'une végétation dense qui occupe la surface de l'eau. Les bêtes se tiennent à la surface, quasi immobiles. Leur gonflement, grâce à d'énormes poumons pleins d'air, leur permet d'être en quasi-apesanteur dans l'eau. En libérant leur souffle, ils coulent lentement vers le fond, broutent les algues qui s'y trouvent, peuvent y rester de cinq à six minutes. Puis, d'une poussée, ils atteignent la surface et prennent la respiration qui les y maintiendra. Pour se déplacer, une fois au fond, en apesanteur comme un homme sur la lune, ils se donnent de petites enjambées et semblent courir sous l'eau, à l'aide de grands bonds, à une vitesse impressionnante.

Cet attroupement constitue en fait le harem défendu par un mâle dominant, et occupe un espace délimité, très serré, sauf deux têtes qui se trouvent en retrait.

> — C'est un petit et sa mère. Tant qu'il n'est pas assez gros, la mère le tient à l'écart, sinon il se ferait piétiner, raconte le guide sans même se tourner vers nous.

En fait, depuis que nous sommes arrivés, il ne regarde qu'autour de lui, il chasse les mouches. Il n'y en a pourtant presque... À cet instant précis, une grosse mouche, comparable à nos bourdons bien gras, se pose à quelques pouces de mon bras. Ses ailes sont tigrées de jaune, me rappelant une guêpe. Le guide la chasse d'un coup de pied et m'avertit, en passant, de faire gaffe, car ce sont des mouches tsé-tsé. Tsé les mouches qui ont la mauvaise habitude, lorsqu'elles piquent, de te faire tomber dans un simili-coma... Moi non plus je ne regarde plus les hippopotames. Ils ont beau se lever la tête et projeter de l'eau en cascade pendant qu'ils retombent, je ne vois plus que les mouches. Le guide nous propose de retourner, et j'acquiesce vivement d'un hochement de tête.

La chaleur fait couler des rivières de mes cheveux. Nous croisons quelques pêcheurs qui relèvent leurs filets. Les poissons semblent rares. Les nuages cotonneux se reflètent dans l'eau parfaitement lisse, claire comme un miroir. Nous rejoignons la rive.

•

Karine me propose une escale aux chutes de Karfiguiéla, près de Banfora. La seule idée de cascades me semble un concept totalement inexistant en ce pays de sécheresse : ce sera un paradis. Comme c'est à plusieurs dizaines de kilomètres, la mobylette prendrait trop de temps à effectuer le périple. L'homme à la pirogue connaît un propriétaire de bâché. Il pourrait nous amener, moyennant une contribution qui, le coût de la vie me favorisant, est minime.

Un vieux *pick-up* Peugeot, tout droit sorti des années 1950, nous embarque. Le chauffeur a amené un ami avec lui. Quand on n'a rien à faire, toute activité est une occasion à saisir. Karine et moi embarquons dans la boîte arrière. C'est la meilleure manière de voyager : le vent balaie nos cheveux, la sensation de liberté est palpable, la vue est formidable. Un petit arrêt à un garage improvisé et le chauffeur revient avec un pneu qu'il place à nos côtés. Parfait, ça nous servira de siège. Et nous voilà partis ! Banfora est encore plus près de la Côte-d'Ivoire. Et ça se voit ! La verdure enjambe la route, nous croisons des rizières complètement submergées, des champs de canne à sucre : c'est le jardin d'Éden.

Après avoir croisé le centre-ville de Banfora, un amas impressionnant d'inactivités, composé de deux rues principales, d'une station-service, d'une banque et de deux chiens cherchant sous quel arbre dormir, le véhicule s'immobilise près d'une hutte chapeautée de paille, en plein milieu de champs et de verdure. Nous sommes au début du sentier menant aux cascades. Le chauffeur et son acolyte vont nous attendre ici, et chacun commande un verre de vin de palmier.

Le sentier débute à peine que déjà il disparaît sous un cours d'eau. Deux rampes en émergent. En s'approchant, on peut remarquer un petit pont d'aluminium, une vingtaine de centimètre sous l'eau. Voir un tel pont en pleine nature est tout simplement ridicule, surtout qu'il est submergé par un ruisseau qui ne se franchit qu'en quelques enjambées. Sur une plaque presque aussi grande que le pont lui-même, on annonce que cette passerelle à été offerte généreusement par BMW et que son utilisation est gratuite. Se vanter d'une contribution si anodine ! Surtout que les ingénieurs allemands ont oublié que, pendant l'hivernage, le petit ruisseau gonflerait et submergerait leur pont.

Après avoir parcouru une allée de manguiers, une étrange masse de terre nous attend. De grandes colonnes s'élèvent dans un arrangement qui ressemble étrangement à un monument, la *Sagrada Familias de Gaudi*. Modelées par le vent et la pluie, ses tours de terre s'étirent vers le ciel. C'est une termitière cathédrale. Elle a deux fois ma taille. Elle est juchée à côté d'un arbre, la base englobant le tronc, et les termites n'ont même pas à sortir de leur demeure pour leurs repas. Elles ajoutent de la terre à la terre pour que la termitière reste vivante. Je m'approche prudemment, car les termites qui ont construit pareille structure doivent être grosses et nombreuses. Je lègue ma caméra chargée d'un nouveau film à Karine, escalade un versant, me fais prendre en photo. On dit ici que celui qui est assis sur la termitière ne doit pas parler en mal des termites. Je ne prends même pas le temps de dire un mot ; je me sauve, ne voulant pas savoir si ces insectes vont venir m'accueillir.

Le chemin monte et monte au sein d'une abondante végétation. Des oiseaux de toutes les couleurs nous lancent des cris animés. La brousse dense qui nous englobe me rappelle enfin les documentaires que j'ai vus sur l'Afrique. Une autoroute de fourmis traverse notre sentier. Elle est large de près d'un demi-pied, et d'énormes fourmis de guerre sont aux aguets de chaque côté de la voie empruntée par des milliers et des milliers de minuscules fourmis qui circulent à pleine vitesse, allant vers une source de nourriture ou en ramenant un immense morceau vers la maison. Le mouvement est si rapide et si intense qu'il en devient hypnotisant. On dirait les globules d'une artère qu'on examinerait au microscope. Je n'arrive pas à en croire mes yeux : les insectes sont fascinants. L'humain a réussi à répertorier plus d'un million d'espèces différentes. Les spécialistes s'entendent néanmoins pour avancer qu'il en resterait environ 30 millions à découvrir. Mais ce nombre est en chute libre car, même s'il a été prouvé que les insectes sont indispensables à la vie, nos « progrès » humains font en sorte qu'entre 100 et 1000 espèces d'insectes disparaissent chaque jour, une extinction exponentielle. Néanmoins, il n'y a pas de quoi s'arracher les cheveux de la tête. Les insectes sont arrivés sur terre bien avant l'homme, et poursuivront leur vie bien après que l'homme soit disparu. Au tableau de leur histoire, nous n'aurons été qu'une minuscule tache sombre.

D'un coup, une violente douleur au mollet me saisit. Je sursaute et soulève mon pantalon. Les fourmis de guerre ne sont pas seulement là pour décorer. Je suis pour eux un ennemi. Je secoue ma jambe vivement, mais la créature ne veut pas lâcher prise. Je dois la frapper et sa tête, encore bien épinglée à ma peau, se sépare de son corps. Une autre douleur me saisit à la cuisse. Les maudites guerrières ne s'attaquent pas simplement à mes pieds ou à mes chevilles, non monsieur, elles grimpent sous mes pantalons le plus haut possible avant de mordre. Il y a soudainement une cible, tout juste un peu plus élevée, qui me vient à l'esprit et que tout mon âme m'ordonne de protéger. Je m'éloigne à toute vitesse et frappe comme un maniaque chaque parcelle de mes jambes. C'est bon, il ne devrait plus... Aïe! Une dernière. C'est la loi de la jungle. Je réalise que les gentils petits animaux *cute*, s'ils survivent ici, c'est qu'ils disposent aussi de moyens de défense. Ils ne sont plus si *cute* que ça quand ils attaquent.

Le cri des oiseaux est endiablé. Leur rythme est déchaîné, harmonieux. Leur mélodie est simple, mais leur attribut principal est vraiment la cadence. Le tempo est entraînant, étonnant. On dirait de la musique, le rythme des Africains, la source de leur inspiration aux percussions. Ce tempo que j'ai tant de mal à concevoir, qui ne correspond pas aux standards de notre musique occidentale. Je dévale la piste, tiré de l'avant par ce concert entraînant.

Quelques insectes colorés attirent mon attention. Ils ressemblent à de minuscules scarabées, leur dos allongé est couvert de taches colorées symétriques qui composent un visage. Je crois voir devant moi une réplique miniature des masques de cérémonie. Ici, dans la brousse, je comprends tout. L'art indigène, comme le peuple, est si près de la nature. Il s'en inspire et en fait partie. C'est ici qu'il revêt toute sa splendeur.

Après quelque temps, la rivière Koba se présente à nous et se jette du haut d'un précipice. Le paysage est superbe, méritant toute la valeur que lui confère sa rareté dans ce pays. Mais tout de même, j'imaginais un torrent: cette chute ne se résume qu'à un mince filet d'eau. Karine remarque ma légère déception, elle m'assure qu'en pleine saison des pluies ce site est reconnu pour ses vastes cascades qui échouent dans une grande vasque. Mais depuis quelque temps, l'eau est pompée plus haut pour arroser les champs de canne à sucre.

Tous les villages et les champs qui nous entourent sont relativement «récents». Durant longtemps, le voisinage des cours d'eau et des lacs a dû être évité, car le risque de maladie était énorme. Cette région des vallées, contenant zones forestières et bonnes terres arables, fournissait en eau un pays ravagé par les sécheresses, mais elle était aussi le foyer de la cécité des rivières, l'onchocercose. En effet, une certaine mouche avait la fâcheuse habitude de déposer ses larves sur les yeux des humains, larves qui en se développant entraînaient la perte de la vue. Mais, dans un effort pour régler la surpopulation qui occupe maintenant la savane du centre du pays, une campagne d'assainissement a été menée avec succès, et la fameuse mouche a été éradiquée presque complètement. Enfin les rivages redeviennent accessibles, et la population revient peu à peu l'habiter.

J'admire l'eau couler, cette ressource essentielle. Malgré la corruption, la dette, le climat très dur, la désertification, si Dieu pouvait changer une seule chose pour améliorer le sort de ce pays, ce serait de lui donner de l'eau. Qu'enfin ses habitants puissent boire, certes, mais aussi qu'ils puissent produire de l'électricité, l'énergie dont les industries auraient besoin pour croître, des voies de transport maritime pour désenclaver le pays, une meilleure agriculture, et donc de la nourriture. C'est la solution à presque tous leurs problèmes... Pourtant, retour à la réalité, les deux plus grands fleuves du pays sont complètement asséchés. Dieu est en congé de maladie: *burn out*.

Derrière un mur d'arbres et de sons, une petite éclaircie laisse place à de magnifiques bassins qui se vident l'un dans l'autre. Une brèche entre les nuages laisse plonger le soleil qui ravive les couleurs de cette eau limpide. Une eau peu profonde où il me serait agréable de me baigner un peu. Je me retire pour enfiler mon costume de bain, puis je plonge dans cette eau rafraîchissante. Le courant est tel que je dois nager pour demeurer sur place. Le soleil, filtré par les branches, éclaire un cercle tout autour de moi, comme si l'instant était béni. Des lianes pendent mollement jusqu'à l'eau. Il ne manque plus que Tarzan… ou plutôt Jane, à bien y penser. Un jeune garçon apparaît, accompagné d'un chien à trois pattes. Il taille la branche d'un arbre, y attache une corde, et commence à pêcher. Son hameçon vogue près de moi. Il sort à une fréquence régulière de petits poissons. Il me semble que ses prises proviennent de sous moi, d'entre mes jambes, de derrière mon dos. S'il y a tant de poissons, il doit sûrement y avoir quelques prédateurs. Il suffit d'une simple pensée pour tout faire basculer. Je m'extirpe de l'eau à toute allure. Non, ne pas connaître la nature ici ne m'aide certes pas à avoir confiance.

Je laisse Karine derrière pour retirer mes shorts qui font office de costume de bain. Une fois nu comme un ver, jetant un coup d'œil autour par réflexe, je remarque à quelques mètres derrière moi un crocodile! Il est couché contre la pierre, je ne l'avais pas vu tout à l'heure, je n'avais pas porté mon attention dans cette direction. Bien qu'il semble ne pas bouger du tout, j'ai entendu des récits qui vantaient sa vitesse très surprenante. D'un saut il te rejoint, et ses dents ne pardonnent pas, ne lâchent jamais leur prise. J'abandonne tout, m'éloigne rapidement. Mais le problème est que je suis nu et, sans vouloir me vanter, c'est un problème de taille. Mon sac à dos et tous mes vêtements se trouvent encore là-bas. Je ne peux tout de même pas retourner voir Karine comme ça et lui demander conseil. Je me cache derrière un arbre et, accroupi, je rassemble des petites pierres. Je les lance une par une au reptile pour tenter de l'atteindre, de le repousser sans qu'il puisse savoir où je suis pour ne pas mériter sa vengeance. Mes premiers lancers, bien qu'aboutissant près de lui, ne lui font même pas ouvrir ses paupières qui, depuis le tout début, demeurent bien closes.

Voilà qu'un lancer l'atteint directement sur le nez… mais il ne bouge pas plus. Il ne dort pas : il est mort. Au soleil, comme ça ; il a dû s'assécher ou quelque chose du genre. Je retourne donc tranquillement reprendre mes habits, et m'approche un peu de lui pour prendre une photo. Puis je retrouve Karine et l'amène vers ma découverte. Elle se retourne et s'éloigne, me demande d'en faire autant, car il peut être très dangereux.

— Mais non, il est mort.

Par sa réponse, j'apprends que les crocodiles, ici, n'ayant pas de prédateurs, n'ont rien à craindre, ne s'énervent pas pour rien. Ils s'allongent sur une pierre au soleil pour réchauffer leur sang qui est froid. Il n'est pas mort, c'est seulement qu'il n'a pas peur.

— Si tu finis par l'enrager pour vrai, alors il te sautera au cou, ajoute-t-elle.

Je ne prends pas la peine de lui raconter les détails de ma photo, un peu trop traumatisé moi-même pour les répéter. Je me demande si c'est pour ça que Karine n'a pas voulu se baigner, parce qu'elle ne savait pas trop ce qui se cachait sous le fil de l'eau.

Avant de redescendre, nous passons par les dômes de Febedougou. D'immenses rochers s'élèvent dans le ciel en longues cheminées sculptées par le vent, tordues, torturées. Leur sommet prend diverses formes, le temps en ayant fait des œuvres d'art. Nous pouvons voir, sans même nous servir de notre imagination, des arbres, des oiseaux, des masques, des visages… Derrière, la vue des champs qui nous entourent est superbe. Mais la noirceur va bientôt tomber. Quand les jours finissent à 18 h 30, ils paraissent bien plus courts, surtout quand ils sont bien remplis.

En redescendant, Karine me raconte qu'auparavant cette brousse comptait une population de panthères. Mais ce ne sont pas les panthères qui la motivent à se presser comme ça.

— Lorsque le soleil tombe, tous les mauvais génies s'éveillent dans la brousse et font tout pour rendre les humains fous, que ce soit en changeant les paysages pour qu'ils se perdent ou en leur faisant entendre des sons pour les apeurer. Il ne faut jamais être en brousse la nuit.

Je m'imagine dans cette jungle en pleine noirceur ; ce faisant, j'accélère le pas.

Nous enjambons le superbe pont BMW en nous mouillant les pieds une fois de plus. Manifestement, le chauffeur et son ami n'ont pas perdu leur temps au maquis. Leur prononciation laisse à désirer, leur démarche est incertaine. Je commande du vin de palmier moi aussi. La facture qui m'arrive me fait sursauter autant que le crocodile. Maintenant, je comprends comment un maquis perdu comme celui-ci peut survivre. Il lui suffit d'un client par mois... Mais, en voyant les verres vides occuper la table de notre chauffeur, je me demande bien comment il peut se les permettre. Il s'est sûrement endetté avec ce voyage, il a bu tous ses gages. Réalisant sûrement, justement, qu'il reviendra chez lui sans un sou, imaginant le sermon de sa femme, il nous annonce que le coût de l'essence est incroyablement élevé et qu'il avait mal estimé le temps qu'il fallait pour se rendre jusqu'ici. Il veut un supplément. Impossible de négocier, il nous affirme tout bonnement que ça ne lui fait rien de ne pas ajouter d'essence, mais qu'il se pourrait bien que nous n'arrivions jamais à destination. Bon, je lui paie quelques litres.

Nous embarquons dans la bâché en espérant que le chauffeur commence à dégriser. La route parcourt la savane, retourne vers Bobo. Chaque matin, vers la même heure, au coucher du soleil, un troupeau d'éléphants traverse la voie et fait l'aller-retour entre sa nourriture et la réserve d'eau. Mais l'horaire des plus grands mammifères terrestres est bien précis, et il semble qu'on les ait ratés.

La lumière disparaît et laisse place à l'abîme. Aucune lueur à l'horizon, l'absence est absolue. Il n'y a rien. Ça doit faire des dizaines de kilomètres que nous parcourons, aucun humain n'habite ce néant. POW! Une explosion, un coup frappe le dessous de la caisse arrière. J'évite de justesse une crise cardiaque et comprends, à la manière dont le véhicule dérape, qu'un pneu vient de rendre l'âme. C'est le scénario idéal pour un cauchemar. Les deux passagers avant sortent et, comme moi, constatent que non seulement le pneu arrière droit est crevé, mais qu'il n'existe plus. De larges bandes de caoutchoucs sont éparpillées au loin sur la voie. Dans leur dialecte, le chauffeur et son acolyte engagent une vive conversation. Pourtant, à nous, le chauffeur ne répète que :

— *Yele kabe*, *Yele kabe*, pas de problème, pas de problème.

Karine me traduit leur brève discussion : le passager affirme qu'il a bien fait de convaincre le chauffeur de louer un pneu de secours. Pneu de secours ? Celui sur lequel je suis assis ? Je pensais qu'ils le transportaient pour le jeter dans un fossé quelque part. Ses rebords sont entièrement craquelés, de grosses bosses le font onduler. Il est carrément fini !

— Pourquoi as-tu loué un pneu aussi usé ? lui demandé-je.

— Eh bien, je ne pensais pas qu'on allait en avoir besoin... Au moins, on en a un. Maintenant, tout ce qu'il manque, ce sont les outils...

Il n'a rien, rien du tout ! Son téléphone cellulaire ! J'ai remarqué qu'il en portait un.

— Et ton téléphone ?

— Je n'ai plus de crédit.

La seule chance qu'on a, c'est que quelqu'un l'appelle. Quelle merde ! En plein milieu de la noirceur totale. « *Yele kabe*, *Yele kabe*. »

À l'horizon, deux lumières se font voir. Après quelques minutes et de grands signes, l'auto s'arrête et, oui, le chauffeur a des outils à nous prêter.

> — C'est une chance que quelqu'un se soit arrêté, parce que la nuit comme ça, habituellement, ceux qui te demandent d'arrêter ce sont les coupeurs de routes qui assassinent les gens...

Le pneu se fait changer, l'auto repart, et nous aussi. Mais avec ce pneu merdique, le chauffeur ne dépasse pas les 15 km/h. Et comme les bordures de la route sont craquelées, il roule presque au milieu; toucher à ces trous signifierait automatiquement la mort de notre «nouveau» pneu. Le problème est que, de temps en temps, un camion nous croise à toute vitesse et klaxonne pour que nous lui cédions la voie, ce que notre conducteur ne veut pas faire. Nous frôlant de quelques pieds à peine, et comme nous sommes dans la boîte arrière nous pouvons vraiment en témoigner, le camion doit dévier complètement, rouler sur l'accotement de terre qui borde sa voie. Le vent de chaque camion est suffisant, même sans la panique, pour nous couper le souffle. Ce qui devait arriver arriva. Avec un sourire de désolation, je regarde Karine après que le deuxième POW! eut retenti à nos oreilles. Cette fois-ci, c'en est fait. Il n'y a plus rien à faire. «Yele kabe, Yele kabe.»

Nous attendons sur le bord du chemin, dans la nuit, tentant d'arrêter les rares camions qui passent; ces conducteurs, eux, semblent conscients de la rumeur des voleurs de grand chemin. Notre chauffeur a donc la brillante idée de me placer, moi, devant le véhicule pour leur faire signe d'arrêter.

> — Un Blanc, ça ne peut pas être un voleur des routes.

Après quelques dizaines de minutes et seulement quelques camion, en voilà un qui s'arrête. Puisque je suis un Blanc, l'envers de la médaille, c'est que le prix demandé pour nous amener en ville est exorbitant. Nous ne pouvons nous le permettre: j'ai passé tout mon argent pour refaire le plein de la *baché*. Nous négocions donc un prix pour deux personnes. Notre chauffeur embarque, car il est le seul à posséder l'accès à un autre véhicule pour revenir jusqu'ici, et son copain embarque aussi car il est le seul à disposer d'un autre pneu de secours. Les voilà tous les deux dans la caisse arrière du camion, nous promettant de revenir le plus tôt possible. « *Yele kabe, Yele kabe.* » Avec eux disparaissent tout bruit et toute lumière. C'est tellement ridicule que je ne peux pas m'enrager. C'est l'Afrique ! Je sors une natte et m'étends sur le goudron devant notre *baché*. Karine m'accompagne.

Il n'y a d'autre option que d'attendre. On ne peut même pas se promener car, dès qu'on quitte le goudron, il y a risque à cette heure de tomber sur une quelconque bestiole empoisonnée. Pris sur le bitume depuis plus de trois heures maintenant, couché par terre avec rien d'autre à faire que de regarder le plafond rempli d'étoiles, je commence à délirer. J'embarque dans une sorte de transe, de folie. Avec un fou rire, j'imagine que j'écris une carte postale à ma mère.

> — Chère Maman, le goudron, jour deux. Notre forme est maintenant étampée dans le bitume. J'ai fabriqué un arc avec le volant, mais je n'ai pas encore vu d'animaux ou de reptiles. Par contre, plusieurs reptiles, eux, m'ont vu. On arrive à oublier la douleur avec le temps. À en juger par les trous dans ma peau, leurs dents doivent mesurer au moins cinq centimètres de longueur...

Karine se tord de rire, elle participe à mon délire :

> — Chère Maman, le goudron, jour quatre. Je viens de terminer de manger ma deuxième jambe. C'était la plus dodue, je la gardais pour la fin...

Des lumières s'approchent, le chauffeur revient et change le pneu. Je ne suis plus là, n'étais pas ici. Le temps s'est arrêté. Nous rentrons à Bobo comme des martiens que l'on aurait repêchés sur la route. « *Yele kabe, Yele kabe.* »

•

Je me fais réveiller par le bruit constant du mortier dans lequel on pile le mil. Je remercie l'oncle de Karine une nouvelle fois. Sans aucun préavis, il nous a hébergés en pleine nuit, nous qui ne pouvions nous rendre jusqu'au village avec la *Mamba*. J'ai eu beau essayer autant que faire se peut : le phare avant de cet engin ne fonctionne (partiellement) que lorsqu'on tient le gaz enfoncé et, avec ces ruelles accidentées, impossible de rouler vite, on doit relâcher le gaz, ce qui fait que la lumière s'éteint et qu'on ne voit plus rien… c'est l'enfer. Nous sommes donc allés chez son oncle à Bobo et, là, j'ai eu droit à une chambre à moi, avec un lit et tout et tout. Juste avant que je ne m'endorme, l'oncle est entré dans ma chambre avec une canette de *pouche pouche* : Super Timor. Je me rappelle la publicité de ce produit. Un homme habillé de brillant entre dans une pièce et chante sur une musique reggae tout en dansant et en tournant sur lui-même. De temps en temps, il pulvérise du *Super Timor* autour de lui : « [...] avant de sentir l'odeur de *Super Timor*, les insectes sont déjà morts [...] ». Ça me faisait moins rire lorsque l'oncle en répandait partout dans ma chambre jusqu'à temps qu'il me soit difficile d'y voir quoi que ce soit. L'air était complètement saturé de ce produit qui tue les insectes, directement au contact. Mais je doute que ce produit soit très « santé » pour les humains qui le respirent à plein nez. Je tentais de filtrer l'air à travers mes draps tant l'odeur demeurait en suspension, manège qui a duré une bonne partie de la nuit. Et pourtant, mon sommeil a été constamment interrompu par le vol de moustiques passant près de mon oreille, alors qu'ils amorçaient leur descente vers mon épiderme pour y prélever du sang. J'avais l'impression qu'ils me piquaient à travers les draps ; leur ronronnement était si fort, une nuée m'entourait, m'assiégeait… Je suis devenu nerveux, mon adrénaline grimpait. Mais c'est précisément cette adrénaline qui les attire. Non ! Je me suis roulé en petite boule : *bad trip*. Une autre nuit *Lariam*. Quel *buzz*…

Ce matin, j'ai un œil qui chauffe. Quelques enfants de la maison m'entourent, me dévisagent, puis se chuchotent à l'oreille en riant. Je profite d'un petit morceau de miroir pour m'apercevoir que ma paupière est enflée : un orgelet. Évidemment, tout le vent, le soleil, la poussière et le *gasoil* que j'ai accueillis à yeux grands ouverts, grâce à mes tours de mobylette et de bâchée, n'ont aidé en rien la situation. Les enfants sont allés rapatrier d'autres enfants et rigolent, masquant leur rire derrière leurs petites paumes. Je questionne la tante de Karine, elle m'inspecte l'œil. En souriant, à la limite d'échapper son rire, elle m'apprend qu'on attrape ça lorsqu'on voit une vieille femme nue, qu'on la surprend en train de se changer. C'est un peu honteux comme image. Je ne sais pas trop si je dois blaguer avec les enfants ou en être gêné. Les deux qui rient le plus fort se font envoyer au village pour prévenir Bamogo. Ils empruntent la mobylette pour aller lui demander de venir me trouver ici. Je me propose d'y aller, mais on m'apprend que je suis leur invité et que ce serait bien dommage que je les quitte si tôt. Et puis ces jeunes n'ont rien d'autre à faire. Ce sont les enfants d'un cousin éloigné qui a voulu remercier cette famille. Le cadeau le plus précieux que l'on puisse accorder en guise de reconnaissance absolue est d'offrir ses propres enfants. C'est le signe suprême de gratitude. Ainsi, ces deux jeunes garçons ont été offerts et, bien qu'ils soient logés et nourris, ils se mettent quelque peu au service de la famille. Certes des membres respectés, avec qui il y a interaction, mais qui sont chargé d'effectuer les travaux de la maison. Celui qui conduit la mobylette a de la difficulté à rejoindre les pédales ; pourtant, il réussit à faire démarrer l'engin et ils disparaissent rapidement dans un bruit de moustiques motorisés.

Devant la ruelle, deux sœurs sous un arbre font bouillir un liquide brunâtre dans une énorme marmite. À l'aide d'un bout de bois, elles font tournoyer ce mélange consistant, elles fabriquent le beurre de karité. Le karité est un arbre qui produit des noix, noix qui sont pilées et bouillies jusqu'à ce que la mixture devienne assez dense. L'huile qui flotte à la surface de l'eau est retirée, elle sert à fabriquer un beurre aux vertus étonnantes. Ce beurre est reconnu pour guérir les cicatrices, adoucir la peau, empêcher les rides, nourrir les cheveux, etc. C'est un genre de produit miracle. Comme il est naturel, cependant, aucune compagnie pharmaceutique ne peut le faire breveter, alors aucune ne désire financer des recherches ou l'importer. Il demeure dans l'ombre.

L'heure du midi s'approche, Karine rejoint la cour arrière, aide les femmes à préparer le repas. Devant un silence qui me signifie que l'oncle a épuisé soit ses sujets de conversation, soit les mots de français qu'il connaissait, je me dirige moi aussi vers la cuisine, à l'arrière de la maison. Sur un feu de braise, une casserole de fonte voit son eau bouillir. De chaque côté, de longues tiges de métal sont accrochées aux poignées ; elles se rendent jusqu'aux pieds de Karine, qui est assise devant la casserole. En appuyant son poids contre ces tiges, elle stabilise le chaudron sur le feu et saupoudre l'eau d'une farine de mil. Quand la consistance devient comparable à celle d'un gruau, elle brasse vigoureusement le tout à l'aide d'un bâton. La pâte est épaisse et doit être remuée énergiquement, sinon elle prendra au fond. Chaque fois que le bâton pénètre la prépa-ration, un imposant nuage de vapeur s'en échappe. La pâte devient de plus en plus lourde. La casserole ballotte vigou-reusement et tout le poids de Karine repose sur les tiges de métal pour éviter que le contenu se renverse. C'est le tô — le plat national — préparé habituellement avec une sauce gumbo, un légume ressemblant aux céleris, qui possède la propriété de donner consistance aux liquides, d'être un liant. Le résultat est baveux, de longs filaments tentent de retenir chaque bouchée au plat, pendant mollement vers l'assiette. Les rares fois où j'ai eu l'occasion d'en manger auparavant, j'ai développé la stratégie de tenir la fourchette devant mon visage, de me fermer les yeux, réunissant mon courage jusqu'à ce que ma main com-mence à trembler, pour finir par me balancer le contenu dans la bouche et utiliser tous les muscles possibles pour avaler le plus rapidement en réduisant la souffrance au minimum. J'ai appris très vite que tô, c'est trop !

Mais aujourd'hui, c'est une sauce aux feuilles qui est préparée comme accompagnement. La tante de Karine, dans un tronc d'arbre taillé en mortier, place quelques feuilles de plusieurs variétés de baobabs et d'autres plantes, puis se met à piler le tout, à une cadence régulière. L'une des femmes amorce un chant, le battement du mortier sert de tempo. La tante enchaîne avec un nouveau rythme. Lorsqu'elle soulève le pilon d'un geste rapide, elle tape trois fois dans ses mains avant de le reprendre dans les airs et d'accompagner sa chute. Elle martèle, sans arrêter, toujours en tapant ses trois coups à chaque remontée. Je lui demande si je peux essayer de le faire à sa place. Elle me regarde et rit, sans s'arrêter, appréciant ma blague. Mais ce n'en était pas une… Me buttant à son refus, gêné, je lui prends subtilement le pilon des mains, mais il me projette vers l'avant. Quand on observe quelques femmes autour du même mortier qui, à un rythme empressé et avec une précision incroyable, frappent à tour de rôle, sans perdre une seconde, et qu'à l'instant même où l'un sort du mortier l'autre entre immédiatement, sans arrêt, sans anicroche, on penserait que les pilons sont gonflés à l'hélium et qu'il ne suffit que d'ajuster délicatement le tir. Pourtant, ces pièces d'arbre, presque aussi grandes que moi, pèsent une tonne. J'essaie quelques coups maladroits qui font presque chavirer le mortier, et mérite les rires des enfants et des femmes qui se trouvent dans la cour. Elles m'expliquent qu'il faut forcer uniquement lorsqu'on soulève ; avec son poids, le bout de bois retombe avec assez de puissance. Après quelques essais, j'arrive à asséner des coups assez précis. Mais mes bras sont déjà morts. Je vois ces femmes qui pilent toute la journée et je n'arrive même pas à endurer quelques minutes. La tante ajoute quelques grains de céréales au mélange et me demande de continuer. Chaque fois que je pile, des grains volent et quittent le récipient, sont expulsés, recouvrant le sol. Les enfants rient de plus belle.

— Il faut frapper en angle, pour accoter légèrement le côté avant d'atteindre les grains ; de cette manière, ils ne s'envolent pas.

Je me concentre sur ma tâche. Après quelques minutes, je me rends compte qu'un nombre important de voisins sont maintenant appuyés sur les murets pour m'observer. L'homme blanc qui pile les grains. Ils sont tous accotés, car leur rire les empêche de se tenir droit. Je suis devenu une attraction. C'est l'euphorie générale! Je continue, leur rire est contagieux. Je remarque du coin de l'œil l'oncle à Karine. Je crois qu'il n'aime pas trop que son hôte soit la risée du quartier. Discrètement, je laisse tomber mon travail et retourne à l'intérieur de la maison.

Le dîner est prêt. On apporte un grand plat de tô et on le place sur une natte étendue au centre de la cour. Les jeunes garçons et le père s'assoient autour, de côté, pour que leur main droite soit dirigée vers le plat. Les places sont très limitées. On me laisse un petit espace serré, j'entre de travers et m'installe en indien. L'oncle, assis devant moi dans le cercle, s'accote sur mes jambes ; je comprends, et m'appuie sur les jambes du petit derrière moi. Tous en cercle, autour du plat, blottis l'un sur l'autre, nous sommes maintenant prêts à manger. Dans le coin de la pièce, un tout petit téléviseur est allumé en permanence depuis que je suis arrivé, et un homme y récite les nouvelles. Je cherche à trouver comment manger quand j'entends pour la première fois le téléviseur s'éteindre. Je lève les yeux, tout le monde a les paupières fermées, la tête baissée.

— Béni sois-tu, Ô Seigneur…

— Oups… Amen.

Dès que la prière est terminée, le téléviseur est rouvert et la sauce est versée devant chaque personne, directement sur le tô.

— Si tu veux connaître tes vrais ennemis, attends le moment où l'on sert la sauce, me lance en riant l'oncle qui commence aussitôt à manger.

Je l'observe. Il s'agit de rouler une boule de tô et de sauce, puis de la porter à sa bouche. J'empoigne un petit morceau et le roule entre mes doigts ; la sauce dégouline et me brûle la peau.

401

En très peu de temps, ma main devient toute visqueuse, mais il n'y a rien pour s'essuyer, et la lécher est hors de question.

Malgré la tradition, Karine mange en même temps que les hommes, puisqu'elle est considérée comme une invitée. Elle dévore son plat avec une agilité dont je ne dispose pas. Quelques maigres cuisses de poulet s'ajoutent au plat. Karine en saisit une et la gruge, mange tout, même le cartilage, puis dépose l'os complètement nettoyé par terre. Je prends une cuisse à mon tour, en mange toute la viande, puis repose l'os qui semble seulement à moitié terminé en comparaison avec le sien. La peau, le gras, les cartilages demeurent. Un des enfants s'assure que je n'en veux plus avant de saisir mon morceau pour « bien » le terminer. L'oncle se met à rire et nous raconte une histoire. Le premier président de la Haute-Volta indépendante, Denis Yamouero, a été invité par le président français pour une visite officielle, la première chez l'ancien colonisateur. Lors du banquet officiel, le président français avait opté pour une salade en entrée, et le président voltaïque pour une soupe au poulet. Voyant son homologue gruger même les os de ses morceaux de viande, d'un ton mesquin et devant tous, le président français a demandé :

— Mais chez vous, Monsieur, que mangent les chiens ?

— Chez nous, Monsieur, de répliquer l'Africain, ils mangent de la salade.

Toute la tablée éclate de rire, rit aux larmes. C'est ce que j'adore ici. La joie et le rire sont non seulement contagieux, mais explosent littéralement même si c'est la millième fois que la même blague est racontée. Après son fou rire, l'oncle s'essuie les yeux et ajoute en toussotant :

— Mais ici, si tu insultes les Français, tu n'auras pas longue vie.

Le silence revient. La mère nous suggère d'aller cueillir des mangues pour le dessert. Il y a quelques manguiers dans la cour, et c'est la saison. Quand elles sont mûres, il n'y a aucun moyen de les conserver, il faut toutes les manger, et tout de suite. C'est un travail très pénible... Je me sacrifie personnellement à le réaliser.

L'après-midi est si chaud, aucune activité n'est possible. La seule option envisageable est celle de s'écraser à l'ombre et de renier toute activité exigeant le moindre effort. Nous sortons donc le passe-temps parfait : un jeu d'awalé... quand on sonne à la porte, voilà Bamogo. Je salue chaleureusement mes hôtes. Quitter des gens dès que je commence à les connaître semble devenir pour moi une habitude, bien qu'elle soit toujours pénible. Je dois respecter la tradition et demander la route au plus vieux, le chef de la famille. Toujours selon la coutume, il refuse de me la donner deux fois, et ce n'est qu'à ma troisième demande que je peux enfin me retirer. J'entre dans l'auto de Bamogo, et découvre la ville de Bobo-Dioulasso pour la première fois de jour. Karine nous suit avec la mobylette.

Avec plus de 400 000 habitants, la deuxième plus grande ville du pays est construite de part et d'autre de la souvent asséchée rivière Houet, qui a donné son nom à la province. Cette ville compte deux ethnies importantes, les Bobos et les Dioulas. Pour les réconcilier, la particule *so* a été ajoutée à leurs noms ; mot qui signifie *maison*. Dès les premiers mètres dans Bobo-Dioulasso, on comprend qu'elle est à la fois calme et vivante, aérée, ce qui manque drastiquement à la capitale. En fait, après quelques minutes seulement, je commence déjà à regretter de ne pas avoir passé mon séjour complet ici. Nous parcourons une avenue large et invitante, bordée de manguiers et de kapokiers généreux en ombre. Le climat est doux et la vie semble facile. Je suis comme une plante qui s'enracine dans un sol fertile.

Bobo étant située tout juste hors du plateau Mossi, le gouvernement Burkinabé, traditionnellement dirigé par le Moogho naba, roi des Mossis, a toujours investi davantage à Ouaga. Bobo étant la cousine pauvre, les Français l'ont cependant adoptée et la privilégiaient. À présent que l'aide française s'est peu à peu retirée, Bobo présente un côté désuet qui renforce son charme.

Une fois les innombrables bicyclettes et mobylettes — reines de la ville — contournées, nous parvenons à une grande intersection, la Place de la femme, érigée par Sankara pour marquer l'importance capitale des femmes dans la société. Elle est ornée d'une grande sculpture de bronze représentant une femme en train de balayer sa maison. Les victoires, ici, se font à pas de tortue. Nous sommes encore loin de l'équité salariale…

Nous contournons le rond-point et empruntons une voie qui nous mène au grand marché. Cette grande enceinte est boycottée par plusieurs marchands qui affirment que la location des meilleurs espaces a été réservée aux Libanais. La corruption règne partout. C'est donc un désordre de stands improvisés qui entourent ce marché central, dans un chaos qui rend la circulation presque impossible, typiquement africaine, quoi !

Bamogo me fait visiter la gare, grand édifice blanc de style soudanais, qui ne correspond en rien à son entourage. Il est interdit par la loi de la prendre en photo. Longtemps terminus de la ligne en provenance d'Abidjan, c'est ce chemin de fer qui a apporté la prospérité à Bobo et qui en a fait la deuxième plus grande ville du pays. La gare est pourtant déserte. À l'intérieur, un grand tableau indique l'horaire du train entre Bobo et Ouaga : *L'Étalon*. Adapté à l'Afrique, le tableau indique : « Heure du départ; Heure de l'arrivée; Retard accumulé; Arrivée probable ». J'aime le « probable ». Sous le tableau, un slogan est écrit à la craie : « Mieux vaut le retard que l'absence. » Un troupeau de chèvres se nourrit des herbes qui poussent entre les traverses de bois de la voie ferrée.

Nous nous stationnons ensuite devant l'ancienne mosquée, un édifice superbe. Ses murs, entièrement faits de terre, sont parcourus symétriquement de centaines de poutres de bois, le tout pour solidifier la structure et servir par la même occasion d'échafaudage. Ses minarets, en forme d'obus, sont donc complètement transpercés de piquets. On dirait un porc-épic géant. Son architecture, et l'impression grandiose qui en émane, sont étonnantes. À l'origine, ses murs devaient être blancs ; maintenant, des taches plus foncées apparaissent. Cet ancien temple animiste, reconverti par l'Islam, date de 1880. Pour une construction de terre, c'est une durée de vie plus qu'honorable. Bamogo me raconte qu'il y a quelques années la municipalité voulait la démolir pour en construire une nouvelle, mais que les bulldozers ne sont pas arrivés à entamer les solides murs de banco. La magie qui les habite les rend indestructibles.

Bamogo m'affirme, d'une voix timide, qu'il doit me laisser ici pour un certain temps. Les ancêtres du village lui ont confirmé qu'il doit se rendre à Dafra. Sa demande faite aux ancêtres est considérée comme très importante : c'est à cet endroit sacré qu'il doit effectuer son sacrifice. Dafra, à quelques kilomètres de la ville, est un endroit vénéré. Pour s'y rendre, il devra dévaler l'intérieur d'un canyon, en s'agrippant aux murs de pierre pour assurer sa vie. Une fois arrivé en bas du sentier rocailleux, un couloir rocheux le mènera directement à cette mare mystique. Une petite cascade s'y jette et de hauts rochers abrupts s'élèvent tout autour. D'énormes silures, espèce de poissons-chats, y nagent tranquillement. Ces poissons « plus grands que les hommes », peuvent atteindre jusqu'à un mètre de longueur. On en voit certains porter des boucles d'oreille et des bijoux d'or véritable. Sur le bord de la mare se trouvent un autel ancien et un vieux féticheur. C'est lui qui effectue le *kando*, c'est-à-dire les sacrifices pour les non-Bobolais, les impurs. Il est impératif de ne porter aucune trace de rouge sur soi, même des sous-vêtements ou une étiquette de jeans, car c'est une couleur qui porte malchance. Les ancêtres sont omniprésents en ces lieux de prédilection. Par les poissons, ils communiquent. Cet endroit, où les silures sacrés s'adonnent à leurs ébats amoureux, est particulièrement prisé par les femmes qui désirent la fécondité ; les ancêtres sont cependant ouverts à toute autre demande. Le procédé d'échange est fort simple. Sur l'autel, on sacrifie un animal correspondant à la gravité de la question ou à l'importance de la demande que l'on formule : cela va d'un poulet à un bœuf. Après avoir répandu de manière traditionnelle le sang sur l'autel pour convoquer les ancêtres, on lance les organes internes de l'animal dans l'eau. Si les poissons sacrés mangent le cœur et les intestins, notre demande sera réalisée, la réponse est positive. C'est un signe irréfutable. C'est pourquoi les sages ont conseillé à Bamogo de venir ici, la force mythique de l'endroit est avec raison réputée, et la réponse des ancêtres est claire : oui ou non.

Bamogo me laisse devant la mosquée, qui se vide de ses fidèles de l'après-midi. Karine m'invite au *Bambou*, un maquis. Cette fois-ci, je ne me laisse pas convaincre, j'embarque derrière elle sur la mobylette. Aux abords de la route la plus achalandée, contrastant avec l'effervescence environnante, un vieil homme erre lentement, pas à pas, complètement nu. Je le regarde et ne comprends pas. Il n'a rien, nulle part où aller. Karine me répond que cet homme s'est fait *wacker*, qu'il est devenu fou. Certains racontent que, quand l'esprit choisit un corps, Dieu se trouve tout près. Les fous sont ceux qui, juste avant la naissance, alors qu'il fallait fermer les yeux, ont saisi l'instant pour les ouvrir et contempler le visage de Dieu. Mais sa lumière étant trop puissante pour un simple mortel, plus jamais ils n'arrivent à retrouver la réalité par la suite. Cependant, ils méritent tout de même le respect, car ils sont les seuls à connaître la véritable apparence de l'Éternel.

Devant l'entrée du *Bambou*, un garçon, vêtu de guenilles, me crie une phrase en dialecte qui, bien que je ne la comprenne pas, constitue sans aucun doute une insulte. J'en suis à me questionner sur le pourquoi d'un tel accueil. Je suis perturbé, mais un autre jeune se présente à moi, bien habillé celui-là, et, offensé, me demande si j'ai compris ce que ce petit vaurien vient de hurler. Il me tend alors un petit cahier broché :

— Ça ne se serait jamais produit si vous disposiez de mon guide *Français-Dioula*.

En parcourant les pages de son guide, il découvre exactement la phrase que le garnement m'a décochée sans raison, qui signifie que ma mère ressemble à une poule... Épaté de l'efficacité de son petit recueil, je l'achète, puis rejoins Karine qui est en train de payer le préposé au stationnement où elle a laissé sa mobylette. Elle examine rapidement le livret, puis sa figure revêt un sourire louche. Une étincelle jaillit dans mon esprit, et je cours vers la ruelle dans laquelle le petit s'est dirigé. Voilà le garçon en guenilles et celui qui vient de me vendre le livre en train de partager les profits. Ils sont des maîtres de la vente. Et moi, je ne suis pas suffisamment armé.

Nous franchissons les portes du *Bambou* ; quelques cases de paille et une scène décorent cette cour intérieure, entourée d'arbres. On peut presque s'imaginer dans une simili-brousse. Dès que je m'assois, trois hommes entrent dans le bar. Deux restent en retrait, un se dirige vers moi. Il me montre des batiks de sa création. Après une interminable négation, il repart enfin, laisse sa place au deuxième qui vient à son tour. Tout le monde en ville semble s'être passé le mot et savoir que je suis ici. Un véritable réseau s'est organisé pour me traquer : « Le Blanc vient d'entrer au *Bambou*. Je répète, le Blanc vient d'entrer au *Bambou*. » *Djembés*, œuvres d'arts, cartes postales... Impossible de prendre ma première gorgée. Un autre se joint à notre table. Cette ville est le bastion de la musique et des arts, c'est aussi le refuge des rastas avec leurs *dreadlocks*, méprisés à Ouaga. J'attends de voir ce que celui-ci veut me vendre, mais il ne fait que parler :

— Tu sais, mon frère, sur cette terre nous sommes tous pareils. Il ne faut pas faire de blabla pour rien.

Sa technique consiste à couper toute possibilité d'intervention. La moindre seconde où je pourrais enfin glisser une phrase pour le convaincre de partir est occupée par son exposé sur la fraternité mondiale.

— Nous sommes tous humains, avons tous les mêmes aspirations, les mêmes besoins. Moi, je regarde les yeux des âmes, je les vois. On est frères, faut pas faire de blabla. Au fond, rien d'autre n'est important que de vivre. Dieu ne gouverne pas tout. Il dirige le monde en envoyant des élus de temps en temps qui modifient pour le mieux notre trajectoire. Comme Jésus, Gandhi, Bob Marley... C'est à nous d'apprendre et de suivre la voie qu'ils nous tracent.

Je le trouve intéressant, il n'est pas comme les autres.

— Moi j'aime *maquiser*, prendre de l'air avec un verre pour mieux vivre, quoi !

Mais voilà que l'inévitable se produit :

— J'ai soif, tu penses à moi ?

Le voilà son but. Je ne suis qu'un richard qui n'attend que de se faire exploiter. Je le regarde en souriant et lui réponds :

— Tu sais, ça fait un bout que je suis au Burkina et que j'écoute les philosophes comme toi. J'ai beaucoup appris et je sais maintenant que le spirituel est beaucoup plus important que le matériel. Alors je vais penser à toi en buvant, je vais être avec toi d'esprit, et je sais que c'est beaucoup plus important et significatif que si je t'achetais tout simplement une bière.

En lui serrant la main, je le remercie et il s'en va. Karine ne peut plus se retenir :

— Tu commences à avoir le tour !

— Oui, j'ai beaucoup de pratique.

Trop souvent les relations amorcées ici ont une intention cachée. À quel point est-ce de l'amitié ? À quel point sont-ils profiteurs ? C'est une équation difficile à résoudre et certains de nos plus grands amis nous révèlent parfois des signes décourageants, alors que de rencontres fortuites peuvent naître nos plus belles découvertes. J'admire les yeux de Karine. Son sourire me gagne. En voilà une belle découverte ! Nous allons derrière les tables, dans cette mini-brousse, cueillir des mangues qui poussent un peu partout. Elles sont immenses, tellement juteuses. Je retourne me nettoyer les mains et demande au serveur s'il peut venir prendre une photographie de Karine et moi sous un manguier. Négatif : il me répond seulement que dans l'herbe, ce matin, il a tué un serpent dangereux, et qu'il craint qu'il y en ait d'autres. J'appelle Karine doucement, et lui demande de revenir...

— Non, j'insiste ! On est mieux ici.

Nous quittons le maquis, retournons vers la mosquée. Karine doit rentrer au village, la préparation des repas doit être amorcée d'avance... Jamais une étreinte ne couronnera de manière satisfaisante une relation.

Karine me désigne l'entrée d'une petite ruelle, de l'autre côté de la voie goudronnée :

— Va visiter ce quartier en attendant Bamogo. C'est Dioulassoba, le vieux quartier.

Dioulassoba ! Le secteur d'où viennent Basil, Yaku et Moussa. Le quartier mystique gardien des traditions dont ils m'ont tant parlé. Même si la vue de la mosquée possède déjà quelque chose d'irréel, l'énergie que je ressens du seul fait de tourner la tête vers les anciens quartiers est palpable. Basil m'a bien averti que les masques ancestraux sortent régulièrement la nuit pour défendre ce secteur des mauvais génies et qu'un marabout extrêmement puissant le protège du mal. Pour y pénétrer, on doit demander l'autorisation à un habitant, être accompagné, car l'accès à ces quartiers est limité. Aucune sorcière ou aucun homme de mal ne se voit accorder l'accès. Le marabout lit ton âme avant d'accepter ou non ton entrée. Attendant probablement le verdict, Karine ne démarre qu'une fois mes premiers pas achevés dans la ruelle. Des jeunes m'entourent et, lorsque je leur apprends que je partage la maison avec Yaku, Basil et Moussa, ils se font un plaisir de me conduire à travers ce réseau de ruelles de sable. Les couleurs prennent vie, changent du tout au tout, uniquement dans des teintes de rouge. Tout est fait de terre, les maisons, les murs, les escaliers. Après un simple virage, plus rien du XXIe siècle n'existe. C'est un retour en arrière brutal. Dioulassoba est un bastion pour la culture, la spiritualité. Ici, rien n'a changé avec le colonialisme. Les racines du peuple subsistent. La ruelle qui s'élance devant moi n'est pas assez large pour une auto. Pourtant, nous sommes en plein centre-ville. C'est un véritable village au cœur de Bobo-Dioulasso. La pluie remodèle toutes les structures, leur donnant des formes arrondies, effritées, mystiques. Aucun véhicule motorisé, aucun touriste non accompagné, aucun vendeur non autorisé, pas d'eau courante ni d'électricité. Le tout est divisé en quatre quartiers, celui des forgerons, celui des féticheurs et des agriculteurs, celui de l'armée, puis celui des griots, chacun ayant ses propres caractéristiques et ses propres règles. On m'amène découvrir le quartier de Basil, Moussa et Yaku, celui des griots. Quelques jeunes enfants, de quatre ou cinq ans, se promènent avec un *djembé* sous le bras, maniant le rythme comme s'il faisait partie d'eux. Leur but sur terre est de danser, de chanter et de jouer de la musique pour perpétuer les traditions, alimenter les fêtes, faire revivre l'histoire. Les membres de chaque quartier ont une fonction différente. Nous passons dans une très petite ruelle dans laquelle le chef des marabouts ne peut passer car un puissant *wack* a été jeté. S'il y passe, il se fait immédiatement frapper par la foudre et meurt. En effet, ici vivent les femmes des forgerons et, comme le chef des marabouts détient le pouvoir de marier n'importe quelle femme, ceux-ci ont concocté un sort pour préserver leurs amours. L'animisme est la seule loi. Le moindre manquement, la moindre négligence, et les ancêtres se vengent. La vie devient une épreuve constante pour ne pas faire d'erreurs et pour lire chaque signe offert par les ancêtres, chaque manquement aux traditions est sévèrement puni. Les gens doivent aussi surveiller leurs voisins qui peuvent toujours leur lancer un *wack* impondérable. Chaque recoin est bourré de puissance. L'art de se protéger devient une discipline particulièrement vénérée. Un des jeunes me montre justement un collier de protection que Basil lui a fabriqué en le trempant dans une potion. Une sculpture pend au bout de la corde, façonnée dans de l'ivoire ou dans un os. J'approche ma main, mais le jeune me repousse violemment et m'injurie. Ça lui a pris quatre ans pour acquérir ce gris-gris. Et si un non initié ou quelqu'un d'une autre tribu y touche, il n'est alors plus efficace, il est bon pour la poubelle. Il doit même prendre soin de l'enlever lorsqu'il fait l'amour. Il faut faire gaffe, car on apprend qu'un gris-gris n'est plus actif seulement lorsque la personne reçoit le châtiment duquel il devait la protéger. Et comme ce gris-gris protège la vie...

Ce jeune m'apprend que Sankara parlait de démolir Dioulassoba. Celle-ci occupant le centre-ville de la deuxième plus importante ville du pays, il était pour lui inadmissible qu'un quartier si important n'ait pas accès à l'eau, à l'électricité, et qu'il soit encore si rétrograde. Il s'était donc rendu dans ce quartier pour annoncer de profonds changements. Il allait le raser pour permettre la construction d'un quartier moderne et salubre, offrant une place de choix à Bobo sur la carte de l'Afrique. Mais les sages lui ont refusé l'entrée, lui qui voulait détruire ces lieux de culte et de sacrifice. Les féticheurs ont affirmé que son esprit était mauvais. Il est mort avant d'avoir pu mettre ses plans à exécution.

— Il s'est fait *wacker* par vos marabouts ? demandé-je à ces Bobolais.

— Non, Sankara, c'était un homme très très fort, lancent-ils dans un profond respect, les *wacks* ne fonctionnaient pas contre lui.

411

— Et Blaise aussi est trop fort? Parce qu'avec tous les gens qui ne l'aiment pas, il doit y en avoir beaucoup qui tentent de le *wacker*...

— Non, Blaise, lui, c'est un riche. Il achète des marabouts très puissants qui le défendent et le protègent des sortilèges et des forces invisibles. On a beau lui tirer dessus, les balles se figent dans les airs et retombent par terre.

Nous parvenons à la rivière Houet, qui sépare cette ville et ce quartier en deux. D'un côté de sa rive se trouvent les Bobos, de l'autre les Dioulas. La rivière est presque asséchée et des dizaines de femmes doivent se partager un mince filet d'eau pour y laver leurs vêtements. Un vieil homme se joint à moi, l'espace d'une déclaration :

— Cette rivière n'a pas toujours été si maigre. Il y a 20 ans, on ne voyait pas le jour pendant tout le mois d'août tant il pleuvait. Le Houet ne s'asséchait jamais, les maisons s'écroulaient, mais les champs autour de la rivière avaient meilleure allure. Extrêmement rares sont maintenant les pluies *tcho-tcho*, celles qui ne cessent pas après trois jours, ajoute-t-il en imitant le bruit d'une chute.

Nous nous engageons dans un corridor étroit, puis le plus grand de mes guides saisit ma main fermement et se retourne. Demi-tour. C'est qu'un margouillat a traversé notre route, puis à mi-chemin a fait volte-face, et est revenu sur ses pas. C'est un signe des ancêtres nous affirmant qu'un danger nous guette sur cette voie, qu'il faut retourner. Nous rebroussons donc chemin et arrivons à un arbre sous lequel un jeune homme semble à demi endormi. J'apprends que c'est le frère de Moussa. Après ma poignée de main, il me demande quel lien j'entretiens avec Moussa.

— J'habite avec lui...

Sa figure change alors :

— Notre père est un peu malade, il ne va pas très bien. Mais pas moyen de rejoindre Moussa.

— Ah non ? Alors, dès mon retour, je l'avertirai.

La discussion continue sur le travail de Moussa, les aventures qu'on a vécues ensemble. Son frère coupe la conversation et ajoute :

— Notre père est très malade.

Décidément, il est étrange : l'état de son père semble s'empirer au fur et à mesure que nous parlons. Je décide de partir et d'essayer de donner un coup de fil à Moustapha afin qu'il avertisse Moussa. Je me retourne, le frère de Moussa me prend le bras, puis, en inclinant la tête vers l'avant, il m'avoue finalement en murmurant :

— Notre père a pris le chemin du royaume des ancêtres. Il est décédé il y a cinq jours. L'enterrement a été retardé dans l'espoir que Moussa se présente, mais on ne peut plus attendre.

La cérémonie aura lieu demain, le temps n'est plus négociable. Je demande aux jeunes de m'indiquer la sortie de ce labyrinthe, je dois dénicher un téléphone. Mais son frère me prévient aussitôt que je ne peux pas informer Moussa de la mort de son père. Avertir quelqu'un de la mort d'un de ses proches ne se fait pas. Le messager devient maudit, demeure dans les souvenirs comme un porteur de mauvaises nouvelles. Je dois simplement prévenir Moussa, en personne, que son père veut absolument le voir, qu'il doit venir à Bobo. Je ne dois faire aucune allusion à sa mort. Je rejoins la rue principale. Bamogo n'est pas encore arrivé. Je patiente à un petit maquis, troublé. « Ton père veut te voir ». Comment vais-je pouvoir lui annoncer ça calmement, sachant qu'il est en train de rater la cérémonie de l'enterrement de son propre père...

413

Qui boit le lait des chèvres le boira avec ses poils.

Moussa est parti dans le premier taxi-brousse vers Bobo. Il y avait quelque chose de troublant dans ses yeux. Une non-chalance, une absence d'inquiétude, un sentiment qui soulevait en moi l'envie de lui crier de se dépêcher, de le consoler d'une peine qu'il n'avait même pas… encore. Après tout, son père n'avait demandé qu'à le rencontrer. Rien ne lui laissait présager qu'il était en train de rater les cérémonies permettant à l'âme de son père de se réincarner. Le choc sera terrible ! Je m'effondre. Yaku vient me trouver et me réconforte. Basil me demande de venir dans la cour arrière avec eux. Je marche à leurs côtés, la tête basse. Il me prend la main. Il est avec moi, il compatit, partage ma peine. Une consolation et une empathie qui me réchauffent le cœur ? Non ! Toute mon attention est concentrée sur sa main. Un homme me tient la main ! Mon éducation, mes valeurs, ma culture se bousculent en moi. Un homme ne tient pas la main d'un autre homme. Je me sens terriblement inconfortable, fais quelques pas à ses côtés, comme si tout allait bien. Exit : mon cerveau court-circuite, mon bras se lève, délaisse sa main, fait semblant d'essuyer la sueur de mon front. Je ne suis pas capable. Venir en Afrique, c'est découvrir non seulement leur culture, mais aussi la mienne… par comparaison.

J'aime voyager, être dépaysé. Comme le disent les Africains : « Poussière aux pieds vaut mieux que poussière aux fesses. » Les voyages sont des concentrés de vie. Puisque nous apprenons de nos expériences et de nos erreurs, de très nombreuses occasions se présentent à nous lorsque nous sommes en

415

voyage, et nous commettons de très nombreuses erreurs. C'est la meilleure des écoles. L'esprit est une éponge. Lorsque nous sommes confrontés à des difficultés, nous exploitons notre plein potentiel. Dans la routine de tous les jours, la majorité de nos aptitudes sont inutilisées. Devant la nécessité, le cerveau devient omnipotent, conçoit plein de solutions, est utilisé à sa pleine capacité. C'est pourquoi j'aime me placer en situation difficile : c'est un besoin presque maladif de me précipiter tête baissée dans un monde indéchiffrable, d'être toujours dans une condition de nécessité. L'inconnu fait naître le surhomme qui dort en moi, celui qui est capable de surmonter chaque obstacle. Et j'arrive à me connaître en observant mes réactions. Je découvre comment je réagis aux situations, et, par ces réactions, je découvre qui je suis, ce que j'aime, ce que je n'aime pas. Parmi toutes les épreuves endurées — manger des plats constamment baignés de sauce gluante, cette chaleur insupportable, la rudesse de la vie, les maladies — je me butte à une limite aussi idiote que celle-ci : je n'aime pas qu'un homme me tienne la main.

J'entre dans la case de Yaku, m'étends sur son matelas de mousse. Je lui demande ce qu'il advient de l'âme d'un homme qui n'a pas reçu une cérémonie digne.

> — Si la cérémonie et les rites funéraires sont bâclés ou non conformes aux traditions, le défunt rate son entrée dans le monde des ancêtres et est condamné à errer dans le village comme une âme en peine, à agresser les vivants. Mais ne t'inquiète pas, la famille de Moussa lui aura fait une cérémonie digne. L'âme voyagera en paix. Et de toute manière, le locataire de ce tombeau est vivant. Il a connu une vie remplie de bonnes actions ; alors, il demeurera toujours présent dans le cœur de ses fils et des gens qui conserveront son souvenir.

L'immortalité passe par ceux qu'on a côtoyés, les relations humaines entretenues.

> — Quand tu vas mourir, ce sont les gens autour de toi qui vont faire ta cérémonie et t'enterrer, non pas les possessions matérielles que tu as accumulées au cours de ta vie.

Les possessions matérielles... Mon univers me semble bien loin. La question existentielle «être ou ne pas être» y est devenue «être ou paraître». Faire un job abrutissant pour gagner de l'argent, et avec cet argent s'acheter des tonnes de récompenses pour oublier qu'on a un job abrutissant. Le bonheur se jauge aux possessions matérielles. La vraie richesse est pourtant de nature humaine. Le fait d'être en compagnie d'amis ne fait-il pas de moi l'homme le plus riche de la planète?

Sur ce, Yaku, en riant, me débouche une bonne bière:

> — Le Burkina, c'est le pays des trois «B»: bières, brochettes et bordels.

Je lui réponds:

> — C'est toujours mieux que les quatre «G» des Américains: *gas, guns, gold and God.*

La noirceur baigne totalement la petite pièce. Seule une chandelle vacille, projettant nos ombres d'une façon irrégulière. Avec un sourire, Yaku sort une petite pochette et me fait signe du coin de l'œil. Il sort quelques feuilles et les roule: de la marijuana! Il a reçu la visite de quelques amis rastas...

> — Avant l'heure, il n'est pas encore l'heure. Après l'heure, il est trop tard. Maintenant c'est l'heure, dit-il en allumant le gros cône qui prend feu.

Un gigantesque insecte atterrit près de moi. Je me relève rapidement. C'est une sauterelle mais elle doit bien faire quatre ou cinq pouces en longueur. Elle est immense! Yaku l'écrase bruyamment. Ses pattes arrière sont coupantes, peuvent fendre la chair. Il me parle d'attaques de sauterelles qui dévastent villages et champs. Chez nous, je voyais ces petits grillons comme

417

tout mignons, et ne pouvais m'imaginer qu'ils étaient capables de dévaster quoi que ce soit; en observant l'amas gélatineux gisant sur le sol, je comprends qu'une nuée de ces bestioles doit être pas mal moins agréable...

Du petit enregistreur, une cassette entonne un rythme reggae. Yaku me fait signe d'écouter les paroles de cette chanson; il est émotif, sa peau se couvre de chair de poule. C'est Tiken Jah Fakoly. Il fait défiler le discours officiel de Robert Gueï lorsque, tout récemment, il a pris le pouvoir en Côte-d'Ivoire à la suite d'un coup d'État, et qu'il a mené son pays tout droit en guerre civile. Le général y affirme :

— Je suis venu balayer la maison. Je ne suis pas un imbu de pouvoir...

Les chanteuses entament leur refrain :

— Rappelle-toi, rappelle-toi, rappelle-toi, tu nous avais promis...

Lorsqu'on connaît les événements qui ont suivi l'ascension de ce militaire... la musique revêt vraiment une dimension supplémentaire, une terrible puissance. Ticken Jah Fakoly a été interdit d'antenne pendant les mois de terreur suivant le coup d'État et s'est exilé parce que traqué jusque dans son domicile. Pour la première fois, je comprends à quel point le reggae est essentiellement une musique de contestation.

Je suis bien, tranquille. Le temps a été inventé pour que la misère ait une fin, qu'elle ne dure pas toujours. La béatitude, à l'opposé, est éternelle. Toutes les horloges ont été expulsées du paradis. Yaku me raconte sa jeunesse. Ni musulman ni catholique, sa vocation de griot fait de lui un élément primordial dans la religion animiste qu'il respecte au prix de sa vie. Génération après génération, les jeunes hommes sont rassemblés dans la forêt et doivent y passer une semaine sacrée, c'est leur initiation. Bénie et sublimée, cette partie de la brousse possède un caractère divin, au même titre qu'une immense cathédrale garnie de toutes ses parures dorées. C'est lors de ce passage à l'âge adulte que Yaku a rencontré Moussa.

Cette semaine est extrêmement physique : des épreuves d'endurance et de force ont lieu. Certains en meurent, sont enterrés sur place. Le processus de sélection naturelle est amplifié au maximum : ceux qui n'ont pas la résistance voulue sont éliminés. Pieds nus dans la brousse, les initiés sont jumelés à un maître à qui ils doivent une obéissance absolue, un grand frère qui a droit de vie ou de mort sur eux. Ils apprennent le langage et l'écriture sacrés, découvrent le schéma du cosmos tel que conçu par le divin. Par la danse de certains masques, disposés dans un ordre précis, ils assistent à la révélation de la genèse du monde. Dieu a créé l'ordre et l'harmonie, la paix dans les villages, la divinité du *Dwo*. Il a aussi créé une vie libre, violente, sauvage, chaotique du côté de la brousse, le *Soxo*. À l'homme revient la lourde tâche d'essayer d'équilibrer ces deux pôles.

Au dernier des sept jours, un grand masque à lame de près de trois mètres de hauteur danse pour appeler la pluie. Les initiés offrent de l'eau, du *dolo* et du sang d'animal aux ancêtres, puis ils jouent de la musique et dansent jusqu'à ce que la pluie vienne nettoyer le sang des sacrifices. La cérémonie d'initiation est couronnée par la circoncision. La rivière est rougie par le sang que perdent les hommes agenouillés dans l'eau. Il est important que le saignement abondant causé par la circoncision coïncide avec les premières pluies, toujours violentes. La cicatrisation des plaies, qui sèchent progressivement, correspond ainsi à l'assèchement progressif de la nature. Une parfaite harmonie règne donc entre les hommes et le monde dans lequel ils vivent. Tous suivent le même rythme.

C'est uniquement à la toute fin que le féticheur leur révèle le pouvoir légué par leurs ancêtres, car l'art des *wacks* et des gris-gris se transmet de père en fils. Le jeune homme apprend donc

419

à connaître le masque de ses ancêtres. Basil danse le coq : sa puissance est la protection. Son père et les sages du village lui ont appris les bases de la pratique ; ils lui ont appris comment réaliser, avec des racines et l'aide de quelques ancêtres, certaines incantations de protection ou gris-gris défensifs contre n'importe quel malheur. Mais rien de plus. Car certains sorts sont bien trop puissants : ils peuvent même causer la mort. Les derniers secrets lui seront révélés lorsque son père mourra. Il reviendra tout lui apprendre lorsqu'il le jugera assez sage. Les ancêtres parlent pendant la nuit, dans les rêves. Ils communiquent aussi lors des sacrifices. Durant une fraction de seconde, l'animal immolé entre en contact avec les deux mondes et sert de pont. Les sacrifices et les gris-gris sont les liens avec les ancêtres. Les ancêtres sont en lien avec les divinités. Les divinités sont en contact avec Dieu.

— Tu veux avoir le cœur net en ce qui concerne le père de Moussa ? On peut entrer en contact avec lui et lui demander de confirmer son entrée dans le monde des ancêtres.

— Mais comment ?

— Les Blancs n'entendent rien à la sorcellerie : dans votre pays, tous les secrets ont été oubliés.

Ici, la mort n'est pas un événement triste, car on entre régulièrement en contact avec le défunt. Celui-ci devient une puissance protectrice du village ; il veille sur sa famille et ses amis avec qui il entretient une relation suivie. Du monde des ancêtres, il peut dorénavant prédire l'avenir et intervenir auprès des divinités pour éviter quelque calamité.

— N'aie pas peur. Tu vois la petite amulette au-dessus de ma porte ? Elle empêche les mauvais esprits d'entrer.

Quand on a comme porte un drap de percale, tous les moyens sont bons pour empêcher les indésirables d'entrer… Un vent puissant se lève. La bougie s'éteint et nous laisse dans le noir le plus total. Je n'entends plus que Yaku implorer les ancêtres, se concentrer sur son médaillon, appeler le père de Moussa. La fumée du joint me tourbillonne dans la tête. Dans le noir, des images se bousculent contre mes paupières closes, un frisson parcourt mon corps. Je me sens coincé, paniqué… Je mâchouille quelques excuses et, en moins de temps qu'il n'en faut à un margouillat pour attraper d'un coup de langue une mouche, je me retrouve dans la cour, rejoignant d'autres cieux.

Malgré le séjour prolongé d'un oiseau perché sur un baobab,
il n'oublie jamais que le nid dans lequel il a été couvé
est dans l'arbuste.

Le temps passe si rapidement! Bientôt, j'embarquerai dans l'avion qui me ramènera à ma civilisation. Un retour vers mon monde qui m'effraie, qui m'angoisse. Je n'ai pas l'impression que ce séjour en Afrique ait changé mes valeurs. En fait, il a plutôt légitimé certaines valeurs que j'ai toujours portées en moi, mais qui ne concordaient pas du tout avec celles véhiculées par ma société. Prendre conscience qu'ici ces valeurs font partie de la vie de tous les jours, qu'elles sont ancrées dans les coutumes, m'a réconforté, et m'a prouvé qu'elles n'étaient pas que de marginales rêvasseries. Rien n'est blanc, rien n'est noir. Personne ne détient le secret véritable, la voie unique. Mais la beauté et l'incroyable richesse des voyages permettent justement de constater, d'évaluer, de retenir les aspects que nous avons aimés d'une autre culture, et d'abandonner ceux qui chez nous nous plaisent moins et pour lesquels, jusqu'à ce jour, nous ne pouvions imaginer d'alternative. Remplir son baluchon d'expériences pour enfin mieux comprendre comment vivre selon ses propres besoins et désirs plutôt que selon ceux qui nous sont proposés, voire imposés. Voyager permet de perdre les limites physiques et psychologiques imposées par la vie de tous les jours, limites qui nous aveuglaient — la peur du changement et de l'inconnu, le stress, la dépendance affective, la paresse, la crainte de décevoir... Prendre du recul pour enfin être en mesure de poser un regard clair, net et précis. Ma plus grande phobie est de perdre tout ce que j'ai acquis ici, de regagner le moule que j'occupais avant mon départ et d'être incapable d'appliquer mes nouveaux principes à mon retour, dans mon monde où ils ne sont pas « conformes ».

L'importance des voyages et de la découverte, les Burkinabés l'ont comprise. On n'a qu'à voir la façon dont ils se lancent vers les étrangers pour les aborder et échanger avec eux, s'attachant à chaque bribe de conversation, à chaque leçon potentielle. Pour la très grande majorité, c'est l'unique moyen à leur disposition, eux qui ne pourront jamais quitter la terre des hommes intègres. Impossible donc pour un voyageur de demeurer seul dans leur pays. Déjà que la solitude est considérée comme une malédiction et le plus grand des châtiments ; un étranger seul, c'est chose impensable. Les promenades solitaires, les repas non accompagnés au restaurant, les moments de réflexion, si importants pour que nous puissions mettre de l'ordre dans nos pensées, sont ici voués à l'échec. Nous nous faisons immédiatement aborder, quelqu'un s'assoit à notre table, une conversation débute inévitablement. Mais de ce dialogue, même entrepris à contrecœur, émanent toujours un enrichissement, une leçon, une expérience, une émotion partagée... Notre personnalité se développe grâce à cet apport d'expériences que d'autres ont vécues, des leçons qu'ils en ont tirés. Une panoplie d'apprentissages que nous n'aurions jamais pu connaître en une seule existence. Les moments passés seul à ressasser de vieilles idées, de vieux souvenirs ou de vieux concepts, totalement coupé du pont de connaissances que nous tendent les autres, sont une privation que tous ici consacrent leur existence à éviter.

Aujourd'hui, même mon propre sommeil ne m'appartient pas. Moustapha vient me réveiller à six heures du matin, longtemps avant le moment où mon corps désire réintégrer cette planète. Je suis bien content de le revoir, mais pas heureux au point de vouloir me lever avant le soleil.

— Viens, me dit-il avec entrain, on va assister au Nabayius Gou.

— Le Nabaye... ? (*bâillement*) Je veux dormir...

Mais je sais bien que, malgré tous les messages opposés que m'envoie mon corps, si Moustapha vient me réveiller pour assister à quelque chose, je regretterais amèrement de le laisser tomber.

— Pas de rouge !

C'est la seule consigne vestimentaire qu'il m'adresse. Du même coup, j'apprends que nous assisterons à quelque chose qui a une valeur rituelle.

Notre 4 x 4 contourne un terrain de football où des jeunes s'entraînent, et nous nous garons en plein milieu d'un champ. Mais pas n'importe lequel ! Ce terrain vague se poursuit jusqu'au mur qui clôture le palais du Moogho naba. Un palais blanc, des tours élancées, de style soudanais, avec une cour intérieure secrète, probablement composée de cases pour les femmes et d'un petit temple sacré comme c'était le cas pour le Larlé naba. Celui-ci contient les *Tibos*, les vases sacrés qui constituent l'un des éléments de la souveraineté.

— Il y a une mosquée aussi... ajoute Moustapha.

Un des derniers naba a prêté serment au Coran et s'est converti à l'Islam. Il a donc fait construire une mosquée miniature dans sa propre cour royale. Pourtant, le Moogho naba, maître des Mossis, demeure le chef spirituel de la religion animiste. La grande majorité des cinq millions de Mossis sont encore aujourd'hui animistes. Cependant, il est bien difficile de classer statistiquement quelqu'un qui se rend à la mosquée quatre fois par jour, qui affiche une photo du Christ en haut de son lit et qui sacrifie un poulet aux ancêtres pour solliciter la pluie...

Au centre de ce terrain herbeux, bordé d'un côté par le mur du palais, une sorte de quadrilatère ceinturé d'arbres âgés délimite un territoire d'une centaine de mètres carrés. C'est la zone interdite. Il est bien agréable de se faire limiter par de majestueux arbres balançant leur feuillage en harmonie avec le

425

vent plutôt que par une bête clôture de métal. Cette barrière symbolique est respectée et les quelques personnes qui successivement se présentent s'arrêtent devant leurs troncs. Pour une des rares fois, aucun policier matraque à la main n'a besoin de faire respecter la loi.

Une petite camionnette, chargée de jeunes touristes fraîchement débarqués, se vide de sa cargaison. On reconnaît leur nouveauté non pas à l'absence de bronzage — à vrai dire, certains sont plus bronzés que moi — mais plutôt à la manière dont ils forment un groupe hermétique, ignorant les salutations, se refermant sur eux-mêmes. Cet événement est l'une des seules attractions touristiques du pays, une des seules choses à « voir ». Le cœur et la richesse de ce pays résident dans l'âme de ses habitants, dans leur chaleur, leur accueil et leur joie de vivre. Malheureusement, pour goûter à ces richesses, il faut plus qu'une semaine de vacances « tout inclus »...

D'autres touristes font leur apparition mais demeurent en minorité comparativement aux Mossis de tous âges venus célébrer leur héritage royal, vénérer leurs traditions. Chose extrêmement étrange, aucun vendeur de quoi que ce soit ne rôde dans les environs. Habituellement il y en a partout où se niche le moindre semblant de Blanc. Ce lieu serait-il à ce point sacré ? La pétarade d'une mobylette en mauvais état attire mon attention. Un vieil homme la conduit, vêtu d'un boubou magnifique, richement décoré, il survole le nuage que produit son engin. Il s'avance sur le terrain et traverse la barrière d'arbres. Son chapeau coloré arbore des motifs que je n'avais jamais vus auparavant, et qui sans aucun doute témoignent de son importance. D'autres arrivent un par un, non plus à cheval, comme le voulait la tradition, mais ils portent toujours leurs insignes. Chaque quartier véhicule une facette particulière de l'empire mossi, et on peut en reconnaître leurs chefs au bonnet distinctif qu'ils portent, brodé de couleurs caractéristiques. Une étiquette immuable. L'un d'eux passe près de moi. Son large boubou m'effleure ; son chapeau semble bordé d'or. Une forte impression se dégage de lui et, de la manière dont les gens autour de moi se retirent à son approche, je réalise l'importance de ce qui se déroule autour de moi. Ce sont les chefs traditionnels de chaque région qui arrivent. Un par un, ils gagnent la zone désignée, puis, selon un ordre hiérarchique, vont saluer certains autres. Ils s'installent devant leurs doyens à plat ventre, en frottant d'une façon gracieuse, à l'aide de leurs deux mains, la surface du sol. Puis en joignant leurs mains, ils lancent symboliquement un peu de cette terre bénie sur leurs vêtements, se relèvent, répètent la salutation autant de fois qu'il le faut, et finalement se placent à genoux, selon l'usage, à des endroits précis sur le terrain. Une petite foule commence à s'amasser autour des arbres, et contemple les chefs qui se réunissent. Même si personne ne semble parler, un étrange bourdonnement, une étrange rumeur parcourt la masse et semble s'accroître, tout comme la tension.

Valériane, fatiguée par le réveil trop matinal, me lance un regard claqué, puis se retourne, à la recherche d'un endroit où s'asseoir. Peu d'espoir dans cette plaine où il n'y a que... Ah! En même temps qu'elle, j'aperçois derrière nous deux grandes pierres sorties de nulle part, d'une taille parfaite pour servir de sièges confortables. Elle se faufile parmi ceux qui nous entourent maintenant. Quelques instants après, j'entends un grand sifflement, puis des cris. Je me retourne, Valériane se fait déloger par deux hommes qui hurlent. Elle vient reprendre place près de moi, rouge comme une tomate, puis d'un coup se met à pouffer de rire. Ça sent la gaffe! Ces hommes lui ont expliqué, d'une manière relativement agressive, que les pierres sur lesquelles elle s'est assise ont été placées là par des initiés pour accomplir des sacrifices dans la vénérable cour du palais. Pour transformer de simples pierres en autels, il faut de nombreux sacrifices, des prières de féticheurs et des litres de sang. Et elle qui s'assoit tout bonnement là. Au moins, la voilà totalement réveillée!

427

Chaque chef salue un nombre précis de ses comparses. Un homme à mes côtés m'explique que les chefs traditionnels disposent d'un grand pouvoir pour assassiner. Si un chef inférieur a le malheur de saluer un supérieur sans retirer son bonnet, ou si, pendant la cérémonie, il s'installe sur une natte pendant qu'un supérieur est assis par terre, il se fera empoisonner. Le Moogho naba est d'ailleurs reconnu pour ses puissants *wacks*. Il détient le pouvoir de demander aux ancêtres de faire en sorte qu'il ne reste d'une personne que son nom et sa cendre sur terre, le pouvoir de transformer la vie en son contraire. Pouf! Mais les arbres ici ont été ensorcelés par un *grisgrisman* et agissent comme *parawack* : cette zone est sécuritaire. Un *wack* lancé ici ou dans cette direction est dévié et retombe, ou rebondit sur un arbre, qui l'absorbe. Nul besoin de policiers ou de barrières quand on dispose d'un *parawack* efficace.

Les chefs continuent à prendre place un à un. Ils stationnent leur mobylette ou arrivent à pied, puis s'installent en petits sous-groupes, formant des clans. Ils sont maintenant presque aussi nombreux que la foule assemblée. Plus personne ne bouge. D'un coup, un petit canon crache une salve bruyante et fait sursauter les spectateurs. Du fond de la cour, on présente un magnifique étalon. Les chevaux qui faisaient autrefois la fierté et la réputation des Mossis, leurs cavaliers qui composaient l'une des armées les plus puissantes d'Afrique… ont été balayés par la sécheresse et la chaleur. On peut maintenant compter sur les doigts les chevaux que contient ce pays, et ils appartiennent presque tous à des nabas.

Un homme se présente au centre : c'est le griot royal. Frappant sur le tambour « parlant » qu'il porte en bandoulière, il commence à louanger les ancêtres, les implore et vénère comme un dieu le Moogho naba, ce chef des armées et juge suprême. Dépositaire de la tradition, représentant des puissances éternelles sur la terre, le naba dispose du droit de vie ou de mort sur ses sujets. Dans une tirade rapide, le griot énonce la généalogie impériale et les faits marquants des héros de l'empire mossi. L'histoire de ce peuple est ici résumée. L'homme-éléphant, le 37ᵉ de la lignée des nabas, jaillit d'une petite porte dissimulée et se présente au conseil, vêtu d'un flamboyant burnous rouge : sa tenue de guerre. Son cheval, richement caparaçonné, se tient fièrement à ses côtés. La tradition assimile le naba à l'astre lumineux : «Le soleil se montre, Dieu salue.» Porteur de la lumière qui se lève, il fait sa première apparition à l'aube du jour. Deux serviteurs occupent ses flancs et brandissent son bonnet d'empereur et son sabre. Ainsi s'amorce la cérémonie du faux départ du Moogho naba.

Le roi, ici, n'est pas libre : il est prisonnier des traditions. Chaque matin, à l'aube, se déroule cette cérémonie. Chaque vendredi, elle est présentée à l'extérieur du palais, devant le public. Elle recrée un moment historique de l'histoire des Mossis.

Il y a de cela bien longtemps, la princesse des Mossis s'est enfuie, en possession des gris-gris royaux, vers le royaume de ses parents au Yatenga. Le Moogho naba a décidé d'enfourcher son cheval et d'aller la rejoindre, la revoir, pour la convaincre de regagner le palais. Le matin de son départ, son conseil s'est rassemblé devant lui pour lui apprendre qu'une armée d'envahisseurs venait de franchir les limites du pays, qu'il ne devait pas partir. Les ministres l'ont supplié de rester, c'est ce qui est recréé aujourd'hui. Un à un, les différents groupes de chefs traditionnels et un groupe de ministres s'approchent du naba, à distance respectable, puis ils s'agenouillent et le saluent en caressant la terre et en se la projetant contre la poitrine, lui demandant pardon. Le naba fait mine de monter en selle, mais un concert de lamentations s'élève des groupes de dignitaires accroupis sur l'esplanade. Il veut retrouver sa femme, mais il ne peut laisser son peuple en temps de guerre. L'amour ou le devoir ? Un dilemme intemporel.

Inclinés devant lui, mains en avant et pouces vers le ciel, un à un, les chefs attestent sa puissance souveraine, récitent les phrases précises que leurs ancêtres avaient alors dites. Le

429

groupe supplie le naba en lui rappelant que dans la ville il y a la paix, il y a la joie, et qu'il n'a pas besoin de rapatrier les gris-gris de la cour. C'est alors qu'un des groupes, qui ne porte pas le bonnet, s'approche très près du naba et n'effectue pas la salutation traditionnelle.

— Ce sont les chefs musulmans, et officiellement ils ne reconnaissent pas les pouvoirs spirituels du naba, alors ils ne respectent pas les coutumes, m'apprend encore mon voisin.

Pendant tout ce temps, le griot continue sa liturgie musicale, vante la puissance du naba, lui chante qu'il peut partir car il est invincible, que les pas de son cheval creusent des vallées, que son sabre peut trancher le ciel en deux... Quand le dernier groupe a fini de le supplier, le naba se ravise, il rentre au palais par la porte du nord, puis ressort immédiatement par la porte du sud sous les applaudissements, tout habillé de blanc. Il s'adresse à la cour et leur dévoile qu'il a écouté leurs conseils et qu'il ne partira pas. Tous manifestent leur bonheur, puis les représentants de la communauté musulmane retournent le bénir et lui offrent des noix de cola. On dépouille alors le cheval et un dernier coup de canon est tiré, cette fois vers le sud. De nouveau, tous les spectateurs sursautent en se bouchant les oreilles. Un messager vêtu de paille invite les chefs traditionnels à prendre un rafraîchissement à la cour royale, et chacun se relève tranquillement. Une charrette chargée d'un baril de dolo passe en arrière-plan. Comme chaque matin, les chefs des différents quartiers qui constituent les bras droits, les yeux et les oreilles du naba, sont tenus d'aller le rencontrer pour lui décrire la situation du peuple et du pays, de lui dresser un compte rendu.

Mon voisin me pointe discrètement trois hommes vêtus de noir, évasifs, les cheveux longs et le corps massif. C'est la garde rapprochée du naba, les eunuques qui veillent sur lui et ses femmes.

— Ils sont super *wackés*, protégés par les plus grands féticheurs du pays. Ils possèdent le secret des fléchettes empoisonnées qui atteignent immanquablement celui dont le nom vient d'être prononcé. À eux trois, ils sont plus puissants qu'une armée.

Le spectacle est terminé, les spectateurs se dispersent. C'est la seule cérémonie officielle qui ait survécu au temps, même à celui de la révolution. Sankara était à ce point contre le principe de féodalité qu'il traitait le naba comme un simple camarade, allant jusqu'à couper l'électricité du palais royal sous prétexte que le Moogho ne payait pas ses factures. Aucune faveur, nous sommes tous égaux. Pourtant, le jeune président a autorisé la continuation de cette tradition, la seule qu'il permettait, ainsi le «faux départ du Moogho naba» a survécu. Même Sankara devait avoir peur des fléchettes empoisonnées.

L'homme a deux pieds,
mais il ne peut pas suivre deux chemins à la fois.

Je n'arrive pas à y croire! Resto *La Québécoise*. C'est écrit en toutes lettres. Un restaurant québécois, ici, en plein cœur de Ouaga. C'est décidé, je consulte Valériane et, comme prévu, je n'ai aucun mal à la convaincre. Seules ses exclamations de surprise me suffisent comme réponse. Nous invitons Basil, Yaku et Moussa à nous accompagner, à découvrir notre cuisine nationale, ici, en Afrique...

Non loin de l'aéroport, dans une petite cour agrémentée de rares arbres, quelques tables encerclent une cuisine située dans une cabane qui ressemble aux stands de jeu des foires. Je ne serais même pas surpris si quelqu'un se mettait à crier et me demandait de lancer une patate dans la casserole pour gagner un énorme toutou. Évidemment, pas de musique québécoise, pas de serveurs québécois, pas de cuisiniers québécois, pas de drapeau québécois... Mais de retrouver le mot «poutine» dans un menu, en plein cœur de l'Afrique, est un bonheur formidable et inespéré.

Le serveur m'apprend que la propriétaire est d'origine québécoise, et il me promet de lui demander de venir nous rencontrer. Remplissant notre rôle d'hôtes, Valériane et moi commandons tout ce qu'il y a de plus québécois pour nos amis burkinabés. C'est surprenant, et désolant à la fois, de constater à quel point la cuisine québécoise se résume au fast food: *burgers*, frites, *hot dogs*, *oignion rings*... Le cuisinier pose son journal et s'infiltre dans la cuisine pour s'attaquer à son travail. Il est seul. Il entreprend de laver quelques patates, puis, lentement, de les éplucher. Des frites en perspective. Devra-t-il abattre un bœuf avant d'amorcer nos burgers, je ne sais pas. Mais chose certaine, comme partout ailleurs, nous savons pertinemment que plus d'une heure s'écoulera avant que nous puissions contempler la couleur de nos plats. Le terme *fast food* n'a aucun sens ici; il mériterait amplement de se faire remplacer tout simplement par *fat food*. En Afrique, il devient impératif de prévoir. Il faut commander les plats quand la faim n'est encore qu'une vague et lointaine impression; de cette manière, ils arriveront lorsqu'on sera affamé. C'est une leçon qu'on apprend très rapidement, parmi les premières, car demeurer en appétit par cette chaleur est une épreuve difficile à surmonter et, grâce à la pénible période d'attente, on a tout le temps du monde pour analyser la situation, comprendre qu'on ne veut plus la revivre et faire des plans pour la prochaine fois.

À la première page du journal posé sur le tabouret, on peut lire en gros titre que la Journée du pardon national a été couronnée de succès.

> — La Journée du pardon national a été organisée il y a un peu plus de trois mois, m'explique Moussa. C'est Blaise qui voulait mettre un terme aux émeutes et aux grèves qui ont suivi le meurtre de Zongo.

Devant le risque d'explosion sociale et la guerre civile imminente qui planait sur ce pays déchiré, craignant d'être démis de ses fonctions, Blaise Compaoré a décrété le 30 mars 2001 comme étant la «Journée du pardon national». Dans un stade bondé, par la voie de la radio et de la télévision, il s'est adressé à la population qui le voyait comme un revenant tellement sa dernière apparition publique était lointaine. Le président a parlé de graves erreurs, d'actes de corruption et des injustices qu'il fallait désormais oublier, qu'il fallait maintenant pardonner. Regarder vers l'avenir pour enfin avancer. Le seul fait qu'il reconnaisse publiquement certaines fautes graves était un exploit en soi, et constituait ainsi son effort pour se faire pardonner. Mais l'élite idéologique n'est pas tombée dans le panneau et n'a vu là qu'une mascarade pour tenter de calmer l'ardeur publique. Ainsi, les représentants des familles de Thomas Sankara et de Norbert Zongo ont boycotté l'événement, ne laissant pas au chef la joie de les voir endosser ses excuses. Une demande a été lancée : la vérité avant le pardon. En effet, bien que Blaise ait reconnu qu'il y avait eu des erreurs, il n'y a eu ni enquête publique ni mandat d'arrestation. Oui, il y a eu des meurtres, mais personne n'en est coupable.

De nos jours, il est tragique de constater que la probabilité que soit puni un pauvre affamé qui vole un bout de pain est infiniment plus grande que celle que soit arrêté un tyran qui complote des assassinats de masse. Trop souvent, les exigences de la justice et les droits des victimes sont sacrifiés sur l'autel de la commodité politique. La lutte contre l'impunité doit passer inéluctablement par quatre étapes :

— La vérité, la justice, le pardon puis la réconciliation, dans cet ordre, et rien d'autre, scandaient les manifestants.

Le pardon est différent de l'oubli.

Justement, avant de les oublier, nos plats arrivent. Une expression de surprise (désagréable surprise ?) s'empare de nos invités lorsqu'ils reçoivent leur plat de patates huileuses recouvertes de sauce brunâtre. Avec la température qu'il fait, il faut manger rapidement avant que le tout ne devienne trop chaud. Le *cheeseburger* dégouline entre mes doigts, les frites s'engouffrent dans ma bouche. Je suis au paradis ! Bien sûr, il n'y a rien d'autre que du simili ketchup pour recouvrir ma boulette de viande (du bœuf ?) Évidemment, le fromage étant un luxe, celui en grains totalement inexistant, nous devons nous contenter de fromage *La vache qui rit* fondu sur notre poutine ; mais c'est la seule nourriture qui me rappelle ma patrie depuis plus de deux mois… Bon appétit !

Immédiatement après avoir terminé mon plat, je reconnais aussitôt une sensation qui accompagne justement mes fins de repas aux *fast food* de ma patrie : un mal de ventre persistant et une sensation de lourdeur écrasante. Mes collègues africains semblent se sentir comme moi, écroulés sur leur tabouret, je ne pense pas que ce repas ait moussé l'attrait touristique du Québec. La propriétaire apparaît et, malgré les commentaires que nous venions de formuler, chacun vante maintenant les qualités de ce repas gastronomique. Elle nous offre comme dessert un lourd pouding chômeur, question d'assurer notre indigestion, et nous présente une facture qui ressemble à celles de chez nous. Nos invités n'arrivent pas à comprendre pourquoi nous voudrions payer si cher pour de tels plats. Nous quittons nos bancs et roulons jusqu'à l'extérieur. Basil nous propose :

— Allons faire descendre tout ça avec une bonne bière bien frappée.

Nous remplissons le troisième taxi vert qui nous croise. Les deux premiers n'ont rien voulu savoir des prix qu'on leur proposait, ne voulaient pas réduire le tarif du Blanc. Le troisième taxi, quant à lui, était plein. Son chauffeur s'est garé au bord du chemin et a sommé ses sept passagers de descendre, remettant à chacun sa monnaie. Il espérait bien sûr faire la passe avec nous, deux passagers blancs. Quand il a réalisé qu'on n'était pas des touristes et qu'on connaissait les prix, un profond regret s'est emparé de lui. Trop tard. Maintenant qu'il a perdu ses autres clients, il n'a pas le choix de nous prendre. C'est donc en grognant qu'il roule en direction du *Sahel*, le maquis proposé par Moussa.

Dans une petite allée sombre, plusieurs jeunes femmes approchent leur visage du taxi. Valériane grimace devant ces quelques prostituées à la poitrine notoire.

— Ne t'inquiète pas, il y a beaucoup de chameaux au Sahel, lui lance Basil en riant.

Une enseigne pendante nous indique que nous sommes arrivés. Quelques tables en bordure du chemin sont frôlées par le taxi. C'est une bonne chose qu'il n'y ait pas souvent de véhicules dans le coin. Nous nous assoyons sur de petits bancs à quelques pouces du sol. Des lumières multicolores clignotantes qui diffusent une musique de Noël, une musique tout à fait fatigante, ornent les poutres qui retiennent le toit de tôle. Quelques instruments de musique sont disposés sur une scène aménagée dans un coin sombre, voisine du réfrigérateur qui fait office de bar. Un homme empoigne une guitare électrique ayant beaucoup (trop) de vécu, d'autres musiciens viennent l'accompagner. Quelques filles s'assoient à la table près de nous et se commandent à boire. Elles sont très belles, très sexy. Je croise le regard de Yaku et il me renvoie mon sourire.

Les bières doivent s'évaporer plus vite quelles ne se boivent; après quelques gorgées seulement, nous en sommes déjà à notre cinquième tournée. Les conversations s'envolent. Plus on est soûl, plus on a de l'esprit. D'ailleurs, les Anglais confondent les deux mots : *soul*.

Au fil des tournées, les factures griffonnées sur de petits papiers s'accumulent dans un panier occupant le centre de notre table. Basil me dévoile la technique pour «oublier de payer» à la fin de la soirée. Discrètement, il prend l'un des nombreux papiers, le roule en boule, puis se l'envoie dans la bouche. Quelques mastications, on avale le tout et… voilà. Une facture de moins.

— Prenez-en tous une, c'est ma tournée!

J'avale à mon tour une tournée. Mais il ne faut pas être trop vorace, le panier doit tout de même sembler assez plein.

Dans la ruelle, quelques vendeurs sont assis, immobiles. Il est tard dans la soirée, mais ils espèrent un dernier client pour lui proposer pêle-mêle des pneus, des tissus, du caoutchouc, des arachides, des cigarettes et des boissons sucrées. L'un d'eux fait griller des brochettes et des *allocos*, les fameuses bananes plantains. Un homme arrête au maquis avec son âne, il l'attache dans la ruelle et se commande une bière. Moussa tente de capter l'attention de la jolie rousse qui occupe la table derrière lui, mais elle l'ignore. D'un bond, il se lève et se dirige vers la scène. Le spectacle et les spectateurs ne forment qu'un tout ici. Moussa saisit un *djembé* et, d'un rythme vigoureux, passe sa frustration énergiquement. Valériane demande des informations à Basil et se lève ; derrière une petite porte de bois se trouve la salle de bain. Valériane en ressort aussitôt, je ne pense pas qu'elle ait vécu une expérience très agréable. Elle me raconte qu'au milieu d'une minuscule pièce, où respirer est fortement déconseillé, se trouve un trou. Mais la fosse est pleine, et à peine quelques centimètres séparent le contenu et la surface du contenant. Elle ne m'en raconte pas davantage, l'état de son estomac qui ne s'est guère amélioré depuis qu'on a quitté le resto ne le lui permet pas. Elle devait ressortir rapidement, sinon elle allait faire déborder le tout. Je regarde autour de nous, la portée de la faible lumière n'est pas suffisante pour me permettre de me retirer à l'écart pour être en mesure de pisser hors du champ de vision des jolies filles. Et dans ces quartiers, par cette noirceur, je ne voudrais pas trop m'éloigner du cercle de lumière. Ma vessie m'envoie des messages impératifs. Je me console en me disant que, pour un homme, l'opération est beaucoup plus simple. Je prends mon courage à deux mains et une grande respiration, puis pousse la porte de la salle de bain. Il me semble que, même sans respirer, l'odeur pénètre mes narines. Je remarque le fameux trou en question et comprends les détails que Valériane ne pouvait me raconter. La masse semble en mouvement constant et traversée par des milliers de vers grouillants, hypnotisant. Par réflexe de survie, pour refouler ce qui remontait, mon corps prend de lui-même une grande respiration, ce qui est du coup une terrible erreur. Je pense m'évanouir, me retourne. Une porte en retrait capte mon attention, un sigle d'homme y est gravé, je la franchis. Oh le soulagement ! La petite pièce est ornée d'une fenêtre, qui permet de respirer un tant soit peu, et éclairée d'une ampoule. Le plancher est recouvert de tuiles. Dans un coin, le bonheur. Un bel urinoir blanc. Je n'en crois pas mes yeux. Je n'en avais encore jamais trouvé ici. Attends un peu que je raconte à Valériane. Je me place en position et constate que le récipient est plein, d'une cuvée bien vieillie à en juger par l'odeur âcre. Mais tout de même, un urinoir… Il ne faut pas se plaindre le ventre plein. Je débute le processus et ressens quelque chaleur sur mes pieds. Puis c'est la réalisation terrible : le trou au fond de l'urinoir n'accomplit pas du tout sa fonction, il est en fait inexistant. Tout ce que j'ajoute au récipient fait déborder une quantité égale d'urine chaude d'inconnus sur mes pieds que mes sandales ne protègent pas très efficacement, je dois le spécifier. Les tuiles en pente orientent le tout vers un petit espace sous le mur qui donne sur la rue. Valériane me voit sortir, non je n'ai pas vécu une expérience plus agréable que la sienne. La terre colle à présent sur mes pieds. L'odeur est infecte. Je remarque que, dans le caniveau, juste derrière, là où se destine l'écoulement d'urine, quelques masses gisent ci et là ; des gens dorment tout autour, c'est leur chez-soi. Tout sens olfactif doit être disparu de leur corps.

Moussa sur la scène joue maintenant au rythme d'une chanson reggae. Je reviens à la table, une des voisines est maintenant assise à ma place. Une autre a approché sa chaise de celle de Basil. Lorsque j'arrive, la grande qui occupe mon siège se lève d'un bond et, comme il n'y a plus de chaise pour elle, elle m'invite à danser. Bon, j'accepte. L'alcool en quantité suffisante possède cet effet de me faire oublier les limites imposées par ma gêne. Elle se colle sur moi, je tente de réduire mes respirations pour ne pas écraser davantage ses seins contre ma poitrine. Je la fais tournoyer un peu et bien vite elle me complimente sur mes talents de danseur, moi qui n'en possède pourtant aucun, et en profite pour resserrer l'étau. Puis, d'un mouvement de bassin prononcé de droite à gauche, sa cuisse se balade subtilement entre mes jambes. Lorsqu'elle se penche un peu, puis se redresse tout contre moi, son décolleté s'évase un brin, ce qui m'offre une vision d'une grande profondeur. Un feu s'élève en moi. J'aime bien danser… mais quelque chose cloche. Je ne me sens pas à l'aise et, dès que la chanson se termine, j'en profite pour regagner ma place. La demoiselle ne se laisse pas semer aussi facilement, me demande du feu pour sa cigarette, emprunte une chaise à nos voisins et la colle contre la mienne. La cigarette est un « facilitateur » social très puissant, le passeport idéal pour aborder quelqu'un.

Pendant que je dansais, Yaku a de nouveau commandé une autre tournée. Si ça continue, sans le commander, tout va tourner. Il fait tellement chaud, surtout après avoir dansé, surtout après avoir dansé de cette manière… La bière se boit comme de l'eau. Le chanteur dédie une chanson à Valériane.

— Valériane, tu es comme la lune et les étoiles.

Valériane le regarde en souriant…

— Valériane, tous les hommes veulent te toucher.

Holà ! Elle aime moins ce couplet.

La belle à mes côtés, dans la pénombre ambiante, dans la confusion des sons et des conversations, glisse sa main entre mes cuisses. Je la repousse discrètement, mais elle insiste. Ma force de contestation diminue proportionnellement avec la croissance de mon désir. Elle me murmure à l'oreille des choses que je ne peux malheureusement pas retranscrire ici sans devoir interdire ce livre aux moins de 18 ans non accompagnés d'un adulte averti et d'un tuteur légal. Mais disons que ça concerne elle et son amie dans des positions difficiles, quoique agréables, à imaginer. Je lutte pour que ma conscience regagne un soupçon de vigilance. Moussa se présente à la table, il ne joue plus et propose de partir. D'un geste vif, je me lève. C'est décidé, on part. Mais les filles désirent partager notre taxi. Dans la vieille station-wagon, comme nous sommes neuf, je m'assois dans la valise. Évidemment, la ravissante au décolleté se joint à moi. Nous sommes entassés dans le véhicule en mouvement et baignés dans la noirceur. Ambiance propice… Sa main s'amène maintenant sans hésitation et s'attaque à ma braguette. Chacun des nombreux trous que rencontre le véhicule fait bondir ma tête à quelques pouces de celle de Valériane. Un étouffant sentiment de culpabilité s'empare de moi, mon corps veut quelque chose que mon esprit ne veut pas. Bien que ce dernier soit sérieusement affaibli, il m'impose encore des cris de protestation. La chair est si faible! Cette gente dame est passée maître dans l'art de la séduction et du désir… mais elle s'acharne sur moi uniquement parce que je suis blanc… Je repousse sa main quelques fois. D'un ton sec, elle ordonne au taxi de les laisser descendre: elles sont arrivées. Je remonte ma braguette d'un geste discret, alors que Yaku soulève la portière du coffre arrière pour l'aider à sortir. Voilà, c'est fini! J'ai bien fait. J'ai bien fait… J'ai bien fait? Je ne ressens que la profonde et furieuse envie de fracasser toutes les vitres du véhicule avec mes poings. De crier ma rage. De défoncer la banquette avec ma tête. J'ai bien fait. J'ai bien fait… J'ai bien fait?

Il y a bien des choses qui sont impossibles et qui pourtant sont les seules justes.

Gandhi

Last call. Mes derniers jours approchent à pas de géant. Je n'arrive pas à y croire. Tout ce qui était lointain devient pressant, tous les projets que je voulais réaliser avant de partir déboulent. Il faut mettre de douloureuses croix sur certains d'entre eux, se dépêcher d'en réaliser d'autres. Les relations du type « on se revoit bientôt ! » qui m'étaient si chères doivent être mises de côté : je n'ai plus le temps. Moi qui ai appris à quel point les relations humaines étaient importantes, je n'arrive même plus à trouver du temps à consacrer à mes amis, aux personnes que je respecte, aux gens que je quitterai à regret. Mais avant que ne sonne le glas, ou plutôt qu'il sonne sans que je ne puisse rien y faire, je dois remplir une dernière mission, de loin celle que j'appréhende le plus étant donné l'instabilité et l'incertitude qui la baignent et qui me pétrifient, de loin aussi celle qui renferme le plus grand potentiel : retrouver Abdoulahi dans le nord du pays, la terre des Touaregs, le Sahel.

Un tel voyage, qui me conduit à l'autre bout du pays, dans un environnement qui m'est à la fois totalement inconnu et hostile, mériterait une sérieuse préparation, une planification serrée, du moins pour répondre à mes standards de sécurité personnelle, pour m'assurer que je me lance dans une aventure qui me procurera plus de bonheur que de tourment. Pourtant, au contraire, et c'est ce qui m'empêche de dormir depuis maintenant deux nuits, tout ce que je sais c'est que je ne sais rien. On m'a dit de me rendre à Gorom-Gorom et, une fois arrivé, de demander Abdoulahi dit « le major ». C'est tout ! Pas de suggestions sur quoi apporter, pas de précisions, pas d'itinéraire, pas de plan B en cas de pépin… l'Afrique. « Demande le major… » Et si le major n'était pas là ? Moustapha a toutefois pris soin de me donner le nom de la (seule) compagnie d'autobus qui se rend à cette ville, puisque je suis quand même « un touriste et qu'il ne faut tout de même pas lui en faire trop subir d'un coup ». En effet, il est possible de faire le trajet en taxi-brousse, si on en dégote un qui s'y rend, mais ces mini-fourgonnettes surchargées sont bien peu confortables et je « risquerais de trouver le trajet long ». Merci de l'attention.

— La SO.GE.BA.F., s'il vous plaît.

— Pardon ?

— Euh… Les autobus SO.GE.BA.F., le terminal d'autobus…

— Ah, c'est bon.

Arrive le temps de la négociation. Le chauffeur du taxi vert devient mon adversaire, mon pire ennemi. Pour cinq sous, on est prêt à se casser la tête. Mais, dès que le prix est fixé, il redevient instantanément mon ami, me sert un sourire.

— Et la famille ?

Son moteur s'emporte et entraîne la voiture lourdement. Je place mon sac à dos à mes côtés. Je n'ai pris que le strict minimum. Mais qu'est-ce que le minimum pour l'inconnu ? Le chauffeur m'apprend qu'on doit s'arrêter pour mettre de l'essence. Nous patientons en file derrière d'autres voitures assoiffées qui convoitent la même pompe. Enfin notre tour, le chauffeur ouvre son réservoir en attendant le préposé. Une grande Mercedes noire s'immobilise de l'autre côté de la pompe et le conducteur klaxonne. Le préposé arrive en courant et commence à faire le plein de ce véhicule en premier. Mon taximan se met à hurler. L'argent mène le monde, c'est une évidence, et le préposé nous regarde calmement en répliquant qu'il n'y a pas le feu au lac. La porte claque, nous démarrons en trombe, noyant le pompiste avare dans un brouillard de *gas oil*.

444

— Le salaud, il ne méritait pas mon argent.

Nous poursuivons notre route, la prochaine station n'est pas à côté. Le chauffeur accélère, klaxonne au lieu d'arrêter aux intersections, force les autres à l'éviter, se faufile parmi le trafic et soudainement… le moteur s'éteint. Sur notre lancée, plus question de même penser toucher aux freins à présent, le taxi ralentit et ralentit, monte la bordure et, lentement, lentement… s'immobilise à cinq mètres de la nouvelle station. Le chauffeur sort du véhicule et, comme si c'était un pénible malheur de s'être arrêté à cette distance de la pompe, et non une grande chance, il pousse son véhicule en blasphémant et en engueulant encore l'autre pompiste. Mon argent est investi complètement en essence, les prochains clients paieront les réparations et, peut-être, si tout va bien, la nourriture.

Après notre départ, un brusque « merde ! » me fait remarquer un policier. D'un geste de la main, nous sommes priés de nous ranger sur la bordure du chemin. Le taximan prétend que je suis très pressé ; il laisse sa carte d'identité et assure à l'agent qu'il va revenir pour lui montrer le reste de ses papiers. Le policier empoche la carte et lui fait signe de partir en lui criant : « cinq minutes ». Le taximan repart, enragé. Il me raconte que des papiers, il n'en a pas, mais que ce n'est pas grave.

> — Neuf taximen sur dix opèrent sans licence, car pour se procurer une licence, il faut, deux fois l'an, payer des frais d'assurance de 263 000 FCFA, ce qui équivaut à presque la moitié de mes revenus, en plus de subir un contrôle technique tous les trois mois, ce que ma pauvre Betty n'arrive plus à passer, ajoute-t-il en caressant le volant. Pas de papiers, pas de problèmes…

C'est plutôt un « tais-toi » qui lui manque désespérément.

> — L'argent de mes courses, c'est là qu'elle va.

Je m'étais trompé : les premiers clients paient l'essence, les autres les réparations… mais c'est uniquement si le taximan ne

445

rencontre pas de policiers que les derniers clients lui permettront de revenir chez lui avec quelque chose à grignoter.

Nous approchons d'une grande clôture au-dessus de laquelle des lettres rouges sont délavées par le soleil : SO.GE.BA.F, la Société générale Bamogo et fils. Je laisse en pourboire un « tais-toi ». Le taximan me serre la main et, d'un grand sourire, me souhaite bon voyage. Sur un fil électrique, une dizaine de vautours me regardent sortir du taxi.

La cour est remplie de véhicules de tout genre. Des centaines d'individus circulent sans sembler « aller » quelque part. Contrairement à nos foules, le but ici n'est pas de se rendre, mais bien uniquement d'être... d'être à l'ombre principalement. Je suis agréablement surpris par les autobus. Des bêtes énormes, avec des pneus qui font presque ma taille et des bancs coussinés, tous vides. Acceptables pour moi, luxueux pour le pays. Bamogo m'a demandé de transmettre ses salutations à un certain Bubba qui travaille ici. C'est bien parfait ! Évidemment, aucune enseigne pour annoncer l'heure des départs ni de messages sur les autobus pour indiquer leur destination. Ce Bubba pourra certainement m'aider. Je me dirige vers le seul bâtiment à la ronde me semblant abriter une quelconque fonction administrative et demande Bubba. On me pointe un homme derrière moi qui est en pleine conversation. Je me présente et le salue de la part de Bamogo. Ce Bubba est le fils représentant le « F » final de SO.GE.BA.F. Je lui demande où se trouve mon autobus.

— Tu en as de la chance, voici ton chauffeur, me lance-t-il en pointant l'homme avec qui il parlait.

— Ici, tu es au terminal, c'est le garage ! Les autobus ne partent pas d'ici mais bien de la gare routière... Suis-le, il part immédiatement, il est déjà en retard !

Je salue le chauffeur et souris à cette chance. C'est le seul départ avant les trois prochains jours et théoriquement je le manquais, manquant tout par le fait même.

Je le suis hors de la cour où dorment les autobus, dans une petite ruelle en retrait où se tient le nôtre. Voilà pourquoi il n'est pas avec les autres : la honte. Ses parois sont complètement cabossés, ses bancs défoncés, tout sales, tout vieux. Sa couleur est indéfinissable tant elle est trouée par la rouille. Cet immense tas de ferraille repose sur un gros bloc de béton alors que trois employés sont en train de réparer une crevaison. Ils doivent trouver le trou dans le pneu à vue d'œil, puis le combler en y faisait fondre du caoutchouc. À en juger par l'apparence des roues, chacune d'elles a été mille fois rapiécée de cette manière. Quand les moyens manquent, la débrouillardise s'épanouit. L'Afrique est incontestablement le continent de l'ingéniosité. Rien n'est perdu, tout est créé.

Je demande au chauffeur à quelle distance se trouve Gorom-Gorom. Sur les 321 kilomètres à parcourir, seuls les 80 premiers sont goudronnés, et les quelque 100 derniers ne sont même pas reconnus comme « route secondaire », mais bien comme « piste ». Par une belle journée, on peut s'y rendre en huit heures ; par une mauvaise, on ne s'y rend pas du tout.

— S'il pleut, toutes les routes foutent le camp.

C'est pour cette raison précise qu'ils utilisent cet autobus-là. Il ne faut pas endommager les beaux autobus sur des routes d'une telle qualité.

Une fois que j'ai réalisé la nature du voyage dans lequel je m'embarque, je me rends compte que je n'ai rien à manger. Je demande au chauffeur s'il y a un marché à proximité où je pourrais acheter quelque chose à manger pendant qu'on répare la crevaison. Il ne veut pas que je m'éloigne, on n'a pas le temps. Mais les « ramancheurs » sont encore en train de démonter le pneu. Je le convaincs que je suis très rapide et, probablement en se rappelant que je connais Bubba, son patron, il accepte amèrement.

447

— Sur la grande route à droite. Mais reviens vite, on part bientôt !

— C'est loin ?

— Un peu mais pas trop…

Tout est tellement relatif, il est inutile de demander de plus amples précisions.

— Cent pas.

J'avance à bon rythme, je croise des gens, des kiosques, des bazars de pièces détachées, une mosquée, un garage… J'avance, j'avance, pas de marché. Le temps passe, je commence à courir. Cent pas ! Le voici enfin ce marché, plus d'un kilomètre plus loin. Cent pas ! J'achète des biscuits à la hâte, un pain, pas le temps de penser, et retourne en courant à l'autobus. Il est au coin de la rue, m'attend en klaxonnant. Le chauffeur est furieux. Je m'excuse et n'ose pas lui expliquer que mes pas doivent être vraiment plus courts que les siens, car j'en ai fait beaucoup plus que cent.

L'autobus expulse un nuage de fumée à en tuer les mouches sur un rayon de plusieurs kilomètres. Il avance, mais j'arrive difficilement à voir devant. Le pare-brise est complètement fracassé. Des planches de bois clouées ensemble retiennent la vitre pour l'empêcher de s'effondrer sur le chauffeur. Parmi tous ces petits cristaux, on arrive à distinguer les taches plus foncées que forment les autres voitures, et l'empreinte, plus pâle, de la route à suivre. C'est tout ce dont le chauffeur a besoin. Un grand drapeau des États-Unis pend du plafond et masque le soleil. De grosses lettres dorées y sont cousues : « L'Éternel est mon berger. » Un bruit constant de clochettes métalliques émane des nombreux machins colorés et des gris-gris suspendus au rétroviseur. Je suis le seul passager dans l'autobus. Il y a bien un autre homme qui dort derrière, mais c'est le conducteur de rechange. Ils sont deux qui se relaient et font rouler cet autobus 24 heures sur 24, sept jours sur sept.

Avec une certaine nostalgie dans la voix, le chauffeur m'explique qu'ils ont été choisis parmi bien d'autres pour conduire cet autobus qui à l'époque était tout neuf, le premier de la SO.GE.BA.F. C'était 14 ans plus tôt. L'odomètre a fait quatre fois le tour, 500 000 kilomètres par tour.

> — Il a vieilli avec nous, c'est notre vie, notre famille, notre maison.

Puis il se tait, tente de déchiffrer le vitrail qui se développe devant lui. J'en profite pour prendre une gorgée d'eau et tombe sur ma caméra. En fait, c'est elle qui tombe sur moi. Je ne voulais pas apporter ma «bonne», car on m'a bien averti que le sable est le pire ennemi d'un appareil photo. Je me suis donc procuré, spécialement pour l'occasion, une caméra jetable. Je suis tout heureux, la sort de son emballage lorsque je remarque un avertissement sur la boîte : «Gardez à l'abri du sable et de la chaleur.» Autrement dit, ne pas utiliser dans le Sahel... Merde!

Nous empruntons de petites ruelles à peine plus larges que l'autobus, ce qui oblige le chauffeur à s'arrêter dès qu'une charrette ou un piéton entrave le chemin, et nous arrivons finalement au terminus. Pourquoi l'ont-ils placé si loin de la grande route, personne ne peut le dire. Un minuscule kiosque sert de billetterie, un toit de tôle protège une imposante foule du soleil... ou de la pluie. Un vent violent se lève. Je remarque alors que l'autobus n'a pas de vitres... pas de fenêtres que l'on puisse fermer. La poussière s'engouffre en tourbillon. Je dois me masquer le visage. Une pluie violente éclate alors. Ça n'augure pas bien pour les chemins de terre que nous devrons emprunter. Après quelques dizaines de minutes, la pluie s'arrête et une passerelle de bois est accotée contre l'autobus. Débute alors le chargement des bagages. D'immenses boîtes de toutes formes et toutes dimensions sont embarquées, des pneus, des bonbonnes d'oxygène (?), n'importe quoi. Comme leur passage à Ouaga est l'occasion de faire des provisions, et peut-être de fournir tout le village en denrées rares, les passagers disposent de maintes fois leur poids en bagages.

Je remarque qu'un camion se stationne derrière nous. Il embarque, lui aussi, bagages, animaux, boîtes. Il nous suivra pendant tout le trajet : il est chargé de l'excédent de bagages. Quand le tout semble bien en place, on embarque les mobylettes sur le toit. Tous les autobus et taxis-brousse que j'ai croisés étaient recouverts de mobylettes. On fait le gros du trajet en autobus, puis le reste à deux roues.

Malgré le fait que les bagages soient maintenant chargés, l'autobus demeure vide. Les passagers attendent à l'extérieur, entre les grandes flaques d'eau boueuses qui recouvrent maintenant le sol. L'air est plus frais et j'en suis heureux, car un autobus bien chargé doit être un vrai four. L'homme qui chargeait les bagages commence à serrer la main de chaque futur passager, entre dans l'autobus, salue les chauffeurs et me serre la main. Je lui demande s'il sait quand nous partirons.

— Oui, quand l'autobus sera plein, me répond-il comme s'il s'agissait d'une évidence.

— Et quand l'autobus sera-t-il plein ?

— Quand les gens vont entrer ! C'est comme ça !

Décidément, la logique est implacable.

— Mais s'ils entraient maintenant, il serait plein et nous partirions...

Désespéré, il se limite à me destiner un léger haussement des sourcils en s'en allant ; il semble penser que je suis une cause perdue. Et c'est vrai. Je suis le seul qui semble se poser la question, qui se sent agité et énervé, angoissé de ne pas savoir. Les autres attendent, sans bouger, sans parler. Ils sont tombés en mode «pause», les yeux fixes, l'esprit en paix. Un état d'âme qu'il faut souvent adopter ici. Ils sont passés maîtres dans cet art. Il ne faut pas chercher à savoir si on va partir à temps, mais bien si on va partir, point final.

Je suis au service du temps, je dépends constamment de lui. Toute ma vie est établie, pensée et organisée en fonction de délais, de dates, de jours et d'heures. Même les pauses, les vacances, doivent être calculées, prévues, délimitées dans le temps. Je n'arriverai jamais à gagner cette course contre la montre, une course qui se terminera uniquement lorsque je serai mort, lorsqu'un médecin indiquera l'heure exacte de mon dernier souffle.

Pour les Africains, le temps n'est pas un maître qui dirige leur vie. L'Africain est au contraire totalement maître du temps. C'est l'homme qui décide si un événement a lieu ou non, et le temps s'exprime uniquement à travers un événement. Le temps est le résultat d'une action. Le temps est dépendant de l'homme; l'heure du départ dépend de la volonté du chauffeur et des passagers. Quand il est temps, il est temps.

Sans un mot, sans apparente raison, d'un bond, tous les gens se lèvent, entrent dans l'autobus. Ils ont décidé qu'il était temps. Ce chaos dont je n'arrive pas à saisir la logique est pourtant complètement ordonné, compris de tous... sauf de moi. C'est quand on se complique la vie que la vie est compliquée.

Les voyageurs entrent, entrent, entrent, entrent, entrent, en-trent... La question n'est pas de savoir quelle est la capacité de l'autobus, mais bien combien de gens veulent embarquer. De chaque côté de l'allée centrale, dans chacune des rangées, trois bancs mènent à la fenêtre. Trois bancs, trois appuie-tête... mais seulement deux places. Les deux hommes qui s'assoient à mes côtés ne sont pas nécessairement gros et larges. Mais seulement deux d'entre nous peuvent accoter leurs épaules au dossier. Et quand je m'accote au dossier, lorsque celui du milieu se penche vers l'avant, mes épaules rejoignent pratiquement celles de l'homme au fond du banc. On ne peut vraiment pas affirmer qu'il y a de la place à revendre. Bon, huit heures de cette ma-nière... ça ne fera sûrement pas partie des plus beaux moments de ma vie. D'un accord implicite, chacun notre tour, nous nous

451

penchons vers l'avant pendant quelques minutes pour permettre aux deux autres de s'accoter. La zone d'intimité est tout simplement inexistante.

Un poulet, tête en bas, est accroché au-dessus de moi. Une chèvre est attachée au banc du conducteur, qui hurle dès que l'animal fait ses besoins. Un grand sac de riz est placé sous mes pieds, ce qui m'oblige à coller mes genoux au banc de devant qui, chaque fois que son occupant bouge, me torture. Le moindre centimètre carré est exploité.

Enfin, nous partons. Je suis heureux d'être en chemin vers Gorom. J'en suis aussi apeuré. Qu'est-ce qui m'y attend ? Ici, tout ce que j'entreprends est constamment imprégné d'une dualité profonde. Depuis mon arrivée, l'anticipation et la crainte se côtoient toujours, la hâte et la peur, le bonheur et l'insécurité... Jamais rien n'est clair et distinct. Tout devient une sorte d'épreuve. Mais après avoir surmonté quelques défis, on apprend bien vite que chacun d'eux rapporte mille fois sa peine.

L'autobus roule péniblement, ballottant d'un côté à l'autre, en frôlant les mobylettes qu'il dépasse. Dès qu'un piéton regarde en direction du chauffeur, qu'il lève doucement le doigt, l'autobus s'arrête, les bagages du nouveau passager sont empilés sur le toit, une place de plus doit être créée et, nous, nous sommes un peu plus ligotés. Tant que l'autobus ne sera pas bondé, le chauffeur arrêtera. La logique est simple : tant qu'on peut engouffrer d'une manière ou d'une autre un nouveau passager, l'autobus n'est pas plein.

Au premier poste de police qui délimite la ville, le chauffeur s'arrête et sort pour montrer ses papiers. POW-POW ! POW-POW ! Un bruit fracassant me fait sursauter, une série d'éclats assourdissants. Un taxi-brousse hélé par un policier n'a pas arrêté son élan, son chauffeur ne semble pas l'avoir vu. En l'espace de quelques secondes, un cri, un signal ; en l'espace d'un mouvement, un tapis de clous est lancé à travers la route ; en l'espace de cent mètres, les pneus explosent, le véhicule s'immobilise. Quatre pneus fichus, c'est une perte qui coûtera peut-être au chauffeur son commerce : son minibus risque de demeurer là indéfiniment. Un jeune profite de la confusion pour entrer dans notre véhicule avec un plateau de cigarettes qu'il vend à l'unité. Un autocollant retient un des coins de son cabaret, empêche les bouts de bois qui le composent de partir chacun de leur côté : *Allah is my provider*. Son ami m'a remarqué, il me présente divers magazines déchirés, dont un ancien *Playboy* mettant en vedette Samantha Fox. Les cris retentissent : arachides, bananes, mouchoirs, gâteaux, pain... De nos fenêtres surélevées, nous ne voyons ni les vendeurs ni leur visage, mais seulement les cabarets qui reposent sur leur tête. Les vendeurs assiègent tous les véhicules qui doivent s'arrêter, se précipitant à chaque fenêtre. Mais nous, nous repartons.

Le moteur se trouve directement sous le chauffeur, et, comme j'occupe le premier banc derrière lui, je le sens très (trop) bien. De ce gondolement dans le plancher qui sert de capot, une violente chaleur me mord les orteils, persistante, douloureuse, constante. J'ai l'impression que c'est une fournaise, que l'autobus fonctionne à la vapeur, et que le feu de charbon bat son plein à quelques pouces tout au plus de mes sandales.

Sur cette route qui nous oblige, bien plus que celle se dirigeant vers Bobo, à caresser le centre pour ne pas quitter son goudron, les passants sont rares. De temps en temps, une femme transporte de l'eau ou des provisions sur sa tête. Mais le chauffeur sait que ces femmes n'ont pas de quoi payer, il ne les considère même pas. Après des dizaines de minutes, nous parvenons aux cases vers lesquelles elles se destinaient, des kilomètres plus loin, et nous nous arrêtons, à la recherche d'éventuels passagers. En fait, le voyage devient une interminable série d'arrêts et de départs. Dès qu'on aperçoit une agglomération de plus de dix cases, le chauffeur arrête et le responsable des bagages lance des appels pour solliciter de nouveaux clients. Tout le village se réunit, se présente pour vendre n'importe quoi, s'enquérir des nouvelles de la ville,

453

poser des questions aux étrangers. C'est leur seul lien avec l'extérieur, leur cordon ombilical avec un autre univers. Je prends l'habitude de sortir chaque fois pour me dégourdir les jambes, avec le chauffeur qui s'allume systématiquement une cigarette et se dirige vers le côté de l'autobus baigné d'ombre. Des vendeurs m'entourent, ils me proposent l'artisanat local. Depuis notre départ, tous les villages, même ceux qui sont séparés de seulement quelques kilomètres, semblent avoir une forme d'artisanat bien particulière. Des chapeaux de paille colorés ici, des paniers d'osier dans le village précédent, des sandales de cuir au premier arrêt. Chacun possède ses costumes, sa culture. Et nous les visitons tous, au grand complet, sur notre chemin.

Un taxi-brousse apparaît en sens inverse. Les pare-chocs de ce vieux Toyota semblent embrasser le sol. Sur son toit, trois vaches abattues sont accrochées et se dirigent vers la boucherie la plus près avant que le soleil ne cuise leur viande. Du sang ruisselle sur le pare-brise, barbouille l'un des slogans multicolores qui ornent les parois du véhicule : « Que Dieu te saisisse et te soulève jusqu'au bonheur. »

Fini le goudron. Un arrêt au village qui marque la fin du bitume me permet de contempler la route de terre qui s'étend jusqu'à l'horizon, dansant au rythme des ondulations de chaleur. Des pluies rares ont fait leur chemin jusqu'à ses entrailles : elle n'est plus qu'une série de cavités qui rendent impensable la circulation d'une simple automobile. Les amortisseurs de l'autobus seront fortement mis à l'épreuve.

Nous repartons. Erreur ! Les amortisseurs ne sont pas mis à dur épreuve : ils sont tout simplement inexistants. L'autobus devient un immense vibromasseur qui donne une raclée à notre dos. Impossible de parler sans avoir un trémolo dans la voix. Il faut constamment surveiller sa langue car, de temps en temps, nous heurtons un cratère avec violence et nos mâchoires s'entrechoquent. Et ce n'est que le prélude, la « route secondaire ».

D'ici cinq ou six heures, nous devrions parvenir à la «piste».

L'autobus ralentit de nouveau. Seules quelques cases se dressent dans un paysage de désolation. Rien, aucune vie.

> — Il y a des gens qui vivent ici ?

Je questionne mon voisin dont c'est le tour de s'incliner vers l'avant pour que je puisse profiter du dossier. Je commence à me décourager. À ce rythme, nous ne grugeons pas beaucoup de terrain.

> — Non, personne n'habite ici, me lance mon voisin en se levant pour sortir comme plusieurs autres.

> — Regarde, ils ont *détôlé*.

> — *Détôlé* ?

Ah ! oui... Les quatre murs de banco qui composent une case peuvent durer plus d'un an, et s'érigent en quelques jours tout au plus. Il suffit d'empiler la terre argileuse qui traîne au fond des flaques d'eau laissées par la pluie. Le sédentaire peut donc devenir nomade en un rien de temps : rien ne l'attache à sa demeure... Rien, sauf le toit de tôle. Ce toit de tôle ondulé fixé par de grosses pierres, qui brûle au soleil et qui fait cuire tout ce qui se trouve à l'intérieur, est le seul matériel difficile à se procurer, qui coûte quelque chose. Quand on déménage ici, on laisse les quatre murs, mais on amène le toit avec nous, on *détôle*.

Alors pourquoi arrête-t-on ici ? Dans ce paysage en ruine, ce village abandonné ? La majorité des passagers descendent, puis, plaçant une petit natte par terre, se tournent vers la Mecque et vénèrent Mahomet. C'est l'arrêt prière. Autour d'eux se dressent de vieux murs qui retournent peu à peu, au fil des pluies, à la terre d'où ils proviennent. Des stalagmites terreuses, lisses, informes, s'évaporant, s'éteignant. Le moindre village, la moindre culture, la moindre route est à la merci de la nature impardonnable et du temps. Mais comme tout semble provisoire, passager et léger, tout peut être reconstruit en moins de deux.

La différence de paysage est marquante, la couleur rougeâtre devient de plus en plus dominante, de moins en moins défiée par les taches de verdure. Une chaleur écrasante nous le confirme hors de tout doute : nous approchons de l'océan sans vie du Sahel, rejoignons lentement mais sûrement notre destination. Les pores de ma peau réagissent les premiers en laissant s'échapper des litres d'eau. Le sol dénudé n'est plus qu'une énorme enclume sur laquelle, et sans pitié, le soleil assène ses coups. Un sol quasi lunaire : à des kilomètres à la ronde ne poussent que des pierres. L'air qui s'engouffre par les fenêtres ouvertes s'infiltre comme une fumée invisible qui, à chaque arrêt, nous recouvre telle une traînée de lave.

Lorsque nous croisons un véhicule, un nuage incroyable se soulève et parcourt chaque recoin de l'autobus. Pourtant, même si le vent est saturé de poussière, son souffle demeure le seul remède contre la canicule qui règne. J'espère seulement que l'autobus ne s'arrêtera plus. Aussitôt... à l'horizon, un, puis deux, puis tout un groupe d'individus se placent en plein milieu de la route et nous lancent de grands signaux. Une masse de personnes se lève et quitte l'ombre que leur offrait un grand camion stationné en bordure du chemin. Nous arrêtons. Des voix suppliantes, enragées, désespérées, s'engouffrent par la porte que le chauffeur vient d'ouvrir. Par bribes, nous apprenons que ce camionneur leur a offert de les transporter jusqu'à Gorom-Gorom ; le voyage dans la boîte arrière d'un camion est moins dispendieux que le trajet en autobus. Mais un des pneus a explosé. *Terminus, tout le monde descend.* La vingtaine de passagers attendent en bordure de la route depuis hier soir, rien à manger, nulle part où aller... Des femmes, de jeunes enfants, qui supplient notre chauffeur de les emmener. Mais un grondement se lève de l'intérieur de notre autobus.

— Ça n'est pas notre problème, crie l'homme à mes côtés, qui occupe maintenant l'entrée.

Des voix s'imposent, en viennent à enterrer les étrangers. Ce sont les passagers qui comprennent peu à peu que ces gens veulent entrer dans notre autobus déjà plein. L'allée déborde, ainsi que chaque recoin. Depuis quelques heures déjà, nous n'arrêtons plus lorsqu'un piéton nous fait signe. Mais à présent, ces pauvres gens qui sont pris... C'est un geste humanitaire... D'accord. Malgré les protestations violentes des occupants de l'autobus, le chauffeur les laisse entrer, moyennant le prix d'un plein trajet Ouaga-Gorom, argent qu'il se met allègrement dans les poches. Les nouveaux venus sont méprisés, on ne leur laisse pas le moindre espace, ils doivent lutter pour chaque centimètre. Nous repartons et laissons le camion abandonné derrière.

Même si mes genoux sont accotés au banc d'en avant, j'ai un homme debout entre mes jambes. Je n'ai pas eu le choix, je dois seulement me compter chanceux d'être assis. Une jeune fille, elle, est appuyée contre mon dossier, penchée sur ma tête que je dois dorénavant courber. L'air est irrespirable, toutes les odeurs se mélangent dans cet autobus devenu un véritable four humain. Dans mon cou, secousse ou non, la jeune fille traîne sa main dans mes cheveux. C'est tout de même agréable, je dois l'avouer, plus que n'importe quoi d'autre en ce moment. Mes pieds brûlent, le moteur surchauffe, j'ai l'impression que ma chair va se détacher bientôt, cuite à point. Je sens mon compte de chiro grimper à chaque nouveau trou que nous frappons. Celle qui me caresse le cou passe sa tête par-dessus la mienne et amorce une conversation. Dans cette position, sa bouche occupe la place de son front. D'un sourire charmeur, elle me demande :

— Tu vas à Gorom ? Pourquoi ?

— Ah ! c'est une longue histoire.

— La route aussi est longue...

Elle se présente : Mira, 16 ans. À mon tour de poser les questions :

— Que fais-tu dans la vie ?

— Je me cherche un mari.

Au moins, elle ne passe pas par quatre chemins et répond du même coup à mon interrogation : oui, elle faisait exprès pour me caresser les cheveux.

Nous croisons une magnifique mosquée de terre qui occupe tout le haut d'une colline. Érigée comme une forteresse, elle est magnifique, et tellement fragile si on la compare à ces cathédrales européennes qui défient le temps. Les constructions, ici, sont défoncées par les pluies, tombent sous le vent, doivent constamment être refaites. C'est l'enfer des archéologues : tout ce qui n'est pas entretenu disparaît, n'existe plus.

Nous avons pris du retard, il doit rester un bon trois heures de route à faire. Je n'en peux plus. Mon corps me fait souffrir de partout. Il me semble que tout ce que je vis est si enrichissant, mais en même temps tellement éprouvant. Et quand la fatigue ou la douleur physique dépasse le seuil de tolérance, plus rien n'est apprécié, peu importe la magie de l'instant.

Les teintes de couleurs dominantes sont toujours plus enflammées, sèches, arides. La végétation devient parsemée, rachitique. La terre rouge fait contraste avec le bleu éclatant du ciel. Même à travers le vent qui s'engouffre par les fenêtres, je peux percevoir la force du soleil augmenter, ses rayons décupler en puissance. Nous approchons, mais est-ce une bonne chose ?

Un autre arrêt, cette fois-ci pour souper, dans le plus grand village qu'on ait croisé depuis longtemps : Dori. Avec son marché, ses deux stations-service et sa banque, c'est le centre le plus important de la région, mais surtout la porte du Sahel.

— À partir d'ici, me dit le chauffeur, plus de route.

Ce chemin que je trouvais déjà quasi impraticable laisse maintenant place à une piste de terre battue, la seule infrastructure routière qui reste.

Les passagers se bousculent calmement pour sortir. J'attends un peu, tente de m'étirer pour soulager mon dos qui vocifère... et de semer Mira qui devient un peu trop insistante à mon goût. Le chauffeur redresse le capot à ses pieds, d'où une importante fumée transparente s'échappe. Sa chaleur nous transperce comme un dard. Mes pieds sont devenus insensibles. Le chauffeur sort un jerrican et me demande de tenir une lampe de poche pour éclairer le trou lorsqu'il verse l'huile. Dès qu'il rate de peu le trou, que quelques gouttes aboutissent à côté, un puissant *pschiii* se fait entendre, un nuage de fumée masquant un petit éclair. Un faux mouvement et le feu se déchaîne. Mais moi, ce n'est pas le jet d'huile qui retient mon attention. Dans sa bouche, alors qu'il verse, le chauffeur pompe une cigarette qu'il a lui-même roulée et son tison semble en équilibre précaire, prêt à tomber à chaque bouffée qu'il prend. Pour s'aligner, il place sa tête directement vis-à-vis le trou, sa respiration est lourde et sa cigarette s'embrase dangereusement. Ah! il faut que je me relaxe. C'est l'Afrique.

Je m'extirpe enfin de l'autobus. Une grande commotion s'empare de la place. L'autobus arrivé, tout le village s'anime. Je m'achète une belle mangue juteuse pour me tenir en vie. Des enfants m'entourent en me criant leurs salutations et en me serrant la main. Je ramasse quelques pierres et jongle un peu comme Valériane m'a montré. Ils explosent de rire, me suivent à présent partout. Je remarque derrière moi le chauffeur et ses acolytes en train de hisser l'autobus sur une grande pierre.

— Nous ne sommes pas prêts de repartir.

— Non, pas une crevaison... Seulement une rotation des pneus, m'assure le conducteur. La « piste » est exigeante pour ce vieil autobus. Nous devons mettre toutes les chances de notre côté.

459

La chaleur est à présent tout simplement inhumaine, mais je remarque que ceux qui m'accompagnent depuis Ouagadougou aussi semblent cuire, se plaignant abondamment de cette température crevante. Ça me rassure, j'ai raison de souffrir.

Des Blancs ? Je me frictionne les yeux pour en être certain : trois Blancs s'avancent dans ma direction. Ici ? Un garçon et deux filles. Ils viennent vers moi. Les étrangers se sentent tellement isolés en Afrique que les différences les plus fondamentales perdent toute leur importance. On en vient à éprouver de l'affection pour des personnes auxquelles, dans un autre contexte, on n'aurait même pas adressé la parole. Tout ému que je suis, je revêts mon plus beau sourire et me prépare à leur tendre chaleureusement la main... ils exécutent un brusque crochet, détournent leur regard et changent de direction. Une opération grossièrement évidente pour m'éviter. Du genre « ce n'est pas parce que tu es Blanc que nous allons te parler. » Mais l'idée n'est pas là. Le concept ici c'est qu'on parle à tout le monde, encore plus quand on est un étranger, encore plus quand on rencontre d'autres étrangers dans un monde totalement étranger... Je suis enragé par leur attitude. Je les observe, ils mangent une mangue tout en formant un cercle impénétrable, ne répondant pas aux gens qui leur adressent la parole. Ils sont seuls, évitent le contact des autres, comme nous le faisons chez nous. Mais la petite différence (*allô !*), c'est qu'ici on se trouve en Afrique. Le vendeur de mangues remarque ma grimace et m'explique à quel point il a détesté négocier avec eux, à quel point il s'est senti insulté. La vente, ici, est une longue transaction et, comme toutes les facettes de la vie africaine qui favorisent le contact, c'est une opportunité d'échange dont il faut profiter. Les vendeurs, en proposant un prix ridicule, forcent la négociation. Le dialogue qui s'ensuit est l'occasion de créer une relation, d'apprendre. Mais certains touristes acceptent le premier prix proposé, lancent l'argent avec mépris car ils savent qu'ils se sont fait rouler, et repartent en disant : « Et puis, on n'a pas que ça à faire ! » D'autres pensent qu'en acceptant sur-le-champ, en offrant plus d'argent, ils font acte de générosité...

— Tu ne peux pas savoir comme c'est insultant, poursuit le vendeur. Quelqu'un qui accepte mon premier prix, sans échange, c'est une façon de me dire qu'il n'est pas intéressé à entretenir une relation avec moi, à créer un lien, qu'il veut au plus vite couper tous les ponts...

Puisque les meilleurs rapports humains naissent avec le temps et non avec l'argent, même si le vendeur peut se mettre quelques sous de plus dans les poches, l'indignation demeure.

En fait, les seuls qui ne sont pas en train de converser, ce sont ces touristes. Être antisocial dans un univers où tout est basé sur les relations humaines est une inadaptation terrible. Bon, ils doivent être nouvellement arrivés sur ce continent pour ne pas en avoir saisi cette logique fondamentale. Luttant contre ma volonté, je décide de les aborder. Leurs salutations froides me glacent le sang mais je persiste. J'apprends qu'ils sont au Burkina depuis trois mois! Trois mois! Plus que moi. Alors là, je suis découragé. Je ne sais plus de quoi parler...

— Et le tô sauce gumbo? Vous aimez?

Ils ne connaissent même pas le plat national du pays! Ils ont été envoyés ici par le gouvernement français pour «venir montrer aux Africains comment faire». Ils vivent dans des villas retirées, travaillent dans un endroit clos et sortent uniquement au Centre culturel français. En fait, ils n'ont aucunement besoin de s'adapter à la culture locale puisqu'ils ne la fréquentent point. Les voilà en semaine de vacances et, comme l'une d'entre eux étudie la désertification, ils ont décidé de venir voir le Sahel. Leur premier contact avec la réalité, leur première sortie dans le monde: une catastrophe. L'une des filles semble souffrir d'hyperventilation: elle fixe son regard à l'horizon pour éviter de voir tous les gens qui nous entourent, les curieux. Le garçon, responsable de la situation, tente désespérément de négocier une jeep pour retourner à Ouaga, car le voyage en autobus était tout simplement «invivable». Un prétendu chauffeur-guide leur propose un prix complètement exagéré... qu'ils s'empressent d'accepter.

— Oh! un petit supplément de plus parce que vous êtes trois...

— C'est d'accord!

Je me demande si je ne devrais leur révéler qu'ils pourraient facilement négocier, faire diminuer le prix d'au moins la moitié. Le « guide » en question, s'empressant de clore l'affaire en changeant de sujet, demande gentiment aux filles d'où elles viennent et comment elles aiment le pays. Méfiantes, elles ne lui répondent que par des «oui» ou des «non» brefs. L'une d'elles affirme être nutritionniste. Elle est si mince qu'on peut voir clairement ses côtes. L'Africain pousse un soupir : il est clair pour lui que cette nutritionniste est mal nourrie... Voyant que les filles n'ont rien à lui dire, il demande alors poliment une cigarette. Après tout, il sera leur chauffeur pour les sept ou huit prochaines heures.

— Je savais bien que tu allais finir par nous demander quelque chose du genre. Il ne m'en reste presque plus. Tiens, la voilà ta cigarette, explose l'hyperventilée en lui lançant une *Lucky* à ses pieds.

— Je ne suis pas un mendiant, Madame, est l'unique réplique du chauffeur qui décampe et ne se retourne plus, laissant la cigarette par terre.

Les voici de nouveau à la case départ, aucun autre moyen en vue de quitter la ville. Devant la culpabilité qu'elle ressent face à cette bévue, la Française adopte une fois de plus son rôle détaché. Elle ne veut ni rencontrer quelqu'un ni discuter avec qui que ce soit. Si quelqu'un s'approche d'elle, elle tourne le dos. Ignorer les gens lui permet d'éviter de nouveaux embarras...

J'achète quelques sachets d'eau et la purifie à l'aide d'un comprimé de chlore avant d'en prendre une gorgée. Très fier, le Français me regarde, exagérément étonné, et m'apprend qu'il boit l'eau d'ici sans problème, sans la traiter. Il s'est «adapté». Je lui réponds :

— Je pourrais sûrement, moi aussi, mais je n'ai pas envie de prendre de chances. Avez-vous vu des toilettes, ici ?

— Non.

— Justement…

Des enfants arrivent en courant et tendent un paquet de cigarettes à l'hyperventilée.

— C'est monsieur le guide qui vous l'offre pour vous remercier de votre générosité.

Ouch… et vlan ! dans les gencives.

Un grand cri annonce qu'on a fini de regonfler les pneus, qu'on va bientôt repartir. Je les salue une dernière fois. Le Français me tire par le bras et m'offre discrètement quelques FCFA contre une pastille de chlore. Je prends plaisir à refuser son argent et lui en refile une dizaine, puis les quitte sans regret.

Une nouveauté gît à mes pieds dans l'autobus : une gigantesque pièce d'embrayage, bien baignée d'une huile que le cuir de mes sandales prend plaisir à siroter. Heureusement, après quelques dizaines de minutes de route, un camion immobilisé nous fait signe. Nous arrêtons et lui laissons la pièce. Il devra l'installer lui-même ou rester quelques jours de plus sur place.

La pluie a creusé dans cette piste étroite de véritables tranchées qui martèlent les roues sans pitié. Devant nous, une grande étendue d'eau avale la route. Un véritable lac. Sous le débit constant, des blocs de béton ont été placés, une digue. Ces blocs sous-marins permettent à la rivière de continuer son cours, et aux camions de traverser. Il faut cependant que le niveau d'eau demeure relativement bas. Le conducteur arrête l'autobus et fait chauffer le moteur en donnant du gaz pour que l'eau qui l'atteindra s'évapore au contact. Nous attendons que les piétons et ceux qui traversent le courant mobylette sur la tête aient fini leur parcours, car tout doit se faire d'un seul élan, sans arrêter. Voilà, c'est le départ. L'eau absorbe les trois quarts de nos roues gigantesques pendant plusieurs centaines de mètres. Si nous tombons, aucune grue, aucun moyen de sortir l'autobus. Il faut faire confiance au chauffeur.

Quelques rivières, plus petites, sont traversées de la même manière, sur ces blocs de béton invisibles. Nous pénétrons enfin le paysage désertique du Sahel. Une chance que personne ne m'attendait à l'arrivée parce que nous accumulons déjà quatre heures de retard. Le temps n'a aucune influence. Personne dans l'autobus ne se plaint. *Qui sait patienter l'ombre l'atteindra.*

La nuit commence à manger le jour. Les rayons du soleil ont perdu leur ardeur et seule une petite saignée embrase le ciel, bientôt plongé dans l'obscurité. La lumière devient rouge comme le sable. L'heure incite à la sérénité. En bon musulman, le chauffeur arrête l'autobus une dernière fois et les passagers se prosternent vers le nord pour la quatrième prière.

Nous parvenons dans la noirceur au petit village de Gorom-Gorom. Ses limites baignent dans une mer de sable balayée par le vent. Une légère panique s'empare de moi lorsque j'aperçois ces petites cases, l'absence de lumière. Qu'est-ce que je vais foutre si personne ne connaît le «major», s'il n'est pas là? Je débarque de l'autobus; je n'ai même pas le temps de scruter les alentours qu'un jeune garçon se présente à moi et me demande de le suivre.

— Abdoulahi, Abdoulahi…

Comment a-t-il su que c'était moi? Je regarde ma peau qui scintille dans la nuit et je suis frappé d'un spasme de rire heureux.

•

Nous contournons de petites cases à droite et à gauche. De temps en temps, une bougie éclaire un étalage. J'accompagne ce jeune homme qui s'appelle Amadou. Grand et mince, souriant, sa présence m'est rassurante. Sa tenue pâle m'éclaire la voie. Nous semblons quitter le centre du village et nous diriger vers sa périphérie. Bien que le soleil soit parti se refaire des forces avant de revenir nous carboniser, nous distinguons parfaitement les alentours. Tel un puissant projecteur dans le ciel, la pleine lune est presque aveuglante. Seule lumière, elle déploie toute sa puissance. Nous nous déplaçons à travers un véritable labyrinthe de ruelles. De temps à autre, nous croisons de petites mosquées crénelées aux formes douces semblant sortir tout droit de la terre, en fusion totale avec celle-ci.

Je me demande où peut bien habiter Abdoulahi pour être situé tellement à l'écart du petit noyau que forme cette communauté. En fait, je me rends compte que je ne le connais pas du tout, mis à part quelques rencontres au sein de *Tasghalt*. Il pourrait habiter dans une caverne autant que je sache. Un étrange bruit de mastication, d'étranges beuglements, répondent à ma question. Nous sommes arrivés... à notre départ. Déchirant les feuilles entrelacées d'épines d'un des rares arbres des environs, deux dromadaires tentent de regarnir leurs réserves.

> — Nous devons voyager de nuit, m'informe Amadou d'une voie calme.

Mon voyage en autobus a duré plus de douze heures au lieu des huit prévues. Seul le soleil n'est jamais en retard en Afrique.

> — Enlève tes souliers, ajoute-t-il.

Si on m'avait averti plus tôt que j'allais monter en dromadaire, j'aurais été énervé, anxieux, rempli d'énergie. Mais ici, j'ai presque l'impression que c'est normal. Je suis heureux, certes, mais l'inexpliqué et l'inattendu font tellement partie intégrante de la routine que je m'attends désormais à tout. Mes souliers à la main, amorti par ma journée, je m'approche d'un des dromadaires comme si c'était une activité quotidienne. Seuls les papillons qui taquinent mon ventre me trahissent.

D'un violent coup de cravache à l'avant-jambe, Amadou fait asseoir les dromadaires. Leurs jambes possèdent deux articulations et se plient en « Z ». Leurs hurlements de protestation et le regard enragé qu'ils me servent sont assez pour me faire reculer. L'air faussement détendu, je me cache derrière Amadou. Mes souliers et mon sac suspendus à la selle de bois, je me faufile entre son dossier et la croix argentée et acérée qui forme son devant. J'avais cru remarquer qu'un coussin semblait être posé sur cette selle : il doit servir uniquement d'apparat, car mes fesses ne ressentent que le bois. D'un cri suivi de coups de cravache, le dromadaire se redresse sur ses pattes arrière, ce qui manque de m'embrocher sur la croix devant moi, puis c'est au tour de ses pattes avant de me projeter contre mon dossier, et finalement les pattes arrière ramènent le niveau. Pas d'étriers, un siège étroit, difficile de se tenir avec toutes ces articulations qui se déplient brusquement une à une... Il me faut placer mes pieds dans le cou de l'animal, en mettant du poids sur celui-ci comme si j'étais en petit bonhomme, pas complètement assis. Ça me permet de mieux conserver l'équilibre. Puis Amadou me tend la corde qui est attachée au nez du dromadaire. Sans y aller trop fort, je dois tirer sur celle-ci pour arrêter l'animal, et diriger sa tête dans la direction voulue. Le corps suit les yeux. Yee-haa ! Dans un fou rire que je ne peux contrôler, je débute ma chevauchée... euh ma *dromadaichée*. Pour faire avancer ma monture, en plus de lui donner des coups de bâton, je dois lui presser le cou de manière régulière et désagréable avec mes pieds, et ainsi lui dicter mon rythme de croisière.

La pleine lune éclaire quelques arbustes parsemés sur cette infinité de sable. Les reflets les transforment en flammes bleutées qui dominent cet océan immobile. Le Sahel ! Tout est solitude et dénuement. Le vent caresse mes cheveux, j'admire ce paysage hallucinant, complètement à l'opposé de ma séquestration dans l'autobus. Nous avançons dans le vide, sans aucun point de repère — pierre ou touffe d'herbe — pour juger de notre progression. Seul le sable blanc dans cette lumière lunaire, sable lisse et aveuglant. Bientôt le vent effacera nos empreintes et le sol, à nouveau vierge, aura englouti toute trace de notre passage.

On m'avait déjà raconté que la liberté était prisée par-dessus tout par les nomades. Enfin, pour la première fois, j'arrive à concevoir sa pleine valeur. Des étendues ouvertes et sans aucune restriction, aucune limite, se dressent à en défier l'œil, tous azimuts. Au sommet d'une dune, 365° de liberté s'offrent à moi. Je suis saisi par l'envie de choisir n'importe quelle direction au hasard, et de poursuivre mon chemin jusqu'au bout de l'horizon. Je suis libre... mais mortel. La réalité n'est pas toute rose. En ce moment, il fait relativement frais, assez pour que je porte un chandail à manches longues. Demain midi, lorsque le soleil atteindra son apex, il fera plus de 45 °C à l'ombre. Alors, la gorge sèche, le corps déshydraté, l'eau conquerra toute sa valeur. Impossible de survivre si on ne sait pas exactement l'emplacement des oasis, des puits. Toute liberté a son prix. J'espère qu'Amadou connaît son chemin... J'y pense, je me rends compte que je ne détiens vraiment pas la réponse. Comment fait-il pour se repérer? La végétation est rarissime, les dunes se suivent et se ressemblent. Il me pointe une étoile brillante au-dessus de nos têtes. C'est celle que nous suivons. Chaque étoile fixe une direction, une ville, un puits... c'est la carte du ciel. Cette étoile-ci désigne la direction de notre passé, celle-là notre avenir.

J'ai tellement mal au derrière! La selle de bois est propulsée violemment contre mes fesses (ou l'inverse) à chaque pas. C'est comme le trot d'un cheval, mais en plus douloureux. Amadou entend mes plaintes et, en riant, m'apprend que le banc sert surtout à l'isolation. Le dromadaire évacue une telle chaleur que s'asseoir directement sur son dos devient tout simplement insupportable. La douleur est le moindre des maux.

Aux quelques minutes, je dois saisir ma cravache de cuir tressé et frapper de toutes mes forces le dromadaire pour qu'il avance plus rapidement. Celui-ci adopte alors un bon rythme, puis peu à peu, presque imperceptiblement, ralentit, doucement, tranquillement, constamment, jusqu'au point où, tout d'un coup, je réalise qu'il n'avance presque plus, que j'irais plus vite en rampant. Alors, il faut frapper de nouveau et le manège recommence. Je pourrais utiliser la corde qui me sert de guidon mais je ne suis pas très habile au lasso et, pour fouetter assez fort pour infliger suffisamment de douleur, il faut tout de même un certain talent. Comme la direction empruntée m'est totalement inconnue, je laisse tomber les reines. Le dromadaire sait aussi bien que moi où nous allons : droit devant. Amadou me critique sévèrement :

> — Ne laisse pas ta corde traîner ! Si elle effleure les chevilles de ta monture, celle-ci croira que c'est un serpent et, en sautant, te propulsera par terre !

Cette affirmation a deux conséquences. Tout d'abord, je réalise que ça fait un bon moment déjà que je risque à chaque pas d'être propulsé par terre, et l'autre, c'est qu'il y a des serpents... Amadou continue sa leçon sur les dromadaires : j'aimerais mieux qu'il me parle des reptiles.

Le dromadaire n'est jamais vraiment dompté. Il demeure toujours un animal sauvage, même sous l'emprise d'un maître, et n'attend que l'occasion de se rebeller. Souvent, lors de grandes traversées du désert, les chameliers qui ne peuvent se permettre d'arrêter et qui prennent leurs repas sans quitter leur selle, s'endorment sur leur monture et tombent. L'animal se précipite alors pour piétiner son oppresseur. C'est pour cette raison que les dromadaires sont si intimement liés aux Touaregs : ils disposent du même tempérament.

— Tous les dromadaires affichent le même aplomb et le même dédain, ajoute Amadou. Ils sont les seuls à connaître le centième nom d'Allah.

Bon, récapitulons : je risque de me faire projeter par terre, piétiner et mordre par un serpent. *Next* !

Mon dromadaire entrevoit du coin de l'œil un arbuste et décide, contre ma volonté, d'aller s'en régaler. Lorsqu'il penche sa tête vers les branches épineuses, je bascule vers l'avant et elles m'attaquent. Mon chapeau reste pris entre les épines, mon chandail se déchire un peu. Je me repousse contre le derrière du dromadaire et empoigne ma cravache pour le frapper à toute force comme il se doit. Il part alors, déchaîné, en fou, je manque tomber, retrouve l'équilibre... et tout revient à la normale. Je lance un regard confiant à Amadou, en pointant mon pouce vers le ciel.

— Tout va bien, lui dis-je, en masquant le trémolo de ma voix.

Il ne sait pas s'il doit rire ou me prendre en pitié.

Les kilomètres se succèdent, aussi implacables que les heures écoulées. Amadou est très peu bavard, ne répond à mes questions que d'une courte réponse. Parler offense la tranquillité qui nous englobe. C'est à ce moment que je l'ai remarqué, c'est à ce moment que je l'ai entendu pour la première fois : le silence complet et total. Aucun bruit de fond, aucune lueur de ville à l'horizon. Tout simplement rien. Un rien dense qui m'entoure... Seul la respiration de ma monture, ses pas amortis dans ce sable si fin qu'on pourrait le confondre avec de la farine de maïs. L'hymne absolu au silence. Le désert des sens. Un silence de paix absolue dans cette nuit qui apporte une douce fraîcheur, bien plus léger que le silence du midi quand le soleil suspend toute vie. Comme nos sens ne sont plus bombardés de part et d'autre, c'est notre esprit qui se fortifie. Nos pensées deviennent roi, nous reprenons contact avec notre Moi. Un voyage dans le désert est avant tout un voyage intérieur.

Amadou stoppe son dromadaire devant une dune parmi tant d'autres en tirant sévèrement la tête de l'animal, qui se retrouve retournée contre ses cuisses. C'est ici que l'on dort. Pourquoi ici et non sur l'une des 76 autres dunes que l'on vient de croiser, je l'ignore. Il lance deux nattes de paille sur le sable et m'aide à débarquer de ma monture, ce qui est toute une aventure en soi. Hésitant, il m'apprend qu'un chef de caravane saurait mieux lire la carte du ciel, mais que l'étoile qu'il suivait, au-dessus de nos têtes à la tombée de la nuit, s'est maintenant couchée à l'horizon. Les quelques autres qu'il connaît sont masquées par le halo de la pleine lune, cette lumière éclatante qui illumine nos pas, qui submerge tout un coin du ciel.

Il détache les selles et laisse les dromadaires en liberté pour qu'ils aillent brouter. Les acacias et quelques rares arbustes ont dissimulé leurs minuscules feuilles sous une profusion de longues épines ivoire. La nature ici est violentée, sauvage. Ceux qui ont réussi à transpercer le sol brûlé et à survivre aux assauts du soleil sont des végétaux agressifs, bourrés d'épines des racines aux feuilles. Légitime défense. Comme ces buissons sont dispersés, les dromadaires doivent parcourir quelque distance pour assembler un repas consistant.

— On n'a qu'à suivre leurs pas dans le sable pour les retrouver.

C'est déroutant comme c'est simple.

Nul besoin de lever la tête pour regarder le ciel, il naît à même l'horizon, recouvre tout notre champ de vision. L'immense lune en son centre, il fait si clair que j'arriverais à lire sous sa lumière. Là où nous sommes règnent la paix, le silence et la pureté. Un petit vent gonfle la djellaba d'Amadou comme une voile. Il me demande si en Amérique je possède des dromadaires. Je lui réponds que nous n'en avons que quelques-uns pour tout le continent. Son expression incrédule se termine par une touche de pitié. À cet instant, un incroyable cri tout droit sorti du néant déchire le silence. Des hurlements d'une personne qu'on égorge. Mon sang se glace : en l'instant d'une seconde la panique resserre son emprise sur moi. Amadou semble énervé lui aussi, ce qui ne me réconforte guère. Un pandémonium de sons d'une horreur indescriptible se fait entendre au loin, pas assez loin à mon goût.

> — Ce sont des hyènes qui s'accouplent, m'informe Amadou en se levant pour aller rapatrier les dromadaires.

Si nos compagnons se font attaquer, nous sommes des hommes morts, ces distances sont infranchissables à pied d'hommes. Il me fait signe de rester.

> — D'accord, mais si tu rencontres une hyène, lance-moi un cri. Je viendrai t'aider, dis-je en m'agenouillant.

> — Non, répond-il sèchement, le code d'honneur touareg stipule clairement que si une hyène ou un homme m'attaque, je ne dois pas appeler au secours mais bien lutter seul à seul. Surtout pas m'enfuir. Quand on doit la vie à la fuite, on ne vit plus qu'à moitié. On est dominé soit par le souvenir de la peur, soit par la honte. On n'est plus libre.

Bon… et moi, si une hyène me saute au cou, est-ce que j'ai le droit de briser le code d'honneur ?

Le mode de vie des Touaregs m'apparaît aussi complexe que les constellations et les formes dunaires qui nous permettent de nous orienter sur une terre sans réseau routier.

Amadou revient avec nos bêtes et les fait se coucher près de nous. Dans un trou, qu'il creuse à même le sable, il dépose le crottin de dromadaire qu'il vient de ramasser. Le système rénal de cet animal retient si efficacement l'eau que ses excréments sont secs et brûlent comme du charbon. Les flammes repousseront les hyènes et Amadou en profite du même coup pour faire chauffer une petite théière. À la lumière du feu, il remarque un filet de sang qui s'échappe du dos d'un des dromadaires, celui sur lequel j'étais monté. Ma selle devait être mal posée et frottait, ce qui l'a blessé. Amadou sort alors de sa sacoche une barre de métal qu'il enfonce dans les braises. Sans poser de questions, je m'éloigne du feu pour aller pisser. Je conserve moins bien mon eau qu'un dromadaire. Je suis pieds nus et le sable doux qui s'engouffre entre mes orteils me caresse la plante des pieds. On dirait une plage infinie, sans océan. La température est douce, j'aurais envie de partir, n'importe où, n'importe quand. La lune m'éclaire l'horizon. Je respire l'odeur de la liberté à pleins poumons.

À mon retour près des flammes, Amadou me suggère de toujours porter des sandales pour me protéger des scorpions. Comme les scorpions ne peuvent supporter les chaudes journées, ils s'enfouissent dans le sable et ne sortent que la nuit pour chasser les insectes. Toute la puissance que revêt le mot « scorpion » dans mon imagination déferle dans mon esprit. Je considère avec inquiétude les nattes sur lesquelles nous allons dormir, à même le sol. Devinant mes pensées, Amadou me rassure :

— Les scorpions dardent seulement pour se protéger, ou si par mégarde tu leur piles dessus.

Il poursuit en riant :

— Tu peux dormir sans peine, ils évitent de dépenser leur venin inutilement.

Je ne sais pas pourquoi, mais cela ne me rassure pas tout à fait.

Amadou enroule son turban autour de sa main et attrape la barre de métal, qui est maintenant chauffée à blanc. Elle éclaire la nuit. Il me demande de tenir fermement la tête du dromadaire blessé et de ne surtout pas la lâcher. L'animal aperçoit la lueur du feu s'avancer vers lui et lance un cri paniqué en remuant. Je place mon épaule contre son cou et lui saisis la tête. Dans un cri de douleur à faire pleurer, la barre de métal, soulevant un nuage de vapeur et une vive odeur de chair brûlée, désinfecte la plaie de l'animal. Il se débat et me projette contre le sol, mais il est trop tard, l'opération est terminée.

Je déguste mon premier service de thé lorsque les hyènes se font entendre à nouveau. Amadou me demande alors de prier pour nous dans le langage de ma religion pendant que lui-même adressera une requête à son prophète. Les voyages nous confrontent aux croyances que nous avons ou à celles que nous n'avons pas. En ce moment, je me retrouve seul alors qu'Amadou se vautre dans les bras d'Allah. À vrai dire, je l'envie.

Étendu sur le sable meuble, je contemple le plus beau ciel du monde, une voûte parfaite, illuminée de milliers d'étoiles d'un côté, une magnifique pleine lune blanchie l'autre moitié. Je me sens comme le passager d'une capsule spatiale, la vue doit être la même… la température aussi. Il fait froid! Je grelotte, m'approche du feu, me recroqueville. Combien peut-il faire? Peut-être 20, 25 °C : une merveilleuse journée d'été au Québec. Mais dans cette contrée, une différence glaciale de 20° avec la température du midi…. On finit par s'adapter à tout, mais lorsqu'on s'habitue à quelque chose, on perd l'ancien Moi, celui qui se faisait griller au chaud à cette même température alors que maintenant je gèle. Je n'arrive pas à y croire, moi l'homme qui vient du froid, je me sens ridicule. J'explique à Amadou, entre deux spasmes :

— Tu sais, en hiver chez moi, si tu sors avec un verre d'eau, après un peu de temps ça devient de la glace...

D'un air traumatisé, incapable d'imaginer ce que doit être la vie à 60 °C en dessous de ce qu'il connaît, il me regarde d'un air sincère et compatissant :

— Ami, ne t'en retourne pas dans cette contrée ingrate! Je vais te faire une place, t'héberger, partager avec toi les repas...

— J'apprécie, Amadou, merci.

À quelques pas de moi, le feu mourant reluit par intermittence. Avant de fermer l'œil, mon compagnon se fait un devoir de me dépeindre avec grande précision les djinns qui règnent sur le désert la nuit.

— Si jamais tu as une vision dans ton sommeil ou si tu rencontres un esprit, ne lui adresse pas la parole, ne bouge pas, attends-moi, je viendrai te chercher. C'est extrêmement dangereux pour toi. Tu n'es pas habitué et tu ignores comment te comporter devant eux...

Bon, je pense que je vais rester éveillé pour surveiller les dromadaires ; de toute manière, avec les esprits, les scorpions, les serpents et les hyènes, je n'arriverai certainement pas à dormir.

●

Le feu crépite de nouveau lorsque je me réveille, avant l'aube. Amadou est assis à mes côtés, il surveille la théière qu'il vient de placer sur les braises. Il s'est levé bien avant l'aurore pour réciter sa première prière. Comme dans un rêve, je l'ai entrevu qui plaçait sa natte, qui s'accroupissait une première fois, mais mes paupières étaient si lourdes…

Avant même que le soleil ne se lève, le thé est déjà servi. Pendant que j'essaie de reprendre conscience, Amadou écarte du brasier le bois qui n'a pas encore complètement brûlé. Il creuse ensuite un bassin à fond plat et y fait tomber les braises. De sa sacoche aux ganses de cuir coloré, il sort un petit sachet de farine de mil grossièrement moulue puis, en ajoutant un peu d'eau et une pincée de sel, forme avec ses doigts une pâte, une galette. Il dépose celle-ci directement sur les braises qui recouvrent le fond de son trou et allume une branche de buisson qu'il frotte sur la surface de la galette. Ce feu assèche le dessus de la pâte pour éviter que le sable ne s'y colle. C'est alors qu'il recouvre le tout de sable. Après une vingtaine de minutes, le temps d'un verre de thé, il déterre cette épaisse galette et la retourne, recouvre de nouveau le tout. Une fois qu'elle est cuite, il la rince avec un peu d'eau, puis l'émiette en rejetant les bouts brûlés. Voilà, la *taguella* est prête. Je la savoure en la trempant dans mon thé.

Amadou fait de chaque caractéristique de l'environnement son alliée. Le désert et lui ne font qu'un : il en est imprégné, il est en osmose avec lui. Savoir se contenter de ce qu'on a, pouvoir tout faire avec peu. Ce que Saoudata me racontait se concrétise ici. Les peuples autochtones, comme les Touaregs, vivent dans la plupart des régions de grande valeur naturelle qui subsistent encore sur notre planète. Ceci démontre l'efficacité des systèmes indigènes de gestion des ressources. Leurs connaissances, leurs systèmes sociaux et de subsistance, leurs cultures sont étroitement liés aux lois qui régissent les écosystèmes locaux, en harmonie avec la nature. Mais ces cultures sont malheureusement devenues vulnérables à cause des forces destructrices liées à notre utilisation non durable des ressources, à l'expansion de la population et à l'économie mondiale. Ces communautés non dominantes sont déter-minées à conserver, à développer et à transmettre aux générations futures les territoires de leurs ancêtres et leur identité, qui constituent la base de la continuité de leur existence en tant que peuple. Mais l'histoire de ces peuples regorge de discriminations, de spoliations, d'assimilations, de drames et, dans certains cas, de génocides. Ils sont parmi les groupes les plus pauvres, les plus exploités et les plus marginalisés de la planète. Menacés de disparition, y compris par les technologies modernes introduites sur leurs territoires, ils n'ont aucune maîtrise sur les ressources naturelles de leur propre région. Confinés aux marges de l'oubli, en quelques décennies nous avons pratiquement tout détruit l'écosystème dans lequel ils ont vécu, pendant des milliers d'années, en parfaite synergie. Les peuples autochtones sont en voie d'extinction. Par divers moyens, notre système cherche à les soumettre au joug de l'argent et à leur imposer notre façon de vivre. Les résistances et les tentatives de rompre avec ce modèle, quand elles existent, sont étouffées par l'isolement organisé par le monologue du pouvoir. Ils sont pourtant plusieurs milliards à vouloir construire un présent qui n'a rien à voir avec les valeurs qui nous dominent aujourd'hui, à imaginer leur vie au-delà de l'économie.

Alors que les premiers rayons du soleil réchauffent le ciel, nous regagnons nos selles. Déjà, lorsque je me suis réveillé, je sentais une sensation désagréable à l'entrejambe, mais quand j'ai réalisé que j'avais de la difficulté à me remettre sur pieds, alors j'ai compris que l'enfer arrivait. Et l'enfer, le voici. Mes fesses se rappellent douloureusement l'emplacement précis où le banc les embrassait, et c'est exactement au point qui me fait souffrir le plus que je dois déposer tout mon poids. Le supposé coussin, qui ne sert finalement que de décoration, mérite alors mes plus charmants blasphèmes. Dans un cri de profond mépris, d'un mouvement brusque, le dromadaire se lève et manque de me catapulter à l'autre bout de la planète. Me voilà de nouveau ballottant sur les hauteurs de ce monde.

Je regarde derrière moi. Il ne reste de notre campement que quelques traces dans le sable que le vent recouvre peu à peu. Invisible. Des générations et des générations de sang nomade empêchent Amadou de s'attacher à l'endroit où il se trouve. Il le laisse derrière d'un coup, sans remords, sans traces, sans nostalgie. D'une belle et forte voix, il lance vers le ciel une prière rituelle touareg :

— *Tamajaq aman iman !*

« L'eau, c'est la vie ! » Devant nous, derrière un petit buisson, parviennent à nos yeux les reflets d'un cube métallique : un puits, tout droit sorti de nulle part.

Ici, tout accapare une valeur inestimable. Tout devient merveilleux. L'eau n'est jamais aussi satisfaisante que lorsqu'on a soif. Le simple bout de pain représente une source de joie profonde quand il était inespéré. Les journées se remplissent de petits moments de purs bonheurs. La vie devient merveilleuse, merveilleusement simple, simplement la vie.

Voilà pourquoi nous avons couché sur cette dune particulière : elle se trouvait près d'un point d'eau. Ces sources, naturelles ou non, assurent la vie dans le désert ; la connaissance de leurs emplacements est primordiale. C'est autour de ces sources que se tissent toutes les grandes stratégies de survie. Mais pourquoi un puits quasi moderne ici ? Amadou me raconte qu'il y a plusieurs années de cela, en cet endroit, se dressait un village berbère. La source d'eau la plus près se trouvait à 15 kilomètres. Les femmes se levaient tôt le matin pour revenir tard le soir, chargées de leurs lourds récipients d'eau. Une organisation de coopération internationale européenne a décidé qu'il était de son devoir d'aider ce pauvre village. Elle a débarqué un jour avec de grands outils mécaniques, a creusé un puits en plein centre du village et est repartie sans parler à personne, fière d'avoir aidé les pauvres Africains. Quand les hommes sont revenus avec les troupeaux, ils ont aperçu cette pompe, et le conseil des sages s'est réuni. Ce puits a été creusé sur le site du premier cimetière du village, violant le repos des ancêtres. Non seulement les sages ont défendu à quiconque de boire de cette eau, mais l'offense était à ce point grave que pour éviter la malédiction qui allait s'abattre sur eux, les habitants ont dû évacuer leur village, tout abandonner. Le sable a tout recouvert, la région est devenue stérile. Les seuls signes de vie perceptibles aujourd'hui sont ceux des tombes. Mais nous, comme ce ne sont pas nos ancêtres, nous pouvons boire sans les vexer. Sans pour autant prendre de risques, Amadou dépose une offrande près du puits et prononce une prière pour se faire pardonner. Nous avons besoin de cette eau.

Le désert est un ennemi. On se prépare à le traverser comme on se prépare à entrer en guerre. Le but principal, l'unique, est de trouver une source d'eau. C'est la valeur suprême. Le parcours d'une caravane devient une série de points, puits après puits, qui se relient en direction de la destination finale. La survie des membres dépend de ces arrêts.

On ne peut pas lutter contre le désert. On ne peut que l'apprivoiser.

— La dernière fois que j'ai vu mon père, il se joignait à une caravane qui s'apprêtait à traverser le Sahara avec un troupeau de chèvres et de vaches pour les vendre aux marchés du Mali. Le chef de l'expédition connaissait une fontaine à deux jours et demi de marche, me dit Amadou, bouche masquée par un long turban indigo qui double la dimension de sa tête.

Derrière la sacoche en cuir qu'il porte au cou, ses mains tremblent. D'une voix faible, il continue son récit :

— Une fois arrivés à l'oasis, ils se sont aperçus que l'armée malienne était passé par là. Un bidon métallique reposait dans l'eau avec son symbole universel étampé clairement. Une pancarte indiquait que la source avait été empoisonnée.

Prendre la peine d'écrire un tel message représentait une victoire psychologique que s'offrait l'armée. « Ave César, ceux qui vont mourir te saluent. »

— Empêchant tant bien que mal le troupeau assoiffé de se précipiter vers la mare, ils ont dû mettre le cap sur le prochain oasis, en espérant que l'armée ne l'ait pas trouvé, celui-là aussi : deux jours de marche supplémentaires, trois en considérant la fatigue exténuante qui les gagnait tous. Les chèvres et les vaches ont été les premières à mourir, une à une. Elles ne peuvent tenir sans eau que quelques jours.

La douleur de voir ainsi son troupeau périr peu à peu est un enfer pour ce peuple, mais la peine est camouflée par l'épuisement le plus profond et la terreur de savoir que les prochaines victimes seront humaines.

— Puis les enfants… Ensuite, ce sont les femmes qui ont péri, continue-t-il froidement. Le temps les a vaincus.

Durant ce voyage fatidique qui dure une éternité, les survivants ne peuvent s'attarder. S'arrêter, même quelques instants, mettrait en péril leur propre survie. Il faut donc abandonner les membres de sa famille, de son clan, étalés sur le sable au soleil, sans les enterrer, sans adieu final. Les dromadaires demeurent les derniers partenaires; les femelles gardent un peu de lait qui peut nourrir les hommes, source de vie liquide. Désormais seuls sur terre, l'homme et son dromadaire meurent en même temps, lorsque les pis de la femelle sont taris, secs, gercés. Habituellement, le nomade assoiffé tente alors de se traîner vers un dernier refuge, de se protéger contre un soleil féroce. C'est là qu'ils meurent ensemble, dans l'ombre de leur vie, ou qu'ils découvrent leur bénédiction. C'est de cette manière que les trois derniers membres du clan ont réussi à atteindre un petit campement. Son père ne faisait pas partie du groupe de rescapés...

Dans le lourd silence qui suit, je me rends compte à quel point les dromadaires sont indissociables des Touaregs, de leur histoire. Ces animaux les abritent, les supportent, les nourrissent, les abreuvent… Ils leur permettent de survivre dans l'une des contrées les plus inhospitalières de la terre. C'est pourquoi, arrivés au puits, avant même de prendre notre première gorgée, nous allons abreuver nos montures. Cette opération dure particulièrement longtemps car ces bêtes sont capables d'absorber d'énormes quantités d'eau qu'elles vont en quelque sorte stocker. Ni l'homme ni aucune autre créature ne peut en faire autant. Cet animal est en mesure, sans boire, de marcher sept jours sous le soleil du désert, de parcourir des distances considérables, 500 kilomètres ou même plus, en supportant des charges de 250 kilos.

Amadou et moi embarquons sur des espèces de pédales en métal, et les actionnons à une vitesse constante ; un jet d'eau jaillit dans un grand récipient de métal qui grésille un bref instant tellement il était brûlant. Les deux dromadaires plongent tête première dans le récipient et leurs langues se mettent à projeter l'eau tout autour. Je suis heureux de les voir boire, d'apprécier mon eau, de se désaltérer, ils avaient vraiment soif. Je « pédale » un peu plus rapidement ; ils boivent tout au fur et à mesure que l'eau coule, ça doit vraiment les soulager. Ils boivent encore... Plus vite... mais merde ! Ils n'arrêteront jamais ? Je commence à être épuisé. La chaleur rend la respiration difficile, ça fait une éternité qu'ils boivent. Je dévisage Amadou d'un air suppliant et il les chasse finalement d'un cri aigu. Je précipite à mon tour ma tête sous le jet. J'allais m'évanouir... Ces bêtes peuvent boire 120 litres d'eau en 10 minutes. Pour ma part, c'est environ 120 litres de sueur que j'ai produits dans ce même laps de temps.

•

Notre marche reprend, direction plein nord. Devant, l'absence totale nous laisse l'horizon libre, semble nous inviter : « après vous ! » Des siècles durant, cette étendue grandiose et sans vie a séparé le monde méditerranéen des contrées moins connues d'Afrique. Seules les caravanes de chameliers rendaient possible les échanges commerciaux, culturels et religieux d'une rive à l'autre du désert. Je me sens comme un grand explorateur, le premier à fouler ces contrées, le seul homme à jamais y avoir posé les pieds. Bien sûr... avoir Amadou dans mon champ de vision rend ma rêverie un peu difficile à gober. Un bon coup de cravache, de corde, des coups de pied et un cri plus tard, je devance Amadou et me laisse enfin bercer par mon songe.

Notre ombre, qui en matinée s'étirait démesurément sur notre gauche, se raccourcit progressivement. Elle disparaîtra complètement sous le ventre de nos dromadaires, réapparaîtra à notre droite et s'étirera de nouveau avant notre prochain repas. Il nous faut attendre la tombée du soleil avant de manger, car l'ombre manque dramatiquement. Mais surtout, rien en vue à brouter. Et un Touareg ne s'arrête jamais pour manger quand son dromadaire jeûne. Bien sûr, n'étant pas un vrai Touareg, j'ai en ma possession quelques biscuits aux grains de sésame qui disparaissent dans ma bouche à un rythme constant. J'en offre un à mon chamelier voilé, qui l'accepte. Pour l'avaler, il doit cependant détacher son litham. C'est le tissu indigo traditionnel que les hommes s'enroulent autour de la tête et du visage. Normalement, on parle d'environ six mètres de tissu, mais ici, dans le désert, quand la protection contre le soleil doit être maximale, Amadou compte le triple, soit près de 20 mètres de turban. Ça lui fait une tête énorme, disproportionnée, mais avec la chaleur qui me tabasse la caboche, je ne ressens aucune envie de rire : je ne peux que l'envier. De grandes taches bleues ornent son visage ; avec la sueur, son turban a déteint. Je le lui fais remarquer discrètement, ce à quoi il rétorque par un grand sourire. Cela signifie que son litham est de la meilleure qualité... C'est pourquoi les Touaregs se font parfois sur-nommer les hommes bleus du désert. Comme je ne suis pas touareg, je ne peux porter ce voile traditionnel. Et puisque je ne le porte pas, je dois boire deux fois plus d'eau que lui. J'essaie donc, avec un t-shirt de rechange, de me voiler jusqu'aux yeux. Je connais, pour avoir eu la peau brûlée par le soleil, l'utilité de ce turban. En plus de protéger contre le soleil et le sable, il empêche la bouche de se dessécher et, comme des lunettes de soleil, il atténue l'éclat éblouissant de cet astre implacable.

Nous évoluons sans un mot en mettant à exécution l'adage : « Si ce que tu as à dire n'est pas plus beau que le silence, alors tais-toi. » Depuis combien de temps marchons-nous ? Qui sait ? J'ai enlevé ma montre, par choix, par nécessité, pour vivre à l'heure de l'Afrique. Le sable se déploie à perte de vue. La ligne d'horizon a disparu dans les ondes hallucinantes qui déforment le paysage, ondes créées par la chaleur qui tente de rejoindre son créateur. Je suis fatigué, mais avec ce paysage magique, c'est une fatigue qui repose.

Amadou pointe au loin :

— Tu vois le village ?

— Oui !

Enfin, là où le ciel rejoint la terre se dressent des cases, des habitations sombres, toutes alignées. Elles sont très nombreuses, mystérieuses. Je tourne mon dromadaire en leur direction. Je sens un soulagement investir tous mes membres. Mais Amadou ne change pas de direction, n'avance pas vers ce village. Je ne comprends pas, je me résigne à le suivre. Quelques minutes plus tard, le village a disparu. Voilà que réapparaît cette ligne d'habitations sombres à l'horizon, mais cette fois-ci plus à droite, encore plus loin…

— C'est un mirage, une tentation pour que nous quittions notre chemin. Mais moi, je connais les dunes, je sais comment les lire. Je prie Dieu pour qu'il me bénisse, car le diable vit dans le désert et s'amuse à modifier le paysage pour égarer les caravanes. Seuls les grands sont capables de déjouer ses plans. Ceux qui n'en sont pas capables disparaissent avec leur famille, conclut Amadou.

Les groupes de nomades qui subsistent encore de nos jours sont ceux qui ont réussi. Ceux qui ont échoué ont depuis longtemps été engloutis dans les sables du désert. En réclamant le droit de se déplacer à volonté, les nomades n'aspirent souvent à rien d'autre qu'au droit de survivre.

Bien que participant à la collectivisation et encouragés par les autorités à se sédentariser pour cultiver plantes fourragères et terres emblavées, les Touaregs continuent à traverser le désert et à faire transhumer leurs troupeaux au rythme des saisons. Les gouvernements se méfient d'eux. De nos jours comme jadis, en Europe, en Asie et en Afrique, certains dirigeants ont été renversés par des insurrections de tribus nomades. En outre, au fur et à mesure que de nouveaux États sont en passe de devenir des nations modernes, les nomades qui refusent toute participation à l'économie de marché, qui portent des vêtements traditionnels et qui sont majoritairement analphabètes sont accusés d'entraver les progrès de la nation et de ternir sa réputation aux yeux des étrangers. Décourager le nomadisme, voire l'anéantir, relève du devoir patriotique. C'est pourquoi, depuis 1990, les régions touaregs du nord du Mali et du Niger connaissent une violence sans précédent ; des milices, dites civiles, sont mises sur pied pour les combattre. C'est cette même milice qui empoisonne les points d'eau, qui tirent à vue sur les Touaregs. Suite à l'escalade de l'animosité, des centaines de milliers de réfugiés se sont tournés vers les pays voisins, où ils s'entassent dans des camps dans des conditions épouvantables. Le silence qui entoure ce génocide et l'impunité dont jouissent les criminels encouragent ces derniers à poursuivre leur œuvre.

Il est presque midi, nos ombres fondent peu à peu. Notre petite caravane s'étire en silence, mécaniquement, aussi insignifiante sur cette mer embrasée que les grains de sable qu'elle foule. Soleil de plomb, chaleur d'enfer, sable qui se soulève les jours de tempête, orages où les éclairs proviennent d'un autre monde. Mais comment peut-on survivre sur ces terres arides ? Quel humain surhumain peut y vivre ? Le Tiers-Monde est un monde bien plus fort que les autres deux tiers.

Je tapote le cou de mon dromadaire pour le faire s'agenouiller. Descendu de selle, j'accompagne Amadou qui a trouvé un buisson, une zone ombragée généreusement parsemée de trouées de soleil. Je m'écroule à ses côtés. Il m'avoue, en plaçant sa main sur mon épaule, qu'il ne connaît aucun moment plus heureux que lorsqu'il s'étend près de ses dromadaires et qu'une brise légère rafraîchit son corps. Utilisant un petit sachet de cuir comme récipient, il trait son dromadaire et m'offre un peu de son lait. Le liquide est bleuâtre, chaud, son goût est aigre. Je tente de masquer ma grimace pour ne pas insulter mon hôte. Je lui offre de bon cœur le reste.

> — La première chose que Dieu a inventée lorsqu'il a créé le monde, me dit-il, c'était le lait. Et ce lait a engendré la vie, l'humanité tout entière, puis les dromadaires. De même que nos mères nous ont donné la vie avec leur lait quand nous étions jeunes et sans défense, les dromadaires nous soignent et nous maintiennent en vie. Ceux qui suivent les dromadaires et qui vivent de leur lait seront en parfaite harmonie avec l'univers. Les chameliers sont les êtres les plus privilégiés du monde.

Avec la magnificence qui m'entoure, la liberté qu'elle m'insuffle, je suis d'accord avec lui.

> — Pourquoi doit-on aller en ville, travailler, étudier? continue-t-il. Un de mes cousins a quitté le désert; il a passé toute sa vie à étudier et il n'est jamais entièrement satisfait. Il erre dans les villes et n'arrive plus à apprécier la pureté du désert. N'importe quel de mes frères du désert est plus heureux qu'un citadin. Pourquoi ne pouvons-nous pas rester tous ensemble, avec nos frères, notre Dieu, nos dromadaires?

Jour après jour, les Touaregs ne survivent que grâce aux dromadaires. Ils tissent avec eux un lien étroit, qui ne se distingue aucunement de l'amour le plus sincère. Il leur arrive de chanter les louange des animaux qui ont fait leurs preuves, de vanter la lignée de leur monture. Jamais ils ne se lassent de les évoquer ou de réciter des poèmes à leur propos. Le dromadaire leur offre la mobilité, il transporte leur maison, son pelage leur permet de tresser des cordages et de tisser des lainages, chaque femelle ayant mis bas produit quotidiennement quatre litres de lait pendant onze mois de l'année… Même les familles se fondent par l'échange de dromadaires. En effet, lorsque vient le temps de conquérir sa fiancée, d'acquérir une épouse, les dromadaires servent à indemniser la tribu de la promise. Justement, Amadou m'avoue qu'il va bientôt se marier, demain soir pour être exact.

— Demain soir !

Tout se déroule comme prévu, il ne sert à rien de s'en faire. Il est d'une tranquillité incroyable. Respectant la tradition, il n'a pas vu sa promise durant tout le mois précédant son mariage.

— Allah a bien fait de t'envoyer maintenant car, après-demain, le dromadaire qui te supporte présentement sera offert en dot à la famille de ma femme.

Allongés nonchalamment sous le buisson, engourdis par la torpeur de midi, à peine capables de fournir plus d'énergie qu'il n'en faut pour nous déplacer avec l'ombre, nous sommes adossés à sa souche noueuse. Le cercle réduit de son ombre est juste assez étendu pour y loger la tête du dromadaire, trop court pour abriter son corps qui grille au soleil. Mes lèvres arrivent à formuler une demande :

— Parle-moi des grandes caravanes.

La tête d'Amadou se redresse, ses yeux s'illuminent, sa fierté jaillit.

Les longs convois touaregs font principalement la traite du sel. Le sel est une denrée rare très appréciée en Afrique. Comme il permet de mieux conserver l'eau, qu'il empêche de se déshydrater, il est primordial à la survie dans ce climat. On extrait plus de 2000 tonnes de sel chaque année au lac asséché de Bilma. Cette réserve d'eau saumâtre en plein Sahara est protégée par un fort qui dispose d'une réserve de vivres en cas de siège. L'eau, placée dans de petites cuves taillées dans le roc, laisse après son évaporation une marchandise qui, pendant longtemps, a valu plus cher que l'or. Amadou a participé à une seule caravane ; celle-ci s'était poursuivie sur une période de six mois. Il lui fallait traverser près de 2000 kilomètres de désert pour se rendre à Bilma, puis 1700 autres pour arriver au marché où il était possible d'y vendre le sel à un montant excédant de deux à trois fois son prix d'achat. On chargeait ensuite les dromadaires de mil, de vêtements, de dattes, de thé, puis, les poches pleines, on revenait au campement. Au retour, Amadou a eu le privilège d'atteindre la mosquée secrète. Isolée en plein milieu du Sahara, ignorée de tous sauf des Touaregs, se trouve cette mosquée à ciel ouvert, construite dans le roc. On vient y prier et remercier Allah du périple réussi et l'on caresse ses pierres sacrées, l'une après l'autre, dans un ordre inaltérable, les tournant légèrement pour porter la chance avec soi.

Cette mosquée n'est pas la seule preuve de la présence humaine en plein cœur du Sahara. Des anthropologues ont récemment découvert des croquis sur des pierres, des esquisses datant de plus de 7000 ans. Ceux-ci représentent des antilopes, des girafes... broutant tranquillement dans une prairie verdoyante. Des nomades vivaient en plein cœur du désert à l'époque où il était encore vert. Le bétail gambadait sur de vastes pâturages florissants. Les choses ont bien changé. Tout change. Depuis quelques années, la désertification s'accroît à un rythme exponentiel. Des sécheresses cycliques ou de trop fortes précipitations ravagent les dernières bonnes terres arables de la région, et repoussent constamment les limites du désert qui frôlent de plus en plus dangereusement de grands centres urbains. L'évolution ne semble pas toujours se diriger dans la bonne direction. Toute cette terre maintenant morte, la technologie qui vient voler leur commerce traditionnel... Mais Amadou n'est pas d'accord avec ma vision de la situation. Les choses ont toutes un dessein, une fonction, une utilité, un but.

— La nature, la vie, les changements sont l'œuvre de Dieu, ils sont donc parfaits. La sécheresse, la canicule, le puits vide et la mort sur la route sont parfaits eux aussi. Ce sont des leçons, des enseignements, des épreuves... Sans eux, nous serions incapables de ressentir toute la joie que procurent la pluie qui tombe gracieusement du ciel, le rafraîchissement incomparable de l'eau, la beauté infinie de la vie. Nous serions incapables d'apprécier un repas délicieux, de s'enivrer de l'odeur d'une plaine fleurie. L'homme ignorerait les délices les plus précieuses. Il n'arriverait même pas à imaginer ce qu'est le paradis.

•

Nous progressons sur un chemin que notre esprit trace à travers les dunes désertes et désertées. D'invisibles architectes les façonnent en un réseau de pentes et de signes, un canevas secret et vivant. L'horizon se dégage sans cesse. Notre énergie est entièrement réquisitionnée pour lutter contre la période la plus étouffante de la journée, ce monstre qui nous écrase, ce brasier éprouvant et épuisant duquel nous ne pouvons ni nous protéger, ni fuir. Aucun de nous ne parle, la marche absorbe toute notre attention. De temps à autre résonnent quelques coups de cravache qui me font réaliser que je devrais en donner aussi. Puisque les repères visuels sont si lointains et si flous, la seule façon de mesurer ma vitesse est de calculer le rythme des secousses qui propulsent mon postérieur contre la selle. Quand la douleur devient supportable, c'est que la cadence est trop lente.

Je n'ai presque plus d'eau. J'ai constamment soif, une soif profonde qui me crispe le ventre. Ma langue devient rigide. Mais mon eau est rationnée en fonction de prévisions, de la logique, non pas en fonction du désir. Le seul fait de savoir que je ne peux boire à ma soif est une pression qui pèse lourdement sur mon moral. C'est une tension constante que je n'avais jamais connue, et elle tâtonne mon seuil de tolérance. C'est la même sensation que celle qui nous assaille lorsque nous assistons au meilleur des spectacles, mais debout. Après un certain moment, une douleur, une fatigue se fait sentir, et même si le spectacle est extraordinaire, on en vient à souhaiter intérieurement qu'il se termine bientôt…

Enfin! Au-delà des steppes brûlées, j'aperçois les premiers signes de vie, quelques arbres, quelques cases, cette fois-ci des vraies : le village d'Oursi. Comme le veut la coutume, Amadou me fait signe d'immobiliser mon dromadaire à une cinquantaine de pas des cases et d'attendre que quelqu'un vienne nous accueillir. Mais avant même qu'il ne s'arrête complètement, une meute d'enfants se rassemble et court à notre rencontre. Ma blancheur maladive les impressionne grandement et ils me fixent, peut-être pour s'assurer que je ne suis pas un revenant. Quelques-uns, qui viennent à peine d'apprendre à se servir de leurs jambes, rebroussent chemin et se sauvent en pleurant. Mais les plus vieux d'entre eux n'arrêtent pas leur sprint ; ils viennent m'observer de plus près puis, d'une main timide, me touchent. Ils doivent se distancer pour faire place à l'atterrissage prochain de mon dromadaire. Devant ces yeux qui m'entourent, je crispe ma poigne et, l'air à l'aise, je solidifie l'appui de mes pieds. Je ne veux tout de même pas tomber devant ces spectateurs. À moins qu'ils ne se soient justement déplacés pour voir une comédie. Le dromadaire pose ses genoux avant. Je me retrouve presque perpendiculaire au sol, puis ses jambes arrière cèdent et je reviens violemment à la verticale pour un court instant, car il se penche maintenant vers l'arrière. Les fesses à présent par terre, ses jambes du devant amorcent les préparatifs finaux. « Veuillez demeurer assis jusqu'à l'arrêt complet du véhicule. »

Amadou me quitte pour aller abreuver les montures. De petites mains se présentent à moi. Elles veulent serrer les miennes. Un garçon d'à peine sept ans ne me lâche plus. À l'aide de quelques coups assénés à ses rivaux pour défendre son emprise, il concrétise sa victoire. Je comprends, à son regard, qu'il me tiendra la main partout où j'irai. Il est tout frêle ; le contour de sa bouche est blanc, poudreux, sec. Ses sandales usées agissent comme tremplin à chacun de ses pas et soulèvent un léger jet de sable. Son chandail déchiré devait autrefois être d'un rose criant. Mais le soleil n'épargne rien ni personne. Ma mais libre fait l'objet de convoitise et, finalement, on s'accorde sur un partage équilibré : chaque enfant me tient un doigt. Nous grimpons sur un sable ardent, de feu. Nos pas combattent le sol qui tente de nous aspirer et nous parvenons au sommet d'une dune. Devant moi, le sable du Sahara se lève. Plus aucun arbre, plus aucun buisson, plus aucun signe de vie. Le sable, seulement le sable, dans une danse infinie avec son partenaire, le vent. Un océan de vagues figées. Une petite brise en émane. Étrange, constante. Le mouvement de la chaleur qui s'enfuit en ondulations, le souffle qui quitte un four lorsqu'on en ouvre la porte, un radiateur lorsqu'on soulève le capot. Un courant provenant directement des entrailles de l'enfer. Je n'arrive plus à voir, je dois fermer les yeux à demi, le soleil reflète sur ce miroir de sable et m'aveugle. Je n'arrive plus à respirer, ma gorge est si sèche que je ne peux plus avaler. Je prends une petite gorgée d'eau en catimini et je sors mes lunettes fumées, qui semblent ici tout droit sorties d'une autre planète, d'un vaisseau spatial. Des rires fusent de toutes parts, un bonheur contagieux. Avec de larges gestes, j'imite un astronaute sur la lune, le paysage s'y prête parfaitement. Lorsque je termine mon long bond par une culbute, tous les enfants se joignent à moi et se projettent dans le sable doux. Peu importe avec qui et où on est, la joie de vivre est fondamentalement humaine.

Je parcours les dunes avec ces jeunes, six pendus à mes mains, et réalise à quel point je suis à des années-lumière d'où je m'imaginais être : l'Afrique, pays des famines, des souffrances, du sida, des mouches dans les yeux, des ventres gonflés, des terribles misères, d'une écrasante pauvreté. La misère et la pauvreté existent bel et bien, mais les gens sont rayonnants, souriants ; ils adorent parler, chanter, danser, profiter de la vie, ils sont heureux. Je plains le réalisateur des infopubs de Vision Mondiale. Pauvre lui, les trois quarts de son travail doivent consister à répéter aux gens : « Ayez l'air triste. Non ! Non ! Triste ! Toi là dans le coin, tu as souri, il faut recommencer la prise. Un, deux, trois, tout le monde malheureux, des larmes, je veux des larmes ! Lumières... Action ! » Oui, ces gens ont besoin de soins, d'aide, d'eau, de nourriture, de médecins, d'éducation, de sécurité, d'une conscience mondiale, qu'on se réveille, merde!... Mais impossible de croire que, lorsque l'équipe de tournage est arrivée, tous les enfants ne sont pas venus en courant, voulant les prendre par la main avec un grand sourire, que les femmes ne leur ont pas offert un peu de bière de mil, que les hommes n'ont pas sorti leurs tambours pour fêter. «Soyez tristes, j'ai dit!»

Exit, je ne suis plus capable. Ce qui fait qu'un sauna est tolérable, c'est qu'on sait fort bien où est la sortie. Nous retournons, laissons le Sahara derrière nous et avançons vers un grand arbre au loin. Pour une raison à en louanger Dieu, cet arbre a échappé à l'assèchement, c'est le dernier bastion dans la région qui a résisté à la charge impitoyable du désert, à sa conquête flamboyante. Haut de plusieurs dizaines de mètres, il produit l'ombre nécessaire pour que quelques arbustes puissent croître près de lui, et ses racines garantissent l'eau au village.

Dès que nous contournons les premières cases qui limitent le village, les enfants me tirent vers un vieil homme qui est assis devant sa hutte, sous un voile suspendu. Il se lève à mon approche et me sert la main vigoureusement avec un sourire édenté. Après les salutations d'usage dans un dialecte qui m'est incompréhensible, il me demande de le suivre. D'une manière qui lui semble évidente, ce qu'il va me montrer est ce que je suis venu chercher ici. Derrière sa hutte, deux jeunes filles sont agenouillées autour d'un trou. Quand elles m'aperçoivent, elles se retirent immédiatement d'un rire gêné. L'homme, ému, prend la parole d'une voix profonde et récite quelques phrases empreintes d'une grande solennité. L'une des jeunes filles, restée en retrait, me regarde un moment. D'un signe de la tête, je réponds affirmativement à l'inquisition de la petite : non, je n'ai absolument rien compris. Elle me sauve d'un moment embarrassant en me traduisant le tout dans un français approximatif, mais mélodieux :

— C'est puits. Arrière-grand-père creusé à la main, exactement 30 ans de travail. Il fait 42 de profondeur.

490

— Quarante-deux mètres ?

— Non, 42 hommes. Si creux, peut seulement voir le fond à midi, quand rayons soleil directs…

La richesse du village, l'unique cause qui explique que des hommes se soient installés ici. C'était le trésor que j'étais en effet venu trouver. L'eau, irremplaçable source de vie. Moustapha aimait me dire que l'Afrique m'enseignerait inévitablement qu'il existe une chose que l'on peut désirer et aimer plus qu'une femme : l'eau. C'est un village heureux car l'eau est proche. Je sers la main de cet homme, c'est un honneur. Ce voyage m'a permis de rencontrer beaucoup de gens importants, mais j'échangerais n'importe quand la poignée de main d'un haut responsable de banque ou d'un dignitaire politicien contre celle d'un homme de la terre, simple et pourtant débordant de vécu, de connaissances, de sagesse.

Dans la poche de mon sac, j'ai ma caméra. Comme c'est une caméra jetable et non une grosse machine avec un zoom de trois pieds que les touristes braquent dans la figure des gens en se demandant pourquoi ils s'en plaignent, je ne me sens pas trop mal de la sortir en ce moment. Je demande à l'homme, par le biais de la jolie demoiselle, de se placer près de son puits, et je dirige ma caméra vers lui. Tout ce que j'ai affirmé plus tôt à propos de Vision Mondiale est faux. Il est possible de les voir sans sourire. L'effet de ma caméra est d'une puissance impressionnante. Ce petit homme plié par le temps, une fois dans la trajectoire de ma lentille, voit sa colonne vertébrale retrouver toute sa vigueur, s'élève à sa pleine hauteur, et adopte une position rigide, affichant un visage sérieux, le regard bien haut. L'honneur d'avoir une photo de lui exportée dans un autre pays, la grâce et la force de l'homme ne se retrouvent pas dans son sourire.

•

À Ouaga, il est impossible de ne pas voir une quelconque forme de vie dans son champ de vision : les margouillats grimpent les murs, les vautours encerclent continuellement le soleil, les chiens maigrichons aboient dès qu'ils voient un esprit… Un morceau de fruit échappé, une nuée de mouches arrive aussitôt. Même sans stimulus, sans raisons, ces bêtes volatiles se posent régulièrement sur nous — pendant notre sommeil, lorsque nous marchons ou que sommes assis — nous devenons leur piste d'atterrissage. J'ai développé très tôt une sorte de tic nerveux pour les chasser aussitôt, et ce, dès que je sentais une pression contre ma peau. Malgré mon apparence de névrosé, la musca, grande scientifique de son temps, tente toujours de revenir à l'endroit exact d'où elle a été expulsée pour voir si « maintenant l'endroit est devenu stable ». Après le deuxième tremblement de terre, elle déclare la tenue d'un « deux de trois ». Elle se pose d'abord, puis se repose. Mais ici, comme si nous étions hors du monde, il n'y a rien. Rien ne survit. On dirait qu'une loupe géante est suspendue au-dessus de nos têtes et qu'elle amplifie les rayons du soleil pour nous faire brûler comme de vulgaires fourmis. Le disque lumineux ressemble à l'entrée d'un tunnel menant tout droit à un immense crématoire.

Tout en essuyant la sueur qui recouvre chaque centimètre de ma peau qui, en un jour, est devenue d'un rouge écarlate malgré ma crème « ultra écran anti-soleil », je serre la main d'un homme à la moustache grisonnante : le chef du village. Dans sa hutte sont rassemblées plusieurs personnes, toutes habillées de vêtements traditionnels et revêtant leur turban d'honneur. J'apprends sur-le-champ que l'un des troupeaux du chef a été décimé par une étrange maladie. Affaiblies par la sécheresse qui frappe la région, aucune des vaches n'a survécu. Depuis plusieurs jours, les représentants des autres clans passent offrir leurs sympathies au chef du village ; certains ont parcouru à pied quelque cinquante kilomètres à cette seule fin. Ils sont agenouillés en silence : c'est une ambiance de recueillement et l'atmosphère est lourde. Dans un coin de la hutte, un chaman recouvert d'amulettes tend une petite sculpture de bois au-dessus du feu tout en chantant une étrange liturgie. Il exhorte le génie responsable de la maladie à posséder la figurine sculptée à cette intention, ensuite il la brûle et l'élimine.

Tous les gens présents compatissent au drame et, à voix basse, tour à tour, maudissent la sécheresse. Ces hommes sont réunis pour montrer au chef qu'il n'est pas seul dans sa malchance, qu'il ne fait que partager la souffrance la plus universelle du monde. Cette douleur profonde, ces Touaregs l'éprouvent parce qu'ils considèrent leurs animaux comme des compagnons liés à leur propre être, et non seulement comme une propriété dont ils peuvent disposer. Cette fusion d'identité est responsable du labeur acharné entrepris chaque jour malgré les circonstances défavorables, labeur qui implique parfois de rester toute la nuit près d'un feu de braise à l'écoute d'un éventuel danger. Pour le jeune berger qui, à peine vêtu, tremble sous les étoiles et tente de se couvrir en étirant le tissu de son chandail troué, le froid paraît plus supportable, car ces animaux qu'il garde ne représentent pas uniquement le travail, mais aussi la vie.

Maintenant que la cérémonie est terminée, le chef m'invite à m'asseoir avec les autres autour des plats de nourriture que l'on sert. L'absence de terre arable et de champs agricoles fait en sorte que les repas sont constitués presque exclusivement de viande. Une viande maigre, impossible à séparer des os sans les dents. Le chef, me voyant lutter ardemment avec un morceau, m'explique que les animaux doivent constamment transhumer d'un endroit à l'autre, tellement les pâturages sont pauvres. Presque tout ce qu'ils ont gagné en poids est dépensé lors des déplacements. Et comme il n'y a aucune boucherie dans la région, lorsque les pasteurs veulent (ou doivent) vendre leur bétail, ils doivent parcourir quelques centaines de kilomètres pour atteindre le premier boucher. Il ne reste alors plus que la peau et les os à tailler.

Je tente une fois de plus de décoller mon chandail imbibé de sueur. Le chef se moque de mon accoutrement et appelle sa femme, qui m'apporte immédiatement une longue djellaba bleue. Il me l'offre ! Je vais derrière la maison pour la revêtir et me sens immédiatement soulagé. Comme elle me couvre de la tête aux pieds, elle me protège du soleil impitoyable. De plus, son tissu est si léger que toute brise rafraîchissante est immédiatement captée et survole tout mon corps.

Amadou me rencontre alors que je fais le tour de la hutte pour la réintégrer. Il me complimente d'abord sur mon accoutrement, qui me donne fière allure, puis me demande de le suivre. Il m'indique un petit édifice qui tient lieu d'école, ne m'accompagne pas plus loin. Il doit retourner à Gorom pour son mariage. Je lui serre la main avec émotion. Les moments passés avec lui, même s'ils ont été courts, étaient très intenses. Il me regarde, armé d'un sourire rayonnant, et conclut simplement :

— J'ai une grande amitié pour toi.

Autour d'une table, dans l'unique salle de classe, une dizaine d'hommes et de femmes sont rassemblés. J'entrevois enfin Abdoulahi, dit « le major », et lui serre énergiquement la main. Le rencontrer était devenu en quelque sorte une quête, mon objectif des derniers jours. Le simple fait de le voir me fait ressentir un bonheur impressionnant. Il me présente aux membres de son conseil comme étant un « spécialiste canadien de la communication ». J'espère avoir la chance de partir avant de devoir leur en faire la preuve. Ils tiennent une réunion spéciale avec un représentant du ministère burkinabé de l'agriculture.

Les deux tiers des Africains vivent des ressources de la terre. L'agriculture et l'élevage constituent les fondements du produit intérieur brut du Burkina, ses principales sources de revenus. Dans un pays soumis aux aléas climatiques, telle la sécheresse qui règne présentement, l'économie est des plus vulnérables. De plus, comme la valeur monétaire des cultures diminue sans cesse depuis la dévaluation, les agriculteurs doivent augmenter leur production pour survivre. L'État offre donc davantage de terres aux agriculteurs, et les autres populations se voient dépossédées. Les éleveurs de bétail sont menacés par l'expansion de leurs voisins agriculteurs, qui leur coupent l'accès aux pâturages. Ils sont contraints de se replier sur des zones exiguës et arides.

Pour un Touareg, les ressources naturelles constituent un don de Dieu dont l'usage ne doit comporter aucune restriction. Le comble de l'égoïsme est de posséder une terre et d'en empêcher l'accès aux autres. « Une femme à épouser et un terrain à occuper ne se réservent pas. »

Nombreux agriculteurs et éleveurs peuls et touaregs sont rassemblés ici, en front commun devant ce responsable. Je n'aimerais pas être à sa place. Un jeune homme qui vient du sud de la province, là où il reste encore quelques terres arables, se lève avec autorité et fixe le responsable du gouvernement droit dans les yeux. En prenant son souffle, il laisse échapper sa plainte :

— Mon père travaille aux champs sous le soleil, de son lever à son coucher. Les mains enfouies dans la terre pour extirper de ce sol ingrat sa maigre pitance, il a travaillé toute sa vie en l'arrosant de la sueur de son front. Avec la chute des prix, il ne peut même plus se permettre d'acheter de la nourriture pour nourrir sa famille, et il doit emprunter pour acheter les semences pour la prochaine récolte. Comment se fait-il que lui, qui passe ses journées aux champs, n'arrive même pas à avoir de quoi se nourrir, alors que vous, au gouvernement, qui n'osez même pas affronter le soleil ou salir vos mains, avez chaque soir une assiette bien remplie ? Mon père est aux champs présentement, il ne peut même pas se permettre de rater une journée de travail pour venir vous rencontrer.

L'ambiance est électrique.

— Alors que nous produisons la richesse de cette société, nous n'avons pas de nourriture, de soins, de services, rien, parce que le fruit de notre labeur est accaparé par une poignée de gens imbus du pouvoir.

Sans répondre, malgré les protestations, le délégué ministériel annonce une pause.

Abdoulahi me conduit à un véhicule stationné derrière l'école et il demande au chauffeur s'il veut bien me montrer la mare. Le chauffeur accepte volontiers et j'embarque dans cette jeep marquée de l'emblème du ministère de l'Agriculture. Nous roulons quelque temps dans le sable, puis nous parvenons à une grande plaine, plus basse, formée d'une croûte de terre craquelée et de taches d'herbe. On dirait un immense lac à sec. Partout où peut porter l'œil, à droite ou à gauche, des milliers de vaches et de taureaux sont dispersés et paissent en paix. Malgré leur nombre, aucun regroupement ne se forme, comme si toutes les bêtes étaient indépendantes. Ici, il y a habituellement un immense marécage. Cette année, il est asséché.

La saison des pluies est pour les nomades un répit mérité qui fait suite à une longue peine, à une quête interminable pour assurer la survie du troupeau et, de ce fait même, la leur. Vers janvier ou février, sous le soleil enflammé qui assomme la terre sèche, brûlante et stérile, lorsque l'eau et les pâturages, déjà rares pendant la saison des pluies, ont complètement disparu, les tribus se dispersent pour survivre, et la seule préoccupation devient de subsister et de garder le troupeau en vie jusqu'aux pluies. Les pasteurs dirigent leurs troupeaux vers les précieux endroits où persiste un peu d'herbe. Les clans traversent ainsi les frontières nationales à leur convenance, ce qui exaspère les nouveaux pays qui se sont partagé le Sahara au moment de la colonisation. Après quelques jours, une fois que la terre a été mise à nu, ils abandonnent le territoire, la survie des animaux l'exige, et le processus recommence. La vie du pasteur est totalement adaptée à celle de ses bêtes.

La saison sèche est éprouvante, tendue ; c'est une période de furie et de guerres où les pires côtés de l'homme se manifestent. Quand les premières gouttes d'eau tombent enfin des nuages vers la fin de mai, un chant s'élève vers le ciel. Il n'est plus nécessaire de s'enfoncer sans cesse plus loin à la recherche de maigres pâturages, toujours plus difficiles à trouver, ou de se lancer dans un pèlerinage désespéré pour atteindre un puits qui n'est pas asséché afin de désaltérer le troupeau déshydraté. Avec de l'eau et de l'herbe enfin à portée, on peut laisser le bétail s'abreuver seul, et les riches pâturages sont des lieux propices aux grands rassemblements de bergers. C'est la saison du repos, des assemblées, des transactions, des retrouvailles entre amis qui s'étaient perdus de vue. C'est aussi le prétexte à des célébrations, à des mariages, à des fêtes pour oublier les tourments de la saison de soudure.

Au début de la saison des pluies, les pasteurs s'installent près des champs de mil. Les animaux se nourrissent des mauvaises herbes et laissent derrière eux leur engrais naturel. La relation entre éleveurs et cultivateurs en est une d'interdépendance, et c'est pourquoi ils sont aujourd'hui réunis. Néanmoins, quand les premières pousses de mil émergent, il faut déménager le bétail sinon il dévorera la récolte. Le rendez-vous des nomades du Sahel devient alors cette clairière de salaison. Les herbes qui poussent ici sont extrêmement riches en sels minéraux, ce qui permet à ces bovins gris de développer la bosse qu'ils accumulent sur leurs épaules. Cette réserve de sel leur permet par la suite de conserver plus efficacement l'eau qu'ils absorbent, de subsister durant la saison sèche.

Cette vaste succession de mares, communiquant sur près de 17 kilomètres, se remplit d'eau pendant les pluies et disparaît presque complètement durant les mois de sécheresse. Et cela, en temps normal. Mais les temps ne sont pas toujours normaux. Cette année, la saison des pluies est désastreuse. La surface de la mare est complètement asséchée. À l'autre bout du calendrier, ce sera peut-être au tour des rares puits qui parsèment le Sahel de connaître le tarissement. La région a connu de terribles sécheresses et famines durant les dernières décennies, des pertes de bétail énormes. Ces calamités naturelles demeurent répertoriées dans la mémoire de la communauté comme une catastrophe humaine sans précédent : elles ont prélevé un lourd tribut à ce peuple au demeurant peu nombreux. La famille, les bêtes, l'avenir s'évaporant goutte à goutte. C'est dans ces moments terribles qu'ils sont véritablement « abandonnés des dieux ».

Le soleil calcine la surface de la mare, la fissure. La jeep s'avance sur celle-ci. L'herbe est si rare que les bêtes doivent presque mâcher la terre, la tamiser, pour en retirer chaque brindille. Comme des chercheurs d'or.

Des cris stridents nous accueillent. Ce sont les oiseaux pique-bœuf qui nichent sur le dos des vaches pour se nourrir des parasites. Ce sont eux qui sonnent l'alarme générale quand un intrus se présente. Mais les vaches ne remuent pas d'un brin. Ennemi ou non, elles ne veulent que manger.

Devant nous, quelques troncs d'arbre sont assemblés en pyramide, comme la structure d'un tipi. Cet assemblage marque le centre d'un petit bassin creusé à même le sol. Près de celui-ci, un jeune garçon agrippe une corde de crin végétal et hisse un récipient de cuir hors d'un trou profond. La nappe phréatique s'est dissimulée à près de six mètres sous la surface pour échapper au soleil, elle qui devait recouvrir cette plaine. L'eau est versée dans le bassin et les bovins des alentours s'attroupent pour boire. La pyramide d'arbres qui chapeaute le puits empêche les bêtes de trop s'avancer. Ils ne peuvent qu'introduire leur tête entre les bouts de bois. Jamais de ma vie je

n'ai observé d'animaux si maigres. On peut distinguer clairement la structure de leurs os, la forme de leur bassin, ce sont
des squelettes vivants. Leurs côtes jaillissent, on pourrait en
faire le tour avec les doigts. Concurrencée par les rayures que
forment leurs os, leur chair est marquée par de longues cicatrices taillées au couteau, les motifs identifiant le propriétaire.

Le chauffeur interpelle le jeune garçon, Samud ; il a sept ans. Il
vient tout juste d'accéder à ce grand honneur : il peut
désormais surveiller le bétail avec ses camarades, il devient
garant du trésor de son clan. Jusqu'à l'horizon, les bovins
errent sur cette immense plaine, impossible de les compter. Ici
et là, un petit monticule d'arbres similaire à celui-ci indique un
autre puits, un autre abreuvoir. L'enfant me pointe un par un,
dans presque toutes les directions, les quinze têtes qui forment
le cheptel de sa famille. Non seulement sait-il exactement où se
trouvent toutes les bêtes parsemées sur ces kilomètres, mais
aussi les connaît-il par leur nom. Une de ses vaches broute à
côté du puits ; une cicatrice en forme de croix orne son bassin.
Il se retourne vers elle et la nomme par son nom : Muidja. Elle
s'approche de lui et sort sa langue pour lui lécher la main.
Je n'en crois pas mes yeux. Il lui caresse la tête et me raconte
que les bovins sont des créatures moralement conscientes. Ils
savent distinguer le bien du mal et apprécient les efforts et les
exploits de leur maître. Ils peuvent par contre le blesser à coups
de cornes ou le priver de lait s'ils sont irrités par les mauvais
traitements qu'il leur inflige. Cette relation d'interdépendance
est tellement forte que certains éleveurs ne prélèvent que le lait
et un peu de sang pour se nourrir, refusant d'abattre leurs
fidèles compagnons.

Un bruit strident capte mon attention. Deux ânes (que font-ils
là ?) se chamaillent sur les berges de ce lac de terre. En fait, c'est
un âne qui pourchasse une ânesse. L'âne a les pattes de devant
liées par une corde, ce qui l'empêche de trop s'éloigner. La
femelle n'a pas besoin d'être attachée, elle demeure toujours
près de son mâle. Il ne semble pourtant pas être l'élu de son

cœur. Armé d'une imposante cinquième jambe, il boite désespérément vers l'ânesse pour trouver satisfaction. Il la poursuit, mais ses profondes respirations effraient sa conjointe. Il s'approche, prend son élan pour se dresser sur ses pattes arrière et... POW! l'ânesse lui expédie un coup de sabots à lui fracasser les os. Il bascule, tombe, se remet de ses émotions, puis se rappelle sa mission. Son désir le prive de l'usage de son cerveau, il ne se souvient plus de ce qui vient pourtant tout juste d'arriver. Il s'approche de nouveau en boitant et... POW! Il reçoit cette fois-ci la réponse en pleine figure. Il s'allonge, reprend son souffle, se relève... et recommence le même manège. Je regarde le chauffeur en riant. Celui-ci fixe l'horizon d'un air songeur et m'avoue qu'il connaît quelques femmes qui l'ont fait se sentir exactement comme cet âne.

•

Le soleil embrasse la terre une dernière fois, rougit de gêne, puis s'enfuit vers l'autre monde, le mien. Comme d'habitude, aucun crépuscule ne vient nous baigner, la noirceur est instantanée. Je suis assis près d'un feu que l'on tente difficilement de ravitailler. À l'horizon, au-dessus de quelques tentes, une lune prodigieuse se lève à une vitesse ahurissante. On peut constater son évolution à travers les branches de l'arbre, sa couleur pâlit à vue d'œil, échangeant l'orangé qui la rendait si mystérieuse pour ce blanc fantomatique. Des ténèbres de la nuit surgit un chant — né de bergers solitaires sous la voûte infinie du ciel — une musique qui comble mes sens et vide ma tête de toute pensée. Je ne fais plus que regarder, entendre, respirer. Je ne bouge pas, ne réfléchis pas, ne produis rien... pourtant, je n'ai jamais été aussi vivant.

En direction opposée, un tambour résonne. C'est l'appel lancé pour inviter les jeunes à se rassembler pour l'Ahal. Je secoue ma nouvelle djellaba et ajuste le turban blanc qu'Abdoulahi m'a prêté. Quelques frissons me parcourent alors que je m'éloigne du feu, je suis bien content d'être recouvert de la tête aux pieds. Je flotte, pose le voile contre mon visage, amorce ma promenade dans le désert. Je suis un Touareg. Je me laisse guider par le son qui traverse la nuit, ne rencontrant aucun obstacle dans sa course. La lune mange les nuages pour demeurer seule, maîtresse du ciel.

Au loin, assises entre deux dunes, plusieurs jeunes femmes ceinturent un petit feu malmené par le vent. Martelant la peau du tambour, battant habilement des mains et entonnant des chants mélodieux et rythmés, elles sont à leur tour entourées par des hommes complètement voilés, armés d'épées de cuivre, montés sur des dromadaires blancs comme neige, richement harnachés, fiers et élégants. Les chants prennent des intonations et des variations subites, imprévisibles. Dansant sur leur monture autour des femmes, ajustant leurs évolutions en fonction de la cadence, les hommes exhibent une allure imposante, brillent sous la flamme de la lune. Plus de deux mille ans de migration ont forgé les rites de cette culture vivante et originale.

Je m'assois un peu en retrait et observe les silhouettes qui paradent gracieusement. Leur voile flottant au vent donne l'illusion de caresser le ciel et d'entraîner dans un tourbillon hypnotique l'ensemble de la voûte étoilée. Je contemple la femme qui occupe le centre de l'assemblée. Son regard vogue au-dessus des danseurs. Elle manie le son à sa guise en caressant son tambour du poignet ou du plat de la main, elle impose la cadence en frappant la peau ou la bordure du tambour pour en extirper des sons percutants ou étouffés. Impossible de rester impassible, immobile. Le rythme pénètre sous la peau, déclenche des décharges d'énergie qui font trembloter les membres. Sans que je ne réfléchisse, c'est mon corps lui-même qui décide de bouger, comme un réflexe inné. La tête, les pieds, les mains, tous se mettent de la partie. Une femme entame alors un chant féerique. Les autres répètent ses quelques paroles et, avant que le chœur ne s'éteigne, sa voix renaît du chant qui meurt. Tour à tour, elles improvisent des louanges dédiées à l'homme qu'elles préfèrent : ses vêtements sont noirs comme la nuit, son dromadaire est blanc comme la lune ; son voile bleu, aussi long que dix sabres, n'arrive pas à masquer ses yeux de braise... Ces hommes fiers, ces guerriers intrépides, séduits par la grande beauté des femmes, sont venus les courtiser. Grandes et minces, voilées sensuellement d'un tissu léger, laissant leurs yeux noirs brillants transpercer l'âme, les femmes touaregs sont reconnues pour leur étrange et sauvage beauté. De véritables fleurs en plein désert. Émouvante et gracieuse, leur musique s'envole vers les étoiles. Ces étoiles recouvrent les millions de kilomètres carrés qui composent la terre des Touaregs, leur patrie, ces étendues interminables où ils représentent seuls la vie.

•

J'ouvre les yeux, m'étire un peu. Comme Amadou le disait si bien, dormir sur une natte, ça fait mal au squelette. Il y a de l'animation au village. Les femmes remplissent des seaux d'eau, les garçons mettent du petit bois dans le feu naissant. On sent une hâte dans leurs mouvements, c'est une course contre la montre : le soleil va bientôt apparaître, la chaleur s'installer, toute action devenir pénible. Les étoiles sont maintenant complètement effacées ; à l'horizon apparaît la première lueur du jour qui se lève, l'appel à la prière matinale.

Un homme vient vers moi. Je le salue, puis il se retire d'un pas ralenti par son vieil âge. Je remarque qu'à son passage tous baissent la tête respectueusement.

> — C'est le patriarche de la famille des forgerons, me raconte une femme. Rares sont ceux qui ont l'honneur de le rencontrer.

Les Touaregs traitent les forgerons avec un respect mêlé de crainte, et pour cause. Non seulement ces derniers maîtrisent-ils le feu, mais aussi possèdent-ils un dangereux pouvoir surnaturel, appelé *Ettam*, et une vivacité d'esprit redoutée car ils sont toujours prêts à composer un chant de dérision. Avec ce chant, ceux qui les offensent perdent la raison, ne revoient plus jamais notre monde, demeurent prisonniers de leur imagination.

— Et ce forgeron vient d'ici ?

— Il vient d'où il est parti.

— Non, je veux dire... il est né ici ?

Comme si ma question était absurde, la femme me répond d'un air étonné :

— Les Touaregs naissent sur la route, sous une hutte, une yourte, ou tout simplement à la belle étoile. À quoi bon connaître l'endroit où on est né ? Pourquoi associer une naissance à un lieu physique ? L'identité n'est pas déterminée par les endroits que l'on foule mais bien par les liens avec sa famille, son groupe, son clan.

La clameur des enfants attire mon attention. Voici justement un groupe de nomades qui s'approche de notre campement et nous salue en nous demandant la bénédiction. Ces hommes doivent se rendre jusqu'aux salines de la vallée d'Armadror, à quelque 800 kilomètres plus au nord, au cœur du Sahara. Leur périple durera près de 40 jours. Les Touaregs n'utilisent pas de salutations au terme d'un séjour, mais uniquement au début d'un périple. Pour marquer un départ, ils prononcent ces phrases sacrées qui marquent le commencement d'une aventure : *Bismallah*, au nom de Dieu ; *Inshallah*, si Dieu le veut. Les départs en caravane ne sont jamais pris à la légère. La traversée du désert est un peu comme un départ en mer. On ne sait jamais quand elle sera mauvaise... Le drame et la disparition de clans n'ayant jamais atteint un puits sont souvent évoqués dans la poésie touareg. Chacun connaît intimement au moins une personne que le désert n'a jamais rendue.

Les turbans traditionnels se nouent, les gourdes et les réserves de nourriture sont amarrées solidement aux dromadaires.

Le départ est proche, le village se rassemble. Une jeune fille s'installe avec un imzad, une sorte de violon monocorde qu'elle dispose entre ses jambes. Seules les femmes savent jouer de cet instrument. À l'aide de son archet, elle caresse la corde en crin de cheval et en extrait des sons qui résonnent dans la demi-calebasse recouverte d'une peau de bouc. Elle en tire des tonalités variées, stridentes, grinçantes, étranges, pourtant en harmonie, mélodieuses, s'agençant parfaitement à sa voix. Ses chants évoquent en poésie les exploits des anciens héros tribaux, de grands seigneurs, les jours meilleurs. Ses doigts volent d'une extrémité à l'autre de l'instrument et aboutissent exactement sur la note qu'elle cherchait, sans se fier à aucun repère visuel. Avec des coups d'archet rapides, elle arrive à produire une cadence que nous suivons en frappant des mains. Des femmes l'entourent et émettent des cris en se balançant rapidement la langue de gauche à droite, produisant de brusques ruptures mélodiques. On dit que le chant des femmes touaregs est thérapeutique. Il est reconnu pour guérir la mélancolie et l'apathie. Les dromadaires se mettent en marche, les voyageurs s'éloignent, aucun d'eux ne se retourne.

L'heure du midi approche, tout surchauffe. Dans une cour, une sorte d'abri de terre s'élève. Il ressemble à une grotte, deux matelas sont disposés à son ombre, de petits trous dans les murs laissent passer les courants d'air. Mais même l'ombre est embrasée, même le vent est brûlant. Je m'étale sur le lit, ne bouge pas d'un poil, ne fait qu'inspirer, expirer. Pourtant, je ruisselle de sueur, je dois faire un effort pour simplement survivre. J'ai de la difficulté à respirer, mes narines se collent. Plus rien n'existe, un calme mort et lourd s'écrase sur la terre et sur moi. À cette heure, les hommes, les animaux, les insectes, les plantes sont immobiles, s'ankylosent, sont paralysés. La chaleur annihile toute énergie, toute sensibilité, toute curiosité. Je me sens grésiller comme une tranche de bacon dans la poêle. Je n'attends plus qu'une autre couche de beurre avant de me retourner. Dormir, la seule solution, le seul antidote.

Par les ouvertures triangulaires que dessinent le mur, du sable se faufile, se colle lentement contre moi, se mêle à ma sueur. C'est une sensation que je déteste, mais que j'ai bien voulu accepter. Pas le choix : le sable étant partout, et moi constamment en sueur. Mais ça devient vraiment intolérable. Le jet devient insistant, s'engouffre dans mon nez. J'ouvre les yeux, tout est sombre. Combien de temps ai-je pu dormir ? Un vent brûlant maintient le sable dans l'atmosphère, confondant le ciel et la terre. Je replace mon turban et me couvre le visage. Le vent se faufile sous ma djellaba, la gonfle et la remplit comme si j'étais en chute libre, à 10 000 pieds au-dessus de la terre. Le ciel, maintenant recouvert de nuages, est lourd. Il prend des teintes menaçantes tirant sur le violet, l'orangé. J'ai souvent entendu Astérix dire que le ciel allait lui tomber sur la tête. Jamais je n'aurais cru le vivre. Abdoulahi arrive à la course, me tire par le bras. Il faut partir immédiatement pour Gorom, devancer la tempête, car s'il pleut, les chemins deviendront impraticables. Il faut lever le camp. La jeep du ministère de l'Agriculture contourne les huttes et s'immobilise devant nous. Abdoulahi embarque devant avec le responsable et son chauffeur, je suis dans la caisse arrière, à découvert. Je serre mon turban, que le vent fait tourbillonner. Les roues balaient le sol et nous avançons lourdement. Du haut des dunes, nous apercevons les enfants rentrer chez eux à la hâte avec le bétail. Le véhicule prend un peu de vitesse et flotte sur le sable. Nous avons encore quelques dunes à contourner avant d'atteindre le sol craquelé et dur de la savane. Il faut miser sur la vitesse, c'est ce que le chauffeur tente de faire pour arriver à surpasser ces monticules. Nous dépassons les premières dunes mais, au lieu de prendre de la vitesse, nous en perdons. Le sable est trop profond. Il nous avale. Nous nous immobilisons, lentement mais inexorablement. C'est la fin. Les pneus tournent dans le vide. Le sable qu'ils projettent me revient violemment au visage, soufflé par le vent. Le chauffeur vient me rejoindre. Sous la roue de secours (Dieu soit loué, il y en a une), il extrait deux morceaux de métal dentelés.

505

— Il faut les placer sous les roues, m'informe-t-il.

— Je sais, chez moi nous en avons d'identiques pour la neige, lui dis-je en criant pour défier le vent.

Des *traction-aid*, c'est bien la dernière chose que je croyais voir dans le désert. Après quelques poussées, quelques essais, le véhicule arrive finalement à prendre son élan. Je le rejoins en courant, de l'autre côté de la dune, sur la terre ferme de la savane.

Nous roulons dans ce nuage de sable qui caresse le ciel. Comme si nous étions au cœur d'une tempête de neige ou d'une violente pluie, la visibilité est presque nulle. Mais rien ne gêne le chauffeur qui sait qu'il a comme route l'infini devant nous. Il ne suit aucun chemin, n'est limité par aucune contrainte, sauf quelques arbustes ici et là. Seule la boussole lui indique vers où aller. Le sable me fouette, je sors mes lunettes fumées pour arriver à voir quelque chose et replace mon turban pour me couvrir le reste du visage. Je suis le Touareg techno. Je ne sais pas si c'est l'effet du vent ou quoi... mais il me semble que nous roulons à une vitesse improbable. Debout derrière le véhicule, mes mains serrent de toutes leurs forces la barre transversale qui surplombe le toit de la jeep. Je regarde à travers la fenêtre pour apercevoir l'indicateur de vitesse. Moi qui plus tôt pensais que le chauffeur prenait de la vitesse dans le but de traverser les dunes, je me rends compte qu'en fait c'est sa façon normale de conduire. D'un coup, avec un dernier soubresaut, nous parvenons à l'air libre. Derrière nous, une vague de sable marque la tempête que nous venons de dépasser, et qui maintenant nous suit. Elle semble néanmoins perdre de la vigueur, vouée à disparaître. Mais le soleil n'a toujours pas repris sa place de souverain.

Plus nous avançons dans cette savane, plus les arbustes deviennent fréquents. Quelques arbres commencent à se dresser. Tel un immense pied d'éléphant foulant le sable, un énorme baobab s'élève au loin. Nous croisons un village sur notre gauche, un convoi de dromadaires sur notre droite. Nous devons maintenant serpenter pour éviter quelques arbres et arbustes, nous ne sommes plus les maîtres absolus du chemin. À des intervalles de plus en plus rapprochés, des convois de dromadaires chargés, un pasteur avec son bétail, des femmes portant des ballots sur la tête. Abdoulahi me crie que les gens que l'on croise reviennent du marché de Gorom-Gorom qui a lieu chaque jeudi, donc aujourd'hui. On dit que c'est le marché le plus intéressant et coloré du pays, le plus important de tout le Sahel. Certains nomades marchent plusieurs jours pour venir y vendre leur marchandise et leur bétail.

Un oasis se dresse à notre gauche. En plein milieu de cette désolation, des buissons trempent leurs branches dans l'eau. Ce petit étang nourrit un arbre planté en son milieu. Blanchâtre, il semble vivant. En l'examinant attentivement, je m'aperçois que chacune de ses branches est surchargée d'oiseaux plus blancs que neige. Il y en a tant que je ne sais pas assez compter pour tous les compter. En chantant, en tournant la tête, ils provoquent des vagues de mouvements, les branches semblent balayées par un vent magique, des ondes les traversent. Les roues de la jeep évoluent dans le vide un instant, le moteur rugit. Il n'en fallait pas plus. Les oiseaux se soulèvent, s'envolent vers le ciel, l'arbre perd toutes ses feuilles d'un coup, un imposant nuage blanc s'échappe de sa cime. Un océan de cris se fait entendre, la nuée se projette irrégulièrement de droite à gauche comme si un vent brutal ne cessait de tourner. Puis, à mesure que nous nous distançons, comme un halo qui bénirait cet arbre, l'immense masse éthérée se concentre et, peu à peu, l'arbre regagne toute sa blancheur.

Maintenant les arbustes abondent, des arbres s'érigent de plus en plus fréquemment. Bientôt, des traces deviennent visibles, elles contournent les obstacles, forment un passage étroit. Nous avons regagné un chemin, ça m'attriste. Un sentiment d'emprisonnement m'étouffe, la liberté d'aller où l'on veut vient de s'éteindre. Je me redresse et souhaite qu'on quitte le chemin, qu'on continue sans limites, passant sur les buissons et

507

sous les arbres s'il le faut… *RREEECCHH*! les réponses viennent toujours d'elles-mêmes. Un arbre frôlé de trop près a pu
étendre une branche jusqu'à moi. Ses longues épines ont traversé ma djellaba, et sur quelques centimètres mon sang fuit
mon corps. La pauvre végétation devient-elle aussi un ennemi?
Je sonde frénétiquement le futur pour déceler le moindre
risque de buisson ou de branche. Mais la nature devient dense,
trop. Abdoulahi, assis devant, comprenant l'enjeu, me hurle
des avertissements dès qu'il le peut:

— Gauche! Attention, droite!

Je me balance d'une extrémité à l'autre de la boîte comme un
soldat de première ligne évitant les balles. Je ne peux pas
m'asseoir et me blottir en boule pour me protéger car les
bidons d'essence, la roue de secours, les *traction-aid* et quelques
autres trucs occupent la caisse arrière.

— Droite!

Je me penche en sens inverse rapidement, mais je ne peux
surtout pas lâcher ma prise. Ma main se fait sillonner par des
griffes de chat, juste assez profondes pour démanger douloureusement. Même si le chemin se limite dorénavant à une
série de courbes pour éviter les obstacles et que la jeep
dérape à chacune d'elles, le chauffeur tient la pédale du gaz
bien enfoncée, accélère et accélère. Les branches arrivent à
toute allure. Dans une éclaircie, je me penche vers sa fenêtre
et, subtilement, voulant lui faire passer le message, lui
demande à quelle vitesse il roule. Malheur! Au lieu du «Oh!
Je n'avais pas réalisé que j'allais si vite…», il se tourne vers
moi triomphalement et, avec un large sourire, m'affirme
qu'il atteint quasiment le 100 kilomètres/heure. Il y est presque. Il n'a jamais réussi à l'atteindre mais cette fois-ci il va
y arriver.

— N'aie pas peur, j'ai pratiqué mes dérapages contrôlés hier.

Dans chaque courbe, le sable plus profond s'amasse, la vitesse nous retire toute adhérence. La jeep glisse, son derrière se lance de côté, puis les roues avant arrivent à agripper la terre ferme et ramènent le tout. Mais quand on dérape vers le côté, ce « côté » existe justement parce qu'il y a un arbre, une pierre ou quelque chose. Sans obstacle, il n'y aurait pas de « côté » à éviter. Chaque courbe devient un nouvel épisode où je vois la mort charger à toute vitesse sur moi. Debout derrière la jeep, je n'ai aucun sac gonflable ou quoi que ce soit pour me protéger. Je me demande si ma police d'assurance couvre les cas de « projection hors d'un véhicule qui a percuté un arbre ». Je sais que c'est indiqué clairement sur mon petit formulaire rose que je ne suis pas couvert si je pratique l'alpinisme, le parachutisme, le saut à l'élastique ou si je me fais blesser dans une guerre, déclarée ou non. J'aime le « déclarée ou non ». Mais... bon... où en étais-je... Ah! oui, le maudit chauffeur qui veut battre son record de 100 kilomètres/heure en pratiquant ses dérapages contrôlés pendant que les épines déchirent mes vêtements et ma peau. Eh bien… tout est dit. Chaque moment de notre vie, aussi intolérable, pénible et interminable soit-il, en vient inexorablement à se terminer. Alors, au lieu de m'en faire inutilement avec ce que je ne peux changer, je respire profondément une bouffée de sable frais et exhorte ma testostérone à se manifester. Je lève un bras vers ce ciel ténébreux d'où commence à jaillir des éclairs lumineux, les tourbillons de sable se buttent contre mon voile, je laisse s'échapper un puissant cri de rage, de victoire, d'adrénaline.

— YEEHHHAAAAA !
Le cow-boy touareg.

•

Le chauffeur ralentit enfin, il n'a plus le choix. Devant nous se déploie un troupeau de moutons. Avec le bruit du vent et le bruit du moteur qui se calment, les premières cases de Gorom-Gorom apparaissent, ce point de rencontre entre les pasteurs peuls et touaregs. L'un des plus grands villages du Sahel, Gorom-Gorom signifie, en songhaï : « Asseyez-vous, on va s'asseoir. » À son entrée gît une grande mare d'eau aux contours étranges, grugés irrégulièrement. C'est la réserve de banco du village. Le fond de cette mare, boue argileuse, sert à fabriquer les briques des cases. On n'a qu'à venir se servir… et la mare s'agrandit.

La tempête s'est calmée, ne soulève plus le sable, le ciel pâlit. On dirait qu'elle va nous éviter finalement, qu'elle nous contournera plus au nord. Le jour du marché tire à sa fin. Le chauffeur s'engouffre dans les petites ruelles du village. Elles débordent d'individus habillés de toutes les couleurs, de plusieurs styles, parlant d'étranges langues gutturales. C'est exactement l'ambiance des films de *Star Wars*, les ports spatiaux hors du contrôle de l'Empire où se retrouvent tous ceux qui désirent se faire oublier. Lucas s'est sans aucun doute inspiré de l'Afrique. Les rues de sable, les habitations de terre, les passants hétéroclites, un *melting pot* d'ethnies sahéliennes et sahariennes, nomades provenant de tous les azimuts, vendeurs qui hurlent, des chants, des rires, de l'argent, des odeurs, tout ce qui peut se vendre, des gens dans chaque recoin… Abdoulahi me fait signe de débarquer ici, d'explorer ce qui reste du marché et de le retrouver plus tard chez lui.

Sur un terrain vague qui constitue le centre du village, des centaines de tentes en peau de chèvre sont dressées. Sous elles, des tapis et des nattes, des sacs de riz, des dattes, des poteries, des vêtements, des gants pour la vaisselle, quelques fruits et légumes, des ampoules… Un peu plus loin, le marché aux bestiaux rassemble pêle-mêle chèvres, moutons, ânes, bœufs et

510

dromadaires dans un tintamarre impressionnant... Les bergers touaregs portent de longues robes indigo, les fermiers songhaïs sont vêtus de jaune, la tête enveloppée d'un turban rouge, leurs femmes portent de grosses boucles d'oreille en argent et leurs cheveux sont tressés d'une façon intrigante, élevés vers le ciel, parés de bijoux. Les hommes revêtent des ceintures de cuir richement décorées et portent des sabres d'argent aux motifs élaborés. Des femmes bellas sont décorées de larges anneaux noirs tatoués autour de leur bouche. Leurs robes se portent à la taille, très hautes, leurs nattes tressées entourent leurs oreilles et de petites chaînes et perles de couleur y pendent. Quelques femmes peuls se promènent vêtues de leur pagne de coton tissé. Le célibat, le statut de femme mariée et même la ménopause sont indiqués par le nombre d'anneaux qui ornent leurs oreilles. Certaines portent aux pieds de lourds bracelets de cuivre gravés de dessins qui produisent un bruit métallique à chaque pas. Elles devront les endurer jusqu'au jour où elles mettront au monde leur deuxième enfant. Les hommes peuls, quant à eux, étalent sur leur visage un fond de teint rouge et exhibent des cicatrices autour des yeux, comme des éraflures de poulet. Leurs cheveux, tressés finement, sont coiffés d'un riche turban surmonté d'une plume d'autruche. Le temps de la cérémonie du mariage approche et tous les jeunes hommes peuls devront danser en ligne, en chantant et rivalisant de beauté, pendant que les filles désigneront leur futur mari en fonction de sa grâce, de sa beauté, de la blancheur de ses yeux et de l'éclat de ses dents.

Des enfants viennent me trouver tour à tour, ils me proposent d'être mon guide. Ils sont tout de même impressionnés que je porte une djellaba, je ne suis pas aussi « touriste » qu'ils l'espéraient, et se résignent à me suivre. J'offre à celui qui semble leur chef ce qu'il me reste, un morceau de *taguella*. Exactement à l'opposé de notre société basée sur l'accu-mulation individuelle, ici tout est réparti. Le jeune chef prend bien soin de découper les morceaux également pour que chaque enfant en ait une portion, si petite soit-elle. Ce qu'un reçoit, ils en bénéficient tous, car ils ont compris que diviser c'est multiplier.

Je me promène parmi les allées du marché. L'artisanat est remarquable. Les Touaregs sont maîtres dans l'art de façonner l'argent. Je me penche près d'un homme, entre deux étalages de dattes fraîches, pour négocier un collier auquel pend une croix Amazigh. Elle représente un des clans touaregs. Chaque clan possède sa propre croix, élaborée ; ses ramifications s'élançant dans diverses directions forment parfois des cercles, des pointes, des demi-lunes. Le vieil homme fabrique lui-même ces emblèmes d'argent. Je propose un prix. Il grimace, tord sa bouche édentée et me relance. Le long processus de négociation s'enclenche mais son prix final est trop élevé, je ne veux pas céder. Il se lève alors et, en me tapotant l'épaule, me répond :

— Écoute, moi je mets de l'eau dans ma soupe, mais toi, tu ne fais que brasser...

Soudainement, des clameurs éclatent derrière moi. Un homme se fait frapper violemment, chacun des coups résonne lourdement. Un voleur. Les gens se rassemblent, reculent quand la victime est projetée vers eux pour éviter les coups ou en profitent pour en asséner quelques-uns au passage. Je circule à contre-courant, m'éloigne. J'en ai déjà assez vu. La ribambelle d'enfants me talonne toujours. Finalement, j'aurai besoin d'un guide.

— Savez-vous où je peux trouver le major ?

C'est à mon tour de suivre les enfants dans ce labyrinthe de petites allées. Nous croisons un parc avec un peu de verdure, chose rare. Au milieu de celui-ci se dresse une sorte de trône sous un toit de bois aux couleurs du drapeau national. Les enfants m'expliquent que le député qui représente leur région s'est fait construire cette petite scène pour ses discours. Il est le seul à pouvoir l'utiliser, au nom de la loi, et entre ses apparitions, peu nombreuses, le parc entier est interdit au public.

Autour d'un puits, le seul du village, des gens font la file avec de grands récipients de plastique. En fait, ce sont les récipients qui font la file pour eux. Pendant qu'ils sont assis à l'ombre d'un arbre, leurs chaudières et bidons sont alignés et désignent à qui le tour. J'observe la manivelle grinçante qu'une fillette actionne pour faire jaillir l'eau lorsqu'une vive salutation m'interpelle. C'est un homme qui a voyagé avec moi dans l'autobus. Je ne me rappelle pas de lui mais il m'explique qu'il portait alors un voile. Lui me reconnaît, c'est l'essentiel, et il m'invite à prendre le thé. Bon, aucun stress, aucune presse. De toute manière, je ne sais même pas où je m'en vais. L'homme se présente : Ahmed. Son père était garagiste, l'unique de la région, mais il vient de « cadavrer ». Ahmed est donc revenu au village pour reprendre le commerce familial ; pourtant, il n'a jamais étudié la mécanique.

— Mais j'apprends très vite, m'assure-t-il néanmoins.

La vieille voiture paternelle traîne dans la cour, le capot ouvert, une crevaison au pneu avant.

Ahmed allume le charbon dans un petit réservoir en fils de fer qu'il fait tournoyer autour de sa tête en tenant le bras bien droit pour que la force centrifuge conserve les briquettes en place. On entend le charbon crépiter : il crache des étincelles. Dans ce crépuscule, le rayon rougeâtre que produisent les briquettes en combustion est hypnotisant. Une fois le brasier bien pris, l'eau y chauffe dans une petite théière métallique remplie de feuilles de thé noir. Il me semble qu'il y a plus de feuilles que de liquide. L'eau prend beaucoup de temps à bouillir et donc s'infuse avec allégresse. La bouilloire se met à fumer. On ajoute le sucre et alors s'amorce la longue cérémonie consistant à transvider la théière dans les verres, puis des verres dans la théière, en étirant le jet de plus en plus, en tenant le récipient toujours plus haut, versant le liquide du bout de ses bras pour former cette mousse onctueuse qui caractérise un thé de qualité. Après plusieurs minutes de ce processus, on parvient à obtenir de bons verres qui contiennent autant de mousse que de liquide, le thé touareg est prêt. Avant même qu'Ahmed ne serve le premier verre, trois hommes se présentent et s'assoient avec nous.

> — Lorsqu'on prépare le thé, on doit toujours en infuser pour six. Car peu importe si tu es seul en plein milieu du désert, dès que le thé sera prêt, immanquablement des gens apparaîtront pour le partager avec toi, m'explique-t-il.

Je salue les nouveaux arrivants et bois ce thé corsé, noir, épais. C'est presque instantané, on dirait que le cerveau n'a pas même le temps d'analyser quoi que ce soit que l'alarme est déclenchée. Des bruits anormaux se font entendre, mon estomac fait un 180° et se retrouve complètement à l'envers. Il m'envoie des signaux que tout le reste de mon corps essaie d'ignorer. Mes tempes enflent, j'y sens mon pouls. Je crois que je vais être malade. Des crampes, inondé de sueur, je tremble. Je ne sais pas encore si je vais vomir ou avoir la diarrhée : pourtant l'un des deux semble inévitable. Je suis assis devant quatre hommes, en plus des enfants-guides qui, en demi-cercle devant moi, me posent des questions sur ma vie au Canada. Ahmed est déjà en train de préparer le deuxième des trois services traditionnels. Je tente du mieux que je le peux de sourire, mais je sais que je suis blême comme neige et dois avoir l'air d'un mort vivant. Je dois mettre fin à la période de questions et leur passer la parole pour me mériter une pause. Je leur parle donc du podium du député, celui que nous avons croisé plus tôt. Ils se lancent alors dans un grand débat. Je me tiens le ventre d'une main.

> — Tu sais, durant la dernière campagne électorale, ils sont venus ici avec de grands camions chargés de thé et de sucre, et ils ont tout distribué à la sortie des mosquées. Des cadeaux. Sur chaque sac, il y avait le nom et le slogan du président. Comme aucun autre gouvernement ne

nous a jamais accordé autant d'attention, toute la région a voté pour lui... sans connaître aucune de ses promesses électorales.

Je n'en peux plus, me lève d'un bond et, d'une voix faussement calme, leur demande où sont les toilettes. Guère rassurant, Ahmed me pointe un muret complètement érodé.

— Derrière.

Tout se fait rapidement, automatisme de survie. Le corps, en total contrôle lors de ces situations, court-circuite le cerveau par un protocole d'urgence et accède directement aux muscles. Une fois l'opération terminée, je réalise où je suis. Entouré de murs de quelques pieds de hauteur, un trou profond est creusé à même la terre. Comment font-ils pour vider le tout ? Presque immédiatement, un insecte à carapace noire, tel un scarabée, émane du trou et vient se nourrir de tout ce qui n'est pas complètement tombé. Il répond du même coup à mon interrogation. Des milliers d'insectes grouillants doivent se régaler là-dessous. Moi qui ai approché mes parties sensibles vers leur terroir... Je dois quitter ce lieu. Je regarde autour de moi... évidemment, pas de papier de toilette. Près du trou se trouve un petit récipient d'eau. D'accord, pas le choix. Le confort est tellement relatif. Après cette expérience, la salle de bain de n'importe quel maquis d'Ouaga me paraîtra un paradis.

En rattachant mon pantalon, je rejoins le groupe. Les gens continuent à me parler, je ne fais que me concentrer pour fermer ma bouche, ne rien expulser. Comment me sortir de cette... Alléluia ! Les nuages qui paraissaient nous avoir contournés semblent plutôt nous avoir rejoints. Un violent grondement de tonnerre introduit une brise humide qui nous insuffle l'odeur de la pluie. La tempête est à notre porte. Ahmed se presse pour ranger sa théière, j'en profite pour les saluer rapidement, et m'élance à grandes enjambées en direction opposée. Derrière la hutte, je vomis un bon coup. Une

515

douleur à la tête persiste, mais je me sens beaucoup mieux. Je retrouve (ou plutôt il me retrouve) un des enfants qui m'escortaient. Il m'indique de le suivre et se met à courir frénétiquement. Chaque parcelle d'énergie dépensée à accélérer le rythme devient parfaitement légitimée lorsqu'un important vent se lève, transporte tout ce qu'il peut se mettre sous la main, des tonnes de sable. Derrière moi, se rapprochant, un bruit sourd, martelant violemment la tôle, le sol, les pierres… la pluie me rejoint, elle me poursuit. Des éclairs déchirent le ciel en lambeaux. Déclic : quelques ampoules s'éteignent autour de moi. Panne d'électricité. Je sprinte comme si la mort était à mes trousses. De grosses gouttes fustigent la terre, un mur se rapproche, me talonne. Je pousse mon corps, pleine vitesse. Mais bien vite un premier coup de fouet contre mon mollet me fait réaliser que j'ai perdu. La pluie me frappe le cou, la tête, les bras, se laisse tomber violemment sur mes vêtements. Le ciel déverse des trombes d'eau. Une eau glaciale. En 3,141592654 secondes, je suis complètement trempé, alourdi.

La nature ici se manifeste sous une forme amplifiée, déchaînée, exagérée, hystérique, passant des sécheresses cruelles aux rages de pluie. Le seul fait d'exister, d'opposer sa résistance à cette nature ingrate et de rester en vie, est la plus grande victoire des Africains.

Le jeune garçon ne fait que me pointer d'un geste vif une case sombre, puis il continue son chemin sans ralentir sa course. Je bifurque dans cette direction, croise quelques murs qui entourent une cour intérieure. Je cogne sur la porte métallique, une grosse femme m'ouvre. J'entre rapidement. Une rafale de pluie cascade à l'intérieur avec moi. Mes vêtements sont complètement imbibés, je dégoutte à grands jets. Je lève les yeux, quelques bougies éclairent le carré intérieur restreint que protège ce toit. Autour de moi, sept ou huit enfants m'observent en silence. Une jeune fille dans un coin, après cette interruption, se remet à piler le mil dans son mortier. Ces enfants ne posent aucune question, comme si ma présence était normale. Ils sont prêts à n'importe quel imprévu. La cadence des grains qui se font écraser se fait enterrer complètement par des explosions de lumière aveuglantes se faufilant entre les stores métalliques des fenêtres et faisant apparaître de longues ombres qui, dans un éclat, donnent une impression macabre à la pièce. Le tonnerre les accompagne presque immédiatement, fracasse les tympans et fait vibrer le sol. Un grand coup de vent éteint les bougies et le noir nous englobe. Qu'est-ce que je fais ici ? Personne en ce lieu ne parle un mot de français, d'anglais ou d'une autre langue que je pourrais comprendre. Une adolescente, tout en replaçant le voile qui lui recouvre les cheveux, fait virevolter quelques étincelles avant de finalement enflammer son allumette. Et renaît la lumière. Ses vêtements amples et délicats, ornés de broderies formant des motifs qui coulent de son cou jusqu'à ses pieds, imitant une procession de lettres arabes, sont caressés par le vent. Telles les flammes qu'elle vient de faire réapparaître, son linge danse, ondule comme les vagues d'un océan. Par les signes qu'elle me destine, je comprends qu'Abdoulahi a dû aller veiller sur les patients du petit hôpital du village. Habitués de dormir à l'ombre des arbres, entourés de femmes de leur famille venues pour leur faire la cuisine durant leur séjour, les patients se retrouvent ce soir confinés entre quatre mur, sans eau ni électricité.

Quelques garçons m'observent avec de petites secousses de fous rire. D'autres me fixent avec une vive impression, dans l'incompréhension complète de ce que ma présence ici signifie. Je retourne son sourire à une fillette, puis, dans un élan incompréhensible d'énergie, le moment est trop étrange, j'entre dans le rôle d'un magicien, capte l'attention des enfants en bougeant lentement, avec des gestes amples, mystérieux. Délicatement, je referme ma main et la soulève tout en la fixant, concentre l'attention sur ce que tous les yeux désirent maintenant découvrir : ce qu'elle contient. D'un geste précis, je l'ouvre doucement, mes doigts s'écartant graduellement. De mon autre main, je fais semblant de prendre un objet dans ma

517

paume, le tiens comme s'il s'agissait d'une boule, d'une bille. Je l'approche de mes yeux, la tourne en tous les sens pour mieux l'observer, puis, en regardant la fillette, lentement, je lui lance, et, avec mes yeux, je suis sa trajectoire qui aboutira finalement à sa main. C'est alors que la magie débute réellement. La fillette, armée d'un sourire, lève les bras, ouvre les mains et attrape ma boule. Elle tourne ensuite la tête vers un de ses frères et la lui lance. Son frère l'attrape et scrute la pièce pour savoir à qui la relancer. Les enfants n'observent plus que cette bille imaginaire qui s'envole de main en main. Leurs yeux sont tout ronds, leur attention totale. Un puissant coup de tonnerre fait naître un gémissement qui se transforme bientôt en sanglots. Je remarque derrière un meuble de bois un petit bonhomme qui pleure en me dévisageant. Il observe la boule imaginaire voyager, puis ses yeux reviennent se poser sur moi. Un coup de tonnerre retentit de nouveau. Cette fois-ci, c'en est trop. De puissants hurlements sortent de sa bouche, pourtant si petite. Immédiatement, deux de ses frères s'approchent de lui pour le consoler, viennent lui montrer que la boule n'existe pas. Mais dès que la main « détenant » la boule s'avance vers lui, ses hurlements deviennent insupportables et il tente de s'enfuir. Je le regarde avec un visage exagérément triste pour lui montrer que je ne suis pas méchant, que je suis peut-être même sympathique. Mais ses pleurs redoublent. Le plus vieux des enfants s'approche de lui et le prend dans ses bras. Même s'ils sont si jeunes, l'entraide est profondément gravée en eux.

L'adolescente m'envoie un sourire tendre, mais les pleurs de l'enfant terminent définitivement la séance de jeu. Les flammes s'éteignent de nouveau. Je sors de mon sac ma lampe de poche et éclaire l'adolescente et ses allumettes. Les enfants s'approchent avec curiosité de ma lampe et la frôlent de leurs doigts. Je leur tends et le plus rapide la saisit et se retrouve bien vite dans l'autre coin de la pièce pour étudier sa nouvelle possession. La lampe s'allume et s'éteint, éclairant les visages au passage. Le martèlement de la pluie contre le toit de tôle me bourre d'énergie. Je ne tiens plus en place. J'insiste pour piler le mil. La jeune fille me cède le pilon et, après mon premier coup, comme la dernière fois où j'ai essayé, tous me regardent en riant. Avec le bruit du mortier, je compose un rythme que j'agrémente d'un battement de pieds. La fillette commence à taper des mains, puis elle se fait accompagner, progressivement, par les autres. L'adolescente amorce un chant mélodieux. Sa voix remplit la case quand, d'un coup, BRRRRRRR... Un minuscule réfrigérateur s'enclenche bruyamment dans le coin où je suis. L'ampoule suspendue au plafond rend obsolète les bougies que l'on éteint rapidement. Je redonne le pilon à la fille et me relève en m'accotant sur le réfrigérateur. Je reçois une solide décharge électrique, l'électroménager baigne dans un pouce d'eau. La mère me fait signe de m'éloigner, ce que je fais sans me faire prier.

Abdoulahi ouvre la grande porte métallique et je remarque que dehors la pluie vient de cesser. Il salue ses enfants et me demande immédiatement :

— Tu m'as dit que tu repartais bientôt, c'est ça ?

— Oui.

Je reprends conscience du temps. L'autobus repart ce soir, je dois le prendre pour arriver à Ouaga demain matin, je décolle vers le Canada dans 24 heures, déjà...

— Eh bien, il va falloir trouver quelque chose d'autre car, étant donné la pluie, l'autobus est annulé. Et si la pluie recommence à tomber, la route vers Ouaga deviendra totalement impraticable pendant plusieurs jours.

La crue des eaux inonde complètement les gués des rivières ; les digues de béton sous l'eau sont infranchissables. Quand il pleut ici, on est complètement coupé du monde.

— Suis-moi, on va te trouver un chauffeur.

J'accompagne Abdoulahi au centre du village. Les rues sont des rivières qui mènent à des fleuves. Nous parvenons à l'unique buvette de la place. Autour du comptoir sont adossés quelques hommes. C'est le centre d'information de la région. Les potins, les histoires, les nouvelles, c'est ici qu'ils se diffusent. Je fais ma demande.

— Oui, dit l'un d'eux, il y en a un qui s'y rend, mais tu ne seras pas de ce voyage car il vient tout juste de partir.

Nous retournons chez Abdoulahi bredouilles. Si je ne trouve pas de chauffeur demain, je manque mon vol, et je ne me fais pas rembourser mon billet : 2 500 $, ça fait beaucoup de vaisselle au salaire d'ici… Je suis mal fichu.

Nous contournons les petits murs terreux qui limitent la cour d'Abdoulahi. Au centre de celle-ci, un téléviseur projette une lumière diffuse et bleutée. Autour du petit écran, une trentaine de Touaregs sont assis en demi-cercle, sur des nattes qui recouvrent la boue, et regardent, hypnotisés, les images qui en émanent. Une vieille série française des années 1970, mettant en vedette des héros karatéka en collants multicolores, absorbe toute l'attention. J'arrive et ne me fais pas remarquer. Même les enfants avec qui je jouais plus tôt ne font que me lancer une salutation vague, sans détourner leur regard de l'écran où de nouveaux monstres viennent tout juste d'attaquer. La mère me demande d'approcher, Abdoulahi me suit à l'intérieur. Dans un plat, sur un lit de riz, dorment de beaux morceaux de mouton braisé aux oignons. Je meurs de faim. Je me roule de grandes boulettes de riz avec ma main droite (la gauche servant à l'hygiène personnelle…) et les engloutis une à une. J'ai l'impression de ne pas avoir mangé depuis des décennies, je pourrais avaler le Sahara au complet (en recrachant les quelques palmiers).

Après une séance intensive de mastication, je m'accote le dos sur l'oreiller derrière moi, mon ventre est sur le point d'exploser. Abdoulahi me regarde avec un sourire et m'implore de manger encore. La mère me demande si j'aime son plat ou non :

— Si tu l'aimais, tu en mangerais davantage...

Elle pousse les plus beaux morceaux de viande de mon côté et verse encore un peu de cette bonne sauce aux oignons sur mon riz. Bon, je me relance, ce n'est pas du tout une épreuve pour moi bien que mon corps m'indique que le réservoir est plein. Enfin, il ne reste plus de viande, qu'une infime portion de riz. Terminé ! Abdoulahi prend une théière d'argent et me verse un léger jet d'eau pour me laver les doigts. Je n'en peux plus, j'ai l'impression que je vais rouler. Je fais semblant de tomber vers l'arrière tellement je suis lourd. La mère retire le plat principal, se retourne, le pose par terre... et appelle les enfants. Les jeunes se précipitent autour, s'assoient en cercle et, après un bref silence, se mettent à manger ce qui reste de riz, à gruger ce qui reste sur les os. Tout s'arrête en moi. C'était le plat familial, l'invité d'abord... Si j'avais tout mangé, les enfants n'auraient rien eu du tout ce soir. Je me sens coupable, affreux. Mais je regarde Abdoulahi, il revêt un air satisfait, content de pouvoir parler avec moi. Je considère sa femme, elle me lance un grand sourire. Je lui réponds par l'affirmative : oui, j'ai vraiment bien mangé, c'était délicieux ! C'est une fierté pour elle, un honneur qui réellement la comble. Je regarde les enfants qui se disputent les dernières miettes tout en riant. Leurs regards sont enjoués ; sans l'ombre d'un doute, ils sont heureux de ma présence. Aucun ressentiment, ni rage ni jalousie. J'aurais pu manger le plat au complet, ils n'auraient eu droit à rien du tout et auraient quand même été heureux de me voir. Ils possèdent le bonheur radieux que leur procure le fait d'avoir comblé un invité, de me voir satisfait. Leur hospitalité est sans bornes. La sincérité illumine leur regard, leurs valeurs sont si profondément humaines. Ils donnent sans rien attendre en retour et reçoivent sans se sentir redevables.

Abdoulahi me tend un matelas de mousse.

— Tu dormiras beaucoup mieux à la belle étoile.

Je le suis jusqu'au centre de la cour. Sur un petit rectangle de pierre, il pose mon matelas sans le mouiller. Je me trouve exactement entre le demi-cercle de nomades et le téléviseur qu'ils fixent. Je me dépêche de m'étendre pour ne pas leur obstruer la vue plus longtemps. Les bruits d'une bataille western font rage. Un cow-boy dégringole d'un toit, le héros souffle dans le canon de son fusil. Entre cette trentaine d'hommes voilés et le téléviseur qui me bombarde de couleurs et s'écrie du plus fort de son petit amplificateur, je m'étends sur le dos et arrive à percevoir quelques étoiles. Quand le téléviseur s'éteint (combien de temps après, je n'en sais rien) je suis surpris d'entendre au loin de la musique, des chants, des cris. Avec un grand sourire, je réalise que c'est aujourd'hui le grand jour, que cette célébration est celle en l'honneur du mariage d'Amadou.

•

Je dérive sur un océan jaune, paisiblement, mais à chaque vague ma barque me frappe. Un coup, un autre, toujours elle me heurte désagréablement les côtes, puis le ventre. J'ouvre les yeux, un homme se tient au-dessus de moi. Il me brasse légèrement pour que je me réveille. C'est le chauffeur d'hier soir, celui que j'ai raté. Il n'a pas pu partir pour Ouaga, comme prévu, car il y a pénurie d'essence à Gorom. Il a donc emprunté une mobylette et est allé remplir un bidon d'essence à Oursi, puis est revenu tard dans la nuit, et il repart avec son taxi-brousse dans dix minutes. C'est ma seule chance d'attraper mon avion. Je bondis hors du lit. Autour de moi, tous les téléspectateurs d'hier soir sont éparpillés, dorment par terre. Je suis au centre de cette cour qui tient lieu de dortoir improvisée.

La belle adolescente se dirige vers moi d'un pas gracieux. Elle me tend un verre de thé qu'elle vient d'infuser. Je repense à mon aventure d'hier, à la torture qui m'attend si… mais elle me regarde de ses yeux brillants, je n'ai pas la force de refuser. D'ailleurs, ça ne se fait pas. Je bois, mais n'aurai pas le temps de rester pour les deux autres services. Je la salue, gêné. Abdoulahi m'offre une accolade solide, sa femme deux baisers, et les enfants des poignées de main distribuées ici et là. Personne n'est triste, même les enfants me saluent en riant. Les gens qui viennent et qui partent font partie de leur vie.

Je vais sûrement être seul dans le taxi-brousse puisqu'il a retardé ainsi son départ. La foule qui s'attroupe autour du minibus me prouve bien vite le contraire. Le chauffeur m'avertit que, puisque je vais jusqu'à Ouaga, je ferais mieux de m'installer complètement au fond pour ne pas avoir à entrer et à sortir à chaque arrêt. Hum... ça promet. De grosses lettres orangées occupent le haut du pare-brise : « Mieux vaut arriver en retard qu'arriver en corbillard. »

Dès le départ, je me rends compte de l'impressionnant confort dont je disposais en autobus. Les immenses pneus faisaient paraître les inégalités de la route comme d'infimes inconvénients. Mais avec ces petites roues, et le poids des passagers excédant de beaucoup la capacité de la suspension, les rigoles régulières qui barbouillent cette piste provoquent des vibrations si brutales qu'il devient difficile de respirer. À chaque à-coup, mes poumons se vident, compressés, et mon dos se brise. Des douleurs aiguës saisissent mon cou, tortillé pour éviter que je me cogne la tête au plafond. Le taxi vogue à travers une tempête. Chaque mètre à gagner est une bataille.

Si nous roulons trop vite, les pneus tendent à se dégonfler. Devant chaque bosse le chauffeur doit ralentir, et il y a des bosses partout... Ça fait 20 minutes que je suis parti, il me reste entre 10 et 15 heures de route. Le voyage sera long ! Nous cheminons dans un nuage de poussière, mes vêtements, ma peau, mes cheveux sont rougis par le sable. Le nombre de pièces recyclées, de soudures effectuées et de bancs rapiécés à l'intérieur du minibus est inimaginable. L'Afrique est le continent des « à peu près », car les gens n'ont pas les moyens de faire « bien ».

Lorsqu'un passager doit sortir, il faut que tous débarquent, car les bancs occupent la largeur complète du véhicule, chaque centimètre carré est monopolisé. J'ai bien fait de m'asseoir à l'arrière. Après quelques arrêts dans des villages perdus, trois passagers sont descendus, une chèvre et six nouveaux occupants sont montés. Nous atteignons le triple de la capacité «légale» de l'engin (chèvre non incluse), soit 24 passagers. Je dois sortir mon bras et mon épaule par la fenêtre, l'espace disponible est inexistant. C'est alors que je ressens au plus profond de moi la nostalgie de la solitude, de l'espace. C'est à bord de ce taxi-brousse débordant de passagers que, pour la première fois, il me semble comprendre le désert.

Le véhicule ralentit, le chauffeur pousse une exclamation. Nous sommes arrivés à la première digue, à présent complètement submergée. C'est une rivière tumultueuse qui se présente devant nous, sur plus d'une cinquantaine de mètres de largeur. Une eau brune opaque se faufile violemment entre les arbres. Quelle est la profondeur de cette eau ? Le chauffeur tente d'estimer nos chances de passer quand un cycliste arrive à l'autre extrémité de la rivière. Il descend de sa bicyclette, enlève ses chaussures et soulève ses deux moyens de transport au-dessus de sa tête. Puis, lentement, il s'avance dans l'eau. À chaque pas, il s'enfonce de plus en plus profondément. Chaque fois qu'on croit qu'il ne peut aller plus creux, il descend davantage. L'eau lui caresse maintenant le haut du ventre. Je regarde le chauffeur en riant nerveusement et lui demande à la blague, un peu désespéré, s'il va falloir pousser. Je suis le seul à rire… C'est un «oui». Nous sortons tous du véhicule. Devant nous, la route n'est qu'une vaste étendue lisse, traversée par quelques remous. Aucune possibilité d'apercevoir, sous cette eau impénétrable, les blocs de béton qui constituent le passage. Quitter le chemin signifie perdre le véhicule sous l'eau, et alors impossible de l'en faire ressortir. La seule manière de s'orienter, ce sont des branches. Deux branches plantées au départ, deux autres à l'arrivée, indiquent la largeur de la voie. Il suffit de s'aligner et de ne pas dévier de la trajectoire.

— Regarde au loin, aligne-toi vers ces branches. Regarde au loin et va dans la bonne direction, répète le passager de droite au nouveau chauffeur.

C'est que notre « vrai » chauffeur a dû parcourir ce chemin durant la nuit d'hier pour remplir son jerrican d'essence. Il a traversé ce courant mobylette sur la tête. Ce matin, trop fatigué, il a relégué le volant à un apprenti. C'est son baptême de pilote aujourd'hui, première fois qu'il traversera ces digues. Notre « vrai » chauffeur, devenu passager, gratte la terre sous un arbre, y déloge une mince racine. Il prend ensuite un sac de plastique et, à l'aide de la racine qu'il noue autour, il colmate le conduit du silencieux. Le moteur doit demeurer éteint, au sec. D'un cri, avec nos pantalons roulés et nos souliers pendus à nos épaules, nous poussons. Le véhicule amorce sa descente dans le courant brunâtre. Mes pieds le suivent, puis mes mollets, puis mes cuisses, puis mon bas-ventre, alouette ! L'eau est froide, le béton est couvert d'algues, glissant. Le chauffeur me raconte entre deux souffles que, lorsqu'il pleut trop, le courant est si puissant que, même si le niveau d'eau n'est pas trop élevé, le véhicule se fait emporter. Je tente d'oublier les conseils que m'avait donnés mon médecin avant mon voyage lorsqu'il parcourait la longue liste de recommandations des choses à ne pas faire : « Ne jamais se baigner dans un lac ou une rivière, car dans l'eau se trouvent des parasites, certains pénètrent sous la peau et y pondent leurs œufs. Après quelques semaines, une protubérance annonce que les larves viennent de naître et qu'elles évoluent sous l'épiderme. »

L'eau atteint ma taille. Je n'arrive pas à voir à plus de quelques centimètres sous la surface. Le véhicule avance très lentement, ayant perdu le faible élan de la pente de départ. Je pousse et je pousse, mais il me semble que nous allons trop vers la gauche, et je suis moi-même à l'extrême gauche. Toutes mes possessions sont dans ce véhicule. À chaque pas, je tâtonne de mes orteils le béton avant de poser le pied, je veux être certain que je ne sombrerai pas dans le courant. Je lance un cri au chauffeur :

— Trop à gauche !

Comme réponse, je ne l'entends que murmurer :

— Regarder au loin, s'aligner vers les branches. Regarder au loin et aller dans la bonne direction.

Un tronc flottant est entraîné par le courant, je m'arrête pour l'éviter et force le pas pour rejoindre le véhicule. L'homme à mes côtés me regarde et m'avoue son soulagement quand il a réalisé que ce n'était pas un caïman. Je veux sortir d'ici !

Enfin, nous rejoignons la pente qui nous mènera à la terre ferme. Mais le véhicule a pris du poids, engorgé d'eau, la pente est rude. Nous nous alignons, n'avons pas assez de place pour que tous soient à l'aise pour bien pousser. Le chauffeur compte et, à trois, nous donnons tout ce que nous avons. Un homme perd pied sur les algues et se retrouve la tête sous l'eau, mais un autre le rattrape. La vieille Toyota sort de l'eau jusqu'au silencieux. Le chauffeur applique les freins. Après quelques minutes en plein soleil, il tente de démarrer le moteur, deux ou trois coups, puis un jet d'eau est propulsé hors du silencieux en entraînant le sac de plastique avec lui. Nous tordons nos pantalons. En ouvrant la porte, nous libérons une petite chute d'eau.

Je comprends peu à peu la signification de « taxi-brousse ». Ce n'est pas le fait d'être empilé, compressé, ballotté sur des routes impraticables, entouré d'une chèvre et de poules, aspirant de la poussière par kilos, poussant le véhicule à travers des digues inondées… Le taxi-brousse mérite son titre parce qu'il s'arrête à chaque centimètre de la brousse pour embarquer des passagers. Le véhicule n'a aucun horaire. Il devait partir hier, pourtant ! Sortant de nulle part, d'endroits complètement isolés, des gens apparaissent et font signe au chauffeur. Ils se tiennent entre deux arbres, sous l'ombre d'un buisson, ou en plein milieu d'une plaine désertique. Ils sont là, embarquent. Le taxi-brousse n'a pas comme objectif qu'on soit confortable, mais bien uniquement qu'on arrive à refermer la portière. Expirez votre air… CLAC ! Parfait, elle est refermée.

Un rassemblement de vendeurs se précipite autour de notre véhicule. Devant nous, un grand lac donne son eau à une large rivière qu'il nous faut traverser. Mais, cette fois-ci, tous les 20 mètres, une branche délimite le pont sous-marin. L'eau est moins profonde puisque la digue est plus large. Nous prenons un élan et nous nous enfonçons à toute vitesse dans l'eau, qui commence à pénétrer lentement par le bas des portières. Le silencieux fait des bulles pour expulser son gaz. Le moteur doit absolument rester chaud pour pulvériser en vapeur l'eau qui pourrait le noyer. Le chauffeur donne de violents coups de gaz. Des enfants grimpent sur le véhicule et plongent dans la rivière. Nous croisons des femmes qui traversent le pont avec leurs biens sur la tête et nous projetons de grandes vagues vers elles. Le minibus ressort, tout a bien fonctionné, nous serons bientôt arrivés à Oursi, la limite de la réserve sahélienne. À partir de là, la « piste » devient « route secondaire » jusqu'à Ouaga, et n'est plus à ce point délabrée qu'elle limite notre vélocité à quelques kilomètres par heure.

Avec un toussotement, le moteur s'arrête. Le passager-chauffeur, content, se retourne vers nous et se dit fier de ne pas avoir manqué d'essence avant. Comme hier soir il a dû aller chercher l'essence à mobylette, il n'a pu ramener qu'un bidon de 10 litres. Nous nous trouvons à une dizaine de kilomètres d'Oursi, le chauffeur se place en bordure du chemin pour attendre un véhicule qui pourra l'amener jusqu'à la station, puis il devra trouver un moyen de revenir. Un passant apostrophé s'arrête avec sa bicyclette et la prête au chauffeur pour qu'il se rende à la station-service. L'ex-cycliste se place alors à l'ombre d'un arbre et fait la sieste. Les imprévus, le hasard, l'incertitude ne sont pas des éléments négatifs à éviter. Ils sont tissés étroitement à la vie, il faut les accepter pour mieux les surmonter. Et de toute façon, mieux vaut « siester » que pédaler pour deux.

•

Le voilà à l'horizon ! Je guettais le ciel depuis un moment déjà dans la crainte de l'apercevoir. Et le voilà. Le vieux 747 reflétant l'orangé du coucher de soleil amorce sa descente au loin, sur Ouagadougou. C'est celui qui repart presque aussitôt pour la Belgique. Pas question de laisser ce joujou trop longtemps en sol si étranger. Le fait de le voir si petit m'indique que je suis dans l'eau chaude. Je ne peux et ne dois pas rater cet avion. Mais je suis encore entassé dans cette boîte de sardines dont le chauffeur s'arrête à chaque village pour saluer les habitants, fumer une clope, repartir avec un air faussement pressé.

Grâce à la pluie d'hier, la verdure est apparue presque instantanément, de l'herbe dans les ruelles, des feuilles dans les arbres, des insectes volent partout, les margouillats se tapent un véritable «buffet à volonté». Mais ce qui est le plus marquant, c'est que la température est tombée de plus de 10°, frôlant les 25°C. Les gens portent des tuques, des manteaux, s'attroupent autour des braises qui cuisent les brochettes. Nous pourrions nous croire en plein hiver, comme chez nous, mais à l'opposé du tout au tout : le sol blanc de neige surplombé par des gens blancs comme neige est remplacé par un sol de terre noire et des gens noirs. Chose commune : ils grelottent.

L'heure de mon départ approche si rapidement. Le temps passe tellement vite ici. À la fin de la journée, rythme de vie oblige, on peut compter sur une main le nombre de choses que l'on a faites. Chez moi, il me semble que j'ai le temps de faire 24 000 affaires en quelques heures, mon temps n'est que productif. Ici, au grand contraire, les 12 dernières heures de ma vie ont été passées sans que je bouge, entassé sur un banc de mini-fourgonnette.

Au prochain village, je décide de changer mon sort. Lors de la cigarette habituelle de notre chauffeur, je fais déplacer tous les passagers pour qu'ils me laissent sortir, et je vais me dégourdir les jambes. Je contourne quelques habitations plantées en plein milieu de la savane. Derrière la dernière case, un homme, un vieil homme, est étendu à l'ombre et émet d'étranges sons. Il tremble. Un quadraplégique ? Sa cheville est retenue à un tronc d'arbre. Une chaîne l'y attache. Je reviens au véhicule aussitôt, discrètement, rempli du sentiment d'avoir entrevu quelque chose que je n'étais pas supposé voir. Je rejoins le chauffeur qui est en train d'entamer son dernier souffle et j'embarque dans le véhicule. Cette fois-ci, je demeure accroupi entre le chauffeur et les deux passagers entassés en avant, et je lui demande discrètement s'il sait qui est cet homme que j'ai aperçu… Timides, mes paroles dominent à peine le moteur rugissant du haut de ses trois cylindres. Le chauffeur me raconte, comme si c'était l'histoire la plus banale :

> — Cet homme, plus jeune, avait l'obsession de l'argent, il voulait à tout prix être riche. Il n'avait pas compris qu'être riche est une conséquence et non un objectif. Il a donc fait affaire avec les Blancs et s'est procuré des potions qui faisaient pousser son mil beaucoup plus rapidement et grassement. Les gens du village croyaient que ses champs étaient *wackés*. Il est devenu riche et, pour éviter de se faire voler, il cachait son magot à chaque récolte. Mais peu à peu, il est tombé malade et s'est mis à avoir toujours froid. Son corps grelotte depuis ce jour, il est comme possédé et a perdu la raison. Il n'a jamais pu dire à personne où se trouvait son magot. Les génies l'ont puni.

Tout ce qui me vient en tête, ce sont les génies de la finance qui, même si avec raison leurs produits chimiques sont bannis de l'Europe, se retournent vers le marché de l'Afrique pour continuer l'accumulation de leurs profits.

Enfin Ouaga ! Mais je n'y arriverai jamais. Mon avion décolle dans 45 minutes, je ne suis pas encore arrivé au centre-ville et je dois encore aller chez moi pour… faire mes valises. Elles ne sont pas encore faites, je pensais revenir beaucoup plus tôt.

Le taxi vert me dépose à quelques centaines de mètres de la maison. Depuis les 14 dernières heures, mes jambes n'avaient pas servi à me véhiculer. Je suis enfin libéré, j'étire mes bras vers le ciel, délivré de la cage métallique. Mais je suis épuisé. Je devrais courir mais mes jambes et mon corps refusent d'obtempérer. Je suis complètement claqué. Devant notre entrée, une BMW et le 4 x 4 de Moustapha : quoi, il n'est pas encore parti porter Valériane ? À l'aide de claques contre mes cuisses, j'oblige mes jambes à avancer plus vite. J'arrive dans la cour, Valériane et Moustapha viennent me saluer avec emballement, heureux qu'il ne me soit rien arrivé.

— Rien arrivé ? Au contraire, il m'est arrivé plein de choses !

Un autre homme me salue en me serrant la main : le directeur de la Banque Ouest-Africaine… Un coup d'œil à Valériane qui affiche un sourire gêné, un coup d'œil à Moustapha qui semble heureux : ça y est, il est venu « voir le projet » pour avoir la chance de rencontrer Valériane, comme il l'avait promis au *Canada Day*. Mais c'est une rencontre de courte durée. Valériane est prête, ses bagages sont faits. Moustapha doit partir immédiatement pour la conduire.

— À bientôt, j'espère…

Salutations plutôt étranges. Moustapha me fait signe en démarrant, me pointant le directeur de la banque qui attend son retour : « C'est ta chance. » Je me retourne vers le directeur en question, essaie de prendre le temps de le saluer mais, avec tout ce que j'ai en tête, difficile de demeurer calme. Je finis par lui expliquer que je dois prendre cet avion aussi mais qu'il me manque de temps, que je ne sais pas trop quoi faire, que je ne peux pas me permettre de le rater… Mes paroles déboulent. Il se retire d'un pas, ce qui suscite mon silence ; il se sort une cigarette lentement, prend soin de la frapper sur le coin de sa boîte pour bien en taper le tabac, se l'allume puis en soutire une longue bouffée. Après l'avoir copieusement expulsée, il baisse les yeux vers moi et me demande :

— Et alors le Sahel, c'est chaud n'est-ce pas ?

Mes bras tombent. Je ne comprends plus rien.

L'existence est une gigantesque pièce de théâtre, nous sommes les metteurs en scène de notre vie. Nous devons diriger notre pièce malgré les imprévus, tenter de l'orienter dans la direction voulue. Nous cherchons évidemment à nous entourer de « comédiens » qui apporteront une collaboration souhaitée à notre œuvre. Cependant, certains « acteurs » sont extrêmement imprévisibles, ne respectent pas notre scénario, et il devient bien difficile de prévoir où la scène aboutira.

— Oui, il fait chaud au Sahel…

Il ne peut pas m'aider et est trop gêné pour me l'avouer ? Veut changer de sujet ? Il est offensé que je lui fasse une telle demande, que je veuille l'exploiter ? Je ne sais plus… Il continue :

— Est-ce que tu crois que ton séjour en Afrique a vraiment été bénéfique ou seulement un coup d'épée dans l'eau ?

— J'aime mieux donner des coups d'épée dans l'eau en espérant faire des remous plutôt que de baisser les bras et de me laisser noyer.

Je m'assois sur le divan, découragé. Mon avion… Le directeur, tout en continuant de me poser des questions uniquement pour la forme, s'arrête quelques secondes pour ouvrir une parenthèse et me dit doucement, d'un geste de la main :

— Tes bagages sont prêts ?

Une brève lueur d'espoir naît en moi. Je tente de poursuivre la discussion calmement tandis que mon corps court silencieusement dans ma chambre pour entasser mes possessions dans mon sac. Je lui parle de ma famille et lui demande des nouvelles de la sienne. Il est mon seul espoir, je dois jouer son jeu. Après tout, « si ta main se trouve dans la gueule du chien, il faut le flatter pour pouvoir l'enlever. »

Je vais craquer, n'y arrive plus, je lui demande l'heure nonchalamment pour lui faire réaliser que le temps passe.

— Ah oui... ton vol.

Comme s'il avait oublié... Il prend son téléphone, salue quelqu'un, continue en dialecte, jase, jase, jase, rit, jase en riant, jase, jase, rit, jase... Tant qu'à moi, il peut très bien être en train de donner une recette de tarte aux bananes à sa femme, ayant oublié totalement mon existence. Il finit par raccrocher, me regarde un moment.

— Es-tu prêt ?

Je me précipite vers la cour arrière pour saluer Basil, Yaku et Moussa, tout juste revenus de Bobo. Quelle douleur ! Il aurait fallu une cérémonie de mille jours, je n'ai que quelques secondes. La fin d'un voyage laisse toujours un arrière-goût de mélancolie, le temps passe, les amitiés sont rompues. Partir, toujours partir. Les départs sont sacrés par le voile de l'adieu. On salue la personne comme si c'était la dernière fois qu'on la voyait, ce qui est trop souvent le cas même si notre intention est tout autre. C'est dans ces moments que nous entrevoyons l'éphémère de la vie, que nous réalisons que le temps ne s'arrête jamais, que nous partirons tous un jour pour ce grand et final voyage. Adieu chers Bobolais, adieu Philippe, Salli, Sibiri, Lili... et tous les autres.

Le chauffeur utilise la toute-puissance de son engin, la BMW traverse la ville à une vitesse fulgurante. Tous doivent se déplacer en panique pour la laisser passer. Autre option : se faire écraser. Aucun problème, j'ai l'impression qu'avec l'homme savourant sa cigarette à mes côtés, si la police nous arrêtait, ce serait pour aussitôt repartir devant et nous ouvrir le chemin.

L'auto s'immobilise en face de l'aéroport. Je m'apprête à remercier chaleureusement le directeur lorsqu'un homme m'ouvre aussitôt la porte. C'est un douanier en uniforme. Il doit m'escorter à l'avion. Je le suis au pas de course, mon billet m'attend déjà au comptoir. Ils prennent mon sac au vol, je traverse les douanes, faisant étamper mon passeport sans ralentir le pas et j'arrive sur la piste. L'avion repose devant moi. J'ai 45 minutes de retard. Les autres passagers sont enfermés depuis une heure déjà dans ce tube d'aluminium, dans la chaleur intense. Ils patientent en attendant le moment du décollage. Dès que j'embarque, le pilote annonce que :

— L'ennui technique mineur est résolu, nous allons enfin pouvoir décoller.

Les quelques Africains écoutent de la musique, sur leur mode « pause », aucun problème. Les Blancs me fixent, moi qui suis entré par la porte d'en avant et qui dois m'asseoir au fin fond de l'appareil. Des visages impatients semblent me communiquer : « Au moins, s'il avait été un dignitaire ou quelqu'un d'important... » Eh non ! J'arrive, les cheveux complètement imbibés du mix infernal terre rouge et sueur, ma barbe pousse sans mon consentement, mes pantalons portent clairement la démarcation produite par l'eau brune lorsque j'ai poussé le taxi, le haut de ma djellaba arbore les marques des branches sans pitié du Sahel... Je croise Valériane dans l'allée et lui prend la main avec émotion, tout en sourire, retenant l'énergie qui voudrait que mon corps bondisse de joie. Je gagne mon siège. La Belge à mes côtés, d'un air émerveillé, m'expose à quel point je suis chanceux, car s'il n'y avait pas eu ce « problème technique », j'aurais raté l'avion. Je tente de contenir mon euphorie, lui sers un clin d'œil accompagné d'un sourire reliant mes deux oreilles. Je viens de profiter de ce qui alourdit l'Afrique au point de la noyer. Pourtant... il est vrai que, lorsque c'est nous-même qui en bénéficions, le sentiment est, euh, comment dire...

YEEEHAAAA !!!

Le temps qu'il me reste avant de mourir ne saurait être suffisant pour rendre aux Africains ce qu'ils m'ont offert en seulement quelques mois.

ANNEXE 1

Le secteur informel, c'est le travail au noir, l'ensemble des activités qui échappent à la politique économique et sociale, esquivant ainsi toute forme de régulation effectuée par l'État. La dimension de ce secteur est énorme en Afrique et sa croissance est constante.

Entre les années 1950 et 1980, l'Afrique s'est distinguée par un boum démographique inversement proportionnel à sa croissance économique. « Le lit du pauvre est fécond. » La décennie 1980 marque le début de la crise économique et de la mise du continent africain, aux prises avec des difficultés sans précédent, sous la tutelle du FMI et de la Banque mondiale. Des programmes d'ajustements structurels (PAS) sont alors imposés (réduction des salaires, diminution des effectifs dans la fonction publique, privatisation de pans entiers d'économies locales et d'entreprises d'État...) L'exode rural est massif, les emplois inexistants, le développement du chômage urbain est accompagné de l'émergence et de l'essor du secteur informel. C'est une question de survie pour ces populations refusées par le secteur formel. Comme il n'existe aucune assurance emploi ou prestation de la sorte, aucun service social, il leur a fallu, pour survivre, déployer le fameux système « D », débrouille-toi, réputé en Afrique comme étant le seul à faire avancer les choses. J'ai des ciseaux, je deviens coiffeur. J'ai des outils, je deviens garagiste. Je suis entrepreneur, j'entre dans les maisons et je prends...

In crisis, imagination is better than knowledge

Albert Einstein

Cependant, les travailleurs de ce secteur sont souvent exposés à une relation de dépendance bien plus violente vis-à-vis leur employeur que les travailleurs salariés. Leur nourriture, leur logement, leur ration d'eau, dépendent souvent directement du rendement de leur journée, sont parfois leur unique salaire. « Le secteur informel n'est aucunement organisé, c'est lui qui t'organise. »

Au début des années 1980, le Bureau international du travail voyait le boum du secteur informel comme une anomalie passagère, un simple réajustement qui se résorberait avec une éventuelle croissance économique. Après 20 ans de persistance, le Bureau réajuste son tir. On estime que 25 % de la population mondiale œuvre dans le secteur informel. Au Burkina, c'est 80 % de la population qui en vit. L'informel est devenu le cœur de l'économie africaine, au grand plaisir de notre société occidentale en recherche désespérée de *cheap labour*.

Comme notre système économique est basé sur une croissance économique infinie, mais que la planète donne des signes évidents d'essouflement, c'est vers les humains qu'il faut se tourner à présent pour maintenir notre essor. C'est ainsi qu'au sein de l'entreprise privée les opérations impliquant une main-d'œuvre importante se font de plus en plus en sous-traitance. La compagnie se trouve ainsi au centre d'un réseau de sociétés interdépendantes de sous-traitance, qui sous-traitent à leur tour en cascade, avec des salaires et des conditions de travail qui se dégradent au fur et à mesure que l'on s'éloigne du noyau central. En décentralisant et en sous-traitant au maximum, en ayant recours partout où cela est possible au travail précaire (temporaire, saisonnier, sur appel...), le patronat réduit ses coûts en déréglementant le marché du travail. C'est ainsi que le secteur informel fait intégralement partie des chaînes globales de production et de vente. Il n'a de particularité que l'absence de droits et de protection sociale des travailleurs qui en font partie.

Ainsi, en 1991, la compagnie automobile Toyota comptait 36 000 sous-traitants : « Arrangez-vous comme vous le voulez, moi je veux payer le tissu de mes sièges deux sous le mètre. » Dans le même ordre d'idée, la firme américaine Nike ne se considère pas légalement comme un fabricant, mais bien comme une société de recherche, de développement et de marketing. Elle perd ainsi toute responsabilité à l'égard du « comment » et « dans quelles conditions » ses chaussures sont produites, ne cherche qu'à maximiser ses profits à n'importe quel coût. *Le nike les enfants thaïlandais.*

L'esclavagisme existe encore, seulement, grâce à la mondialisation, les esclaves peuvent dorénavant demeurer dans leur propre pays. On économise sur les frais de livraison !

Ainsi, le schéma est clair. Les multinationales, dont le monde entier est devenu la plate-forme, ont besoin de produire à moindre coût, ce à quoi elles destinent le bassin humain du Tiers-Monde. Nous sommes les « consommateurs », eux sont les « consommés ». Mais pour être en mesure de toujours consommer, nous devons avoir un revenu, être prospères pour assurer le roulement des marchandises. Les multinationales doivent nous réserver les meilleurs emplois. Mais plus nos conditions de travail s'améliorent, plus nos syndicats deviennent puissants et plus les multinationales doivent compenser en réduisant leurs coûts de production pour maintenir leur profit, et plus les conditions du Tiers-Monde se dégradent. Leur pauvreté nous assure notre mode de vie aisé, nous pouvons surconsommer en toute quiétude.

« Trois cent cinquante-huit personnes contrôlent 45 % du revenu mondial... » « La Banque mondiale affirme que 12 % de la population possèdent 86 % de la richesse mondiale. Les 20 % les plus pauvres en contrôlent moins de 1 %. » « En 1999, la fortune cumulée des 200 personnes les plus riches du monde a franchi la barre des 1 000 milliards de dollars. À titre de comparaison, les 582 000 000 habitants des 43 pays les moins avancés ont totalisé un revenu cumulé de 146 milliards de dollars. » « L'avoir des trois familles les plus riches dépasse le revenu annuel de 600 millions de personnes dans les pays les plus pauvres. » « Le revenu moyen des 20 pays les plus riches est 37 fois plus élevé que celui des 20 pays les plus pauvres, un écart qui a doublé au cours des 40 dernières années… » On se fait répéter ces statistiques jusqu'à ce qu'on en soit tellement écœurés qu'elles ne nous font plus réagir. Et quand les manifestations anti-mondialisation éclatent dans nos pays prospères, plusieurs haussent le ton, adoptent une grande sympathie envers les pays pauvres sous leurs masques à gaz. « SoDOLLARité ! » On scande, mais pas trop fort, on frappe, mais sans vouloir faire mal. Une mini-guerre éclate, l'espace d'une fin de semaine, puis le dimanche à 16 heures, c'est terminé. On embarque dans le bus et on retourne écouter notre TV, encaisser nos chèques, boire du café à 60 sous la tasse, courir avec nos souliers Nike… *Oui à la justice dans le monde, mais je ne veux pas payer mes bananes plus de 39 sous la livre, par contre…* On retourne à sa vraie vie. Parce qu'il ne faut pas se leurrer. Tout ce système d'iniquité, c'est nous qui en profitons. Nous sommes du bon bord. Parce que si justice mondiale, si équilibre, si équité pour tous les humains de la terre il y avait, notre chute serait vertigineuse. Du sommet où nous nous trouvons, pour que notre balancier aille rejoindre à mi-chemin le balancier de ceux qui se trouvent en bas, il y a plusieurs étages à franchir, apportez votre parachute. Sur cette immense balance mondiale, c'est le poids des milliards d'humains qui se trouve du côté de la pauvreté qui fait en sorte que notre palier s'élève presque jusqu'au ciel. 3 télés, 2 autos, 1 chalet… et aucune souris verte.

C'est pour maintenir notre altitude que nos chers dirigeants, banquiers, multinationales, utilisent leurs bons vieux programmes d'ajustements structurels du FMI qui obligent les gouvernements à réduire leurs dépenses sociales.

Ugo, tu nous traînes dans la boue, pourtant nous faisons tout ça pour toi...

ANNEXE 2

Le franc FCFA de l'Afrique de l'Ouest est basé sur le franc français selon un taux fixe (quelle indépendance ?). En 1994, la France a décidé que, du jour au lendemain, la valeur de l'argent ouest-africain allait diminuer de moitié. Un FCFA dont la valeur était établie à deux cents francs français en vaut maintenant cent, ce qui signifie que toutes les importations sont devenues instantanément deux fois plus dispendieuses et que toutes les exportations se vendent dorénavant à moitié prix. En claquant des doigts, comme ça, pour «ajuster la valeur du FCFA », la pauvreté est revenue en force et l'économie des Africains s'est bien sûr écroulée, contrairement à celle des Français qui pouvaient dorénavant se prévaloir des matières premières à moitié prix.

ANNEXE 3

Le 24 décembre 1999, le président de la Côte-d'Ivoire, pays limitrophe au sud, a été renversé par un coup d'État — le premier dans l'histoire de ce pays. Bien qu'au cours des dernières années l'application des Programmes d'ajustements structurels du FMI eût entraîné de sérieuses réductions des dépenses publiques, aggravant sérieusement le niveau de pauvreté, la Côte-d'Ivoire avait la réputation d'être, dans l'ensemble des anciennes colonies françaises d'Afrique, la plus développée économiquement et la plus stable politiquement.

Le Parti démocratique de la Côte-d'Ivoire (PDCI), le plus ancien parti au pouvoir du continent, qui gouvernait le pays depuis l'indépendance de 1960, était en poste depuis si longtemps que plusieurs commençaient à y voir les aspects d'une autocratie. Le violent coup d'État — massacre de tous les ministres en place — a propulsé au pouvoir le général Robert Gueï, ancien chef d'état-major. Celui-ci a promis de « balayer la maison » et de déclencher des élections présidentielles démocratiques. Mais le candidat favori, Alassane Ouattara, celui à qui les sondages attribuaient une nette majorité, a été soudainement « disqualifié » peu de temps avant le scrutin. La junte militaire avait en effet déclaré invalide la candidature de celui qui, selon eux, ne serait pas un authentique Ivoirien, étant né d'un père burkinabé. Enflammées par une campagne gouvernementale de xénophobie, de nombreuses et violentes manifestations ont eu lieu à Abidjan ; de véritables pogroms d'im-

migrants se sont organisés au cours d'affrontements meurtriers. Un soulèvement sans précédent a été déclenché chez les
Burkinabés, qui comptent plus d'un million de ressortissants
en Côte-d'Ivoire, main-d'œuvre bon marché arrivée essentiellement au milieu des années 1960 pour travailler sur les
plantations. Les autorités en place ont même décrété l'exil
de tous les non-Ivoiriens, c'est-à-dire l'expulsion forcée des
Burkinabés qui, souvent, habitaient dans leur pays d'accueil
depuis plusieurs générations. Un nombre important d'expa-
triés se sont donc vus forcés de revenir dans un pays où ils ne
leur restait plus rien, où ils devraient mendier ou voler pour
survivre. Cet exode est en partie responsable de la vague gran-
dissante de crimes que connaît le Burkina, mais pour beaucoup, la principale raison demeure le geste symbolique qui a
suivi le coup d'État : dès son ascension au pouvoir, le général
Gueï a décrété un armistice général pour les prisonniers
politiques de l'ancien président. Les soldats ont alors libéré
quelques chefs d'opposition et dirigeants syndicaux de la prison centrale. Au moment où ils en ont ouvert le portail, l'ensemble des quelque 6 500 prisonniers se sont évadés en faisant
24 victimes dans la foulée. Les criminels notoires, voulant faire
tabula rasa de leur dossier, ont simplement opté pour un pays
facile à exploiter, voisin, où ils demeurent méconnus : le Burkina.

ANNEXE 4

La grande course colonisatrice amorcée après la conférence de Berlin, à la fin du XIXᵉ siècle, était fort simple. Les grandes puissances se sont mises d'accord pour se partager l'Afrique comme on découpe un gâteau, il ne restait qu'à savoir quel morceau irait à qui. La seule règle : la première puissance à occuper militairement un pays en devient le « propriétaire ». Dans cette folle course de la conquête, le premier arrivé était le premier servi.

Pour permettre d'acheminer les ressources d'un bord à l'autre du continent, il fallait joindre des pays limitrophes, s'assurer d'une voie pour la circulation des marchandises. Les Français ont cherché à conquérir tous les pays au sud du Sahara, à l'horizontale, d'un océan à l'autre. Les Anglais, eux, se sont alignés verticalement, de l'Afrique du Sud jusqu'à l'extrême nord. Le Burkina, qui se trouve à l'intersection de nombreuses routes caravanières reliant les centres animistes du Sud et les royaumes islamiques du Nord, a eu droit à une convoitise sanglante. Les Français voulaient à tout prix ce trait d'union idéal entre leurs comptoirs des côtes occidentales et méridionales. Face à l'invasion, les Mossis ont aligné des milliers de cavaliers, mais ceux-ci n'avaient pour tout équipement militaire que des fusils à pierre, des flèches empoisonnées, des lances, des javelots et des gourdins. Affrontant des fusils à tir rapide, ils se sont fait rapidement décimer. « Enfants de la patrie-i-e, le jour de gloire est arrivé... »

Oui, les races supérieures ont un droit sur les races inférieures.

Un droit parce qu'elles ont un devoir.
Le devoir de les civiliser, de les pacifier (…)

Ces droits et ces devoirs sont ceux de la civilisation
à l'égard de la barbarie.

J. Ferry, premier ministre de la France, 1880-1885

Un des épisodes de cette course au colonialisme a d'ailleurs inspiré un grand film hollywoodien: *Apocalypse Now*. Les Anglais venant de se mériter le Nigeria, les Français devaient marquer leur territoire au plus vite, s'avancer davantage vers l'est jusqu'au lac Tchad. Cette mission a été confiée à deux officiers français, Voulet et Chanoine. L'expédition ayant peu de moyens matériels et d'argent, elle a recruté des soldats sénégalais et bambara à qui elle a promis le partage du butin et des captifs réalisés en cours de route. La colonne n'a laissé sur son passage que villages rasés, incendies et populations massacrées. Quand un officier de la colonne, en désaccord avec les méthodes employées, a fait état des événements à la mère-patrie, celle-ci a envoyé un colonel pour enquêter sur les faits. La colonne, à présent gonflée de milliers de captifs et d'animaux, a été rattrapée par la mission d'enquête. Ne supportant pas d'être critiqués et destitués, eux qui avaient pourtant été si efficaces pour le bien de la patrie, Voulet et Chanoine ont supprimé le chef de la mission, puis décidé de rompre avec la France et de continuer l'expédition pour leur propre compte. Dans le délire qui s'en est suivi, ils se sont proclamés rois des nègres et ont continué leur percée meurtrière jusqu'au jour où leurs propres troupes se sont rebellées contre eux. Encore aujourd'hui, dans les villages, les vieux racontent aux enfants qui ne veulent pas se coucher que Chanoine et Voulet viendront les chercher s'ils ne dorment pas bientôt…

ANNEXE 5

Pendant plus de trois siècles, entassés dans les cales des négriers, des millions de jeunes Africains ont été déportés au-delà de l'océan afin d'y édifier, à la sueur de leur front, la richesse et le pouvoir du Nouveau Monde. C'est que les Africains étaient dotés d'une constitution plus solide, qu'ils étaient plus résistants aux grandes chaleurs, contrairement aux indigènes des Antilles et des Amériques qui avaient la fâcheuse habitude de mourir au travail. En se ravitaillant sur le continent noir, les plantations de coton et de canne à sucre de l'Amérique verraient leur productivité grimper en flèche, entraînant avec elle les profits.

Pour les 15 millions d'Africains qui ont mis pied dans les Amériques pour y être vendus comme esclaves, on estime que 100 millions sont décédés durant le processus. Que ce soit lors de la traversée, en raison de la faim, de la soif et des maladies, lors de révoltes, de tueries ou de longues marches de la mort… c'est 100 millions d'êtres humains. Et ces 100 millions d'êtres humains, ce n'était pas les vieux, les handicapés, les faibles, car les commerçants procédaient à une sélection rigoureuse, ne choisissaient que ceux qui étaient aptes à travailler, qui possédaient la force. Les meilleures ressources étaient emportées, seuls les plus robustes survivaient aux longues marches jusqu'aux bateaux. Les décideurs de la génération suivante ont ainsi disparu.

Quand on arrache à un continent 100 millions d'humains dans la fleur de l'âge, ce continent est certainement voué à s'écrouler. La perte en force de travail est inestimable : personne pour cultiver les champs, pour s'occuper des animaux, pour faire avancer le pays. Dépeuplée, détruite, ruinée, dévastée, la savane stérile envahissant ses terres florissantes, l'Afrique a connu des siècles de mépris et d'humiliation qui ont ancré en elle un profond sentiment d'injustice. Cependant, l'esclavagisme n'a jamais été reconnu comme un crime contre l'humanité. Ceux qui l'ont exercé, qui détiennent le pouvoir encore aujourd'hui, ont peur de se faire demander des comptes... Pourtant, la prospérité du commerce et la richesse nationale ne peuvent être mises en balance avec la justice.

Dans des comptoirs, sur certaines îles en banlieue du continent, les prisonniers attendaient le départ. Les îles facilitaient les partances et écartaient les risques de rébellion provenant du continent. Les femmes étaient triées pour leur beauté, leurs seins pointus, leur jeunesse. Les plus belles et les plus jeunes devaient passer quelque temps avec les capitaines et arrivaient souvent en Amérique déjà enceintes. Les jeunes hommes devaient être forts, avoir de bonnes dents. C'est ce qui leur accordait de la valeur. Puis, un à un, ils franchissaient la tristement célèbre « porte du non-retour ».

Beaucoup d'esclaves restaient des mois enchaînés dans la cale d'un négrier, plusieurs centaines entassés les uns contre les autres. On estime que pendant le voyage, qui durait de deux à trois mois, près de la moitié d'entre eux sont morts de faim, d'asphyxie et de soif, quand ce n'était pas la totalité qui périssait. Ceux qui devenaient malades ou trop faibles pour être vendus à bon prix étaient attachés par dizaines à une pierre qu'on larguait en plein océan, question d'économiser les réserves de nourriture.

Le commerce triangulaire s'est mis en place. Les bateaux partaient d'Europe, les cales remplies de pacotilles destinées à être troquées contre des humains en Afrique. Bourrés d'esclaves, ils mettaient ensuite le cap sur l'Amérique, échangeaient leur cargaison contre du coton et du sucre, puis c'était le retour vers l'Europe qui l'achetait à fort prix. L'esclavagisme a propulsé les économies de l'Europe et des États-Unis qui sont devenues, grâce à lui, des joueurs importants sur la scène mondiale.

Les rares qui survivaient au voyage vers l'Amérique, puis aux travaux forcés, étaient sans aucun doute les plus résistants des hommes. Il est facile d'observer que les Noirs américains sont généralement grands et costauds, d'un physique imposant. La blessure de l'esclavage ne sera jamais guérie complètement ; le ressentiment est transmis de génération en génération, legs de leurs ancêtres qui, en mettant le pied sur ce *land of the free*, ont été marqués au fer blanc pour indiquer à qui ils appartenaient. Puisque les noms traditionnels africains comme Ouédraogo étaient trop complexes à prononcer pour un simple Américain, les propriétaires leur ont attribué des noms de leur cru : Black, Wilson, etc. Ces hommes perdaient leur mère-patrie, leur famille, leurs origines, leur liberté, et jusqu'à leur identité. C'est pourquoi un certain Malcom Little, lorsqu'il a revendiqué des droits pour les Noirs dans les années 1960, ignorant son véritable nom et de quel pays ses ancêtres provenaient, a, en guise de contestation, fait changer son nom pour celui de Malcom X. Il ne nous faut jamais oublier nos origines et notre histoire, même si elles nous ont été volées.

Le travail impayé durant les siècles d'esclavagisme a permis une accumulation de richesses dont jouit encore aujourd'hui la société occidentale. Lorsque nous blâmons l'Afrique d'être restée si rétrograde, de ne pas avoir « évolué », il faut nous demander si nos propres progrès ne sont pas directement attribuables à cette réalité.

ANNEXE 6

La révolution industrielle de la fin du XIXe siècle et l'asservissement de la vapeur ont provoqué un boum économique en Europe, pays qui a vu sa production augmenter d'une façon exponentielle. Malheureusement, ces nouvelles techniques de fabrication ont entraîné une offre que la demande ne pouvait plus absorber. Cette surproduction a amené une chute des prix menaçante pour les profits. Le besoin était urgent ; il fallait absolument développer une nouvelle demande. Un prolongement économique du marché européen s'imposait. On s'est tourné vers le Sud, tout près. Ces Africains qu'on ne pouvait plus vendre comme esclaves à cause des pressions internationales et de la nouvelle Charte des droits de l'homme, si on arrivait à les entraîner à consommer exactement comme les Européens, cela créerait un débouché plus qu'intéressant pour la production. «Non, non, non! La calebasse, c'est pour les primitifs. Il faut utiliser des ustensiles, boire dans des verres, porter la cravate...» Et il était de plus fort alléchant d'aller pêcher, sans restrictions, dans ce formidable bassin à ressources naturelles qui fait 55 fois la taille de la France.

Les Européens se sont donc rués vers l'Afrique, comme un lion dans une cage à poules. Ils comprenaient déjà fort bien que, pour dominer un peuple, rien de mieux que de lui imposer sa culture, de recourir à l'assimilation pour provoquer une aliénation culturelle. Les Français visaient la *tabula rasa*, rien de moins. La première étape, bien sûr, était l'imposition de la langue. Dans les écoles africaines, chaque matin on chante *La Marseillaise*. Dans les classes, on apprend la géographie française. En histoire, on étudie « Mes ancêtres, les Gaulois, avaient des cheveux blonds et des yeux bleus. » On apprend l'histoire de Napoléon, mais jamais l'histoire de son propre village. Pour savoir où l'on va, il faut savoir d'où l'on vient. Justement, le plan était qu'ils aillent nulle part. Puis arrive l'imposition des valeurs. « Vous étiez des sauvages avant que les Blancs ne viennent vous aider. » Toutes les technologies, toutes les modernités viennent d'Europe. L'on développa le culte du Blanc. L'Afrique devint un arbre que l'on sépara de ses racines. Le berceau de l'humanité se vit dépossédé, une fois de plus, de son humanité.

ANNEXE 7

Durant la colonisation, l'éducation des Noirs était limitée à la petite école. Il était primordial que les Africains demeurent au bas de toute échelle. Tout ce qui est traditionnel est mauvais, tout ce qui est nouveau et bon vient d'Europe. Le père du premier président du Sénégal indépendant était cuisinier dans un couvent. Son petit, Léopold Senghor, était intelligent, dévorait tous les livres qu'il dénichait et s'intéressait à la culture. Convaincues qu'elles avaient devant elles un miracle de Dieu, un génie qui faisait exception et qui s'opposait à tout ce qu'elles avaient entendu sur les «barbares», un Blanc dans la peau d'un Noir, les religieuses ont décidé de prendre en charge son éducation, de transgresser les lois, de trahir. On dénombre quelques cas d'exceptions de ce genre, généralement soutenus par divers groupes, surtout religieux. C'est ainsi que, dans les années 1930, quelques Africains ont réussi à s'expatrier à Paris, à poursuivre des études supérieures et à créer le *Quartier latin*. C'est là qu'ont vu le jour les premières idéologies de liberté et d'égalité des races. La culture africaine ne pouvait plus constituer la base de ce rassemblement libérateur, car plusieurs esclaves et enfants d'esclaves, nés dans leur pays d'adoption, ne la connaissaient plus. Le lieu commun était l'oppression, le besoin de liberté. Un soulèvement contre la *tabula rasa* historique et culturelle imposée par les Européens.

Arrive la Seconde Guerre mondiale et le recrutement massif des «tirailleurs sénégalais». C'est la première fois que ces masses entrent en contact avec le monde. Les Africains au front découvrent que les Blancs, «seigneurs incontestés et souverains», se combattent entre eux. Ils découvrent que des populations de Blancs «bénis de Dieu» vivent dans la misère, ont peur, sont faibles, meurent. Ils voient la France, leur puissance coloniale, se faire battre, être humiliée. Ils aperçoivent les survivants des camps de concentration, maigres, torturés, impuissants, qui fuient, supplient, pleurent; ils sont vêtus de guenilles, affamés, mendient un bout de pain. Ils comprennent, contrairement à tout ce qui leur a été inculqué, que les Blancs ne sont après tout que des humains, comme eux. C'est la chute de l'image de l'homme Blanc-Dieu. Cette guerre, qui leur a révélé les faiblesses des puissances colonisatrices, amorce par la même occasion la déroute du système colonial.

Lorsque la paix est signée, des centaines de milliers de combattants retournent en Afrique, accompagnés de la première élite du continent. Ils estiment que les colonisateurs ont une «dette de sang» envers eux à la suite du difficile recrutement militaire qu'ils ont subi durant les deux guerres mondiales. De plus, les Africains ont participé à ces guerres pour défendre la liberté de la France, pour qu'elle soit à l'abri de la domination et du racisme. De retour au pays, ils nourrissent les même ambitions que la mère patrie et amorcent la création de syndicats, pierre d'assise des mouvements pro-indépendance qui fleurissent un peu partout. La perpétuelle opposition entre les idéologies, le conflit entre le pain et la liberté, battent leur plein. Mais comme le pain vient souvent à manquer, la population n'a rien à perdre... tout déboule. «L'Afrique aux Africains!»

La guerre a porté un coup très dur à l'Europe, qui doit maintenant se reconstruire. Cette puissance cède sa place à de nouveaux leaders mondiaux: l'URSS et les États-Unis. L'URSS se révèle profondément anticolonialiste, communisme oblige. Quant aux États-Unis, ils veulent leur part et réclame des colonies, menaçant même de ne pas mettre en œuvre leur fameux Plan Marshall s'ils obtiennent pas leur part. Mais la population américaine, constituée en bonne partie d'ex-esclaves, n'est pas trop chaude à cette idée. Devant le refus de l'Europe d'obtempérer, et devant les pressions internes, les États-Unis se prononcent donc contre le colonialisme et réclament alors l'indépendance de tous les pays. « Si on ne peut pas avoir de gâteau, alors personne n'en aura. »

L'ONU, créée immédiatement après la Seconde Guerre mondiale, devient une tribune idéale pour les peuples colonisés qui peuvent maintenant s'appuyer sur la toute récente Déclaration universelle des droits de l'homme. En Inde, Gandhi constitue une énorme source de motivation pour les Africains lorsqu'il soulève son peuple contre les colonisateurs anglais. À travers la libération de l'Inde, les messages porteurs d'espoir de Gandhi incitent tous les hommes à ne constituer qu'une seule communauté fraternelle. Après l'indépendance, l'arrivée d'un gouvernement démocratique indien se traduit par la disparition immédiate des famines. La Chine de Mao Zedong s'oppose au colonialisme, l'Algérie et l'Indochine se libèrent. Dans les années 1950, un véritable vent d'indépendance se lève et insuffle vie aux mouvements nationalistes. Le peuple est debout, l'injustice va se terminer, à nous la richesse qui nous a été volée : la Haute-Volta proclame son indépendance le 5 août 1960. À la fin des années 1960, la France ne possède plus aucune colonie en Afrique. Le continent exploité se soulève enfin, victorieux, et brise ses chaînes une fois pour toutes… Brise ses chaînes ?

La France, qui ne va tout de même pas lâcher prise aussi facilement, se proclame officiellement « Amie de l'Afrique ». De Gaules avait pourtant, lors d'un discours quelques années plus tôt, annoncé explicitement ses couleurs : « Les États n'ont pas d'amis, mais bien des intérêts. » L'Afrique consiste en une arrière-cour indispensable à l'économie de la France, lui permet de jouer dans la cour des grands. Le mandat est clair : réussir l'indépendance dans l'interdépendance. « Tes faux amis sont tes vrais ennemis. » C'est ainsi qu'avant 1970, tous les leaders nationalistes africains sont rayés de la scène politique, plus ou moins subtilement. Meurtres, disparitions, élections truquées ou coups d'État... Seul Sékou Touré, en Guinée, échappe au balayage. L'Hexagone, qui a tout intérêt à garder l'Afrique dans son état de continent sous-industrialisé, appuie secrètement des candidats et s'arrange pour placer au pouvoir des produits bruts de leurs écoles coloniales, des présidents qui demeureront dociles, des marionnettes qu'ils manipulent. Ainsi naît la « Françafrique » que l'on connaît aujourd'hui. Au lieu de la rupture brutale avec l'ancienne puissance coloniale, des traités sont accompagnés d'accords de coopération rigides. La monnaie commune des six anciennes colonies de l'Afrique de l'Ouest, le franc FCFA, est rattachée directement au Trésor français qui peut ainsi contrôler toutes les opérations internationales. Ceci garantit le maintien des liens qui enchaînent ses anciennes colonies à la France. Le néo-colonialisme se dirige à présent dans le confort de son propre foyer.

La France signe aussi des « accords de défense », des traités de coopération militaire, et stationne des centaines de soldats en permanence dans ces pays. Paris se charge personnellement de former les officiers des nouvelles armées, ceux qui feront des coups d'États leur métier. Guerres civiles, révoltes, massacres, famines... La prospérité instantanée promise au peuple tarde, le mécontentement gagne la population. Tandis que l'Européen cherche du beurre pour ses épinards, l'Africain est encore réduit à chercher comment en faire pousser. Le peuple ne sait pas ce qu'il veut, il sait seulement ce qu'il ne veut pas. S'appuyant sur un peuple insatisfait, le Burkina a connu six coups d'État militaires en 21 ans, une irruption permanente de l'armée à la tête du pays.

Quand un militaire accède au pouvoir à la suite d'un coup d'État, qu'il se nomme lui-même à la tête d'un peuple, sa première démarche consiste à assurer sa position, question de ne pas se faire couper la tête à son tour par le premier venu. Il faut donc s'assurer de la fidélité de l'armée en augmentant les salaires et les effectifs, mettre de son côté les personnes influentes en leur offrant des cadeaux et des avantages sociaux, puis, assurer son propre fonds de pension en engraissant substantiellement son compte de banque en Suisse.

Mais lorsque les coffres du pays sont vides, il faut emprunter pour être en mesure de réaliser ces étapes cruciales. Et comme le pouvoir ne demeure jamais assuré pour bien longtemps, on doit réinvestir souvent dans les bonbons. Ces dictateurs ont alors emprunté lourdement à l'étranger. Et les dettes nationales se gonflent et se gonflent.

Arrivent la crise des années 1980 où, pour tenter d'amoindrir l'inflation, les taux d'intérêt grimpent en flèche, dépassant le cap des 20 %, ce qui signifie que tous les cinq ans la dette fait plus que doubler, augmentant d'une façon exponentielle. Les Africains sont pris sous un joug qu'ils n'ont jamais désiré, avec une dette dont ils n'ont pas bénéficié et qu'ils ne peuvent plus acquitter. L'Afrique sombre alors dans une crise économique majeure. Son économie n'arrive même plus à assumer les intérêts de la dette accumulée... En fait, non pas une dette qu'ils ont accumulée, mais plutôt que des dictateurs, qui gouvernaient sans aucune légitimité, ont engendrée pour eux. Les imbus de pouvoir vont et viennent, mais la dette, elle, est celle du peuple, même si l'argent emprunté a glissé entre ses doigts. Encore aujourd'hui, la dette coûte chaque année à l'Afrique sud-saharienne quatre fois le montant qu'elle dépense pour la santé et l'éducation.

Bien sûr, avec les années, seulement en acquittant les intérêts de leur dette, ces pays ont déjà remboursé maintes fois le montant initialement emprunté ; il ne reste que l'intérêt de l'intérêt sur l'intérêt... Il faut se demander si les puissances qui ont drainé les ressources du continent et se sont enrichis grâce au colonialisme et à l'esclavagisme aux dépens des Africains ne devraient pas non seulement effacer la dette de ces pays, la moindre des choses, mais en plus consentir à aider le continent à devenir plus autonome pour ainsi permettre à l'Afrique d'aller de l'avant. Mais le plan qu'ils ont concocté est, et de loin, plus ingénieux. Là on est en business! Comme Richard Desjardins le dit si bien: «On veut votre bien… et on va l'avoir.»

Voyant que les pays africains n'arrivaient plus à rembourser leur «dû», que les arriérés de la dette extérieure absorbait près de 40 % de leur budget, les grandes banques ont utilisé le Fonds monétaire international (dont les intérêts et le bureau siègent à Washington) et la Banque mondiale, qui acceptent de prêter ponctuellement et à court terme des fonds aux pays sous-développés, question d'assurer le paiement des emprunts et de rétablir les comptes de l'État. En échange, ces institutions dictent des règles très strictes, elles gèrent en quelque sorte leur économie. Ces deux institutions prônent un modèle de développement néolibéral. Les États qui reçoivent leur « aide » financière doivent mettre en œuvre, via les programmes d'ajustements structurels (PAS), des politiques massives de privatisation et de réduction drastique des budgets de l'État et des services publics. En fait, « ils obligent les gouvernements à privatiser les profits et à socialiser les déficits ». Les pays endettés, qui n'ont autre choix, se voient donc imposer (implicitement) des règles, des quotas d'importation, d'exportation, de production, des directives face à leur administration des fonds publics et des ressources, perdant ainsi le contrôle sur de nombreuses facettes de leur économie. En d'autres mots, ils voient leur propre gestion leur échapper, redeviennent rien de plus que des colonies modernes, n'appartenant cependant plus à des pays, mais bien à des supranationales: des grandes banques et des multinationales.

Le premier contact des Occidentaux avec l'Afrique, l'esclavagisme, a provoqué l'affaiblissement total du continent. Le deuxième contact, la colonisation, a drainé la prospérité du continent, l'a vidé de ses ressources, de sa culture. À présent, nous assistons au troisième contact, la domination institutionnalisée déguisée.

ANNEXE 8

Après l'indépendance du Burkina en 1960, le pays a connu près de deux décennies de coups d'État successifs, culminant par l'ascension au pouvoir de Thomas Sankara, en 1984.

Peuple de la Haute-Volta, aujourd'hui encore, les soldats, sous-officiers et officiers de l'armée nationale et des forces paramilitaires se sont vus obligés d'intervenir dans la conduite des affaires de l'État pour rendre à notre pays son indépendance et sa liberté, et à notre peuple sa dignité (...)

Ce jeune capitaine d'armée de 34 ans, mû par un projet politique de transformation radicale de la société, en rupture totale avec l'héritage colonial et visant la construction rapide d'une société plus juste et plus égalitaire, avait entrepris de lutter contre le gaspillage et la corruption, et de confier le pouvoir aux classes populaires. Enflammé par idéologie marxiste, il a proclamé la révolution et appliqué des politiques socialistes radicales dans un style blitzkrieg. Son parti, le CNR (Conseil national de la révolution), a immunisé tous les enfants du pays contre la rougeole et la fièvre jaune, formé un médecin burkinabé pour chaque village, créé des coopératives rurales pour enrayer l'exode, construit plus de 350 écoles, réduit les déficits budgétaires, initié la construction d'un chemin de fer reliant le pays au Niger, mis sur pied des plans populaires de développement — exécutés de façon volontariste — qui ont conduit à la construction de logements sociaux, de cases de santé, de classes, de barrages et de forages. Il a nationalisé le sous-sol pour empêcher que des intérêts étrangers ne viennent, comme dans les autres pays du continent, extraire et exporter toutes les richesses africaines. Ses politiques de gauche en ont fait un héros au sein de la population, mais pas au niveau de l'élite. Son combat contre la corruption a amené l'emprisonnement de plusieurs têtes dirigeantes. Les cercles de bienséance ont retenu leur souffle lorsqu'il a coupé les salaires des ministres de 25 % et leur a retiré certains privilèges ministériels. Les ministres, ne disposant plus d'une limousine avec chauffeur, devaient désormais conduire eux-mêmes de petites voitures et même participer en personne aux récoltes, aider le peuple. Sankara a placé les femmes sur un pied d'égalité avec les hommes, ce qui est encore de nos jours avant-gardiste pour l'Afrique, et a libéré tous les prisonniers politiques. Sa popularité a atteint des sommets inégalés quand il a annoncé que les ouvriers n'auraient plus à payer de loyer. Améliorant qualité de vie et système d'éducation, il dirigeait un gouvernement économiquement sain et sans corruption. Mais il demeure surtout vénéré par les gens du peuple pour leur avoir appris à embrasser leur identité africaine et à en être fiers. Le président Sankara a su convaincre tout un peuple qu'il lui fallait d'abord et avant tout compter sur ses propres forces, que son salut ne se trouvait pas dans l'aide étrangère mais bien dans sa tête et dans ses bras. Il lui a insufflé un patriotisme qui depuis longtemps était perdu. « L'Afrique est grande, elle exige de nous de la grandeur. » Enfin, pour signifier au monde que le colonialisme était bel et bien terminé et que débutait une ère nouvelle, il a changé le nom du pays, éliminant définitivement *Haute-Volta*, legs des Français. Empruntant un mot à chacun des deux dialectes les plus répandus au pays, *burkina* en moré et *faso* en dioula, il adopta cette combinaison des deux qui signifie « La terre des hommes intègres ».

Sankara était reconnu pour se rendre à ses réunions à bicyclette, fréquenter les maquis de la ville pour demander aux citoyens ce qu'ils feraient s'ils étaient ministres. Ce jeune président offrait un modèle à suivre pour toute l'Afrique, et le meilleur était à venir. Mais ses visées n'étaient pas en accord avec l'Afrique conservatrice et ses protocoles rigides. Dans son désir de libérer son peuple, il avait aboli les privilèges de la chefferie traditionnelle. Suivant une philosophie à saveur communiste, il avait rejeté le système de royauté, considéré comme passéiste. Les chefs traditionnels se sont indignés. Les pays occidentaux aussi se sont inquiétés du fait qu'il dénonçait ouvertement leur impérialisme. Il fallait à tout prix faire avorter cette éclosion d'un nouveau Cuba.

À peine trois ans après son ascension au pouvoir, Sankara et ses compagnons d'armes sont soudainement devenus l'objet de tracts orduriers, d'une malveillance évidente. On préparait l'opinion publique à quelque chose... Quand, pour la première fois, on l'a averti que certains complotaient contre lui, que son compagnon d'enfance et numéro deux depuis les tout débuts, Blaise Compaoré, était prétendument mêlé à ces rumeurs, il a rétorqué sèchement : « C'est impossible. Nous avons été élevés ensemble, nous mangeons ensemble... C'est mon frère de sang. » Le « frère » de Blaise tomba en effet dans le sang.

Toi et moi c'est l'amore. Toi et moi, c'est la mort.

Dans un moment et tu Brutus, le 15 octobre 1987, le crépitement des kalachnikov s'est fait entendre. Sur la maigre pelouse du *Conseil de l'entente des compagnons du président du Faso*, une idée juste qui a su incarner l'esprit de son peuple et de toute la jeunesse africaine est étendue, baignant dans son sang. Radio Ouagadougou annonce le renversement de Thomas Sankara, la dissolution du Comité national de la révolution et la création du Front populaire. Le nouveau président : le camarade, le compagnon et le conseiller de Sankara, Blaise Compaoré.

Sankara a été enterré en catimini dans un trou au bord d'un terrain vague. Pas de sépulture, donc pas de lieu de pèlerinage. Même mort, il leur faisait encore peur. Blaise a immédiatement restauré le statu quo, en haussant les salaires ministériels à leur niveau pré-Sankara, en coupant l'aide alimentaire et en redorant le blason de la chefferie traditionnelle. Il a calmé les manifestations publiques et, quelques années plus tard, a déclenché des élections, question de s'attirer la sympathie de la communauté internationale, de prouver au monde qu'il était à la tête d'un pays démocratique. Il a été élu... étant le seul candidat à se présenter. Les partis d'opposition, objets de répression, et devant l'éventualité d'une élection truquée et de fraudes, ont boycotté en bloc l'élection. «Le président est mort. Vive le président!»

ANNEXE 9

À la fin de la Première Guerre mondiale, la France décide que la Haute-Volta deviendra un pays producteur de coton alors que déjà les champs vivriers manquent. C'est que ce marché vient d'atteindre un sommet sans précédent et que les Américains se l'accaparent dangereusement. Des champs collectifs obligatoires sont instaurés, une monoculture de coton partout. Une décennie plus tard, une sécheresse s'abat, le coton ne pousse pas, les champs de mil, devenus trop peu nombreux, ne suffisent plus, la famine balaie le pays, le taux de mortalité est terrible. La France, déçue d'une production si mauvaise, d'un investissement si peu rentable, décrète que cette terre aride ne vaut rien. En 1932, au plus fort de la crise mondiale, elle supprime la colonie, l'annexe aux pays limitrophes, question d'exploiter sa seule richesse : son capital humain. Purement et simplement rayée de la carte, la Haute-Volta devient un pourvoyeur de main-d'œuvre, un réservoir humain. La population est divisée, dispersée, comme le pays. Ses forces humaines sont consacrées à la mise en valeur des autres colonies, drainées, notamment, vers les plantations profitables de la Côte-d'Ivoire.

Quelques Voltaïques s'organisent autour des chefs traditionnels et se battent pour faire reconstituer leur pays. Ils créent le R.D.A. Ce mouvement prend de l'ampleur, provoque une telle pression qu'en 1947 leur lutte est récompensée. On restitue les frontières de la Haute-Volta. Mais avant que le peuple, heureux de sa victoire, ne commence à entrevoir la possibilité de l'indépendance, la France détruit et dissout le R.D.A., jugé « trop nationaliste ».

ANNEXE 10

Norbert Zongo, l'éditorialiste en chef d'un petit hebdo, *L'Indépendant*, enquêtait sur la mort de David Ouédraogo, chauffeur de François Compaoré, frère du président Blaise. En effet, ce chauffeur avait été pris la main dans le sac alors qu'il dérobait de l'argent chez la femme de son patron. Interrogé par la police, il leur avait apprit qu'il venait voler chez les Compaoré car, dès le lendemain, ces derniers n'auraient plus besoin de leur argent. En effet, selon les dires de ses amis dans les forces militaires, un coup d'État se tramait, il y aurait massacre du président et de sa famille. Aussitôt, ce chauffeur a été remis aux autorités nationales. Le lendemain, on l'a trouvé mort dans sa cellule, officiellement à la suite d'un empoisonnement alimentaire. Le coup d'État n'a jamais eu lieu. Est-ce que David avait dénoncé les putschistes et qu'on l'avait fait payer pour sa trahison ? L'a-t-on tué pour justement l'empêcher de parler ? La prison nationale dispose-t-elle vraiment d'un si mauvais cuisinier ? C'est ce sur quoi Norbert Zongo enquêtait, posant le doigt sur un *bobo* trop chaud. Chaque fois que l'on remonte une rivière à contre-courant, chacun des pas prend une intensité particulière. On l'a retrouvé mort, carbonisé dans sa voiture… un bon matin, comme ça, dix jours avant Noël. Il avait fait couler trop d'encre, la terre a bu son sang. Aussitôt, les médias du gouverneMENT ont annoncé un terrible accident, mais la population n'était pas dupe. De violentes émeutes ont éclaté partout dans le pays, un pays qui n'avait jamais connu une telle vague de contestation. Zongo n'était ni une personnalité très importante ni très connue, mais son meurtre a ravivé le feu des cendres de l'assassinat de Sankara, et les flammes menaçaient de consumer le gouvernement. Pour apaiser la foule, on a promis une enquête publique (qui n'a évidemment pas débouché). Le peuple s'est calmé sans avoir renversé le pouvoir en place, mais la tension demeure encore aujourd'hui à fleur de peau. La moindre goutte supplémentaire est certaine de faire déborder le raz-de-marée d'une violente révolte. Quand une seule personne tombe au nom de la justice, des milliers d'autres se lèvent. Si un arbre peut remplacer un autre arbre, un humain, quant à lui, n'est jamais remplaçable.

Un profond malaise s'est emparé du Burkina depuis, le peuple, mécontent, s'ennuie de Sankara, et Blaise est en état de siège, car la population est indignée de la mort de Zongo. J'ai l'impression que, si en pleine rue je me mettais à crier à la liberté, la nation entière se lèverait pour hurler sa rage, machette à la main.

telle vague de contestation. Zongo n'était ni une personnalité très importante ni très connue, mais son meurtre a ravivé le feu des cendres de l'assassinat de Sankara, et les flammes menaçaient de consumer le gouvernement. Pour apaiser la foule, on a promis une enquête publique (qui n'a évidemment pas débouché). Le peuple s'est calmé sans avoir renversé le pouvoir en place, mais la tension demeure encore aujourd'hui à fleur de peau. La moindre goutte supplémentaire est certaine de faire déborder le raz-de-marée d'une violente révolte. Quand une seule personne tombe au nom de la justice, des milliers d'autres se lèvent. Si un arbre peut remplacer un autre arbre, un humain, quant à lui, n'est jamais remplaçable.

Un profond malaise s'est emparé du Burkina depuis, le peuple mécontent s'ennuie de Sankara, Blaise est en état de siège car la population est indignée de la mort de Zongo. J'ai l'impression que, si en pleine rue je me mettais à crier à la liberté, la nation entière se lèverait pour hurler sa rage, machette à la main.